UNIVERSITÉ ET PRÉTOIRE

Mélanges en l'honneur de
Monsieur le Professeur Claude Lienhard

Droit privé et sciences criminelles

Collection dirigée par Yves Strickler

Créée fin 2011 par Yves Strickler et le Centre d'études et de recherches en droit privé (devenu le Centre d'études et de recherches en droit des procédures en 2013) de la Faculté de droit et science politique de Nice, la présente collection a pour vocation principale de publier des ouvrages en liaison avec le thème retenu pour dénomination de la collection. Cette dernière rassemble des recherches originales, tirées notamment de travaux de recherche, de manifestations scientifiques ainsi que d'ouvrages collectifs sur les interrogations actuelles que rencontre la science juridique, spécialement dans le domaine du droit privé et des sciences criminelles.

Dernières parutions

Défiance, doute, incertitude : quelle place pour la notion de confiance dans les sociétés modernes ? *(dir. Julie Tribolo), 2019, 90 pp.*
L'enfant à l'épreuve de la séparation parentale *(dir. Laetitia Antonini-Cochin et Marie-Cécile Lasserre), avril 2019, 126 pp.*
Les grands principes des répartitions dans les procédures collectives*, Maxence Guastella, mars 2019, 300 pp.*
La cession de dette*, Jean-Baptiste Bottin, mars 2019, 148 pp.*
Déclaration des droits de l'homme et du citoyen. Postérité et actualité *(dir. Jimmy Meersman et Rémi Puigventos), février 2019, 238 pp.*
Médiation et entreprises. Regards croisés Droit et Gestion *(dir. Gulsen Yildirim, Isabelle Sauviat et Romain Dumas), janvier 2019, 142 pp.*
La procédure *(dir. Joanna Genovese et Giovanna Debernardi), oct. 2018, 138 pp*
Techniques de critique d'une décision « définitive ». Imprécision sémantique et pérennité des décisions de justice en procédure civile*, Tennessee Caen, juin 2018, 160 pp*
Réforme de la prescription pénale *(dir Christine Courtin et Jean-Raphaël Demarchi), juin 2018, 154 pages*
Droit des sociétés et procédures collectives *(dir. Laurence Caroline Henry), janvier 2018, 207 pp.*

Sous la direction de
Isabelle Corpart, Caroline Lacroix
et Marie-France Steinlé-Feuerbach

UNIVERSITÉ ET PRÉTOIRE

Mélanges en l'honneur de Monsieur le Professeur Claude Lienhard

L'Harmattan

5-7, rue de l'École-Polytechnique, 75005 Paris
http://www.editions-harmattan.fr
ISBN : 978-2-343-19230-7
EAN : 9782343192307

Claude LIENHARD

Né le 5 Janvier 1956 à Strasbourg

Prix du meilleur étudiant en droit civil (1975)

Lauréat de la Faculté de Droit Civil (1975)

Prix du meilleur étudiant en droit administratif (1976)

DEA de Droit privé de l'Université Robert SCHUMAN, Strasbourg III (1979)

Avocat au Barreau de Strasbourg (prestation de serment 1979)

Assistant en droit privé au département carrières juridiques IUT Colmar 1980

Doctorat d'État de droit privé, Université Robert SCHUMAN, Strasbourg III (1983) :

> « *Le Rôle du Juge aux Affaires Matrimoniales dans le nouveau divorce* », sous la direction de Madame le Professeur HUET-WEILLER
>
> Mention « très honorable » avec éloge spécial du jury - thèse honorée du prix de l'Association nationale des docteurs en droit et du prix de l'association pour le développement des relations entre l'économie et la recherche auprès des universités de Strasbourg et de Haute-Alsace

Titularisation maître-assistant au département carrières juridiques IUT Colmar (1984)

Intégration dans le corps des maîtres de conférences (1985)

Codirecteur du CERDACC (1995-2006)

Professeur des Universités (2000)

Professeur émérite (2018)

Image Jo Laengy

Enseignements

Outre ses enseignements à l'Université de Haute-Alsace, Claude Lienhard fut :

Ancien Directeur de session à l'École Nationale de la Magistrature

Ancien Responsable de module au Centre de Formation Professionnelle des Avocats d'Alsace

Formateur à l'Institut de Médiation à Montréal

Responsable de module de formation catastrophe de l'Institut National d'Aide aux Victimes et de Médiation (INAVEM) devenu FRANCE VICTIMES

Intervenant au D.U. de victimologie de la Faculté Rockfeller à Lyon

Intervenant Formation DALLOZ, LEXISNEXIS, ARGUS, ECOLES D'AVOCATS, ENM

Chargé d'enseignement dans le cadre du CAPEDOC (certificat d'aptitude à l'expertise du dommage corporel)

Champs de recherches privilégiés

Droit des accidents collectifs, droit des catastrophes, droit processuel des catastrophes ; Droit du procès, Réparation des dommages : méthodologie indemnitaire, recherche fondamentale et recherche appliquée notamment au travers du suivi *in concreto* des processus judiciaires ; Victimologie ; Méthode alternative de règlement des litiges ; Droit de la famille.

Autres activités

Président de l'Association Nationale des Avocats Spécialistes et praticiens en droit des personnes

Membre de l'ANADAVI

Président du groupe de réflexion mis en place par le Garde des Sceaux afin d'améliorer la situation des victimes de catastrophe et d'accidents collectifs (rapport CNAV 2005)

Membre en qualité d'expert du groupe de travail relatif au Guide méthodologique de la prise en charge des victimes d'accidents collectifs (avril 2017)

Président de PARIS AUX VICTIMES (PAV) (2003-2004 puis 2013-2018)

Président Fondateur de l'Institut National d'Aide aux Victimes et de Médiation (auj. France Victimes)

Adjoint au Maire de Strasbourg chargé de l'Environnement (1989-2001)

Assesseur à la Commission d'Indemnisation des Victimes d'Infractions Pénales près le Tribunal de Grande Instance de Strasbourg (1983-1986)

Membre du conseil d'administration de la Ligue contre la violence routière

Président de l'association nationale des avocats de la famille

Distinctions

Chevalier de l'ordre national du Mérite

Chevalier de la Légion d'Honneur

Auteurs ayant contribué à cet ouvrage

Hervé ARBOUSSET, Maître de conférences HDR en droit public à l'Université de Haute-Alsace, Directeur du CERDACC, EA 3992

Dominique ATTIAS, Avocate, Vice-Présidente de la Fédération des Barreaux d'Europe, Ancienne Vice-Bâtonnière de l'Ordre des Avocats à la Cour de Paris, Membre du Conseil de l'Ordre

Frédéric BIBAL, Avocat spécialiste en droit du dommage corporel

Josiane BIGOT, Magistrat honoraire

Robert CARIO, Professeur émérite de criminologie, Collège Sciences sociales et Humanité (Université de Pau), Président fondateur de l'Institut Français pour la Justice Restaurative

Philippe CASSON, Maître de conférences HDR en droit privé à l'Université de Haute-Alsace, Membre du CERDACC, EA 3992

Isabelle CORPART, Maître de conférences HDR en droit privé à l'Université de Haute-Alsace, Membre du CERDACC, EA 3992

Louis CROCQ, Psychiatre des armées, Professeur honoraire à l'Université René Descartes, Expert honoraire à la Cour d'Appel de Paris, Expert « stress » à l'ONU (Critical Incident Stress Management Unit).

Liliane DALIGAND, Professeur émérite de médecine légale, Psychiatre des Hôpitaux, Lyon, Expert de justice, cour d'appel de Lyon

Carole DAMIANI, Directrice de Paris Aide aux Victimes, Co-responsable du DU de psychotraumatologie de l'Université Paris 7, Membre associé du CERDACC

Benjamin DEPARIS, Président du TGI d'Évry

Éric DESFOUGERES, Maître de conférences HDR en droit à l'Université de Haute-Alsace, Membre du CERDACC, EA 3992

Valentine ERNE-HEINTZ, Maître de conférences en sciences économiques à l'Université de Haute-Alsace, Membre du CERDACC, EA 3992

Karine FAVRO, Professeur en droit public à l'Université de Haute-Alsace, CERDACC, EA 3992

Anne D'HAUTEVILLE, Professeur émérite de droit privé et sciences criminelles à l'Université de Montpellier 1

Jonas KNETSCH, Professeur agrégé des Facultés de droit, Professeur à l'Université de Lyon (Université Jean-Monnet Saint-Étienne)

Camille KUREK, Enseignant-chercheur contractuel à l'Université de Haute-Alsace

Caroline LACROIX, Maître de conférences HDR en droit privé et sciences criminelles, à l'Université Paris-Saclay – Université d'Évry val d'Essonne, Centre de recherche Léon Duguit, Chercheur associé au CERDACC

Patrick LAGADEC, Directeur de recherche (honoraire) à l'École poly- technique

Brice MARTIN, Maître de conférences en géographie, Université de Haute-Alsace, expert auprès du bureau d'étude MAYANE, gestionnaire de l'Observatoire Régional des Risques d'Inondation

Julie MATTIUSSI, Maître de conférences à l'Université de Haute-Alsace, Membre du CERDACC, EA 3992

Dariusz PIATEK, Maître de conférences à l'Université de Haute-Alsace, Membre du CERDACC, EA 3992

Bruno PY, Professeur de droit privé et sciences criminelles, Université de Lorraine, Faculté de Droit de Nancy, IFG-EA7301

Blandine ROLLAND, Professeur de droit privé et sciences criminelles à l'Université de Haute-Alsace, Membre CERDACC, EA 3992

Isabelle SADOWSKI, Directrice Juridique et de la Coordination de l'Aide aux Victimes au sein de France Victimes

Philippe SCHULTZ, Maître de conférences à l'Université de Haute-Alsace, CERDACC, EA 3992

Jean-Materne STAUB, Professeur agrégé de droit public, Université de Strasbourg

Marie-France STEINLE-FEUERBACH, Professeur émérite de droit privé et sciences criminelles, Université de Haute-Alsace, Directeur honoraire du CERDACC, EA 3992

Yves STRICKLER, Professeur agrégé de droit privé et sciences criminelles, Université Côte d'Azur, CERDP (E.A. n° 1201), Président de l'Institut fédératif de recherche « Interactions »

Paul VERON, Maître de conférences à l'Université de Nantes, Laboratoire Droit et changement social (UMR 6297), Chercheur associé au CERDACC

Avant-propos

Marie-France STEINLE-FEUERBACH

Claude Lienhard : Monsieur 100 000 idées !!! Précurseur, créateur, fondateur, tels sont, entre autres, les qualificatifs qui viennent le plus spontanément à l'esprit de ceux qui le connaissent et qui lui dédient ces Mélanges. « Université et Prétoire », ce titre symbolise parfaitement la double carrière professionnelle de l'universitaire et de l'avocat, la réflexion académique et le traitement des dossiers étant intimement liés avec un enrichissement croisé. Cependant, ni le professeur, ni l'avocat ne pouvaient se contenter de cette double et brillante carrière sans la prolonger par un fort engagement associatif. Les idées de Claude Lienhard ne sont pas simplement des idées qui restent en l'air - même si elles sont bien dans l'air du temps - elles se concrétisent !!!

Ces idées naissent à tout moment et en tous lieux avec tout de même une petite préférence pour les endroits conviviaux, comme ce café du quartier du Panier à Marseille, dénommé « Aux deux sinistrés », où s'étaient réunis les membres de la première équipe de l'Institut National d'Aide aux Victimes et de Médiation, dont Claude Lienhard est le Président fondateur. C'est dans un autre café, qui avait l'avantage d'offrir des nappes en papier, que fut élaboré le programme du DU de Victimologie de Lyon.

J'ai personnellement fait la connaissance de Claude Lienhard en 1993, dans les locaux d'un ancien hôpital colmarien, classé monument historique, sis place du 2 Février, qui abritait alors somptueusement le département carrières juridiques du l'IUT de Colmar. Nous n'étions à cette époque que quelques rares juristes égarés dans un monde de scientifiques « durs » faisant, selon eux, de la « vraie » recherche. Très vite, notre collègue Claude Lienhard partagea avec nous l'idée de la création d'un centre de recherche en droit. Une telle initiative, *a fortiori* dans un IUT, peut surprendre. C'est pourtant bien dans cette véritable épopée qu'il nous a tous embarqués, pour notre plus grand plaisir. La nécessité de fonder un lieu de réflexion et de recherche sur les catastrophes et les accidents collectifs lui était apparue comme une évidence après l'accident aérien du Mont Sainte Odile, le 20 janvier 1992. Par un courrier en date du 16 décembre 1993, le professeur Théo Hassler portait sur les fonts baptismaux le Centre Européen de Recherche sur le Droit des Accidents Collectifs et des Catastrophes, avec une équipe de direction autoproclamée : Claude Lienhard, directeur fondateur, Théo Hassler et moi-même, directeurs-adjoint. Le CERDACC venait d'être créé *suis generis* et son directeur, dévoilant alors des talents insoupçonnés de bricoleur, apposa une plaque sur la porte de notre bureau commun, lequel était historiquement l'ancienne morgue de l'hôpital, cela ne peut pas s'inventer !

Des publications par l'équipe de direction s'imposaient. Celle de Claude Lienhard, « *Pour un droit des catastrophes* », parue au Recueil Dalloz Sirey, le 30 mars 1995, inspira un sujet de l'agrégation de droit privé de cette même année alors qu'à l'écrit de culture générale du concours externe de l'ENM, les candidats furent confrontés à « La fonction des procès dans les sociétés contemporaines ». Grâce à cette publication, maintes fois citées depuis, une nouvelle branche du droit était née !

Après quelques péripéties administratives, le Centre, *de facto*, acquit une existence officielle en 1995, avant de devenir équipe d'accueil (EA 3992). C'était il y a vingt ans déjà. Depuis, tout en gardant son acronyme originel, le CERDACC a modifié en 2010 son intitulé en « Centre Européen de recherche sur le Risque, le Droit des Accidents Collectifs et des Catastrophes », symbolisant son ouverture à toute forme de risque afin d'accueillir plus largement les juristes des trois sites de l'Université de Haute-Alsace, mulhousiens et colmarien, soit à l'heure actuelle, vingt-deux enseignants-chercheurs, des chercheurs associés et douze doctorants. La voie de ces derniers avait été ouverte par Caroline Lacroix, premier docteur en droit de notre Université.

Précurseur, le Professeur Lienhard l'a encore été en imaginant, à une époque où les revues juridiques n'existaient qu'en version papier, une publication mensuelle en ligne : le JAC, Journal des

Accidents et des Catastrophes. Le complice de cette nouvelle aventure, et pendant de très nombreuses années, fût alors Jo Laengy, ancien journaliste des D.N.A. qui avait précisément couvert l'accident du Mont Sainte-Odile. Un journaliste dans un Centre de recherche ? Cela peut surprendre, mais c'est encore un marqueur de l'ouverture d'esprit de son fondateur, car après avoir allègrement méprisé la *summa divisio* droit privé/droit public, le Centre a osé accueillir une économiste et entretenir des liens étroits avec des scientifiques, des géographes, des médecins, des psychologues...

Le droit des catastrophes n'est pas la seule passion du dédicataire de ces Mélanges, le droit de la famille, cher à Isabelle Corpart, est une autre de ses spécialités, à la fois comme enseignant et comme avocat. Formateur, il a non seulement dispensé ses cours dans plusieurs Universités, mais également à l'ENM ainsi qu'au Centre de formation professionnelle des avocats. Avocat spécialisé en droit des personnes, droit de la famille, responsabilité civile, et réparation du dommage corporel, il est adhérent à l'Association Nationale des Avocats de Victimes de Dommages Corporels. Pour la petite histoire, nous rappellerons que Maître Lienhard, principalement avocat de victimes, a également été celui d'un chanteur célèbre.

Pour conclure cet avant-propos, dont la difficulté majeure a été de résumer en quelques lignes les activités foisonnantes du Professeur Lienhard, une dernière anecdote remontant au 4 octobre dernier. Sur le trajet du retour du colloque portant sur « Le traitement judiciaire des accidents collectifs » qui s'est tenu au tribunal de grande instance de Paris et où il était intervenu sur le thème de la réparation des dommages corporels, le Professeur émérite Claude Lienhard m'a offert une image insolite. Déconnecté de ses multiples instruments électroniques, il lisait paisiblement la moisson de journaux acquise gare de l'Est. Devant mon étonnement, il m'a tout simplement répondu : « *maintenant, j'ai le temps et, dans la presse, on peut trouver tellement d'idées...* ».

Colmar, le 12 octobre 2019

Image d’archives

JUSTICE

Pour un droit des catastrophes

●●● *Le département carrières juridiques de l'IUT de Colmar a créé voici un an le «Cerdac» (Centre européen de recherche sur le droit des accidents collectifs et des catastrophes).*

Hier, ses promoteurs se sont présentés officiellement pour promouvoir dans l'opinion les objectifs de cette nouvelle unité à caractère collégial. Les nombreuses catastrophes, accidentelles ou dues à des causes naturelles, voire à des attentats sont à l'origine de la réflexion menée par Claude Lienhard, Théo Hassler avocats et enseignants, Marie-France Steinlé-Feuerbach maitre de conférence, Mmes. d'Hauteville et Camproux, toutes deux professeurs.

Selon Claude Lienhard, les dernières catastrophes, par exemple Furiani, Habsheim, Mont Ste-Odile, Gare de Lyon et autres, sang contaminé etc. ont mis en lumière le besoin d'une nouvelle approche du droit et de la justice. En matière de mécanisme des indemnisations ou encore, sur un plan matériel, l'organisation d'un procès tel celui de Furiani avec ses corollaires d'accueil des victimes, de médiatisation. Des gestions humaines et techniques auxquelles personne n'est vraiment préparé.

Pourquoi Colmar? Claude Lienhard estime que son équipe d'enseignants a atteint la taille critique, qu'elle est rôdée à un travail collectif pour mener des recherches pluridisciplinaires dans ce domaine et des échanges avec le monde judiciaire. C'est aussi pourquoi le comité de parrainage comprend entre autres Hubert Haenel co-auteur d'un rapport sur la justice, M. Prado président de l'Université de Haute Alsace et M. Vittaz premier président de la Cour d'Appel de Colmar

Des moyens modestes

Dans ce contexte Théo Hassler souligne que si le « Cerdacc» a des chercheurs, il lui faut désormais se doter d'un centre de ressources pour créer une mémoire collective des catastrophes et de leur traitement juridique. Scannériser tout ce qui y a trait pour alimenter une banque de données consultable par tous: juristes, scientifiques, étudiants. Il voit aussi s'ouvrir le «Cerdacc» vers les autres pays à commencer par les voisins. D'ores et déjà, des contacts sont pris avec l'Université de Lausanne. «*Parce que les catastrophes ne s'arrêtent pas forcément à la frontière*» dit-il, faisant allusion à un éventuel «Tchernobâle»...

Côté activités, le «Cerdacc» a d'ores et déjà une carte de visite selon M.F. Steinlé-Feuerbach. Plusieurs participations à des journées de formation au sein d'organismes privés, une intervention à l'Ecole nationale de la magistrature, des conférences diverses, la participation à la Chancellerie au groupe de recherches sur les catastrophes.Des publications remarquées dans diverses revues juridiques. Et pour l'avenir, une collaboration avec l'université de Formose et des interventions prévues en Guadeloupe et à la Martinique.

Reste toutefois la question des moyens. Ils sont encore modestes il est vrai selon Guy Michel, directeur de l'IUT de Colmar. Mais il compte bien arriver à doter le «Cerdacc» de ce qu'il faut pour lui permettre de remplir la mission qu'il s'est assignée. Par la voie des subventions d'une part mais il n'exclut pas la possibilité de parrainages avec des entreprises sensibilisées à ces questions.

En attendant, le «Cerdacc» et l'IUT de Colmar sont mobilisés fin octobre pour une «université d'été» sur les risques majeurs en zone frontalière, organisée par le Ministère de l'environnement. Une centaine de spécialistes de la sécurité civile d'Europe auront alors l'occasion de confronter leur expérience. Une nouvelle occasion d'engranger des expériences pour ce centre de recherches.

Jo L.

Source : *Dernières Nouvelles d'Alsace*, n°218, 20 septembre 1994

LES TÉMOIGNAGES

1

Discours sur Claude Lienhard

Dominique ATTIAS

Il est des hommes qui inspirent le respect.
Pas parce qu'ils parlent haut et fort, qu'ils passent sur les chaînes de télévision, mais uniquement parce qu'ils incarnent ce qu'il y a de plus profond et respectable : l'humanité.
Il est des êtres qui écoutent, mais leur écoute leur permet justement d'agir.

64 000 avocats en France, mais il en est un pour moi qui est unique et représente le meilleur de notre profession.
Je n'admire pas Claude Lienhard parce qu'il a été l'avocat de Johnny Hallyday !

Il vous suffit d'écouter l'interview qui a été faite de lui, concernant justement cette mise en lumière, pour vous rendre compte que rien ni personne ne peut transformer l'être profond qu'est cet homme, calme, précis, professionnel.
Je le connais peu pourtant, mais quelques rencontres ont suffi.
Sérieux et humanité le caractérisent.

Ma dernière rencontre avec lui date de fin novembre 2015, dans mon cabinet un matin à 8 heures, nous étions encore sous le choc des attentats du 13 novembre 2015.
J'avais sollicité tous les spécialistes en matière de Droit des victimes, pour organiser en urgence, une formation à destination des avocats qui auraient à assister les malheureuses victimes de ces terroristes barbares.

Il était évoqué par les médias, 4 000 victimes, et nous étions confrontés à la problématique d'avocats éventuellement insuffisamment formés en la matière.
Claude Lienhard était là pour l'INAVEM, comme Stéphane Gicquel de la FENVAC et Frédéric Bibal avocat spécialisé dans le Dommage Corporel et membre de l'ANADAVI, ainsi que la responsable de l'Accès au Droit, Marie-Claude Défossez-Perard, tous mobilisés.
Claude Lienhard silencieux, petit sourire en coin, œil en accent circonflexe, la réflexion toujours juste, a participé à la mise en place de cette formation.

Le maître mot pour Claude Lienhard c'est *« être au service »* des victimes et de toutes les victimes, de ses confrères également.

Lorsque je parle de toutes ces victimes, je pense également aux victimes de violences conjugales.
Bien avant que cette grave problématique n'interpelle la société, il s'est mobilisé auprès des femmes victimes de violences.

Le droit des victimes est enfin reconnu, mais il est des précurseurs qui, dans l'ombre, travaillent depuis longtemps, si longtemps sur ces sujets.
Claude Lienhard est de ceux-là.

Il fait partie des pionniers, de ceux qui, avec efficacité et dévouement, sans chercher la lumière ni la gloire, s'attachent à faire avancer le Droit.
Humanité et compétence dans l'aide aux victimes voilà ce qu'a apporté Claude Lienhard en créant il y a 34 ans maintenant, l'INAVEM.

Il a présidé aux destinées de cette Fédération pendant quatre ans à un moment crucial concomitant à la création du fonds de garantie des victimes d'actes de terrorisme.

60 associations locales existaient pour aider les victimes d'infractions pénales, il les a fédérées autour de lui dans une entité nationale et les a menés vers une action commune et une réflexion exigeante autour de la question des victimes.
Comment imaginer alors que l'INAVEM, qui est devenue la Fédération France victimes, fédère désormais 150 associations qui ont toutes suivi la ligne proposée par Claude Lienhard.
Claude Lienhard est un visionnaire.

Il avait compris en créant l'INAVEM, qu'il fallait un chef d'orchestre, précurseur de ces centres qui offriront tant une aide psychologique qu'une information sur les droits, un soutien dans les démarches de toutes sortes, un accompagnement social.

Visionnaire également quant à l'indispensable processus de médiation, trop longtemps dénigré et méconnu par la profession d'avocat, processus qui apporte aux victimes, une alternative pour panser les plaies et éviter des déchirures irréparables.
Bien sûr que l'avocat est présent pour plaider et défendre son client, mais il est d'abord celui qui assure une nécessaire médiation ; il a œuvré en ce sens en développant ce processus et assurant les indispensables formations.
Claude Lienhard avant l'heure a été l'avocat du XXIe siècle.

Mais cet homme tire peu de gloire de ce qu'il a pu accomplir alors que ses articles, notamment dans le Journal des accidents et catastrophes, font autorité.

Cet homme est un passeur, passeur d'intelligence, passeur d'humanité, passeur de compétences.

Il est pour nous tous un modèle de ce que doit être un avocat.

Être avocat c'est être chevalier du Droit et de la justice, mais également, 24 heures sur 24, un phare pour la société civile.

Claude Lienhard est ce phare qui brille et dont la lumière continuera toujours à nous éclairer.

2

Claude Lienhard et la vie associative

Carole DAMIANI

I. Une implication précoce

Militant de la première heure, Claude Lienhard a été, dès l'origine, engagé dans l'histoire de l'aide aux victimes en France, et notamment à Strasbourg et à Paris. Premier Président de l'Institut National d'Aide aux Victimes et de Médiation (INAVEM, 1986), devenu France Victimes en 2017, il a été aussi Président de l'association parisienne d'aide aux victimes, Paris Aide aux Victimes, tout d'abord de 2003 à 2004, puis à partir de 2013.

1987 : Inauguration des locaux de l'INAVEM et de Paris Aide aux Victimes qui étaient rassemblés dans une même entité à l'époque. Archives de l'association.

Dès la création de l'INAVEM et du réseau d'associations d'aide aux victimes, Claude Lienhard a tenu à participer à la conceptualisation des droits et de l'aide aux victimes : droit d'être écoutées et entendues, droit d'être aidées, informées, reconnues, droit à la vérité, droit d'être assistées, respectées dans leurs choix, droit d'être indemnisées, mais aussi effectivité des droits et réparation intégrale des atteintes physiques et psychiques. Autant de principes qui constituent aujourd'hui le socle de l'aide aux victimes en France. C'est à travers ses activités à la fois d'avocat et de Président de la fédération qu'il a éprouvé et mis en œuvre ces principes lors de catastrophes collectives tels que les crashs du Mont Sainte-Odile et du

Rio-Paris ou l'effondrement de la tribune du stade de Furiani, puis, plus récemment, lors des attentats terroristes de 2015.

L'association Paris Aide aux Victimes (PAV) s'est développée en lien avec l'INAVEM et son Président fondateur, et a participé activement à ses réflexions en matière de droits et d'aide aux victimes. En 1991, PAV a organisé une journée d'information sur la Commission d'Indemnisation des Victimes, un an après l'application de la nouvelle loi d'indemnisation des victimes d'infractions sous la Présidence de Bruno Cotte (Procureur de la République) et de Jean Favard (1er Vice-Président du TGI de Paris), tous deux administrateurs de PAV. Cette réflexion s'est prolongée par l'organisation des assises nationales de l'aide aux victimes en 1994 à Paris sur le thème des « 10 ans d'actions en faveur des victimes d'infractions pénales ». Au cours de ces journées, il a été rappelé que l'un des mérites de la loi de 1990 est d'avoir conçu une prise en charge globale des victimes sous un jour humain et pas uniquement administratif, ce qui justifie la place et le rôle des associations d'aide aux victimes dont la disponibilité et l'écoute empathique des intervenants l'emportent sur les obligations de rendement et de contrôle. Pour remplir cette mission, PAV s'est progressivement dégagé du bénévolat des premières heures, et s'est doté à la fois d'un pôle d'information sur les droits et d'un pôle de soutien psychologique et, plus récemment, d'un pôle social, de façon à assurer, par des juristes, une assistante sociale et des psychologues salariés, cette prise en charge globale. PAV a toujours été soucieux de la qualité de l'information apportée, de l'impératif d'humanisation de l'accueil des victimes et, au-delà de l'information sur les droits, de l'importance de la prise en compte des conséquences psychologiques d'une victimisation, et ce, au plus près de l'événement, ensuite à moyen et long terme.

Ce dispositif au triple ancrage juridique, psychologique et social contribue aujourd'hui à mieux informer les victimes grâce à une véritable « pédagogie du droit » et à réduire leur souffrance psychique et de fait, à éviter, dans la mesure du possible, une victimisation secondaire dont les répercussions sociales ne sont pas toujours bien mesurées.

PAV a connu un essor majeur entre sa création en 1987 et aujourd'hui. Il est difficile de retrouver les chiffres des premières années (les financeurs et plus particulièrement la Chancellerie n'avaient pas le même niveau d'exigence qu'aujourd'hui envers les statistiques). Ceux-ci commencent à être fiables à partir de 1990. Cette année-là, PAV comptabilise 1237 entretiens pour 929 victimes. Ils sont réalisés par douze bénévoles et trois salariés. En novembre 2018, on dénombre 42 500 entretiens auprès de 14 500 victimes, réalisés par 21 salariés et 2 bénévoles (ces deux dernières interviennent 3 heures par semaine). Deux séries d'événements ont plus profondément marqué l'histoire de PAV : les attentats terroristes de l'année 1995 et ceux de l'année 2015.

II. La présidence de Paris Aide aux Victimes de 2013 à aujourd'hui : une évolution majeure

Le premier temps de présidence de Claude Lienhard de Paris Aide aux victimes, de 2003 à 2004, est marqué par une stabilité de l'activité. Les conditions, les contraintes et les choix politiques qui sont effectués au cours de cette période ne permettent pas une évolution à la hauteur des enjeux d'une association parisienne. Peu d'événements majeurs marquent ces années. Comme l'ensemble des associations du réseau INAVEM, la démarche de PAV est encore peu proactive à cette époque. Il n'est pas d'habitude d'aller vers les victimes. Les attitudes professionnelles, dictées par la prudence, sont encore frileuses. Cependant, outre le soutien juridique et psychologique individuel, l'association se spécialise dans les accompagnements durant la procédure pénale et notamment les préparations aux audiences. PAV réalise régulièrement des accompagnements de parties civiles au cours de procès, pour des viols notamment, et affine son dispositif à l'occasion des procès en 1ère instance puis en appel des attentats de 1995 où les psychologues de l'association soutiennent plus d'une centaine de parties civiles. Par ailleurs, PAV constitue un réseau solide de partenaires tant dans le champ judiciaire que dans celui de la santé. En 2004, Claude Lienhard, en raison de ses activités professionnelles, laisse son poste de Président à Michèle Bernard-Requin, Magistrat au TGI de Paris.

Même si Claude Lienhard n'est plus Président de Paris Aide aux Victimes, il est présent dans le champ de l'aide aux victimes au travers de ses activités d'administrateur de l'INAVEM et de chercheur, dont les nombreux écrits en Droit sont des supports précieux pour les juristes de l'aide aux victimes. Il a été l'un des premiers juristes à montrer la nécessité de travailler en lien avec les psychologues et les psychiatres, non seulement les experts, mais aussi ceux qui assurent un travail au quotidien auprès des victimes. Claude Lienhard a toujours été un « empêcheur de tourner en rond » en pointant les contradictions, les questions que pose telle ou telle problématique même et surtout si tout semble évident. Par exemple, il a participé aux réflexions sur l'indemnisation du traumatisme psychique. Il a été aussi l'un des premiers avocats à être présent durant les expertises « psys » pour mieux défendre les intérêts des victimes. Cette présence de l'avocat au moment de l'expertise n'est toujours pas une évidence pour les experts.

Depuis 2013, Claude Lienhard a repris son mandat de Président à l'association. Cette nouvelle mandature a été marquée à la fois par une évolution interne de l'association et par des événements majeurs survenus sur le territoire parisien.

Si en 2013, l'activité et l'implication de l'association auprès des victimes s'inscrit dans la continuité, au niveau interne, c'est une année de consolidation après une période de turbulence et de changement d'équipe exécutive. PAV, comme l'ensemble de l'aide aux victimes en France se dégage des dernières scories du militantisme et se professionnalise par l'embauche de salariés et par une gestion rigoureuse. 2013 a été une année d'intense réflexion interne mais surtout externe, grâce à une mesure d'aide à la décision sous la forme d'une mission d'expertise souhaitée et sollicitée par PAV. Cet audit a été mis en œuvre sous l'égide du Ministère de la Justice et de la ville de Paris dans le cadre de l'inspection générale des services judiciaires et de l'inspection générale de la ville de Paris. Cette mission intitulée « mission d'expertise sur l'activité de fonctionnement et la performance de l'association « Paris Aide aux Victimes » » a dressé à la fois un état des lieux mais surtout a énoncé vingt-huit recommandations qui étaient des « lignes forces », suggérées à Paris Aide aux Victimes et / ou à ses partenaires. Aujourd'hui encore, ces préconisations cadrent l'activité de l'association.

En 2014, Claude Lienhard, dans son rapport moral annuel, affirme que « *l'aide aux victimes d'infractions pénales est plus que jamais un impératif social et un marqueur essentiel de la capacité de l'État et des collectivités territoriales à faire face aux conséquences des délinquances dans un monde. Nul n'est à l'abri de la réalisation des risques* ». Comme d'habitude, Claude Lienhard est visionnaire dans ce champ qu'il connait bien de l'aide aux victimes et plus particulièrement celui des catastrophes collectives. Même si la menace terroriste était présente en 2014, nul n'avait prévu l'ampleur des événements qui allaient toucher la capitale en 2015. En 2014, malgré le souci des dirigeants de PAV à élaborer et perfectionner des plans d'interventions en cas de catastrophes collectives, l'attention reste plutôt centrée sur la recherche de l'effectivité, de la qualité, de l'égalité d'accès et encore de la capacité de réactivité qui peut être liée à l'urgence ou à la spécificité de situations individuelles. L'année 2014 sera marquée, pour PAV, par l'accompagnement des parties civiles du procès dit des « surirradiés d'Épinal », mais surtout par l'organisation de l'accompagnement, sur le territoire français, des témoins et des parties civiles du procès d'un génocidaire rwandais, procès qui s'est déroulé à la Cour d'assises de Paris du 4 février au 28 mars 2014.

Au cours de ce procès, PAV a fait montre d'une véritable créativité pour s'adapter aux besoins de témoins rwandais, basculés dans un monde qui leur était totalement étranger, et a développé un véritable savoir-faire en matière d'accompagnement à des procès exceptionnels ou dits « sensibles ».

Les années 2015 et 2016 auraient dû s'inscrire dans le sillage de stabilisation et de consolidation constatées en 2013 et 2014. Or, les attentats de janvier et de novembre 2015 ont bouleversé la configuration, les modes d'intervention et l'activité de l'association : PAV a doublé son effectif en 2015 et triplé en 2016 pour répondre aux besoins des victimes d'actes de terrorisme. Dès la survenance des attentats, les salariés se sont mis à disposition, que ce soit à l'école militaire, à l'Institut Médico-Légal, au guichet unique du TGI, à PAV et plus particulièrement à l'espace d'information et d'accompagnement des victimes du terrorisme… dans tous lieux d'accueil où leur présence était requise. Confrontés à des cas particulièrement lourds et complexes, parfois submergés par les contraintes administratives et les difficultés, ils ont su faire face à la souffrance des personnes traumatisées ou en deuil. Entendre parler de telles douleurs et de morts à longueur de journée n'est pas anodin. Des supervisions ont été organisées pour permettre aux équipes (psychologues et juristes) d'exprimer et de travailler avec leurs propres émotions et de prendre de la distance. Ces deux années ont donc été marquées par un engagement fort, dense et durable aux côtés et au service des victimes des attentats. Toutes les énergies et toute l'expertise de PAV ont été mobilisées dans le cadre d'un dispositif d'aide aux victimes performant, avec le concours immédiat et sans faille de la Ville de Paris, de l'Institution Judiciaire et de la Secrétaire d'État chargée de l'Aide aux Victimes. C'est une mobilisation hors norme à laquelle PAV a su s'adapter, grâce à son histoire et ses ressources. L'implication de tous les salariés a été saluée à sa juste valeur. Ce, d'autant plus que l'activité quotidienne au service de toutes les victimes des délinquances n'a pas fait relâche loin de là, s'inscrivant dans une croissance réelle y compris pour l'activité du Bureau d'Aide aux Victimes (BAV) du Tribunal de Grande Instance de Paris. Le tout s'est concrétisé par une augmentation d'activité de plus de 60%.

En lien avec la Ville de Paris, puis avec le soutien financier du Ministère de la Justice et de la Préfecture d'Ile de France, PAV a organisé le premier espace d'accueil des victimes de terrorisme qui sera le modèle des Espaces d'Information et d'Accompagnement des Victimes du terrorisme (EIA) dont la configuration est précisée maintenant par la circulaire interministérielle d'avril 2016 puis celle du 10 novembre 2017. Cet espace est conçu aujourd'hui comme un guichet unique où les victimes d'actes de terrorisme et de catastrophes collectives peuvent rencontrer l'ensemble des acteurs de l'aide aux victimes. Les juristes, les psychologues de l'association et l'assistante sociale mise à disposition par la Ville de Paris sont sur place aux côtés de partenaires : les gestionnaires du Fonds de Garantie (FGTI), des avocats, des représentants d'associations de victimes. Des conventions de partenariat (avec le Barreau de Paris / PAV, la Cellule d'Urgence Médico-Psychologique (CUMP) de Paris, le service de psychiatrie de l'Hôpital du

Val de Grâce notamment) ont été signées pour densifier et mieux organiser les relations et les modalités d'orientation réciproque. D'autres partenaires (Office National des Anciens Combattants et Victimes de guerre, ONACVG, chambre des notaires, services fiscaux, services sociaux, Parquet, etc.), même s'ils ne sont pas toujours présents à l'EIA ont désigné des référents que le "référent terroriste" de l'association peut contacter pour faciliter les démarches des victimes. À ce jour, l'EIA de Paris a accueilli plus de 2000 victimes et réalisé 20 000 entretiens.

2016 a aussi été marquée par l'implication de PAV dans le devenir de l'aide aux victimes en matière d'accidents collectifs et catastrophes et la réparation de nouveaux préjudices. Tout d'abord sollicité par la Secrétaire d'État à l'Aide aux victimes, PAV a activement contribué d'un point de vue scientifique et doctrinal à l'organisation de dispositifs dont certains ont été finalisés dans la circulaire interministérielle de 2017, à l'élaboration du nouveau Guide Méthodologique consacré à la prise en charge des victimes d'accidents collectifs à l'usage des acteurs de terrain. Ensuite PAV et notamment Claude Lienhard, ont apporté leur contribution comme « passeur d'idées et de constats » au groupe de travail présidé par le Professeur Stéphanie Porchy-Simon consacré à l'indemnisation des préjudices situationnels d'angoisse des victimes directes et de leurs proches. Enfin il y a eu la participation à toutes les réunions de travail qui ont contribué à la préparation du Livre Blanc publié à l'initiative de la Secrétaire d'État chargée de l'Aide aux Victimes.

III. 2017-2018 : 30 ans d'aide aux victimes, une nouvelle étape ?

2017 et 2018 ont été des années de stabilisation et de consolidation. L'association a été étroitement associée à l'élaboration du schéma départemental de l'aide aux victimes à Paris. Elle est reconnue comme une pièce essentielle de cette politique. PAV a collaboré aux accompagnements de victimes aux réunions d'information organisées par les juges d'instruction (crashs aériens et actes de terrorisme du 13 novembre 2015, de Nice ou de Londres) et toujours aux procès, par exemple depuis 2015, le procès dit de « l'hormone de croissance, les différents procès de génocidaires rwandais, procès « Carlos », « Palmier » (viols et tentatives d'homicide), procès « Merah », « Bendaoud » (dit « le logeur », en 1ère instance et en appel), le « Bardo » (procès en Tunisie, accompagnement des parties civiles durant la retransmission à Paris). Il s'agit essentiellement de soutien psychologique des victimes, mais un juriste peut aussi être présent en début d'audience pour répondre aux demandes d'aide juridictionnelle (aide à la constitution du dossier, lien avec le Barreau pour faciliter une désignation en urgence). PAV réfléchit à l'écriture d'un guide méthodologique spécifique à Paris, en complément de celui publié par le Ministère de la Justice.

Le travail de Claude Lienhard et de Paris Aide aux Victimes est donc aujourd'hui reconnu par tous tant au plan local que national. Le 29 mars 2018, PAV a fêté ses 30 ans sous l'égide de Claude Lienhard et de Bruno Cotte, magistrat honoraire. Au cours des trois tables rondes qui ont jalonné la journée, l'ensemble des partenaires a salué l'action de PAV inscrite dans un schéma départemental solide, porté à la fois par la juridiction et la Ville de Paris.

Donnons la parole à Claude Lienhard pour introduire ces 30 ans de Paris Aide aux Victimes lors de son allocution d'ouverture : « *J'ai beaucoup de plaisir à vous accueillir ce matin pour notre anniversaire. 30 ans pour une personne morale c'est un bel âge. Largement celui de la maturité et c'est à l'évidence la preuve d'une histoire partagée. Dans le diaporama que vous pouvez visionner toute la journée dans le hall des stands de nos nombreux partenaires, vous pourrez voir défiler les visages de celles et ceux qui ont fait Paris Aide aux Victimes. De celles et ceux qui ont composé les conseils d'administration successifs depuis 1987, de celles et ceux qui ont présidé aux destinées de Paris Aide aux Victimes, les 12 présidents et présidentes ; certains nous ont quitté. PAV depuis 30 ans, c'est tous les bénévoles du conseil d'administration et accueillants et aussi tous les professionnels, juristes, psychologues qui font le quotidien de l'aide et l'accompagnement aux victimes de toutes les délinquances. Au-delà de ces images il y a plusieurs dizaines de milliers de victimes qui ont été accueillis accompagnée et suivie, victimes individuelles, victimes d'accidents collectifs et d'attentats. L'action de Paris Aide aux Victimes s'est toujours inscrite dans le sillage des fondamentaux qui avaient été mis en évidence par le rapport du Professeur Milliez « Rapport de la commission d'étude et de propositions dans le domaine de l'aide aux victimes » qui a servi de pierre angulaire au mouvement français d'aide aux victimes : prise en charge globale, bientraitance, solidarité de la cité et choix de confier cette solidarité à l'enthousiasme et la volonté associative.*

Les temps présents sont à la gravité et à la vigilance. Nous avons souhaité que cette journée d'anniversaire soit essentiellement un moment d'échange vers l'avenir. A partir de bases solides, d'expériences riches, de retour d'expertises multiples, nous pouvons tracer des perspectives ensembles. C'est ce que nous souhaitons faire. J'ai le privilège d'avoir fait partie de l'équipe fondatrice de Paris Aide aux Victimes aux côtés des magistrats Jean-Michel Guth et de Jean Favard et d'avoir, il y a longtemps déjà, une première fois assuré la présidence de Paris Aide aux Victimes après Michèle Bernard-Requin et d'être aujourd'hui à nouveau en charge de cette responsabilité avec un bureau impliqué et un conseil d'administration toujours présent et attentif.

Il y a un message que je souhaite partager avec vous et je sais qu'il est vôtre : c'est que nous devons - puisque nous avons des instruments juridiques performants - puisque nous avons une volonté politique réitérée de se préoccuper au plus proche des victimes, simplement plus que jamais veiller au quotidien. Ceci implique une certaine vigilance à l'effectivité de la mise en œuvre de l'aide aux victimes pour chaque victime et toutes les victimes. C'est vrai pour le passé. C'est vrai pour le présent. Cela doit être vrai pour notre avenir commun et nous avons la journée pour en tracer la perspective. »

Allocution de Claude Lienhard aux 30 ans de Paris Aide aux Victimes – 29 mars 2017 – Archives de l'association.

En mars 2018, Claude Lienhard nous avait informés que sa retraite lui permettrait d'être plus impliqué dans l'activité associative. Il a signé sa feuille de route pour les années à venir : consolider les formations sur le droit des victimes et la réparation du préjudice corporel, rédiger des articles, voire des ouvrages collectifs, sur l'expérience acquise par Paris Aide aux Victimes en matière de prise en charge des victimes d'accidents collectifs et notamment d'actes de terrorisme, de la survenance de l'accident jusqu'au procès. Le 24 décembre 2018, Claude Lienhard a démissionné de ses mandats électifs à l'association et se consacre aujourd'hui à sa fonction d'avocat de parties civiles et à ses autres fonctions associatives, centrées sur la défense des victimes en France et à l'international. Originaire de Strasbourg, Claude Lienhard ne peut être que sensible à l'ouverture vers l'Europe et la construction d'une aide aux victimes internationale et notamment européenne. Sa présence à la première conférence européenne de l'aide aux victimes le 5 novembre 2018 est bien la preuve de cet intérêt.

Bibliographie

Damiani C. (2014). Enquête qualitative et sociologique sur le traitement des victimes de catastrophes par la justice pénale *in La judiciarisation des grandes catastrophes, approche comparée du recours à la justice pour la gestion des grandes catastrophes (de types accidents aériens ou ferroviaires).* Rapport du CERDACC – Université de Haute-Alsace, adressé à la mission de recherche « droit et justice », convention n° 212 01 18 17, pp 143-172.

Damiani C. & M-F. Steinlé-Feuerbach (2014), « Le préjudice d'angoisse », Colloque « *Réparation : Le trauma confisqué* », École du Val de Grâce, 26 nov. 2014, Alfest, http://www.alfest-trauma.com.

Damiani C. (2015). Enquête qualitative et sociologique sur le traitement des victimes de catastrophes par la justice pénale *in* M.-F. Steinlé Feuerbach & C. Lacroix (Eds), *La judiciarisation des grandes catastrophes, approche comparée du recours à la justice pour la gestion des grandes catastrophes (de types accidents aériens ou ferroviaires), Dalloz, collection Thèmes et commentaires,* mai 2015, p. 130 et sq.

Damiani C. (2015). « La place du psychologue dans l'expertise en réparation », *Gaz. Pal.,* 28 juin 2015, pp. 179-181.

Lienhard C. & Damiani C. (2016), « Réparation et indemnisation des victimes », *Lettre d'information sur les risques et les crises LIREC, INHESJ, n° 50*, pp. 40-42.

Damiani C., Vila G. & Coq J.-M. (2016), « Après le signalement : quel prolongement de la prise en charge. Dossier « Inceste, violences sexuelles à l'encontre de l'enfant », *Concours médical*, t. 138, n° 8, pp. 645-658.

Damiani C., Decung A. & Lienhard C. (2017), « Le dispositif d'aide aux victimes suite aux attentats survenus à Paris en 2015 ». *Gaz. Pal.* 7 fév. 2017, pp.55-59.

Damiani C. (2017), « L'organisation de la prise en charge globale des victimes des actes de terrorisme », *Perspectives psychologiques*, Vol. 56, n°2, avril-juin 2017, pp.153-159.

3

Claude LIENHARD

Benjamin DEPARIS

Je vois pour la première fois le nom de Claude Lienhard en 1995, dans un article de doctrine qui me frappe et attire particulièrement mon attention, je ne sais pourquoi, mais sans doute parce qu'il comprend des termes et notions jamais rencontrés ni évoqués auparavant à un quelconque moment de mes études de droit : « accidents collectifs », « droit des victimes », « victimologie », « droit des catastrophes » ainsi que des acronymes qui ne me disent rien : « CERDACC », « FENVAC », « INAVEM ». Après une première réaction d'étonnement, je pense à cet accident du Mont Saint-Odile évoqué par Claude Lienhard et je me dis que l'émergence de ces notions est proche et que cela pourra servir un jour aux juges.

En 2010, je suis nommé président du tribunal de grande instance de Thonon-les-Bains et l'on me dit qu'il y a un grand procès à tenir, que les faits sont clairement avérés avec nette une responsabilité du conducteur du car qui a franchi le passage à niveau alors que le signal lumineux était passé au rouge, qu'il y aura de nombreuses victimes, plus d'une centaine, et qu'il faut délocaliser ce procès dans une salle polyvalente. Non seulement ce procès se tiendra au Palais de justice avec 235 parties civiles et 20 avocats, mais la responsabilité du conducteur du car ne sera que partiellement reconnue, -il sera relaxé pour le franchissement illicite du signal lumineux-, et deux établissements publics seront condamnés avec lui dans un jugement qui ne sera pas frappé d'appel.

Le jugement de la catastrophe d'Allinges du tribunal correctionnel de Thonon-les-Bains en date du 27 juin 2013 reprendra judiciairement, dans ses motifs, la définition des accidents collectifs qu'en avait proposée Claude Lienhard. Il apportera sa pierre à l'édifice de la construction du droit des accidents collectifs avec la définition des contours du préjudice d'angoisse des victimes directes et l'émergence du préjudice d'attente pour les victimes indirectes.

Depuis lors, le droit a encore évolué, avec notamment les conventions d'indemnisation des victimes avant procès et la reconnaissance de ces préjudices par le FGTI.

Claude Lienhard est intervenu dans la session de formation de l'ENM « Victimes et procès pénal » que j'ai dirigée pendant trois ans de 2015 à 2017 et nous avons participé ensemble à la refonte du guide méthodologique des accidents collectifs.

L'office créateur et prétorien du juge ne peut trouver à s'exprimer que si la doctrine est là. Merci à vous, cher Claude Lienhard, pour votre apport, vos écrits et toutes vos actions. Vous restez, pour l'étudiant que j'étais, le premier à avoir vu tout cela.

Avec mes très chaleureux remerciements.

4

Adieu la robe

Jean-Materne S*TAUB*

Je profite du thème général de cet ouvrage, « *Université et Prétoire* », pour émettre quelques observations et évoquer l'un ou l'autre souvenir en rapport avec l'*alma mater*, et particulièrement, en dirigeant ma plume vers ce que je suis censé le mieux connaître : le monde des enseignants-chercheurs-juristes qui y sont affectés. Plus précisément, et on en comprendra par la suite tout le sens, j'ai choisi comme fil conducteur de cette pérégrination épistolaire l'explicitation du proverbe populaire : l'habit ne fait pas le moine. Claude Lienhard voudra bien m'absoudre par anticipation si je mène cette déambulation de manière décousue et digressive, sur un ton quelque peu badin ainsi que sur un mode parfois ironique.

Commençons par l'apanage le plus noble de la condition universitaire : la robe. Pas celle d'avocat, bien sûr, dont je sais que le destinataire de ces mélanges l'a portée au sein du barreau avec grandeur et talent, mais celle de notre maison. En réalité, il faudrait parler de deux robes, puisque nous avons le privilège d'être autorisés à en posséder un exemplaire de chaque type. La robe de cérémonie, rouge avec simarre noire, et celle de cours, noire avec simarre rouge.

La première est utilisée dans d'assez rares circonstances étant donné qu'il est loisible de nous en parer essentiellement lors des soutenances de thèse et d'HDR, des remises de prix de la composante, de la délivrance des doctorats *honoris causa*, et, quoiqu'en principe cela devrait tenir de l'exceptionnel, au moment des minutes de silence, qui, de nos jours, sont de moins en moins espacées compte tenu de la multiplication des attentats terrorises à coloration islamique qui endeuillent notre pays. Arrêtons-nous juste un instant sur ce qui vient d'être dit en dernier lieu. Je suis vraiment surpris qu'en ce domaine, nombre de nos collègues parlent la langue de bois traductrice d'une attitude bien pensante, indigne des intellectuels que nous sommes, et de la peur du qu'en dira-t-on. Lors de la tuerie de Strasbourg du mois de décembre 2018, un collègue, lors d'un bref hommage, a pu simplement parler de « *violences* » (pensait-il, en vérité, aux charges inexcusables de la police contre les gilets jaunes…) et, à l'occasion d'une manifestation, très émouvante au demeurant, au sein d'une composante dont l'un de ses anciens étudiants avait été froidement abattu, je n'ai à aucun instant perçu dans les différents discours qui ont été égrenés ce qui lui était vraiment arrivé et qui avait été à l'origine de sa disparition. Refermons la parenthèse, et revenons à ces beaux moments de notre vie universitaire où nous arborons le costume.

Ce qui m'a toujours frappé, c'est l'absence de décorations sur la poitrine de nos collègues et même sur ceux qui ont déjà, comme on dit, du métier. Pour les jeunes, c'est normal. Mais les autres ? Deux explications. La plus triviale, c'est que nombre de collègues ne sont pas propriétaires de leur robe. Ils invoquent eux-mêmes le prix du vêtement (autour de 1 000 € dans les meilleures maisons, auquel on peut ajouter la toque, les gants et, pour les messieurs, le nœud papillon), disproportionné par rapport aux émoluments qu'ils perçoivent mensuellement, déduction faite de l'impôt sur le revenu, ainsi que de la faible rentabilité du produit compte tenu des trop rares occasions qui sont offertes pour l'endosser. Soit, il y a du vrai là-dedans, on sait à l'envi qu'on n'est pas assez bien payé, qu'il y a le remboursement du prêt immobilier, les enfants, la voiture et les vacances et que, depuis longtemps, la rentrée universitaire ne se fait plus aux couleurs des différentes disciplines : écarlate, jonquille, amarante, groseille et noire. Mais je serais davantage chagriné s'il y avait une autre raison de s'abstenir d'un si bel et symbolique achat (c'est l'une des fiertés d'un nouvel agrégé d'aller se faire confectionner une robe chez le célèbre artisan-costumier Bosc) comme celle de croire que cet objet vestimentaire ne présente aucune utilité, pas le moindre intérêt, alors que nous sommes les seuls Hauts fonctionnaires – en théorie, si l'on tient compte de notre grille indiciaire – avec les recteurs à pouvoir s'en revêtir et qu'elle est le signe et le témoignage de ce qui reste de notre indépendance et de nos traditions. Rien que pour ça, un peu de tenue, dirais-je ! Résultat de tout cela, l'institution met à l'heure actuelle un exemplaire à la disposition de ceux qui souhaitent être au cœur de l'évènement, certes gracieusement, mais qu'il faut rendre en bon état, c'est-à-dire non perforée, ce qui se passerait si chaque intéressé en venait à agrafer puis à retirer ses « *bendele* ». Soit dit en passant, mieux vaut se presser pour obtenir une robe plus ou moins à sa taille (les plus chères sont faites sur mesure et réservées aux seuls acheteurs individuels), sinon on risque de faire sérieusement sourire l'assistance, surtout si elle s'avère trop longue, car on donne alors l'impression de flotter sur le sol, un peu comme un aéroglisseur.

La seconde raison de l'absence de médailles, c'est tout simplement que nos collègues en sont peu ou pas pourvus. Et, j'allais dire, quel que soit le type de breloque concerné. Légion d'honneur et mérite deviennent hors de portée depuis une décennie. D'abord, parce qu'il y a la parité, ensuite, parce que les contingents ont tendance à diminuer, enfin, parce que certains grands maîtres mettent l'accent sur telle ou telle catégorie de citoyens. Pour pouvoir prétendre à être reconnu digne d'être distingué, mieux vaut se situer au sommet de la pyramide managériale universitaire – les places sont rares – ou se faire connaître à l'extérieur de l'institution, soit, comme nous y avons droit, en échangeant notre robe pour celle d'avocat – réputé, bien sûr –, soit en menant des actions, dérivées de nos attributions traditionnelles, comme la rédaction d'un opuscule susceptible d'être perçu comme un service rendu à l'État ou en exerçant, au moins temporairement, de hautes fonctions au sein de l'administration centrale ou déconcentrée – ce qui n'est pas courant –, voire dans une institution européenne – ce qui l'est encore moins –. Quant aux Palmes, nous subissons aujourd'hui la double peine. Dans nombre d'universités, le contingent à répartir est divisé à égalité, d'une part, entre hommes et femmes, d'autre part, pour faire simple, entre enseignants et administratifs. D'un côté, on fait fi de ce bon vieil article 16 de la Déclaration de 1789 selon lequel les citoyens « sont également admissibles à toutes dignités, ..., selon leur capacité, et sans autre distinction que celle de leurs vertus et de leurs talents » et je récuse d'emblée toute la jurisprudence postérieure qui en a édulcoré le sens ou amoindri le contenu. D'un autre côté, je me demande ce qu'ont encore d'académiques lesdites Palmes. Car, ouvrons les yeux, c'est nous qui montons au front, appelés à former les futurs cadres de la Nation et, pour ce faire, à renouveler en permanence nos connaissances et, dans une certaine mesure, nos méthodes pédagogiques, alors que l'administration, dont le mérite est certain, se trouve en seconde ligne, en se mettant à notre service afin que nous puissions accomplir nos tâches dans les meilleures conditions possibles. Or, on en arrive parfois à des situations des plus ubuesques ou, pour dire simple, on se demande si on n'en vient pas à marcher sur la tête à l'université. Je me rappelle qu'un chef des services d'une composante – qualifié aujourd'hui de responsable administratif et financier (RAF) –, dont le départ en retraite avait été organisé par l'université, avait eu les honneurs d'être célébré dans un grand amphi, encensé par force discours, notamment ceux de la présidente, du doyen en exercice et de trois anciens doyens, comblé d'une multitude de cadeaux, et, cerise sur le gâteau, récompensé par une promotion au grade de commandeur dans l'ordre des palmes académiques. Cela laissa quand même pantois des collègues, estimant qu'on était parvenu à quelque sommet en matière de « diplôme ès démagogie », d'autant plus que certaines mauvaises langues avaient affublé le récipiendaire du sobriquet de « Ballet d'or », car il passait une partie de sa matinée dans les sous-sols afin de bavarder en prenant le thé avec les femmes de ménage. Dans un registre identique, j'ai même vu la présidente susmentionnée « *épingler* » – terme qu'elle a employé – l'insigne de chevalier sur la poitrine de la concierge d'un bâtiment et ce, en dépit des convenances, avant des collègues chevronnés en charge de responsabilités scientifiques importantes. De même, je me suis entendu dire par un agent chargé du planning, que, dès lors qu'il avait été nommé chevalier, on pouvait dorénavant se considérer, l'un et l'autre, comme des « collègues ». Certes, la communauté universitaire au sens large est une grande et belle famille, mais je suis d'avis, malgré le tutoiement qui a tendance à se développer de part et d'autre dans les UFR et instituts, qu'il reste des différences qu'il faut maintenir, évidemment en dehors de toute morgue ou dédain, afin que nous restions à même d'être en capacité d'inspirer le respect, un tant soit peu, ajouterais-je. La solution, me semble-t-il, pourrait consister dans la création d'une décoration spécifique pour les BIATSS-ITRF, comme il y en avait pour chaque ministère avant les suppressions opérées par le Général de Gaulle et comme il en existe encore dans certains départements ministériels. Malgré tous les obstacles évoqués ci-dessus et si l'on tient absolument à chamarrer sa robe, il reste encore et peut-être à tabler sur les médailles extranationales, soit en enseignant dans une université étrangère qui a la courtoisie, au terme de vos années de dévouement, de vous demander ce qui vous ferait plaisir comme cadeau d'adieu, soit espérer que l'un de vos thésards, d'une famille influente dans son pays, vous fasse décerner, en guise de remerciements, une décoration couleur locale.

Revenons à la robe et, en particulier, au petit costume. L'habit noir aux bandes rouges s'utilise pour faire cours. Chez les juristes, une pratique veut qu'elle soit aussi la robe de cérémonie des maîtres de conférences bien que, dans les petites universités et d'autres plus grandes, un vent de fronde souffle afin de renverser l'usage, les maîtres de conférences adoptant alors le grand costume. En ce siècle, il est fort inhabituel de rencontrer dans les couloirs un collègue revêtu du prestigieux équipage se rendant doctement dans l'arène estudiantine. Raréfaction qui n'est pas sans portée puisque, au fil du temps, certains en viennent à oublier les plus élémentaires conventions. Ainsi, ai-je été stupéfait lorsque j'ai croisé une collègue qui se dirigeait vers le temple de la connaissance en grand costume, le rouge avec bandes noires. Mais je suis quasiment tombé par terre lorsque cette même personne, avertie sans doute par quelque collègue un peu fielleux que sa tenue n'était guère réglementaire, avait certes bien revêtu la robe de cours mais, *horresco referens*, conservé l'épitoge à trois rangs, apanage exclusif de la robe de cérémonie ! Effectivement, le petit costume se porte avec une épitoge à un rang, comparable à celui des avocats, car le cours, ainsi qu'on l'entendait au XIXe siècle, consistait dans un questionnement suivi d'une démonstration, l'enseignant étant alors mis en situation de quasiment plaider afin de convaincre son auditoire.

Foin de toges universitaires, venons-en aux universitaires eux-mêmes et, plus précisément, au thème de la relation prof-étudiant. Nos collègues, dès lors qu'ils ont pris un peu de bouteille, se lamentent du niveau de nos apprenants (terme à la mode…). Ils n'ont pas tort. Beaucoup de nos jeunes sont sympathiques et de bonne volonté mais, malheureusement, ils n'y comprennent que goutte. Essayez pendant les trois années de licence de leur exposer une théorie ou de les faire raisonner. Ainsi, demandez-leur de vous expliquer en droit administratif la théorie de « *l'écran législatif* » selon laquelle le moyen tiré de l'inconstitutionnalité d'un acte administratif est inopérant au contentieux dès lors que cette décision a été prise en application d'une loi, car, statuer sur la constitutionnalité de cet acte reviendrait à examiner si la loi elle-même est ou non inconstitutionnelle, contrôle qui échappe en principe au juge administratif, la loi faisant donc *« écran »* entre l'acte attaqué et la disposition constitutionnelle de référence. Les initier aux différents modes de raisonnement relève d'une gageure identique. Prenons l'un des plus simples, le syllogisme, et bien, il ne passe pas. Je me rappelle qu'à l'IEP de Paris, notre chargé de conférences de méthode en histoire, aujourd'hui à l'Académie française, nous avait présenté un spécimen des plus clairs : majeure, Georges Pompidou est gaulliste ; mineure, Jacques Chirac est pompidolien ; conclusion : Jacques Chirac est donc gaulliste. Maintenant, énoncez-le à vos étudiants de ce premier cinquième de siècle : ils croient que vous leur racontez une histoire drôle ou que vous vous exprimez en charabia ! On pourrait multiplier les exemples à l'infini, mais ce qu'il faut retenir de cette baisse constante et inéluctable des facultés réflexives de nos usagers – que je ne chercherai pas dans ces lignes à expliquer –, c'est de se poser « la » question, à savoir : à quoi servons-nous encore ?

Avons-nous ainsi besoin d'un concours d'agrégation, difficile et exigeant, pour finalement buter sur un mur d'incompréhension. Il y a de plus en plus un hiatus cérébral entre l'agrégé et ses publics (les juristes ne professent pas seulement en fac de droit), entre ce qu'il sait et ce qu'ils peuvent comprendre, même en Master 2 – formation enrichie d'étrangers parlant souvent un français approximatif et ne connaissant que des rudiments d'écrit –, voire en thèse, où le directeur, avant toute jugement sur le fond, est ravalé à un rôle de simple correcteur des multiples fautes de syntaxe, de grammaire, d'orthographe et de ponctuation. Avons-nous aussi vraiment besoin de disciplines qui semblent remonter à un autre âge, comme l'histoire du droit et des institutions ? Difficile en effet d'imaginer l'étudiant-connecté réceptif à un cours d'Histoire des sources du droit en Europe ou d'Histoire de la propriété depuis l'antiquité et, en AES, d'Histoire du droit de l'entreprise à l'époque contemporaine ou d'Histoire de l'État et des grands services publics. La section correspondante du CNU devrait être mise en voie d'extinction et les quelques cours nécessitant une mise en perspective historique conséquente pourraient très bien être dispensés par nos collègues publicistes ou privatistes, car, de toute manière, aucun d'entre nous n'a été formé à la moindre école historique. On pourrait peut-être se poser la même question au sujet de la section de Science politique dont les éminents membres mériteraient pour la plupart de verser au CNRS afin d'y entretenir leur sabir en interne sans que les étudiants en soient les victimes et, accessoirement, leurs collègues d'autres disciplines. À la limite, pendant qu'on s'intéresse aux réformes et compte tenu de ce bien triste contexte où règne une disparité croissante entre les sachants – pas toujours ! – et les indoctes – pas forcément ! –, on pourrait fusionner le corps des professeurs et celui des maîtres de conférences, du moins pour ceux qui sont HDR, car la réalité enseigne qu'il n'existe plus de différence marquante entre leurs activités respectives (on mentionnera juste la disposition du décret de 1984 qui donne priorité aux « *Pères* » sur les « *Frères* » – pour reprendre la distinction à caractère fonctionnel propre à certains ordres du clergé régulier – quant au choix des cours). Enfin, pendant qu'on y est, pourquoi ne pas faire disparaître à petit feu tous les enseignants titulaires du supérieur, puisque, dès lors qu'une composante met en place une évaluation des enseignements digne de ce nom, on se rend compte que ce sont les intervenants extérieurs qui bénéficient souvent des meilleures appréciations. J'y vais certes un peu fort, car on pourrait me rétorquer : qui va alors faire de la recherche ?

Les moins pessimistes d'entre nous, qui tout en rechignant à enseigner, cherchent à se consoler en invoquant ce qui fait l'âme ou le must de notre profession : la science juridique. Mais que signifie-t-elle dans nos disciplines ? Nous sommes sans doute capables d'entreprendre de brillantes synthèses sur un point déterminé, encore que, en droit public, nous sommes sérieusement concurrencés sur ce terrain par les membres du Conseil d'État, et de rédiger des commentaires doctrinaux s'abreuvant à la source jurisprudentielle, dont il faut par honnêteté reconnaître que beaucoup d'entre eux sont de piètre qualité. Parler de recherche est en conséquence un grand mot. Deux indices semblent corroborer cette assertion. Le premier se décèle dans un phénomène qui se développe, notamment dans la section de droit privé, où un MCF qui souhaite obtenir sa qualification pour postuler au professorat a de plus en plus intérêt à faire savoir dans son CV qu'il a été détaché quelque temps au CNRS, qui, comme on ne saurait en douter, incarne le saint des saints de la recherche pure et dure. Le second est encore plus topique. Il est clair qu'on éprouve de la peine à dégotter quelque théoricien contemporain du droit de génie, ce qui s'explique peut-être par l'idée que, dans nos matières, l'imagination n'est pas au pouvoir. En droit public, si je me retourne sur les trente années qui précèdent, je ne répertorie qu'un seul de nos collègues français à avoir inventé un concept en droit public qui soit entré dans le droit positif : c'est la notion de service à compétence nationale (les SCN forment au sein des services publics de l'État une catégorie hybride puisque, tout en ne répondant pas aux missions des administrations centrales, ils sont insusceptibles d'être territorialisés par une intégration dans les services déconcentrés). Il faut le reconnaître, nous ne sommes en vérité que des glossateurs et non des découvreurs, la preuve étant nettement apportée par le constat sans détour selon lequel aucun prix de renommée internationale ne nous est spécifiquement destiné. Donc, rien à regretter. On peut s'en aller tranquillement. Sur ce point, d'ailleurs, on remarquera que, de plus en plus, nous partons en retraite dans l'anonymat presque le plus complet, une petite mention à la distribution des prix et puis s'en va !

Quittons le rivage des fonctions universitaires pour nous intéresser à l'*homo* enseignant-chercheur proprement dit. Plusieurs questions m'interpellent depuis longtemps.

Premièrement, est-il un savant ? Certains de mes amis me disent que lorsqu'ils se rendent au domicile de collègues, ils sont affligés par l'aspect squelettique de leur bibliothèque juridique. Par pudeur, ils pourraient au moins faire semblant en acquérant gratuitement les deux fois deux spécimens qu'offrent annuellement deux des grands éditeurs au service du droit. Mais la réponse est toujours la même : inutile d'investir dans cette « matière première », car le taux d'obsolescence des ouvrages et manuels est considérable et, de toute manière, les étudiants restent indifférents au fait que vous leur présentez comme le droit actuellement applicable une jurisprudence révolue.

Deuxièmement, comment s'habille-t-il ? Le « *look* » des collègues a visiblement évolué et l'on observe une certaine dérive par rapport aux codes qui étaient encore en place à la fin du XXème siècle. Des hommes ont abandonné la cravate, cela fait moderne ; des femmes s'habillent comme des sacs, cela fait fun. Cette décontraction à tout crin ne plaît pas forcément aux étudiants qui, parfois en quête de modèles, ne rencontrent en face d'eux qu'un être quelque peu dépenaillé et guère soigné.

Troisièmement, où déjeune-t-il ? Je n'ai toujours pas résolu cette énigme en relation avec les exigences du tube digestif. On pourrait penser légitimement qu'il se déplace, dès lors qu'il passe la journée à l'université, au restaurant administratif (éliminons d'entrée le restaurant tout court, beaucoup trop cher, et abandonnons le resto-U, lequel n'a pas véritablement laissé de bons souvenirs gastronomiques). Que nenni. En dix ans de fréquentation assidue d'un resto dédié strasbourgeois, celui de la cité administrative, je n'ai recensé qu'un seul juriste, une MCF, s'y rendre régulièrement. Et pourtant, la table est très convenable et le prix raisonnable : autour de 8 € pour la trilogie entrée, plat, dessert. On me dit que beaucoup s'alimentent dans leur bureau, soit en ramenant de chez eux leur propre casse-croûte, le fameux Tupperware, soit en s'achetant un produit dérivé du pain, comme un pan-bagnat ou une viennoiserie. Je ne peux sur ce thème, tout en mystères, qu'apporter un seul témoignage. Je connais une professeure émérite qui hante depuis sa mise à la retraite les couloirs d'une faculté de droit et qui squatte, depuis de longues années maintenant, un bureau et que l'on voit fréquemment à la cafète se procurer en guise de déjeuner un simple sandwich. Il faut le reconnaître, tout cela nous déclasse, à moins que nous souhaitions ressembler au SDF qui campe depuis un an devant la faculté susmentionnée tout en y séchant son linge. On peut au moins espérer que nos collègues n'en sont pas réduits à faire leur marché à l'Épicerie solidaire, « Agorae » de son nom, située au sous-sol de la même faculté.

Dernièrement, est-il aimé ou, pour le moins, fait-il l'objet de considération ? Vaste programme, comme disait le grand Charles. Utilisons la méthode casuistique.

Primo, s'aime-t-on entre collègues ? Dans ce domaine de l'affect, il est fort délicat de généraliser. En ce qui concerne le grand amour, on connaît des couples et des couples d'universitaires qui ont convolé en justes noces à partir des bancs de la faculté ou, plus tard, au début de leur carrière (après, on passe dans l'inconvenant : les relations extra conjugales). Bravo pour ces happy fiew, mais, à l'instar des 130.000 divorces qui sont prononcés chaque année, d'aucuns se sont repentis de s'être rencontrés en pareil lieu. En tout état de cause, il est impossible d'affirmer que l'on va recueillir beaucoup de preuves d'amour dans l'espace universitaire. Au contraire, on y ressent pas mal d'animosité, d'envie et de ressentiment, le tout entraînant une ambiance en demi-teinte créatrice d'un malaise qui débouche sur la constitution de petits clans rivaux les uns des autres où des escarmouches picrocholines, car sans enjeu majeur, scandent, ici ou là et par intermittence, la monotonie de la longue vie universitaire. Heureusement, il reste quelques solitaires qui, d'habitude, ne dérangent personne pourvu qu'on les laisse tranquilles.

Secundo, *quid* des étudiants ? Je ne leur ai pas donné la parole avant de composer ce libelle, mais l'on sait que des étudiant(e)s tombent amoureux(ses) de leur prof si bien que l'on nous conseille de les recevoir dans nos bureaux la porte entrouverte afin de couper court à tout malentendu – qui peut coûter cher d'ailleurs ! (il y a plus de trente-cinq ans, une étudiante en théologie catholique, s'étant vue refuser ses avances, s'était carrément dépoitraillée, griffée et s'était mise à hurler dans les couloirs de la faculté pour achever son parcours névrotique en portant plainte pour tentative de v...) –. Ce dont on peut être sûr, c'est que certains nous apprécient, voire nous admirent pour X et Y raisons. D'autres nous vouent aux gémonies, particulièrement lors des examens et de leurs résultats. On relèvera que, depuis que les oraux sont en voie de disparition, l'opinion que se font les étudiants de leur examinateur devient plus indécise. A l'époque des « oraux », il leur était aisé au terme de leur prestation d'affubler l'enseignant de tous les noms d'oiseau de la création, tout en sachant que nos collègues leur rendaient la pareille, mais par anticipation. Dans ce registre, il y a des seigneurs pratiquant un bon mot d'esprit sur le dos des étudiants et des rustres incapables de se tenir et qui ternissent l'image que nous devons donner de l'université. Je me souviens d'un spécialiste en droit commercial, qui faisait passer ses étudiants au minimum par deux, car il était pressé de rejoindre son cabinet d'avocat, et qui, en guise de chute finale, avait qualifié un duo copieusement étrillé – ils sont quand même devenus des avocats strasbourgeois de renom –, de Trafalgar et de Waterloo (pour une autre paire de Charybde et de Scylla). A l'inverse du trait d'humour qui devrait habiter nombre de nos remarques, j'évoquerai ce fiscaliste qui sut en toute goujaterie provoquer les larmes de son interlocutrice en lui assénant un « *non seulement vous êtes nulle, mais en plus vous êtes moche* ». La seule chose que je réprouve fondamentalement, c'est le collègue qui utilise sa fonction pour saquer gratuitement les étudiants afin de se venger à bon compte et sur leur dos des vacheries qu'il a endurées du temps où il était lui-même potache. Cette personne-là devrait être écartée à tout jamais de notre communauté.

Tercio, et l'administration ? Un ancien président d'université, passé de vie à trépas depuis quelque temps, alors qu'il était en instance de départ à la retraite et qu'il déclinait devant sa section son testament universitaire, en était venu aux confidences pour notamment déclarer *ex cathedra* : « *sachez que l'administration ne nous aime pas* ». Faisons amende honorable étant donné qu'il y a quelques bonnes raisons pour que cela soit ainsi. Beaucoup d'agents ne nous voient jamais, sauf pour les examens de fin de semestre, et il est facilement constatable que nous n'avons pas d'horaires fixes mis à part ceux de l'emploi du temps (ce n'est pas comme dans des universités étrangères où les enseignants pointent, un certain quota d'heures étant réservé à une présence effective dans les locaux de la composante, notamment pour l'accueil des étudiants). On pourrait ainsi présumer que la vie professionnelle d'un enseignant du supérieur se résume à l'équation basique : université = vacances perpétuelles. Voici donc de quoi alimenter *a priori* de la rancœur et entretenir des regards furibonds. En réalité, si les relations avec la centrale restent habituellement cordiales et ne posent pas de problèmes à ce titre, il n'en va pas toujours de la sorte au niveau des composantes où existe une relation de relative proximité entre agents et enseignants. Le personnel administratif, particulièrement celui du service de la scolarité, se forge progressivement une opinion assez tranchée sur chacun d'entre nous à force de brèves rencontres de toutes sortes. La plupart du temps, les rapports sont apaisés, et même des sentiments d'estime réciproque se développent. Mais on assiste aussi à des tensions qui peuvent déboucher sur de petits clashs qui, au bout du compte, vont conduire tel ou tel à vouloir changer de tâches ou quasiment quitter la composante ou, à l'inverse, raidir l'agent qui, sûr de son bon droit, va jouer les opposants et affronter l'enseignant avec les moyens dont il dispose. En cas de froid ou de mésentente, on risque alors d'arriver à l'instauration d'un rapport de forces qui, au final, ne nous est pas nécessairement favorable. Deux souvenirs à cet égard. Prenant en charge des étudiants salariés, qui ne se déplacent à l'université que lors de l'enseignement qui leur est dispensé, j'avais pensé qu'on leur fasse parvenir, avant que les séminaires ne débutent, quelques recommandations bibliographiques. Le temps n'étant pas encore aux mails, j'avais suggéré à l'administration que le mince document tenant sur une feuille A4 leur soit adressé par la poste. Me l'ayant vu refuser, car paraît-il hors délai, j'implorais le doyen, arguant de considérations pédagogiques de bon aloi, d'en ordonner l'envoi auprès de l'agent récalcitrant, avec lequel, j'en conviens, nos face-à-face n'étaient guère empreints de sérénité. Le refus de ce dernier ayant été pris en compte par le doyen, je passais avec celui-ci plus d'une bonne heure à écrire sur une enveloppe le nom de chaque bénéficiaire et de glisser à l'intérieur le précieux document, le listing ayant été, cependant, obligeamment mis à notre disposition par ledit agent ! Autre illustration de nature à nous mortifier, le cas d'un agent, à l'époque peut-être encore de catégorie C, qui avait exigé du patron de la faculté de prendre un arrêté décanal dérogeant de deux jours à la date officielle d'ouverture des TD pour ces mêmes salariés (environ une trentaine d'inscrits), ce à quoi il se prêta ignominieusement, si bien que le formulaire scélérat eut l'honneur d'être affiché pendant toute l'année universitaire derrière un panneau vitré fermé à clé ! Le comble, c'est que cette personne, qui avait en quelque sorte refusé d'obéir, fut plus tard honorée par une promotion dans les Palmes, proposée d'ailleurs par le même Doyen. On est bien en pleine démagogie éhontée, ce qui aggrave le déclin de notre « maigre » autorité et de nature à dévaloriser notre statut.

In fine, que représentons-nous pour les tiers ? Là encore, pas de généralisation. Pour ceux qui ont une idée de ce que personnifie un professeur d'université, on rencontre de l'admiration teintée d'un soupçon de jalousie. Sur ce versant là, je ne sais pas si c'est encore valable en 2019, mais chaque fois que le sujet de la rémunération était évoqué avant cette date au cours d'une conversation avec une personne plus ou moins avertie de notre condition, on nous assénait que nous étions très bien payés. Ce mythe, je l'espère, a vécu, surtout depuis qu'un récent article du Figaro (22 février 2019), reprenant une étude de l'INSEE, a dévoilé les salaires nets moyens des hauts fonctionnaires en 2016. L'infographie du quotidien présente un long tableau où sont énumérées par ordre décroissant neuf catégories d'emplois dont la dernière, la plus basse, comprend 18% d'agents gagnant 6 410 € par mois, la moyenne de cette cohorte se situant à 5 098 €. Comble de l'ironie, une dixième catégorie apparaît, légèrement décalée, où l'on nous informe que, « par comparaison », seulement 1% des professeurs d'université touche ladite somme, le salaire moyen se situant à 3 638 €. *No comment.* Dans la vie extra universitaire, c'est un peu plus réjouissant, mais pas top. Peu de personnes nous appellent encore M. le Professeur, le

Doyen, le Directeur, etc… (d'ailleurs, la plupart des courriels administratifs nous désignent par un banal Monsieur ou Madame). Au niveau protocolaire, c'est aussi parfois limite puisque, dès lors qu'on nous cite, on arrive souvent en fin de liste et ce alors que nous montons jusqu'à la Hors échelle E. En revanche, ceux qui connaissent notre niveau de diplôme ont une attitude de prime abord respectueuse, et pour ceux d'entre nous qui sont encore invités dans les dîners mondains, où il sied d'asseoir à la table de la maîtresse de maison un universitaire, nous bénéficions alors d'une certaine aura. Mais il ne faut rien exagérer. Depuis la massification de l'enseignement supérieur au tournant des années soixante et l'expérience extra cool de mai 68, notre statut civil n'est plus ce qu'il était. Sans faire de « nostalgisme » larmoyant, on a toujours plaisir à se remémorer la déférence, et même la renommée, dont nos anciens étaient gratifiés et, pour ce faire, rien qu'une anecdote – que m'avait racontée Roger Perrot – qui, au moment où j'écris, m'autorise à dire : adieu la robe. C'est au début des années cinquante, où après un copieux dîner, le Doyen Robert Redslob raccompagne à son hôtel le président de l'Association française de droit judiciaire, le professeur Henry Sollus. Passant devant la Kaiser Wilhelm Universität, place de l'université, ils tournent à droite dans la rue Goethe. Ne pouvant résister à un besoin pressant d'uriner, ils se soulagent sur les grilles entourant le jardin de l'université quand, soudain, une main se pose sur l'épaule du Doyen de la faculté de droit et une voix se fait entendre : « *je vous tiens mes gaillards !* ». Sans modifier le moins du monde sa position, le maître strasbourgeois tourne tranquillement la tête vers le trouble-fête, et celui-ci, gardien du périmètre universitaire de son état, pris d'effroi, s'exclame alors en bredouillant : « *ah ! si j'avais su que c'était vous, Excellence* ».

Il reste à la façon d'un épilogue à nous tourner vers le maître de la pensée juridique de l'université de Haute Alsace qui, à l'heure où il prend sa retraite, laisse orphelins ses disciples, quelque peu désemparés au sein du CERDACC. Juriste remarquable, on le sait depuis longtemps, mais aussi mari formidable et père admirable, l'attributaire de ces lignes mérite sans conteste de se voir appliquer la formule consacrée : Claude Lienhard a tout eu, même l'estime de ses collègues.

DROITS DES VICTIMES

5

L'homme le plus fort de la cathédrale de Strasbourg Regards sur l'ouvrage d'un artisan de la réparation intégrale

Frédéric BIBAL

Si vous entrez dans la cathédrale de Strasbourg par le côté droit de la nef principale, vous pourrez découvrir, à la base du pilier nord-Ouest, une étonnante petite sculpture. Il s'agit d'un personnage courbé, genoux en demi flexion, qui semble porter sur le haut de son dos tout le poids de l'imposant édifice, ce qui lui vaut le surnom d'« *homme le plus fort de la cathédrale de Strasbourg* ». À l'évidence, ce petit être de pierre est un professionnel : coiffé d'une espèce de toque, concentré sur son effort, il tient d'une main le grand pieux vertical qui lui sert d'outil, l'autre main fermement appuyée sur la jambe opposée. Les guides de la cathédrale y voient la représentation de l'architecte qui dirigea en leur temps d'importants travaux de restauration.

Mais il existe une autre explication, tout aussi plausible, que vous révèlera peut-être la contemplation des voûtes de la cathédrale, si vous laissez en même temps votre esprit vagabonder vers le souvenir de vos études de Droit.

Le 28 octobre 1954, la Cour de cassation jugeait que « *le propre de la responsabilité civile est de rétablir aussi exactement que possible l'équilibre détruit par le dommage et de replacer la victime (...), dans la situation où elle se serait trouvée si l'acte dommageable n'avait pas eu lieu* »[1]. Les professeurs présentèrent cet arrêt comme fondateur, pour l'époque moderne, du principe de réparation intégrale[2]. Ils ne manquèrent pas aussi de souligner l'ambition vertigineuse du principe de réparation lorsqu'il concerne l'intégrité physique ou psychique de la personne. Selon la belle formule du président Jean-Pierre Dintilhac, le principe de réparation intégrale est en ce cas une ***« utopie constructive »***[3]. Utopie bien sûr : c'est folie que prétendre neutraliser la trace des blessures du corps et de l'âme, alors même que la médecine n'y parvient pas. Mais utopie constructive : le droit commande à ses serviteurs de mettre en œuvre sans relâche les moyens nécessaires pour que soit rétabli, autant que faire se peut, l'équilibre détruit par le dommage.

---

[1] Cass. 2e civ., 28 oct. 1954, *Bull. civ.* 1954, II, n° 328.

[2] Pour un exposé du principe de réparation intégrale et des positions doctrinales, voir notamment P. Brun, *Responsabilité civile extracontractuelle*, LexisNexis, 4e éd. 2016, n° 595 et s.

[3] J.-P. Dintilhac, « La nomenclature et le recours des tiers payeurs », *Gaz. Pal.,* 11-13 févr. 2007, p. 55.

La tâche semble impossible, comme de porter à dos d'homme le poids immense des voûtes de la cathédrale. Voilà pourquoi le petit artisan de pierre de la cathédrale de Strasbourg est sans doute un avocat spécialiste de réparation des dommages corporels.

Levons les yeux et regardons son œuvre. Sur le dos du maître, un immense pilier. D'abord étudier l'atteinte corporelle comme un fait, qu'on appelle dommage : c'est le premier pilier. Puis la voûte, imbrication savante des conséquences juridiques de cette atteinte, qu'on appelle préjudices. Ces préjudices sont tous ajustés sur la clef de voûte de l'édifice, le chiffrage indemnitaire. Mais cette voûte n'est pas suspendue dans le vide. De l'autre côté, comme un équilibre retrouvé, le pilier final, celui qui donne son sens à l'ouvrage, le pilier de la vie restaurée, le pilier de la liberté.

Observons à présent les détails de l'immense construction portée par notre homme.

I. Premier regard : Sur ses épaules, le pilier du dommage

Décrire complètement les dommages subis par la victime est la première tâche de l'avocat. On notera ici que le professionnel scrupuleux ne manque pas d'appliquer au dommage psychique une méthodologie comparable à celle qu'il met en œuvre pour le dommage strictement corporel4. Pour l'un comme pour l'autre, l'artisan de la réparation intégrale doit réaliser un important travail de collecte des preuves, généralement doublé d'une phase d'expertise.

A. LA COLLECTE DES MATÉRIAUX : LE RECUEIL DES PIÈCES JUSTIFIANT DU DOMMAGE

Pour accompagner efficacement la victime, l'avocat se consacre d'abord au patient en recueillant de multiples matériaux. Il commence par consigner les déclarations de la personne lésée, car il faut avant tout entendre la victime et recueillir ses plaintes[5]. Il réclame ensuite une pièce maîtresse, le dossier

[4] C. Lienhard, « La réparation des préjudices découlant des dommages psychiques subis par les victimes directes et indirectes », in M. Le Roy, J.-D. Le Roy et F. Bibal, *L'évaluation du préjudice corporel*, 21e éd. LexisNexis, p. 467.

[5] Ces déclarations peuvent consister en des récits, des doléances, ou bien encore des procès-verbaux de déclaration dressés devant la police. Il s'agit en somme de tout document émanent directement de la victime faisant état du dommage qu'elle a personnellement subi.

médical complet[6], encadré par deux jalons essentiels : le certificat initial descriptif et le certificat final de consolidation, qui marque la stabilisation des troubles. Viendront ensuite les photographies de la victime antérieures et postérieures au fait dommageable[7], les attestations de proches de la victime[8], les pièces économiques justifiant des impacts professionnels du dommage[9], les relevés des prestations versées par les tiers payeurs, les preuves de tous les frais (factures ou devis)[10] et les justificatifs divers de toutes les activités de la victime[11]. Et la liste n'est pas exhaustive, tant il faut de matière pour bâtir une œuvre solide.

B. LA MISE EN ŒUVRE TECHNIQUE : L'EXPERTISE DU DOMMAGE

Les matériaux recueillis sont souvent trop bruts ou disparates, et ne pourront être utilisés sans cette opération essentielle qu'est l'expertise. L'expertise peut aussi bien porter sur des questions médicales, comptables, architecturales, que sur tout aspect technique soulevé par la description des dommages. Mais, pour l'évaluation du dommage corporel, c'est l'expertise médicale-psychiatrique pour les dommages psychiques qui reste déterminante.

---

[6] Le dossier médical doit comporter : les comptes rendus d'hospitalisations, toutes les pièces infirmières, les bilans biologiques, les comptes rendus d'examens divers, les avis du médecin du travail, etc.

[7] Il peut s'agir aussi de photographies de la pratique des loisirs habituels avant l'accident, des trophées gagnés ou créations artistiques réalisées ; des réunions de famille, etc.

[8] Lesdites attestations sont relatives notamment à l'aide humaine apportée (objet, durée) de personnes issues du même milieu professionnel (preuve de la perte d'un avancement professionnel ou de perspectives de carrière future), du personnel de santé s'occupant de la victime à la sortie des établissements de soins (infirmière à domicile, ostéopathe, kinésithérapeute, psychologue...), des professeurs de la victime scolarisée, des coéquipiers de la victime s'agissant d'une pratique régulière d'une activité, etc.

[9] A l'image des bulletins de salaire des années antérieures à l'accident et des mois précédant la consolidation, des pièces attestant du chiffre d'affaires lorsque la victime exerce une profession libérale ou est entrepreneur (bilans comptables...), de lettres de licenciement, de grille des salaires dans l'entreprise du salarié, etc.

[10] Comme l'ensemble les frais exposés et restés à charge (frais de santé, tierce personne, téléphone, télévision, transports, matériels spécialisés...), un décompte des kilomètres parcourus en rapport avec le fait générateur ainsi que la copie de la carte grise du véhicule, les notes d'honoraires de médecin conseil, ergothérapeute, architecte, assistant la victime, les factures ou devis des aménagements du logement ou du véhicule, etc.

[11] Exemples : voyages, bulletins de notes de la victime mineure, licences sportives ou justificatifs d'adhésion à un club, etc.

L'expertise est multiforme : elle peut être unilatérale, lorsqu'elle est réalisée par le médecin de l'une des parties, ou contradictoire, lorsque toutes les parties participent pleinement à l'accomplissement de la mission. Les intervenants y sont divers : le médecin-expert, le co-expert, le sapiteur, le médecin-conseil de victime, le médecin conseil du débiteur de l'indemnisation. Mais l'avocat y a toujours sa place aux côtés de la victime, au même titre que les médecins, et par essence même, puisque l'expertise médicale est précisément le lieu et le temps d'une collaboration de la médecine et du droit. L'avocat vérifie la pertinence de la mission confiée à l'expert, veille au respect du contradictoire, s'assure de l'utilisation de références médico-légales adéquates, assiste même à l'examen clinique, lorsque c'est nécessaire et que la victime le demande[12].

Son rôle est essentiel pour une juste appréciation des dommages subis et pour une conduite équitable de la mesure. Il sait par exemple que les barèmes médico-légaux, construits antérieurement à la nomenclature actuelle, ne prennent pas en compte les aspects essentiels que sont les souffrances permanentes et l'atteinte à la qualité de vie de la victime. En conséquence il n'hésite pas à solliciter une majoration du taux barémique pour que l'évaluation corresponde à la réalité du poste concerné[13].

L'artisan scrupuleux connaît les outils autant qu'il s'en méfie. L'outil contribue à l'œuvre, mais il ne fait pas toute l'œuvre. L'artisan engagé ne veut pas croire que les limites de l'outil sont les limites de l'œuvre. Il ne craint pas de changer d'instrument, et dans les cas les plus difficiles, de se passer même d'un instrument inapproprié[14] pour prendre la mesure exacte d'une réalité que les outils ne peuvent traduire[15].

Car l'objectif, au-delà de l'observation du dommage, est bien de pouvoir indemniser chaque préjudice.

---

[12] « *La présence sans restriction de l'avocat en expertise : un choix souverain de la victime opposable à tous les acteurs de l'évaluation médico-légale* », note M.-A. Ceccaldi, *Gaz. Pal.* 8 janv. 2019, n° GPL339, p. 13.

[13] Cass 2e civ, 29 juin 2017, n° 16-17.864.

[14] Pour le seul exemple du barème médicolégal en psychiatrie : G. Lopez, « Les barèmes d'évaluation actuels sont-ils obsolètes ? », *Gaz. Pal.*, éd. spéc. n° s 46 à 48, 17 févr. 2015, p. 19 et Michel Dubec, « L'obsolescence du barème du Concours médical au regard de l'évaluation de la dépression post traumatique », *Gaz. Pal.* 14 mai 2019, n° 18, p. 80.

[15] Sur l'impossibilité de traduire certains préjudices par les outils expertaux, voir aussi le rapport du groupe de travail présidé par Madame S. Porchy Simon (//www.jac.cerdacc.uha.fr/wp-content/uploads/2017/03/Rapport-Porchyon.pdf).

II. Deuxième regard : Au sommet de son œuvre, la voûte des préjudices

Quand le dommage est correctement décrit et explicité, il revient aux artisans du droit d'en exprimer les effets par la définition, l'articulation et le chiffrage des postes de préjudice. Ces opérations constituent l'indemnisation.

La liquidation de la dette de réparation repose sur une véritable culture indemnitaire partagée par les acteurs de la réparation. Cette culture relève d'abord d'un langage commun, celui des nomenclatures de préjudices. Elle procède ensuite d'une méthode de chiffrage indemnitaire qui reste l'objet de sérieuses controverses.

A. LE JUSTE MANIEMENT DES NOMENCLATURES

La référence actuelle en matière de préjudices corporels est la nomenclature Dintilhac, du nom du magistrat ayant présidé le groupe d'expert rédacteurs de ce guide. Dès l'origine, l'instrument était présenté par ses rédacteurs eux-mêmes comme simplement indicatif et non contraignant[16] La nomenclature n'a donc pas vocation à être appliquée systématiquement dans son intégralité à tous les types de dommages, mais à l'inverse, de nouveaux postes de préjudices peuvent théoriquement émerger s'ils ne sont pas compris dans cette liste[17].

La nomenclature répartit les préjudices selon plusieurs critères : le type d'atteintes-blessures ou décès, la victime touchée-victime dite directe ou victime dite indirecte, la nature des répercussions patrimoniales ou extrapatrimoniales, la date de survenue des préjudices - avant ou après consolidation des lésions. Le professionnel de l'indemnisation doit donc

---

[16] *«Les membres du groupe de travail tiennent à souligner que cette nomenclature, qui recense les différents postes de préjudice corporel, ne doit pas être appréhendée par les victimes et les praticiens comme un carcan rigide et intangible conduisant à exclure systématiquement tout nouveau chef de préjudice sollicité dans l'avenir par les victimes, mais plutôt comme une liste indicative - une sorte de guide - susceptible au besoin de s'enrichir de nouveaux postes de préjudice qui viendraient alors s'agréger à la trame initiale »* : Rapport du groupe de travail chargé d'élaborer une nomenclature des préjudices corporels, juillet 2005, la Documentation française, Introduction, p. 4.

[17] Le préjudice exceptionnel : réflexions sur la fonction et les limites de la nomenclature des postes de préjudice, J.-B. Prévost, *Gaz. Pal.* éd. spéc. n° 54 à 56, 25 févr. 2014, p. 20.

maîtriser l'important chapelet des définitions de postes de préjudices[18], mais savoir s'en écarter lorsque c'est nécessaire.

L'exemple tragique des victimes d'attentat montre bien la difficulté que rencontre ici l'avocat de la victime.

Dès avant la nomenclature Dintilhac, il avait été admis que la spécificité des atteintes subies après un attentat imposait de reconnaître des préjudices particuliers, qui s'ajoutaient à ceux que la jurisprudence reconnaît habituellement[19]. Le Fonds de Garantie des victimes du terrorisme alloue ainsi une réparation forfaitaire complémentaire au titre d'un *« préjudice exceptionnel spécifique des victimes d'actes de terrorisme »* (PESVT), pour tenir compte des conséquences durables d'un attentat sur les conditions d'existence des victimes. De leur côté, 170 avocats assistant de très nombreuses victimes d'attentat ont publié un rapport, en novembre 2016, réclamant la reconnaissance de deux préjudices spécifiques liés pour le premier à l'angoisse extrême vécue par les victimes lors des attentats, et pour le second lié à l'attente et à l'inquiétude insupportable vécues par leurs proches. Les avocats de victimes ne faisaient d'ailleurs que reprendre une jurisprudence déjà établie pour les victimes de catastrophes collectives[20].

---

[18] **Pour la victime directe** : 1°) Préjudices patrimoniaux a) Préjudices patrimoniaux temporaires (avant consolidation) : - Dépenses de santé actuelles (D.S.A.) - Frais divers (F.D.) - Pertes de gains professionnels actuels (P.G.P.A.) b) Préjudices patrimoniaux permanents (après consolidation) : - Dépenses de santé futures (D.S.F.) - Frais de logement adapté (F.L.A.) - Frais de véhicule adapté (F.V.A.) - Assistance par tierce personne (A.T.P.) - Pertes de gains professionnels futurs (P.G.P.F.) - Incidence professionnelle (I.P.) - Préjudice scolaire, universitaire ou de formation (P.S.U.) 2°) Préjudices extra-patrimoniaux a) Préjudices extra-patrimoniaux temporaires (avant consolidation) : - Déficit fonctionnel temporaire (D.F.T.) - Souffrances endurées (S.E.) - Préjudice esthétique temporaire (P.E.T.) b) Préjudices extra-patrimoniaux permanents (après consolidation) : - Déficit fonctionnel permanent (D.F.P.) - Préjudice d'agrément (P.A.) 49 - Préjudice esthétique permanent (P.E.P.) - Préjudice sexuel (P.S.) - Préjudice d'établissement (P.E.) - Préjudices permanents exceptionnels (P.P.E.) c) Préjudices extra-patrimoniaux évolutifs (hors consolidation) : - Préjudices liés à des pathologies évolutives (P.EV.) B – **Pour les victimes indirectes** (victimes par ricochet) 1°) Préjudices des victimes indirectes en cas de décès de la victime directe a) Préjudices patrimoniaux - Frais d'obsèques (F.O.) - Pertes de revenus des proches (P.R.) - Frais divers des proches (F.D.) b) Préjudices extra-patrimoniaux - Préjudice d'accompagnement (P.AC.) - Préjudice d'affection (P.AF.) 2°) Préjudices des victimes indirectes en cas de survie de la victime directe a) Préjudices patrimoniaux - Pertes de revenus des proches (P.R.) - Frais divers des proches (F.D.) b) Préjudices extra-patrimoniaux - Préjudice d'affection (P.AF.).

[19] Le préjudice spécifique de terrorisme et d'accidents collectifs, C. Lienhard et F. Bibal, *Gaz. Pal.*, éd spéc. n° 54 à 56, 25 févr. 2014, p. 18.

[20] Voir les développements du Livre Blanc des avocats :

Cet exemple révèle en tout cas, parmi de nombreux autres, la nécessité pour l'avocat de savoir adapter les nomenclatures à chaque situation nouvelle, et le grand danger qu'il y aurait à figer une liste de postes interdisant toute adaptation.

B. L'ART DU CHIFFRAGE, CLEF DE VOÛTE INDEMNITAIRE

Une fois défini chaque poste de préjudice, commence pour l'artisan de la réparation le très délicat travail de chiffrage des indemnités. Ce chiffrage est tout sauf une simple application barémique. Il est le cœur du dispositif indemnitaire, et sur son calibrage reposera tout l'équilibre de la réparation intégrale.

Pour les postes à caractère patrimonial, les méthodes d'évaluation résultent le plus souvent de calculs mathématiques, parfois faussement simples - il suffit rarement de se contenter d'additionner des frais ou des pertes de salaire - voire franchement complexes - évaluer une perte de promotion en fonction d'une étude de profil professionnel peut nécessiter un travail de recherche considérable.

Mais le débat le plus vif porte sur la méthode d'évaluation des indemnités réparant les préjudices extrapatrimoniaux.

Depuis de longues années en effet, les praticiens français du dommage corporel se divisent entre les assureurs et les fonds de garantie d'une part, favorables à l'établissement de grilles d'indemnisation établies à l'avance de façon plus ou moins forfaitaire, et les associations de victimes et leurs avocats d'autre part, qui défendent une stricte individualisation de la réparation, excluant tout barème. Selon la Cour de cassation, le juge ne peut jamais fixer le préjudice en équité à une somme forfaitaire[21] et ce, même si

---

http://www.avocatparis.org/system/files/editos/barreauparis_livreblanc_victimes.pdf Ce travail des avocats a été salué par le gouvernement alors en place et a donné lieu à la mise en place d'un groupe d'expert présidé par un professeur de droit (rapport du groupe d'expert présidé par Madame le professeur S. Porchy Simon, http://www.jac.cerdacc.uha.fr/wp-content/uploads/2017/03/Rapport-Porchy-Simon.pdf) qui a lui-même préconisé la reconnaissance de nouveaux postes de préjudice. Le Fonds de Garantie lui-même a fini par en admettre l'existence, tout en minimisant leur importance (communiqué de presse du 25 sept. 2017, FGTI, https://www.fondsdegarantie.fr/wp-content/uploads/2017/09/CP-conseil-dadministration-du-25-septembre-2017.pdf). Toutefois les débats restent vifs quant à la manière d'indemniser ces deux nouveaux postes, une partie de la jurisprudence considérant, notamment pour le préjudice d'angoisse, qu'ils doivent être inclus dans l'indemnisation des souffrances morales déjà indemnisées.

[21] Cass. 1re civ., 3 juill. 1996, n° 94-14.820.

la cour déclare établir ce forfait par référence à sa propre jurisprudence[22]. Il n'en demeure pas moins que la tendance à barémiser les préjudices extrapatrimoniaux se fait de plus en plus forte. Les magistrats eux-mêmes ont d'ailleurs établi un document de référence, présenté comme simplement indicatif, mais de plus en plus utilisé comme un barème.

Pour les défenseurs des victimes, la seule issue valable pour éviter la forfaitisation est le développement de bases de données informatiques regroupant de nombreuses décisions de Justice reproduites exhaustivement, pour qu'il soit possible de retrouver une décision la plus proche possible du cas considéré. La culture indemnitaire française est tellement imprégnée d'individualisation qu'il serait désastreux, au prétexte d'égalitarisme et de prévisibilité, de ne plus considérer chaque dommage corporel comme éminemment singulier. On ne rétablit pas le fragile équilibre d'une construction personnelle avec un matériau grossièrement préfabriqué.

Le chiffrage, c'est la clef de voûte. Si la clef de voûte n'est pas adaptée à chaque cas singulier, l'édifice de la réparation intégrale ne tiendra plus. Car c'est bien une liberté singulière qu'il est question de rétablir.

III. Troisième regard. Fin véritable de l'œuvre : le pilier de la liberté

L'artisan ne travaille pas pour lui, son œuvre n'est jamais une fin en soi. Elle n'a de sens que pour ceux et par ceux à qui elle est destinée. La grande erreur est de confondre l'indemnisation et la réparation.

L'indemnisation n'est pas la réparation, et les praticiens du droit du dommage corporel ne doivent pas s'étonner de voir leur travail remis en cause s'ils prétendent qu'une indemnité, quelle qu'elle soit, constitue par elle-même la réparation d'une atteinte corporelle. L'indemnisation n'a de sens que par les choix personnels qu'elle rendra possibles pour la victime. Ici seulement s'accomplit l'œuvre de réparation intégrale, lorsque la victime, munie de l'indemnité, se libère de la contrainte du dommage par les choix qu'elle pose.

---

[22] En ce sens : Cass. 2e civ., 20 nov. 2014, n° 13-21.250 ; Cass. 2e civ., 11 déc. 2014, n° 13-25.428, *Gaz. Pal.* 15-17 févr. 2015, note C. Bernfeld ; Cass. 3e civ., 23 mars 2010, n° 03-11.873 ; Cass. 3e civ., 30 mars 2010, n° 09-15.011 ; Cass. 2e civ., 12 mai 2010, n° 09-67.789.

A. LE PRINCIPE DE LIBRE DISPOSITION, ACCOMPLISSEMENT DE L'ŒUVRE DE RÉPARATION

La victime, pour être pleinement restaurée dans ses droits, doit pouvoir librement disposer des indemnités, puisque ces dernières visent précisément à restaurer son intégrité personnelle.

Par application du principe de la réparation intégrale, la Cour de cassation a donc jugé, à plusieurs reprises, qu'aucun contrôle sur l'utilisation des indemnités allouées à la victime ne devait être opéré, cette dernière devant pouvoir disposer librement de ses indemnités qui ne sauraient être affectées à un emploi déterminé[23]. Ici se trouve une spécificité majeure du principe de réparation intégrale, au regard notamment des systèmes de compensation ou d'aide sociale. Là où d'autres systèmes exigent qu'une allocation soit mécaniquement affectée au déficit qu'elle compense, la réparation intégrale restaure la victime dans une capacité d'agir, qui implique par essence, comme pour tout individu libre, la faculté d'agir comme bon lui semble.

Telle est la raison pour laquelle le défenseur de la victime doit s'opposer, au nom du principe de réparation intégrale, à toutes les initiatives tendant à conditionner l'indemnisation à un usage déterminé. L'exemple le plus connu à cet égard est celui de l'indemnisation de la tierce personne qui doit s'effectuer au coût total d'une aide humaine, charges sociales comprises, quand bien même le blessé a dû faire appel à ses proches pour l'aider bénévolement dans les suites du fait dommageable[24]. Mais le principe s'applique aussi en matière de logement adapté, de véhicule adapté, et pour toute sorte de préjudices[25]. En pratique, le versement effectif d'une

---

[23] Cass. 1re civ., 26 mai 1996, *Resp. civ. et assur.* 1993, comm. 257 (sur le principe de la non-affectation des dommages et intérêts) ; Cass. crim., 22 févr. 1995, *JCP G* 1995, I, 3893, n° 22, obs. G. Viney, *RTD civ.* 1996, p. 402, obs. P. Jourdain ; Cass. 2e civ., 20 juin 2013, n° 12-21.548 (tierce personne temporaire), Cass. 2e civ., 7 juill. 2011, n° 10-20.373 (dommage matériel).

[24] *« L'indemnité allouée au titre de l'assistance d'une tierce personne ne saurait être (...) subordonnée à la production de justifications des dépenses effectives »* ; parmi de très nombreux arrêts, V. not. : Cass. 2e civ., 17 févr. 2005, n° 03-15.739 ; Cass. 2e civ., 22 nov. 2012, n° 11-25.494 et pour la tierce personne passée : V. par ex. : Cass. 2e civ., 15 avr. 2010, n° 09-14.042 ; Cass. 2e civ., 20 juin 2013, n° 12-21.548, *Gaz. Pal.* 8 oct. 2013, p. 24, obs. F. Bibal.

[25] Cass. 2e civ., 8 juill. 2004, n° 02-20.199 (s'agissant de frais d'aménagement du logement et du véhicule) et Cass. 2e civ., 13 juill. 2006, n° 05-14.335 (s'agissant de frais futurs capitalisés d'appareillage, de fauteuil manuel et électrique et de matériels) : *« le principe de la réparation intégrale n'implique pas de contrôle sur l'utilisation des fonds alloués à la victime qui conserve leur libre utilisation ».* Censure de décisions ayant exigé la production de factures acquittées pour libérer

indemnisation ne devrait donc jamais être subordonné à la justification de son utilisation, la victime restant pleinement libre de ses choix. Toutefois, la liberté n'est jamais sans limites.

B. LES CONTRAINTES RÉSIDUELLES LIMITANT CETTE LIBERTÉ

Toute construction, aussi ambitieuse soit elle, doit tenir compte des contraintes du réel. Le principe de libre disposition n'y échappe pas. Le juge conserve par exemple le droit discrétionnaire de décider que tout ou partie de l'indemnité sera versée, non pas sous forme de capital, mais sous forme de rente, afin de protéger la victime contre une dépense trop rapide de son indemnité[26]. Par ailleurs, les prestations indemnitaires versées par les organismes de sécurité sociale ou par les assureurs, qui sont affectées à certains usages (remboursement de soins par exemple) constituent aussi une forme d'affectation qui porte nécessairement atteinte au principe de libre disposition.

Ces dernières années, une querelle jurisprudentielle s'est cristallisée sur la question de savoir si la prise en charge de certaines aides humaines par l'aide sociale pouvait réduire le montant de l'indemnisation[27]. Mais les avocats ont obtenu que cette réduction s'applique uniquement au fonds de garantie, et dans certains cas seulement[28]. Jusqu'au bout, l'artisan se bat pour que son œuvre rende à son destinataire la part de liberté que lui avait ôté la blessure du corps ou de l'âme.

Ainsi s'accomplit l'œuvre de réparation intégrale. La blessure est toujours là, définitive. Mais une arche est construite entre la vie d'avant et la vie d'après, comme les piliers et la voûte que soutient avec force et courage l'homme le plus fort de la cathédrale de Strasbourg.

---

l'indemnisation évaluée sur devis. Pour une application à la perte d'une couverture médicale, indemnisable sur simple devis : Cass. 2e civ., 27 mars 2014, n° 12-27.062, *Gaz. Pal.* 7 juin 2014, p. 51 obs. F. Bibal.

[26] Cass. 2e civ., 13 juin 1979, n° 78-10528, publié au *Bulletin*.

[27] Sur la controverse relative à la prestation de compensation du handicap (PCH), voir M. Le Roy, J.-D. Leroy et F. Bibal, *L'évaluation du préjudice corporel, préc.*, n° 270 p. 324.

[28] Cass. 2e civ., 4 février 2016, n° 14-29255, publié au *Bulletin*.

6

Le fabuleux destin du préjudice d'agrément (Heurts et malheurs d'une variable d'ajustement)

Philippe CASSON

Parmi les postes de préjudice dont la victime d'un accident corporel peut obtenir réparation figure le préjudice d'agrément. Apparu dans le courant des années 1950, celui-ci a connu un destin particulier dans la mesure où la définition retenue de ce préjudice varie en fonction des politiques jurisprudentielles adoptées par les tribunaux. Défini de manière extensive comme « *la privation des agréments normaux de l'existence* »[1], il va permettre d'accorder à la victime une indemnité qui échappe au recours des tiers payeurs lorsque celui-ci s'exerce sur toute autre indemnité à l'exception du prix de la douleur et du préjudice esthétique (I). Inversement, sa définition restrictive qui recouvre exclusivement la perte « *d'une activité spécifique sportive ou de loisirs* »[2] dont la victime devra rapporter la preuve, adoptée lorsque ce péril paraît écarté, l'amène à rentrer dans le rang et à faire figure de parent pauvre (II).

I. L'expansion du préjudice d'agrément

Le préjudice d'agrément, initialement indifférencié (A), a connu un développement en relation directe avec la réforme de 1973 qui faisait échapper au recours de la sécurité sociale les indemnités destinées à compenser le préjudice esthétique, le prix de la douleur et le préjudice d'agrément. A partir de cette réforme, c'est la définition large du préjudice d'agrément qui fut adoptée afin d'accorder à la victime des indemnités substantielles qui échappaient à l'action récursoire des tiers payeurs (B).

A. LE PREJUDICE D'AGREMENT AVANT 1973, UNE NOTION PLURALE

La doctrine[3] a démontré qu'avant 1973, le préjudice d'agrément comportait une pluralité de définitions, voire demeurait indifférencié. Définition

---

[1] Cass. soc. 5 janv. 1995, n° 92-15.958, Bull. civ. V, n° 10, RTD civ. 1995, p. 892, obs. P. Jourdain.

[2] Cass. civ. 2e 28 mai 2009, n° 08-16.829, Bull. civ. II, n° 131, RTD civ. 2009, p. 534, obs. P. Jourdain.

[3] L. Cadiet, *Le préjudice d'agrément*, thèse droit, Rennes, 1983.

restrictive, tout d'abord, selon laquelle le préjudice d'agrément consiste dans l'impossibilité pour la victime d'un accident corporel de se livrer à une activité culturelle, ludique ou sportive, précisément déterminée, à laquelle elle s'adonnait régulièrement auparavant[4]. Une telle définition, qui impose à la victime de rapporter la double preuve d'une activité pratiquée antérieurement à l'accident et l'impossibilité de s'y livrer depuis celui-ci, était critiquée car destinée à ne profiter « *qu'à des privilégiés de la fortune ou du milieu social* »[5]. Définition large ensuite, où le préjudice d'agrément consiste dans l'altération des agréments normaux de l'existence qui ne nécessite pas d'être prouvée car susceptible d'affecter tout un chacun dès qu'il ou elle est victime d'un accident[6]. Et d'ailleurs, doctrine et jurisprudence ne posaient pas ces deux définitions exclusives l'une de l'autre mais à même de coexister[7]. Notion indifférenciée[8], enfin, à une époque où les tribunaux n'étaient pas contraints de distinguer les postes de préjudices et statuaient toutes causes de préjudices confondus. Dans une telle circonstance, le préjudice d'agrément n'était même pas réparé en tant que tel mais confondu avec l'ensemble des préjudices subis par la victime[9]. Cette situation d'indétermination du préjudice d'agrément, partagé entre des conceptions multiples, résultait d'une jurisprudence qui autorisait les tiers payeurs à exercer leur recours sur les indemnités destinées à réparer, notamment, des dommages comme le prix de la souffrance, le préjudice esthétique et le préjudice d'agrément, non pris en charge au titre des prestations sociales. Constante[10], mais contestée par certaines juridictions du fond[11], cette jurisprudence reçut l'aval des Chambres réunies de la Cour de cassation qui dans un arrêt du 27 avril 1959 retinrent que « *l'article 68, paragraphe 3 [de la loi du 30 octobre 1946 (article 470 du Code de la sécurité sociale)], ne faisant aucune distinction entre les éléments matériels*

---

[4] L. Cadiet, *op. cit.*, n° 11.
[5] G. Durry, La notion de préjudice d'agrément, RTD civ. 1979, p. 800.
[6] L. Cadiet, *op. cit.*, n° 15.
[7] L. Cadiet, *op. cit.*, n° 15, 16 et 17.
[8] Il est significatif de relever que ni le traité du Doyen Savatier dans son édition de 1951 ni le traité des Professeurs Mazeaud dans leur dernière édition de 1965 (Tome 1), 1970 (Tome 2) et 1983 (Tome 3) ne font état du préjudice d'agrément dans leurs tables analytiques.
[9] Pour un exemple de cette pratique antérieure à la réforme de 1973 : Cass. crim. 29 nov. 1972, n° 72-90.899, Bull. crim. n° 367. Et pour la condamnation de cette pratique après l'entrée en vigueur de la loi de 1973 : Cass. crim. 27 nov. 1974, n° 73-90.167, Bull. crim. n° 350 ; Cass. crim. 14 mai 1975, n° 74-91.978, Bull. crim. n° 127.
[10] Cass. crim. 10 mars 1953, JCP 1954, II, 8007, note PA ; Cass. civ. 2e 3 juin 1955, JCP 1955, II, 8814, note Esmein ; Cass. soc. 16 juill. 1958, Bull. civ. V, n° 572.
[11] CA Grenoble 8 nov. 1950, JCP 1951, II, 6007 ; CA Rennes, 12 juill. 1954, GP. 1954, 2. 246.

ou moraux du préjudice qu'elle a pour objet de réparer, l'indemnité mise à la charge du tiers, même réduite en raison du partage de responsabilités, doit être intégralement affectée, à due concurrence, au remboursement des dépenses effectuées par les caisses, par suite de leurs obligations légales »[12]. Cet arrêt de principe ne mit cependant pas un terme à la contestation des juges du fond qui n'admettaient pas que les organismes sociaux puissent exercer leur recours sur des indemnités destinées à compenser des postes de préjudice que les prestations sociales n'indemnisent pas[13]. Le salut vint d'un groupe de sénateurs qui déposèrent dès 1968, une proposition de loi tendant à rendre opposable à la sécurité sociale le partage de responsabilité intervenu entre le tiers responsable et la victime. La solution aurait été radicale et fut donc écartée mais un compromis intervint, destiné à ménager les intérêts de l'organisme social et de la victime.

B. LA REFORME DE 1973, CAUSE DIRECTE DE L'EXPANSION DU PREJUDICE D'AGREMENT

La loi 27 décembre 1973[14] disposait que « *si la responsabilité du tiers est entière ou si elle est partagée avec la victime, la caisse est admise à poursuivre le remboursement des prestations mises à sa charge à due concurrence de la part d'indemnité mise à la charge du tiers qui répare l'atteinte à l'intégrité physique de la victime, à l'exclusion de la part d'indemnité de caractère personnel, correspondant aux souffrances physiques ou morales par elle endurée et au préjudice esthétique et d'agrément* ». La solution énoncée par les chambres réunies de la Cour de cassation en 1959 était donc battue en brèche afin d'assurer à la victime de recevoir la partie de l'indemnité qui répare des préjudices qui ne le sont pas par les prestations sociales. Les indemnités compensant les souffrances endurées, le préjudice esthétique et le préjudice d'agrément échappaient désormais au recours de la sécurité sociale. La Cour de cassation saisie sur ce point admit l'extension de cette réforme, qui ne concernait que le seul régime général de la sécurité sociale, à l'ensemble des organismes de

---

[12] Chambres réunies, 27 avr. 1959, Bull. civ. Ch. réunies, n° 1, D. 1959, p. 345, note Esmein, GP 1959, 2. 5, S. 1959, p. 153, JCP 1959, II, 11176, note GB, Rev. gén. ass. terr. 1960, note AB, A. Tunc, L'arrêt des chambres réunies du 27 avril 1959 et l'imputation sur le « pretium doloris » du recours de la sécurité sociale, JCP 1959, I, 1520. La solution fut maintenue par les différentes chambres de la Cour de cassation : Cass. crim. 11 janv. 1967, n° 66-90.807, Bull. crim. n° 229 ; Cass. soc. 10 déc. 1970, n° 69-13.247, Bull. civ. V, n° 714.

[13] CA Paris 29 juin 1965, JCP 1965, II, 14296, D. 1965, p. 567, note H. Benoit-Guyot.

[14] Loi n° 73-1200 du 27 décembre 1973 relative à l'étendue de l'action récursoire des caisses de sécurité sociale en cas d'accident occasionné à un assuré social par un tiers, JO 30 déc. 1973, p. 14152.

protection sociale[15], mais l'écarta pour les mutuelles régies par le Code de la mutualité[16] et pour les employeurs payant à leurs salariés des indemnités venant en complément des prestations de sécurité sociale[17]. Ces deux dernières restrictions se révélèrent particulièrement dommageables pour les victimes, notamment en cas de concours entre l'organisme social de base, d'une part, et de l'employeur ou de la mutuelle, d'autre part sur une dette d'indemnité insuffisante pour désintéresser chacun d'eux. Dans une telle hypothèse, la Cour de cassation permit aux employeurs ainsi qu'aux mutuelles d'exercer tout d'abord leurs recours sur la part d'indemnité non soumise au recours social destinée à réparer le préjudice esthétique, le prix de la douleur et le préjudice d'agrément, puis de venir en concours avec l'organisme social de base pour le solde de leur créance sur la fraction d'indemnité soumise à l'action récursoire de ce dernier. La victime, dans ce cas de figure, ne recevait rien[18]. C'est la loi du 5 juillet 1985[19] qui, après avoir recensé dans son article 29 les organismes sociaux admis à exercer un recours contre le tiers responsable ainsi que les prestations recouvrables à ce titre, prévoit dans son article 31 que ces recours s'exercent dans les limites de la part d'indemnité qui répare l'atteinte à l'intégrité physique de la victime, « *à l'exclusion de la part d'indemnité de caractère personnel correspondant aux souffrances physiques ou morales par elle endurées et au préjudice esthétique et d'agrément* ». Le législateur étendait ainsi à l'ensemble des tiers payeurs la restriction apportée en 1973 à l'assiette du recours de la sécurité sociale. Aucun tiers payeur ne pouvait plus exercer son recours sur les indemnités compensant le préjudice esthétique, le prix de la douleur et le préjudice d'agrément hormis l'assureur avance-recours de l'article 33, alinéa 3, de la loi du 5 juillet 1985, devenu l'article L. 211-25 du Code des assurances, qui est admis à exercer son recours subrogatoire sans autre limite que le solde subsistant après paiement des tiers payeurs de l'article 29 de ladite loi et qui en pareil cas comprend non seulement l'indemnité complémentaire leur revenant au titre de l'atteinte à l'intégrité physique, mais encore la part d'indemnité de caractère personnel échappant au recours desdits tiers payeurs[20].

---

[15] Cass. soc. 17 juin 1976, n° 75-10.361, Bull. civ. V, n° 382.

[16] Cass. soc. 1er fév. 1978, n° 76-12.782, Bull. civ. V, n° 77.

[17] Cass. soc. 28 janv. 1981, n° 79-15.188, Bull. civ. V, n° 76 ; 23 nov. 1983, n° 82-13.653, Bull. civ. V, n° 571, JCP 1984, éd. CI, 14338, note G. Vachet.

[18] Cass. soc. 23 nov. 1983, préc.

[19] Loi n° 85-677 du 5 juillet 1985 tendant à l'amélioration de la situation des victimes d'accidents de la circulation et à l'accélération des procédures d'indemnisation, JO 6 juill. 1985, p. 7584.

[20] Cass. crim. 22 mars 1995, n° 94-81.852, Bull. crim. n° 119 ; 23 janv. 2003, n° 00-18.324 ; Cass. civ. 2e 5 avr. 2007, n° 04-19.098.

Parallèlement à cette évolution législative, la jurisprudence décida d'adopter une conception large du préjudice d'agrément lequel devait désormais s'entendre comme « *résultant de la diminution des plaisirs de la vie causée notamment par l'impossibilité ou la difficulté de se livrer à certaines activités normales d'agrément* »[21]. La Cour de cassation adopta cette conception extensive du préjudice d'agrément qui ne devait pas être limité au domaine des activités sportives, ludiques ou sportives et résulte de la « *privation des agréments d'une vie normale, distincte du préjudice objectif résultant de l'incapacité constatée*»[22]. Cette conception extensive du préjudice d'agrément permettait d'accorder à la victime une indemnité davantage conséquente que celle autorisée par la définition restrictive de ce préjudice. Elle « *ne tendait en effet qu'à empêcher les tiers payeurs d'exercer leurs recours sue ce poste de préjudice à caractère personnel, à une époque où la jurisprudence admettait que ces recours pouvaient être exercés sur l'indemnité réparant le préjudice fonctionnel. Il fallait donc étendre autant que possible la notion de préjudice d'agrément pour préserver les droits des victimes* »[23]. L'inconvénient de cette approche c'est qu'ainsi compris le préjudice d'agrément se différencie mal des conséquences séquellaires de l'atteinte à l'intégrité physique de la victime alors que les indemnités qui la compensent tombent dans l'assiette du recours des tiers payeurs. La Cour de cassation n'en opposait pas moins de manière artificielle « les troubles physiologiques subis par la victime ayant affecté ses conditions de travail et d'existence qui constituent un préjudice corporel de caractère objectif », dont l'indemnisation restait soumise au recours des tiers payeurs, au préjudice d'agrément défini comme « *le préjudice subjectif de caractère personnel résultant des troubles ressentis dans les conditions d'existence* », exclu de ces mêmes recours. La cour d'appel de Paris dans un arrêt du 17 septembre 2001[24] refusant cette contradiction dans les termes décida d'exclure de l'assiette de recours des tiers payeurs l'intégralité de ce qu'elle nomma le préjudice fonctionnel d'agrément non indemnisé par les prestations sociales, en réservant à ce recours les seules indemnités compensant les pertes subies et les gains manqués. L'assemblée plénière de la Cour de cassation censura cette décision au motif que la cour d'appel avait exclu du recours du tiers payeur des indemnités réparant l'atteinte objective à l'intégrité physique de la victime dont il faut distinguer le préjudice d'agrément à caractère subjectif et

---

[21] CA Paris 2 déc. 1977, GP 1978. 1. 36, note M. Le Roy, D. 1978, p. 285, note Y. Lambert-Faivre, RTD civ. 1979, p ; 357, obs. G. Durry.

[22] Cass. crim. 5 mars 1985, n° 83-91.157, Bull. crim. n° 105, D. 1986, p. 445, note H. Groutel.

[23] P. Jourdain, obs. sous Cass. civ. 2e 28 mai 2009, RTD civ. 2009, p. 534.

[24] CA Paris 17 sept. 2001, D. 2001, IR. 2948, RTD civ. 2002, p. 113, obs. P. Jourdain. V. déjà CA Paris 3 mai 1994, D. 1994, p. 516, note Y. Lambert-Faivre.

personnel résultant des troubles ressentis dans les conditions d'existence[25]. C'était maintenir la contradiction en distinguant deux préjudices qui, au regard de leurs définitions respectives, n'en faisaient qu'un et autoriser les tiers payeurs à exercer leur recours sur des indemnités compensant des préjudices non réparés par les prestations sociales. Ainsi, des indemnités destinées à l'achat de matériels médicaux, d'un fauteuil roulant électrique ainsi que le surcoût d'un appartement plus vaste et des frais d'adaptation[26] ou bien encore de celle compensant la cessation de l'activité agricole d'un double actif victime d'un accident du travail en sa qualité d'agent communal et pris en charge à ce titre par la législation sociale[27]. La réforme s'imposait.

II. La contraction du préjudice d'agrément

La phase de contraction du préjudice d'agrément débute avec l'entrée en vigueur de la loi du 21 décembre 2016 dont l'article 25 bouleverse l'assiette de recours des tiers payeurs avec l'adoption de l'imputation « poste par poste » qui rend caduque la définition extensive du préjudice d'agrément et alors que la nomenclature Dinthilac retient une conception restrictive de ce préjudice (A). Dans le dernier état du droit positif, la Cour de cassation procède à un affinement de la notion de préjudice d'agrément tout en demeurant dans la limite stricte de la définition restrictive adoptée dorénavant de ce préjudice (B).

A. L'ADOPTION DE LA DEFINITION RESTRICTIVE DU PREJUDICE D'AGREMENT

L'article 25 de la loi du 21 décembre 2016[28] a réformé le droit des recours des tiers payeurs en imposant l'exercice des recours « *poste par poste* »

---

[25] Cass. ass. plén. 19 déc. 2003, n° 02-14.783, Bull. civ. ass. plén. n° 8, RTD civ. 2004, p. 300, obs. P. Jourdain, H. Groutel, Il y a « préjudice d'agrément » et « préjudice d'agrément » !, Resp. civ. et ass. 2004, Chron. 9, P. Delebecque, P. Jourdain, D. Mazeaud, Responsabilité civile, D. 2005, p. 185, I, C, 2.

[26] Cass. civ. 2e 3 févr. 2000, n° 98-12.083, Bull. civ. II, n° 21.

[27] Cass. crim. 5 mars 1992, n° 91-82.424, Bull. crim. n° 100. Avant l'arrêt des Chambres réunies de 1959, la Cour de cassation n'osait pas adopter une telle solution et laissait à l'écart de l'assiette du recours du tiers payeur les indemnités compensant le préjudice d'un double actif non couvert par les prestations sociales voir Cass. civ. 2e 22 avr. 1955, D. 1956, p. 69 (2ème esp.), note A. Tunc.

[28] Loi n° 2016-1640 du 21 décembre 2016 de financement de la sécurité sociale pour 2007, JO 22 déc. 2006, p. 19315. Sur cette réforme voir notamment C. Lienhard, Recours des tiers payeurs : une avancée législative significative, D. 2007, p. 452 ; P. Jourdain, La réforme des recours des tiers payeurs : des victimes favorisées, D. 2007, p. 454 ; Ph. Casson, Le recours des tiers payeurs : une réforme en demi-

c'est-à-dire que les organismes sociaux ne peuvent plus recourir que sur les seules indemnités qui compensent des préjudices que leurs prestations contribuent, en tout ou en partie, à indemniser tout en maintenant à l'écart de ces actions récursoires les indemnités tendant à réparer les préjudices à caractère personnel à moins que le tiers payeur ne soit en mesure d'établir de manière incontestable que la prestation servie indemnise un tel poste de préjudice. Dès lors, en principe l'indemnité destinée à compenser le préjudice fonctionnel ne relève plus de l'assiette du recours des tiers payeurs à moins pour ceux-ci de démontrer que les prestations sociales versées correspondent trait pour trait à ce préjudice. Cette réforme rendait donc inutile la construction de la Cour de cassation fondée sur la distinction entre, d'une part, un préjudice corporel de caractère objectif qui doit être compris dans l'assiette du recours et d'autre part, un préjudice d'ordre essentiellement moral réparé sous la qualification de préjudice d'agrément. La définition extensive du préjudice d'agrément, destinée à permettre à la victime de recevoir une indemnité, n'avait donc plus droit de cité, d'autant plus que la nomenclature Dinthilac en retient une définition restrictive en le définissant comme « *la gêne ou l'impossibilité pour la victime de pratiquer régulièrement une activité sportive ou de loisirs* ». C'est la raison pour laquelle la Cour de cassation dans un arrêt rendu en 2009[29], annoncé par un précédent en 2008[30], décida que « *la réparation d'un poste de préjudice personnel distinct dénommé préjudice d'agrément vise exclusivement une activité spécifique sportive ou de loisirs* ». Et, en principe, la victime n'a plus rien à y perdre dans la mesure où ce qui était avant la réforme de 2006 indemnisé au titre des pertes des agréments normaux de la vie serait désormais partie intégrante des déficits fonctionnels temporaires et permanents et indemnisé à ce titre sans recours des tiers payeurs sur ces postes à moins de démontrer que les prestations servies visent à les indemniser[31]. Ombre au tableau, la Cour de cassation en 2010[32] énonça qu'« *au sens de l'article L. 452-3 du code de la sécurité sociale, le préjudice*

---

teinte, JCP G 2007, I, 144 ; H. Groutel, Le recours des tiers payeurs : une réforme bâclée, Resp. civ. et ass. 2007, étude, 1.

[29] Cass. civ. 2e 28 mai 2009, n° 08-16.829, préc.

[30] Cass. civ. 2e 5 juin 2008, n° 07-15.791, Resp. civ. et ass. 2008, comm. 257.

[31] Cass. civ. 2e 17 juin 2010, n° 09-15.842, Bull. civ. II, n° 115 ; 1er juill. 2010, n° 09-68.003 ; 4 nov. 2010, n° 09-69.918 ; 2 juill. 2015, n° 14-18.351, Bull. civ. II, n° 834 ; 10 déc. 2015, n° 14-24.443, Resp. civ. et ass. 2016, comm. 68 ; 17 déc. 2015, n° 14-28.858, Resp. civ. et ass. 2016, comm. 70 ; 8 févr. 2017, n° 15-21.528, FS-P+B.

[32] Cass. civ. 2e 2 avr. 2010, n° 09-11.634, Bull. civ. II, n° 77, RTD civ. 2010, p. 559, obs. P. Jourdain, Resp. civ. et ass. 2010, comm. 240, obs. H. Groutel, D. 2010, p. 1086, P. Sargos, Le point sur la réparation des préjudices corporels et notamment le préjudice d'agrément, après deux arrêts rendus le 8 avril 2010, D. 2010, p. 1089, P. Brun O. Gout, Responsabilité civile, D. 2011, p. 35, I, A, 1.

d'agrément est celui qui résulte des troubles ressentis dans les conditions d'existence » ce qui constituait apparemment un revirement. Néanmoins, cette remise en cause n'en était pas une car limitée à la seule sphère des accidents du travail, elle s'expliquait par le revirement de la position de la Cour de cassation concernant l'imputation des rentes accident du travail sur le déficit fonctionnel en 2009. Après avoir été d'avis et décidé que les rentes accident du travail ne peuvent indemniser que les seules conséquences patrimoniales de l'accident et en aucun cas s'imputer sur les indemnités réparant le déficit fonctionnel permanent[33], la Cour de cassation décida « *que la rente versée à la victime d'un accident du travail indemnise, d'une part, les pertes de gains professionnels et l'incidence professionnelle et, d'autre part, le déficit fonctionnel* » et « *qu'en l'absence de perte de gains professionnels ou d'incidence professionnelle, cette rente indemnise nécessairement le poste de préjudice personnel du déficit fonctionnel permanent* »[34]. La consultation des propositions de l'assurance-maladie sur les charges et produits pour l'année 2012 du conseil de la CNAMTS du 7 juillet 2011 permet d'apporter un élément d'explication à cette volte-face de la Cour de cassation. Le rapport de la CNAMTS pour l'année 2012 relève tout d'abord que la crise économique qui s'est déclenchée à la mi-2008 a généré une récession sans précédent en France avec un recul du PIB de -2, 5% en volume en 2009 entrainant pour l'assurance maladie une perte de recettes massive liée à la montée du chômage et à la contraction de la masse salariale. Celles-ci auraient baissé de 1% ce qui ne serait jamais arrivé depuis la création de la sécurité sociale. Le rapport ajoute que le redressement progressif des comptes avec un déficit ramené de 11, 8 milliards d'euros en 2004 à 4, 4 milliards en 2008 aurait été brutalement interrompu, le déficit ayant plus que doublé en 2009 pour atteindre 10, 6 milliards d'euros, dont la moitié – 5, 4 milliards – serait d'ordre conjoncturel. Concernant plus particulièrement les recours contre tiers, le rapport précise que ceux-ci représentent un enjeu financier de 800 millions à plus d'un milliard d'euros selon les années, soit pour l'année 2010, 894 millions d'euros au titre du risque maladie et 457 millions au titre du risque accident du travail[35]. Ces quelques éléments chiffrés qui mettent en

---

[33] Cass. civ., avis, 22 oct. 2007, n° 00-70015, 00-70016, 00-70017, Dr. soc. 207, p. 196, rapport D. Grigon-Dumoulin ; Cass. civ. 2ème 23 oct. 2008, n° 07-18.819, Bull. civ. II, n° 229, JCP S 2009, 1059, note D. Asquenazi-Bailleux.

[34] Cass. crim. 19 mai 2009, n° 08-82.666, Bull. crim. n° 97 ; 19 mai 2009, n° 08-86.050, Bull. crim. n° 95 ; 19 mai 2009, n° 08-86.485, Bull. crim. n° 96 ; Cass. civ. 2e 11 juin 2009, n° 08-17.581, Bull. civ. II, n° 155 ; 11 juin 2009, n° 07-21.816, Bull. civ. II, n° 160 ; 22 oct. 2009, n° 08-19.576, Bull. civ. II, n° 259. La solution fut étendue au déficit fonctionnel temporaire Cass. civ. 2e 19 nov. 2009, n° 08-18.019.

[35] Propositions de l'assurance-maladie sur les charges et produits pour l'année 2012, Conseil CNAMTS, 7 juin 2011, p. 18, 19 et 47.

évidence une concordance étroite entre l'accroissement du déficit de l'assurance-maladie et le revirement opéré par la Cour de cassation durant l'année 2009 expliquent, s'ils ne la justifient pas, la lecture *contra legem*[36] que celle-ci retient des textes. Quoiqu'il en soit, l'extension du préjudice d'agrément lorsque la victime est un accidenté du travail réduit l'assiette du recours des tiers payeurs et permet d'allouer à la personne lésée une indemnisation dont elle profitera[37]. Cette mise entre parenthèse de la définition restrictive du préjudice d'agrément adoptée en 2009 ne dura guère car dès 2013 la cour de cassation revint sur la solution adoptée en avril 2010 pour retenir qu'au sens de l'article L. 452-3 du Code de la sécurité sociale, « *le préjudice d'agrément réparable ... est constitué par l'impossibilité pour la victime de continuer à pratiquer régulièrement une activité spécifique sportive ou de loisir* »[38]. Il est vrai qu'entre-temps le Conseil constitutionnel, saisi dans le cadre d'une question prioritaire de constitutionnalité, a décidé que, si le système d'indemnisation spécifique prévu par la loi, et notamment la réparation forfaitaire des pertes de salaires, est conforme à la constitution, une réserve d'interprétation s'imposait concernant l'article L.452-3 du Code de la sécurité sociale qui ne saurait faire obstacle à la réparation non seulement des préjudices recensés par cette disposition mais aussi de « l'ensemble des dommages non couverts par le livre IV du code de la sécurité sociale »[39]. Il n'en fallait pas davantage pour inciter la Cour de cassation à abandonner en matière d'accident du travail la définition extensive qu'elle en avait donnée en avril 2010[40]. Il restait à décider, conformément à ce que prévoit d'ailleurs la nomenclature Dinthilac et contrairement à la solution antérieure[41], que le préjudice d'agrément

---

[36] S. Porchy-Simon, Le recours des tiers payeurs à l'épreuve de la politique jurisprudentielle de la Cour de cassation, D. 2010, p. 593.
[37] O. Gout, *op.* et *loc. cit.*
[38] Cass. civ. 2e 28 févr. 2013, n° 11-21.015, Bull. civ. II, n° 48, Dr. soc. 2013, p. 658, note S. Hocquet-Berg, RTD civ. 2013, p. 383, obs. P. Jourdain.
[39] Cons. Const. 18 juin 2010, n° 2010-8 QPC, P. Brun O. Gout, Responsabilité civile, D. 2011, p. 35, Cahiers du Cons. Constit. N° 29, 1 ; JCP S 2010, 1361, note G. Vachet ; H. Groutel, Lutte armée contre l'article L. 452-3 du Code de la sécurité sociale, Resp. civ. et ass. 2010, Chron. 8 ; G. Pignarre, Simple réserve mais grands effets..., Droit du travail 2011, p. 186, S. Porchy-Simon, L'indemnisation des préjudices des victimes de faute inexcusable à la suite de la décision du Conseil constitutionnel du 18 juin 2010 : réelle avancée ou espoir déçu ? D. 2010, p. 459.
[40] Également dans ce sens voir Y. Lambert-Faivre S. Porchy-Simon, Droit du dommage corporel, 8e éd. Dalloz, 2016, n° 215, p. 190. La solution est désormais constante : Cass. civ. 16 juin 2016, n° 15-18.592, n° 15-18.592, Rep. civ. et ass. 2016, comm. 266 ; 2 mars 2017, n° 15-27.523, Resp. civ. et ass. 2017, comm. 133 ; 25 janv. 2018, n° 17-10.299, Resp. civ. et ass. 2018, comm. 97.
[41] Cass. civ. 2e 5 oct. 2006, n° 05-20.139, Bull. civ. II, n° 254, RTD civ. 2007, p. 127, obs. P. Jourdain.

temporaire est inclus dans le déficit fonctionnel temporaire[42], pour que la page soit tournée et le préjudice d'agrément réduit pour ainsi dire à la portion congrue n'ayant plus de rôle à jouer dans la répartition des indemnités entre tiers payeurs et victimes.

B. LA DEFINITION RESTRICTIVE DU PREJUDICE D'AGREMENT PRECISEE

Dans le dernier état du droit positif, il restait à préciser, le cas échéant, la notion de préjudice d'agrément. Jusque-là, la doctrine insistait pour ce qui est de la définition restrictive du préjudice d'agrément sur l'impossibilité pour la victime de continuer à pratiquer régulièrement une activité sportive ou de loisirs dont la victime doit rapporter la preuve : preuve de la pratique antérieure et preuve de l'impossibilité de poursuivre la pratique du fait de l'accident. La Cour de cassation a cependant rendu récemment deux arrêts qui permettent d'aller plus loin. Le premier, rendu le 29 mars 2018[43], rappelle que « *le préjudice d'agrément est constitué par l'impossibilité pour la victime de continuer à pratiquer régulièrement une activité spécifique sportive ou de loisirs* » et ajoute que « *ce poste de préjudice inclut la limitation de la pratique antérieure* ». En l'espèce, la victime pratiquait avant l'accident une activité sportive à un très haut niveau lui permettant d'envisager les podiums mais se trouvait empêchée, tout en continuant à pratiquer, de maintenir ce niveau. En réalité, il ne nous semble pas qu'il s'agisse là d'une innovation dans la mesure où la nomenclature Dinthilac retient au titre du préjudice d'agrément défini restrictivement non seulement l'impossibilité de pratiquer une activité sportive ou de loisirs mais également la simple gêne dans cette pratique. On admettra que la différence entre la gêne et la limitation demeure ténue. Le second arrêt, rendu le 5 juillet 2018[44], a retenu un préjudice d'agrément alors que si la victime ne souffrait d'aucune inaptitude fonctionnelle l'empêchant de pratiquer l'activité exercée antérieurement à l'accident, l'état psychologique de celle-ci le lui interdisait en fait ce qui constitue sans aucun doute, cette fois, une avancée dans la reconnaissance de ce préjudice dont la preuve restera néanmoins difficile la plupart du temps à rapporter.

---

[42] Cass. civ. 5 mars 2015, n° 14-10.758, Bull. civ. II, n° 51, Resp. civ. et ass. 2015, comm. 168, obs. H. Groutel ; P. Brun O. Gout, Responsabilité civile, D. 2016, p. 35

[43] Cass. civ. 2e 29 mars 2018, n° 17-14.499, FS-P+B, M. Bacache A. Guégan, S. Porchy-Simon, Dommage corporel, D. 2018, p. 2153.

[44] Cass. civ. 2e 5 juill. 2018, n° 16-21.776, FS-P+B, M. Bacache A. Guégan, S. Porchy-Simon, Dommage corporel, D. 2018, p. 2153.

7

La sécurité, une affaire familiale

Isabelle Corpart

Que de chemin parcouru par le dédicataire de ces mélanges depuis ce DEA de droit privé que nous avons préparé et obtenu ensemble à l'Université Robert Schuman de Strasbourg, encouragés l'un et l'autre à nous tourner vers le droit des personnes et de la famille par la regrettée Danièle Huet-Weiller, professeur de droit privé, spécialiste de ces matières !

Comme moi, Claude Lienhard n'a jamais cessé de s'intéresser à des questions liées à la sphère privée mais il ne s'est pas contenté d'approches théoriques ou d'enseignements universitaires, loin s'en faut ! En effet, depuis tant d'années, c'est aussi en tant qu'avocat qu'il a offert son expertise et son soutien aux familles en difficulté.

Elles le sont particulièrement lorsque la sécurité de l'un des membres de la famille est menacée, *a fortiori* quand l'auteur du fait dommageable est un parent. Les deux grands pans de la carrière de Claude Lienhard se rejoignent ainsi quand risques, dangers, menaces, violences pénètrent au cœur des foyers et quand il faut rechercher les responsabilités encourues. Ce juriste d'excellence est alors d'un précieux secours…

Traditionnellement la famille est entendue comme un havre de paix, lieu sécurisé pour le couple et ses enfants, chacun pouvant bénéficier de la chaleur du foyer et des soutiens que s'apportent les uns aux autres. Protégés de l'extérieur, dans leur bulle ou leur cocon, les membres des familles peuvent en effet espérer s'épanouir en toute quiétude et, pour les enfants, grandir sereinement, entourés de l'affection des leurs.

Normalement on se sent en sécurité chez soi. Tel n'est malheureusement pas toujours le cas car, dans le secret des alcôves, il y a aussi souvent de la violence, violence exercée par certains membres de la famille contre d'autres - et ce point ne doit pas être occulté, comme le fait que la famille peut être également un lieu de tension. Ces faits et gestes sont d'autant plus pernicieux qu'ils sont commis dans une sphère privée, loin des regards et dans le secret.

Néanmoins nous commencerons par rechercher, d'abord du côté des relations de couple (I), puis en envisageant les relations parentales (II), quelle place occupe la sécurité dans la sphère familiale, associée à des notions telles que protection, sauvegarde, bienveillance, accompagnement et affection.

I. La sécurité, une affaire conjugale

Autrefois, il fallait se marier pour bénéficier d'un cadre protecteur, le mariage ayant pour but de perpétuer la cellule familiale et son lignage. Dans l'ancien article 213 du Code civil, la femme mariée se voyait offrir une mise en sécurité car le mari devait protection à sa femme, laquelle devait corrélativement obéissance à son époux.

C'est donc en vue de ce cadre sécurisé que les époux se mariaient avant d'accueillir leurs enfants, eux aussi protégés par le mariage. Pour autant, la raison d'être du mariage à l'époque moderne ne découle plus de cette nécessaire protection offerte par le mari (d'autant que des couples de femmes ou d'hommes peuvent se former depuis la loi n° 2013-404 du 17 mai 2013) et la mise en couple prend différentes formes, le couple non marié pouvant opter pour un concubinage ou un pacte civil de solidarité (Pacs). Sans doute recherche-t-on quand même une certaine forme de sécurité, au moins affective, pour ne pas affronter seul les aléas de la vie et, le cas échéant, ne pas devoir élever des enfants en famille monoparentale.

La vie à deux recèle néanmoins des surprises et les relations au sein du couple peuvent se transformer, jusqu'à mettre époux, concubins ou partenaires en insécurité et entraîner des immixtions des autorités publiques dans la sphère privée.

A. LA RECHERCHE D'UN CADRE SÉCURISÉ

Vivre à deux constitue un rempart contre le chômage ou les difficultés matérielles et facilite l'éducation des enfants. La vie de couple s'avère précieuse aussi en cas de maladie, de difficultés familiales, du moins lorsque la relation est saine et épanouissante. Inconsciemment peut-être, pour être mieux protégés et en tout cas échapper aux aléas de la solitude, hommes et femmes font le choix de la cohabitation. Il est vrai que la vie en couple, selon des degrés différents en fonction du type de conjugalité, sécurise les relations conjugales sur le plan personnel d'abord et matériel ensuite.

1) Une affaire de sécurité personnelle

Même si le Pacs copie largement le mariage, les protections qu'il offre ont essentiellement une dimension patrimoniale, aussi le mariage est-il le seul modèle de vie à deux organisé autour de la recherche d'une sécurisation des relations et d'une protection de l'un des conjoints par l'autre. Ils sont tenus à des devoirs conjugaux réciproques dont certains sont à connotation extrapatrimoniale. Lors du mariage, les époux prennent l'engagement de vivre ensemble et ce point stabilise leur union, la communauté de vie constituant l'un des socles du mariage (C. civ., art. 215). À vivre sous un même toit en toute intimité, chacun accompagne l'autre dans la vie quotidienne, le seconde, parfois le remplace.

Les époux se doivent ensuite fidélité et assistance, devoirs extrapatrimoniaux insérés depuis le Code civil de 1804 dans le célèbre article 212. L'obligation de fidélité impose de respecter l'autre et interdit toute relation adultère. En principe, en se mariant on est donc censé ne pas être trompé et on devrait être protégé contre les incartades du conjoint[1].

C'est surtout l'assistance entre époux qui traduit l'idée que le mariage offre un cadre protecteur en matière personnelle. Le devoir d'assistance est en effet l'aide mutuelle et morale liée à la communauté de vie et qui permet de faire face à l'adversité : maladie, perte d'emploi, échec, deuil. Dispenser des soins attentifs à son conjoint et assurer à ses côtés une présence affective est un aspect valorisant du mariage.

La loi n° 2006-399 du 4 avril 2006 a plus récemment introduit la notion de respect[2]. Avec l'article 212 du Code civil, les époux se doivent désormais mutuellement respect et l'on peut penser que dans tous les couples, un devoir de respect mutuel est implicitement prévu, qu'ils soient ou non mariés, pour assurer une pleine sécurité à chacun dans l'intimité de leur foyer.

En cas de problème de santé, de vieillissement, d'affaiblissement et d'altération des facultés personnelles, là encore le fait d'être marié offrira

---

[1] En réalité, c'est le prononcé d'un divorce pour faute (C. civ., art. 242), éventuellement assorti de dommages et intérêts qui permet de sanctionner la violation du devoir de fidélité.

[2] I. Corpart, « Haro sur les violences conjugales (loi n° 2006-399 du 4 avril 2006 renforçant la prévention et la répression des violences au sein du couple ou commises contre les mineurs) », *RLDC* 2007/35, n° 2403 ; « La fin programmée des violences entre époux ou contre les mineurs ? », *JAC* mai 2006, n° 64.

une pertinente sécurisation[3]. En effet, le mariage protège efficacement dans la mesure où il ne sera pas nécessaire d'ouvrir une curatelle ou une tutelle en cas d'altération des facultés personnelles. A chaque fois qu'un époux sera hors d'état de manifester sa volonté, son conjoint pourra solliciter le juge aux affaires familiales[4] et lui demander une extension de pouvoir afin de veiller aux intérêts de la famille. Les articles 217 et 219 du Code civil offrent une précieuse sécurisation au conjoint malade ou empêché de manifester sa volonté, selon le cas par une autorisation ou une représentation judiciaires[5].

Le concubinage, quant à lui, n'a aucune incidence légale, aucune obligation n'étant mise à la charge des concubins, faute de statut du concubinage dans le Code civil (C. civ., art. 515-8). Pour autant, les concubins peuvent parfaitement décider de s'épauler, de se soutenir, de s'aider, de s'offrir mutuellement des soins. La différence c'est qu'aucune action ne serait envisageable si un concubin décidait d'arrêter toute sécurisation de l'autre.

Dans le Pacs, qui ne crée pas de liens familiaux et a pour ambition de régler des questions patrimoniales, il n'y a guère de place non plus pour une sécurité personnelle, du moins n'est-elle pas obligatoire. Il faut toutefois noter que, depuis 2006, les partenaires s'engagent à une aide matérielle et une assistance réciproques (C. civ., art. 515-4). On en déduit que, comme les époux, les partenaires doivent s'épauler pour assumer le poids de la vie.

2) Une affaire de sécurité matérielle

Si vivre en couple doit rimer avec se donner des garanties matérielles, le concubinage n'est sans doute pas une parade judicieuse aussi de nombreuses personnes qui n'envisagent pas de se marier mais seulement de prévoir certaines protections se tournent-elles vers le Pacs.

Avec ce mode de conjugalité, par le jeu de règles impératives, le législateur organise une certaine mise en sécurité, la plus probante étant la contribution partagée aux charges ménagères (C. civ., art. 515-4). L'aide matérielle englobe aussi le devoir de secours prévu entre époux. Si les partenaires sont protégés au cours de la vie quotidienne, avec le choix de leur régime, ils peuvent encore mieux sécuriser leurs relations. En effet, le choix du régime d'indivision (C. civ., art. 515-5-4) permet de mettre en commun ses

---

[3] Y. Ould Aklouche, « Les couples et le droit de la protection juridique », *RRJ., Dr. prospectif* 2016, n° 4, p. 1613.
[4] C. Lienhard, *Le Juge aux affaires familiales*, 2e éd. Dalloz, 1995.
[5] Sans oublier les articles 1426 et 1429 dans le régime de communauté réduite aux acquêts.

acquisitions et ainsi, au décès du premier partenaire, de permettre au survivant d'être à la tête d'un patrimoine conséquent, même si c'est le défunt qui détenait surtout ressources et richesses.

Néanmoins si l'on veut mieux protéger l'avenir de la personne avec laquelle on vit, le mariage offre d'autres ressources. La sécurité matérielle est assurée au quotidien par les secours que se doivent les époux (C. civ., art. 212), la contribution aux charges du mariage (C. civ., art. 214), la protection du logement familial (C. civ., art. 215, al. 3). Elle peut encore l'être en recourant à l'entremise du juge pour veiller à l'intérêt de la famille (C. civ., art. 217 et 219). Elle dépend ensuite du choix du régime, les régimes communautaires offrant évidemment un cadre plus protecteur[6].

C'est toutefois en matière successorale que le mariage fait preuve de ses meilleurs atouts. Il sécurise car le conjoint est un héritier *ab intestat* qui vient à la succession en concours avec la famille par le sang, sans que l'on ait eu besoin de le désigner par testament. Le concubin et le partenaire peuvent aussi hériter mais seulement si le défunt a anticipé sa disparition en laissant des dispositions testamentaires or, avant un certain âge, peu de personnes songent à se prémunir. Le conjoint peut encore bénéficier de donations de biens à venir ou institutions contractuelles, d'une quotité disponible spéciale entre époux et, si le défunt ne laisse aucun descendant, d'un droit à réserve héréditaire qui empêche de l'exhéréder totalement.

La sécurité est bien au cœur des préoccupations du législateur qui, à la fois, prévoit des devoirs à respecter et liste les moyens de les assurer.

B. LA LUTTE CONTRE L'INSÉCURITÉ DANS LA SPHÈRE CONJUGALE

1) Un panel de protections

La sécurité personnelle et matérielle des époux, partenaires ou concubins, mais aussi de l'un d'entre eux est au cœur de nombreuses dispositions.

En premier lieu, il peut s'agir de se prémunir contre des intrusions de tiers dans la sphère privée (protection de la vie privée, du droit à l'image, du droit au nom, du respect de l'honneur, des données personnelles, de la dignité, du domicile, atteintes au droit des biens), sanctionnées parfois sur le terrain de l'article 9 du Code civil mais pouvant donner lieu d'autres fois à la mise en œuvre de l'article 1240 du Code civil ou encore à des actions spécifiques

---

[6] Et un changement de régime matrimonial pouvant être programmé pour améliorer la sécurité des conjoints (C. civ., art. 1397).

(par exemple pour troubles de voisinage, garantie des vices cachés, en cas d'accidents de la circulation...). Des dommages et intérêts, des réparations en nature, parfois des sanctions pénales sont envisageables lorsque les couples ou leur patrimoine sont victimes d'atteintes directes ou indirectes.

En second lieu, alors que vivre en couple offre normalement un cadre protecteur, cela peut aussi s'avérer déstabilisateur. La sécurité matérielle peut d'abord être en jeu et, sur ce point, pour les époux, le législateur a développé divers garde-fous. Le choix du régime matrimonial permet évidemment à chacun de mettre sa fortune à l'abri mais, même dans le régime légal, des parades sont proposées avec les mesures de cogestion (C. civ., art. 1422 et s.), les règles relatives à l'obligation et à la contribution aux dettes (C. civ., art. 1409 et s.), le versement des récompenses, certaines supposant l'intervention du juge aux affaires familiales avec notamment la séparation de biens judiciaire (C. civ., art. 1443) ou les restrictions de pouvoir en cas de mise en péril des intérêts de la famille (C. civ., art. 220-1), sans compter la prise en compte des fautes, fraudes ou dépassements de pouvoirs. Dans le pire des cas, ces agissements conduisent à la rupture conjugale, le divorce pouvant être obtenu pour faute et assorti de dommages et intérêts, notamment quand l'un des époux est victime de violences perpétrées par son conjoint[7] .

Quand les agissements portent atteinte à la personne elle-même, à son intégrité physique, ses sentiments et ses affects, un dispositif particulier entend prémunir les époux, mais cette fois aussi les partenaires et les concubins, contre l'insécurité dans la sphère conjugale.

2) *La spécificité des protections contre les violences conjugales*

Si pendant longtemps les affaires de couple sont restées hermétiques à des interventions étatiques, les rapports interpersonnels s'organisant sans droit de regard des autorités publiques, tel n'est plus le cas à présent. Pour les couples mariés, il importait avant tout de préserver l'unité du mariage, institution fondatrice de la famille et au temps de la puissance maritale, la protection des personnes passait au second plan[8], après la préservation de cet ordre social traditionnel, l'épouse étant même frappée d'une incapacité juridique d'exercice jusqu'en 1938. La volonté de protéger les membres de la famille est plus récente, concomitante à la disparition en 1970 du « *chef de*

[7] I. Corpart, « Conjugalité et violence, les liaisons dangereuses », *LPA* 2017, n° 207, p. 6.
[8] M. Couturier, « Les évolutions du droit français face aux violences conjugales. De la préservation de l'institution familiale à la protection des membres de la famille », *Dialogue* 2011/1 (n° 191), p. 67.

famille », même si dès le début du XIXe siècle, les anciens articles 309 et 311 du Code pénal permettaient de sanctionner coups, blessures, violences et voies de fait visant les conjoints. La répression des violences conjugales restait néanmoins réduite au nom du respect de l'intimité familiale et de la prééminence de l'ordre matrimonial.

À la fin du XXe siècle la cause est toutefois entendue, avec davantage de bienveillance à l'égard des femmes[9]. Depuis lors, la lutte contre les violences conjugales s'est considérablement enrichie, entendues comme un scandale[10], et les dispositifs mis en place concernent tant les couples mariés, que non mariés, les couples actuels ou anciens, les couples de personnes de sexe différent ou de même sexe.

La répression des violences physiques relève du Code pénal mais pendant longtemps le viol entre époux est resté impuni car il était entendu que les époux avaient le devoir de consommer le mariage[11]. De plus les finalités procréatives du mariage justifiaient tous les moyens.

Un changement important a été apporté par la loi n° 2006-399 du 4 avril 2006 renforçant la prévention et la répression des violences au sein du couple ou commises contre les mineurs[12], même si la loi n° 2004-439 du 26 mai 2004 avait conservé le divorce pour faute en partie pour que le droit civil puisse encore sanctionner les violences conjugales. Des lois successives sont venues ensuite compléter le dispositif de lutte contre toutes les violences conjugales verbales, psychologiques, physiques et économiques. Toute personne qui subit des violences physiques, verbales, psychologiques ou sexuelles de la part de son conjoint, concubin ou partenaire doit être protégée par la loi. Tout doit être fait pour mieux protéger les victimes de

---

[9] Au départ, les premiers textes s'attachent plutôt à préserver la paix des familles qu'à entendre la cause féminine.

[10] C. Guesnier, *Le scandale des violences conjugales*, L'Harmattan, 2017.

[11] Reconnu seulement en 1990 : Crim., 5 sept. 1990, n° 90-83786. Les juges précisent ensuite que « *la présomption de consentement des époux aux actes sexuels accomplis dans l'intimité de la vie conjugale ne vaut que jusqu'à preuve contraire* » : Crim. 11 juin 1992, n° 91-86.346. Il faudra ensuite attendre la loi du 4 avril 2006 pour qu'à l'article 222-22 du Code pénal soit ajouté un alinéa 2 : « *le viol et les autres agressions sexuelles sont constitués lorsqu'ils ont été imposés à la victime (...) quelle que soit la nature des relations existant entre l'agresseur et sa victime, y compris s'ils sont unis par les liens du mariage. Dans ce cas, la présomption de consentement des époux à l'acte sexuel ne vaut que jusqu'à preuve du contraire* ». Ce texte est modifié en 2010, la référence à la présomption de consentement disparaissant.

[12] I. Corpart, « Haro sur les violences conjugales », préc.

violences conjugales[13] et les accompagner afin de les sécuriser[14], même après la fin de l'union conjugale, cependant la tâche du législateur est ardue[15].

C'est d'autant plus délicat que l'insécurité en matière familiale peut régner aussi dans les rapports parents/enfants et que précisément les violences conjugales ont des retombées sur le sort des enfants du couple[16].

---

[13] J. Alix, « Le dispositif français de protection des victimes de violences conjugales », *AJ pénal* 2014. 208 ; C. Ambroise-Castérot, N. Fricero, « La loi du 9 juillet 2010 relative aux violences faites aux femmes : nouvelles armes juridiques », *RJPF* 2010-9, p. 8 ; S. André, « Violences conjugales et familiales », les numéros juridiques *ASH,* sept. 2015 ; A. Bourrat-Guégen, « Le renforcement de la protection des personnes victimes de violences au sein du couple dans le cadre de la loi du 4 août 2014 pour l'égalité réelle entre les femmes et les hommes », *LPA* 2015, n° 31, 7 ; I. Corpart, « Plus d'efficacité pour la prévention et la répression des violences conjugales, commentaire de la circulaire du 19 avril 2006 », *JAC*, juin 2006, n° 65 ; « Intensification de la lutte contre les violences conjugales (Commentaire de la loi n° 2010-769 du 9 juillet 2010) », *Dr. fam.* 2010, étude 27 ; « Éradiquer les violences faites aux femmes : vœux pieux ? », *JAC,* janv. 2010, n° 100 ; Dossier « Violences conjugales », *Réalités familiales* 2010, n° 90 ; F. Granet (sous la responsabilité scientifique de), *Les violences conjugales. Bilan des dispositifs et propositions d'amélioration*, Mission de recherche Droit et Justice, Univ. de Strasbourg, 2016 ; M.-J. Grihom, M. Grollier, *Femmes victimes de violences conjugales*, Presses universitaires de Rennes, 2013 ; E. Herman, *Lutter contre les violences conjugales*, Presses universitaires de Rennes, 2016 ; M. Jaspard, *Les violences contre les femmes*, La Découverte, coll. Repères, 2005 ; M. Juston, « Violences conjugales et affaires familiales », *AJ famille* 2014.489 ; M. Pichard et C. Viennot (dir.), *Le traitement juridique et judiciaire des violences conjugales*, Mare & Martin, 2016 ; M. Salmona, R. Coutanceau, V*iolences conjugales et famille,* Dunod, 2016.

[14] Parmi d'autres mesures très importantes, une place à part est accordée à l'ordonnance de protection : C. civ., art. 515-9 et CPC, art. 1136-3. Il est essentiel aussi de leur assurer un toit pour les mettre rapidement à l'abri : I. Corpart, « Assurer un toit aux victimes de violences conjugales, premier jalon d'une protection efficace et pérenne », *JAC* mai 2017, n° 167.

[15] D'autres pistes sont encore à suivre : 5e plan de mobilisation et de lutte contre toutes les violences faites aux femmes, 2017-2019, ministère des Familles, de l'Enfance et des Droits des femmes.

[16] I. Corpart, « Ne pas oublier les enfants dans la lutte contre les violences conjugales ! », in H. Fulchiron, B. Meunier et F. Toulieux (dir.), *Mélanges offerts à Emma Gounot*, à paraître ; E. Durand, *Violences conjugales et parentalité. Protéger la mère, c'est protéger l'enfant*, L'Harmattan, 2013.

II. La sécurité, une affaire parentale

Selon un adage célèbre, « *qui fait l'enfant le nourrit* », certes, la sécurité passe par la satisfaction de ce besoin vital, toutefois elle prend encore bien d'autres aspects. L'enfant est par hypothèse un être fragile et vulnérable et il a besoin d'être entouré d'amour[17] et d'être protégé, éduqué[18], soutenu, dans un environnement le plus sécurisant possible. Cette mission incombe à ses parents, à la fois titulaires de l'autorité parentale et représentants légaux de l'enfant. Il peut toutefois arriver qu'ils soient démissionnaires ou défaillants, voire maltraitants. Si la sécurité n'est plus ou mal assurée par ses père et mère, d'autres relais devront être mis en place[19].

A. LA PROTECTION DE L'ENFANT PAR SES PARENTS

L'enfance est une période de vulnérabilité imposant une protection spécifique, encore accrue quand l'enfant est en bas-âge. Il revient aux père et mère de veiller au bien-être de leur enfant et d'assurer sa sauvegarde. Ils jouent ce rôle au cours de la vie familiale quotidienne mais leur mission est plus spécifique quand l'enfant est victime des agissements de tiers.

1) La mission générale protectrice confiée aux parents

L'enfant est un sujet de droit[20], doté notamment du droit d'être protégé : « *petit homme, donc personne juridique à part entière, mais petit d'homme, qui doit à ce titre bénéficier d'une protection particulière de la part de sa famille et de l'État* »[21]. Cette mission est par principe confiée à ses parents. En effet, conformément à l'article 371-1 du Code civil, l'autorité parentale appartient aux parents jusqu'à la majorité ou l'émancipation de l'enfant « *pour le protéger dans sa sécurité, sa santé et sa moralité, pour assurer son*

---

[17] On notera dans le préambule de la Convention internationale des droits de l'enfant de 1989 que l'enfant doit « *grandir dans le milieu familial, dans un climat de bonheur, d'amour et de compréhension* ».

[18] I. Corpart, « Controverses autour d'un droit de l'enfant à une éducation sans violence », *RJPF* 2019-1/23 ; *adde* loi n° 2019-721 du 10 juillet 2019 relative à l'interdiction des violences éducatives ordinaires, *JO* 11 juill. 2019.

[19] I. Corpart, « Les parents, la famille, premiers protecteurs de l'enfant et garants du droit à la protection », in Actes de la conférence de la CNAPE, *Le droit à la protection de l'enfant du 16 nov. 2018, CNAPE 20 mars* 2019, p. 11.

[20] P. Bonfils et A. Gouttenoire, *Droit des mineurs*, Dalloz, 2014 ; Collectif, *L'enfant sujet de droits*, Lamy Axe-Droit, 2010 ; I. Corpart, « Les droits de l'enfant, » fascicule *ASH*, supplément mars 2006 ; F. Dekeuwer-Défossez, *Les droits de l'enfant*, PUF, Que sais-je ?, 2018.

[21] J. Rubellin-Devichi, préface de l'ouvrage de J.-P. Rosenczveig, *Le dispositif français de protection de l'enfance*, Éditions Jeunesse et droit, 2005.

éducation et permettre son développement, dans le respect dû à sa personne ». L'exercice de l'autorité parentale incombait autrefois au père, chef de famille, au nom de la puissance paternelle mais il revient au couple parental depuis la loi n° 70-459 du 4 juin du 1970, confortée et complétée par le principe de coparentalité issu de la loi n° 2002-305 du 4 mars 2002 relative à l'autorité parentale[22].

Ensemble les parents doivent élever, éduquer et entretenir leur enfant, en veillant à ses intérêts (évolutifs et pas toujours évidents à expliciter surtout quand les parents ne vivent plus ensemble)[23] et en respectant ses droits. En toute circonstance, ils doivent apporter à leur enfant l'aide qui lui est nécessaire par des soins adaptés et des conseils avisés. Ils sont également chargés de satisfaire aux besoins fondamentaux des enfants, besoins physiologiques et alimentaires, besoin de sécurité et de sûreté, besoin d'être élevé et entretenu, besoin d'échapper à toutes formes de violence, besoin de construire une relation affective avec les adultes qui l'entourent.

Les parents continuent de s'assurer que leur enfant est en sécurité même quand il se trouve chez ses grands-parents, chez des tiers, à l'école ou en vacances[24] et également lorsque le couple parental se sépare. En effet, la coparentalité demeure (C. civ., art. 373-2), chaque parent devant respecter les droits de l'autre, de manière à ce que les relations de l'enfant et du parent avec lequel il ne vit pas soient préservées.

Les parents doivent aussi veiller à la sécurité matérielle de leur enfant. D'une part, pendant la minorité et même au-delà si l'enfant est dans le besoin, ils sont tenus du devoir d'entretien (C. civ., art. 371-2) qui peut prendre la forme d'une pension alimentaire lorsque le couple parental s'est disloqué. D'autre part, si l'enfant est à la tête d'un patrimoine, la mission des parents s'étend à la gestion de ses biens. L'ordonnance n° 2015-1288 du 15 octobre 2015 a mis fin à l'administration légale pure et simple et

---

[22] I. Corpart, *L'autorité parentale*, ASH éd., 2003 ; C. Lienhard, *Les nouveaux droits du père après la loi du 4 mars 2002 réformant l'autorité parentale,* Delmas express 2002.

[23] G. Hubert-Dias, *L'intérêt supérieur de l'enfant dans l'exercice de l'autorité parentale*, épure 2017 ; A.- C. Réglier et C. Siffrein-Blanc (sous la dir. de), *L'intérêt de l'enfant : mythe ou réalité ?,* Fondation Varenne 2018.

[24] En revanche la mise en œuvre de la responsabilité des parents est liée à la notion de cohabitation familiale : Crim. 2 déc. 2014, n° 13-85.727, JAC janv. 2015, n° 150, obs. I. Corpart ; CA Lyon, 12 juin 2018, n° 17/06238, *RJPF* 2018-9/43, obs. I. Corpart ; dommage lors d'un camp scout : CA Poitiers, 14 août 2018, n° 16/03838, *RJPF* 2018-10/33 ; CA Lyon 12 juin 2018, n° 17/06238, *JAC* sept. 2018, n° 179.

à l'administration légale sous contrôle judiciaire[25]. Désormais tous les parents administrent légalement les biens du mineur (C. civ., art. 382) en faisant librement des actes d'administration et de disposition, hormis quelques exceptions. Parfois les parents ne peuvent jamais agir, si bien qu'il faudra attendre la majorité ou l'émancipation de l'intéressé (C. civ., art. 387-2), d'autres fois, une autorisation préalable du juge aux affaires familiales chargé de la tutelle des mineurs sera nécessaire pour certains actes de disposition très graves, listés par le législateur (C. civ., art. 387-1)[26].

Ils doivent aussi se préoccuper de son avenir. A ce titre, les parents peuvent veiller à ce qu'un tiers prenne le relai s'ils ne sont plus en état de le faire par le biais du mandat de protection future pour autrui (C. civ., art. 477) ou encore désigner par testament la personne qui s'occupera de lui (tutelle testamentaire, C. civ., art. 403[27]). Ils peuvent surtout lui transmettre leur patrimoine, l'enfant étant en tant que descendant un héritier *ab intestat* du premier ordre et du premier degré et dès lors gratifié par préférence mais pouvant aussi bénéficier de libéralités[28] dans les limites du respect de la réserve héréditaire (C. civ., art. 912).

2) La mission spéciale protectrice confiée aux parents lors d'agissements répréhensibles de tiers

Lorsque la sécurité de l'enfant a été compromise par l'intervention de tiers, il revient aussi aux parents, représentants légaux, de défendre ses intérêts et de le protéger contre eux. Ce rôle découle de la plus large mission en vertu de laquelle les parents peuvent s'assurer que l'enfant ne quittera pas le domicile familial sans leur autorisation (C. civ., art. 371-3), disposent d'un droit et devoir de surveillance (C. civ., art. 373-2-1, al. 5) et veillent au respect par les tiers de sa vie privée ou de son image.

---

[25] I. Corpart, « Administration légale des biens du mineur », *Rép. civ. Dalloz*, oct. 2018.

[26] Dans le droit antérieur, les familles monoparentales devaient quasiment toujours faire intervenir le juge.

[27] I. Corpart, « La tutelle des mineurs », *Rép. civ. Dalloz*, oct. 2019.

[28] Certaines libéralités sont vraiment pensées pour assurer la sécurité de leur bénéficiaire. Les libéralités graduelles (C. civ., art. 1048) et résiduelles (C. civ., art. 1057) sont particulièrement intéressantes lorsque la fratrie compte un enfant plus fragile que les autres, qu'il faut davantage protéger par exemple s'il est handicapé. Associées à la renonciation anticipée à la réduction pour atteinte à la réserve (C. civ., art. 929), elles permettent, aux parents d'empiéter sur la réserve de certains enfants pour augmenter la part des autres de manière inégalitaire mais pour mieux sécuriser la situation de ces enfants.

Lorsque l'enfant est victime de faits répréhensibles, ses parents exercent en son nom une action judiciaire car, tant qu'il est mineur, il est incapable d'agir en justice lui-même et il doit être représenté par eux.
Il en va toutefois autrement lorsque ses représentants légaux sont les auteurs des infractions commises contre lui[29], l'exercice de l'autorité parentale montrant alors ses limites[30].

A. LA PROTECTION DE L'ENFANT CONTRE SES PARENTS

En cas de conflit d'intérêts entre l'enfant et ses parents, le mineur doit être représenté par un administrateur *ad hoc* (C. civ., art. 383, art. 388-2) qui se substitue à ses administrateurs légaux notamment dans les procédures où la représentation du mineur est obligatoire.

1) La mise en sécurité de l'enfant

Lorsque la famille est démissionnaire, c'est l'État qui est chargé de veiller aux intérêts du mineur. En effet, *tout enfant qui est temporairement ou définitivement privé de son milieu familial, ou qui dans son propre intérêt ne peut être laissé dans ce milieu, a droit à une protection et une aide spéciales de l'État »* (CIDE, art. 20).

La protection de l'enfant relève de deux autorités, l'une administrative, le service de l'aide sociale à l'enfance (ASE), placée sous la responsabilité du président du Conseil départemental, avec dans chaque département une cellule de recueil des informations préoccupantes et l'autre judiciaire, le juge des enfants[31].

---

[29] I. Corpart, « Enfant victime et place des parents », *Liber amicorum* en l'honneur de Madame le professeur M.-F. Steinlé-Feuerbach, L'Harmattan 2015, p. 297.
[30] L. Gareil-Sutter, « L'autorité parentale reste-t-elle un outil pertinent de la protection de l'enfant ? », *LPA* 2012, n° 50, p. 43.
[31] F. Capelier, *Comprendre la protection de l'enfance. L'enfant en danger face au droit. La cause juridique*, Dunod, 2015 ; *La protection de l'enfant. Du droit aux pratiques*, ASH, Les numéros juridiques, juin 2019 ; S. Durin, *Protection de l'enfance. Nouveaux modes de prise en charge*, Territorial, 2018 ; P. Pédron, *Guide de la protection judiciaire de la jeunesse*, Gualino, 2016 ; P. Verdier et M. Eymenier, *La loi réformant la protection de l'enfance*, Berger-Levrault, 2018. Voir aussi M. Berger, *L'échec de la protection de l'enfance*, Dunod, 2014 ; M. Bongrain, *Les sept péchés capitaux envers nos enfants, regard critique sur la protection juridique de l'enfance*, Eres, 2009 ; H. Romano et E. Izard, *Danger en protection de l'enfance*, Dunod, 2016.

Les mesures préconisées doivent être adaptées aux circonstances et aux besoins de l'enfant[32] ; elles sont tantôt provisoires, tantôt définitives en fonction de la gravité de la situation, différents degrés d'intervention dans la vie des familles étant prévus.

Parfois les parents sont secondés, accompagnés dans l'exercice de la parentalité mais, d'autres fois, ils sont nocifs ou maltraitants si bien qu'il est indispensable d'organiser la protection de l'enfant contre eux en les écartant. La loi prévoit effectivement un dispositif permettant de le soustraire à ce danger par un éloignement avec retrait de la sphère familiale et placement[33] (C. civ., art. 375 et s.). Différentes mesures d'assistance éducative peuvent effectivement être prises « *si la santé, la sécurité ou la moralité d'un mineur non émancipé sont en danger, ou si les conditions de son éducation ou de son développement physique, affectif, intellectuel et social sont gravement compromises* » (C. civ., art. 375).

Selon les cas, on peut songer aussi à une délégation forcée de l'autorité parentale (C. civ., art. 377) ou à un retrait de l'autorité parentale (C. civ., art. 378), toutefois ces mesures prendront fin à la majorité de l'intéressé et ne lui assureront pas une sécurité définitive[34].

2) La sécurisation de l'enfant sur le long terme

Lors des réformes relatives à la protection de l'enfance (2006) ou de l'enfant (2016), le point impérieux était, à chaque fois, de renforcer la sécurité des parcours de l'enfant, le service de l'aide sociale à l'enfance devant rechercher la solution la plus adaptée à la situation de l'enfant (placement temporaire ou sur le long terme, délégation ou retrait de l'autorité parentale, adoption plénière ou simple), sans oublier d'envisager son avenir. Pour bien protéger l'enfant, il est quelquefois souhaitable de retirer aux parents tout moyen de lui nuire, notamment en leur retirant la titularité de l'autorité parentale ou à tout le moins en restreignant les prérogatives confiées à ses auteurs.

---

[32] J. Filaire (dir.), *Droit à la protection de l'enfance. Entre bonheur et bien-être*, LexisNexis, 2018.

[33] I. Corpart, « Placement et droits de l'enfant », *AJ famille*, février 2007, p. 66.

[34] Comme la tutelle, mesure de protection indispensable lorsque les parents sont décédés ou privés de l'exercice de l'autorité parentale (C. civ., art. 390). La sécurisation de l'intéressé prend alors fin dès qu'il devient majeur.

Les textes proposent plusieurs moyens de pallier les carences parentales mais il importe d'aller parfois plus loin[35] en donnant à l'enfant une nouvelle chance, une nouvelle famille qui lui offrira la sécurité attendue et une véritable stabilisation, elle aussi source de sécurisation[36].

L'enfant peut entrer dans une nouvelle famille à condition d'être adoptable. Depuis la loi n° 2016-297 du 14 mars 2016, peuvent être adoptés (C. civ., art. 347) les enfants pour lesquels un consentement à l'adoption est donné, les pupilles de l'État et les enfants déclarés abandonnés dans les conditions prévues aux articles 381-1 et 381-2 du Code civil, c'est-à-dire faisant l'objet d'un délaissement parental[37]. La loi aurait pourtant dû aller plus loin et favoriser plus souvent la destruction du lien filial qui permet de donner aux enfants privés d'amour parental une possibilité de se reconstruire et de retrouver la sécurité affective, mais aussi personnelle et matérielle qui lui fait défaut. En effet, l'adoption change tout pour l'enfant qui entre dans une nouvelle famille[38] et ce, pour sa vie entière. Il est pourtant encore difficile pour certains professionnels de renoncer à la primeur des liens du sang.

Si la sécurité est toujours une affaire familiale, il s'agit aussi d'une mission sociale que les autorités publiques doivent pleinement prendre en charge. On le constate, l'État se préoccupe beaucoup moins aujourd'hui de l'organisation générale de la famille que du respect des droits de ses membres. Les efforts sont désormais centrés sur l'individu et la protection de ses attributs qu'il soit majeur ou mineur, en vue de lui assurer une pleine et entière sécurité contre les agissements des tiers mais aussi contre ceux du cercle étroit de ses proches. Il importe que tous les efforts soient faits pour limiter au maximum les causes d'insécurité et, à défaut, offrir des parades efficaces.

---

[35] Pour d'autres regrets : C. Siffrein-Blanc et E. Bonifay, « Regards critiques sur les mesures de protection », *AJ famille* 2017. 333.

[36] I. Corpart, L'adoption, de la protection de l'enfance à l'intégration dans une famille, in Simone Veil, un héritage humaniste, LexisNexis, 2018, p. 115.

[37] C. Boos, *Les liens familiaux à l'épreuve de l'abandon d'enfant*, thèse Université de Haute-Alsace, 2016.

[38] Pour un recours plus fréquent à l'adoption simple : A. Gouttenoire et I. Corpart (rapporteur), *40 propositions pour adapter la protection de l'enfance et l'adoption aux réalités d'aujourd'hui*, rapport remis à la ministre déléguée à la Famille, Dominique Bertinotti, en février 2014.

8

Quelques remarques sur l'expertise des victimes de traumatismes psychiques

Louis CROCQ

Notre monde de violence produit des « *victimes de traumatismes psychiques* » (Crocq, 1994), qui ont vécu dans l'immédiat les affres de la frayeur, de l'horreur et du sentiment aigu de l'imminence de leur mort et dont le psychisme demeure ensuite profondément bouleversé par cette expérience. L'évaluation de la souffrance et de l'invalidité de ces victimes de « traumatismes psychiques » incombe à l'expert psychiatre.

I. Tableaux cliniques à expertiser.

Considérations préalables

Actuellement – l'hégémonisme de la langue y aidant – le tableau clinique psycho-traumatique séquellaire est dénommé « **Trouble stress post-traumatique** » (traduction française de *Posttraumatic Stress Disorder ou PTSD*), par emprunt à la nosographie américaine DSM (*Diagnosis and Statistical Manual of Mental Disorders*), qui en a édicté les critères diagnostiques dans la cinquième version du manuel en 2013 (DSM-5). Ce diagnostic correspond à l'ancienne entité « **Névrose traumatique** » identifiée par Hermann Oppenheim en 1888 au sujet des accidents de chemin de fer ; et, d'une manière générale au vocable « **Syndrome psycho-traumatique différé-chronique** » utilisé par beaucoup de cliniciens européens pour désigner ces états, qu'ils soient ou non structurés en névrose. Cette équivalence suscite quelques réflexions : primo, le diagnostic de **Trouble stress post-traumatique** exige la com-présence de plusieurs critères de différentes catégories, et il peut arriver que l'on ait à expertise un tableau clinique infra-critères qui n'ait pas droit à l'appellation Trouble stress post-traumatique, mais qui correspond à l'entité plus générale Syndrome psycho-traumatique et génère une souffrance psychique réelle ; secundo, l'entité Trouble stress post-traumatique du DSM n'inclut pas dans ses critères les symptômes non spécifiques de la névrose traumatique, qu'elle considère comme « pathologie associée ». L'expert devra donc inventorier cette pathologie associée et en discuter l'imputation causale ; prenons comme exemples les rituels de protection obsessionnels apparus au lendemain d'une agression et persistant ensuite, et certaines affections psychosomatiques (telles qu'ulcère gastrique et eczéma) apparues après un trauma psychique et évoluant par poussées chaque fois qu'un stimulus évocateur du trauma se manifeste.

En général, le Tribunal missionne un expert psychiatre pour évaluer les préjudices et le taux d'invalidité permanente partielle (IPP) d'un trouble de stress post-traumatique séquellaire, stable (on dit « consolidé »). On ne le missionne presque jamais pour effectuer cette évaluation lors de la phase immédiate (des premières vingt-quatre heures), ni même de la période post-immédiate (du deuxième au trentième jour). Et, dans ce dernier cas, il ne peut établir qu'un constat provisoire, en formulant des réserves quant à l'évolution. Mais, même si c'est la période différée-chronique qui l'intéresse, il doit aussi connaître la période immédiate, pour déterminer si le patient a vécu l'événement sur le mode du trauma, et la période post-immédiate (pour repérer l'éclosion des différents symptômes et leur devenir, et pour évaluer une éventuelle incapacité totale temporaire (ITT) initiale ou une éventuelle incapacité temporaire partielle (ITP).

A. LA PERIODE IMMEDIATE (PREMIERES VINGT-QUATRE HEURES)

À un moment ou l'autre de son entretien clinique avec la victime, l'expert devra explorer - rétrospectivement - le vécu immédiat de l'événement : « *comment avez-vous vécu l'événement, qu'avez-vous ressenti alors ?* » Il importe en effet de déterminer si la victime a réagi par un stress adapté, ou au contraire par un stress dépassé, traumatique, et à quelle intensité.

Le stress est « *la réaction immédiate d'alarme, de mobilisation et de défense face à une agression ou une menace* » (Crocq, 1999). C'est une réaction réflexe, bio-neuro-physiologique, qui ne dépend pas de la volonté, bien que le sujet soit conscient de ses effets physiologiques (accélération des rythmes cardiaque et respiratoire en particulier). Toutefois, il donne lieu à une mobilisation psychologique consciente, qui se traduit par une élévation du niveau de vigilance, une focalisation de l'attention sur la situation de menace ou d'agression, une exacerbation des capacités de jugement, de raisonnement et d'élaboration décisionnelle, et une incitation à exécuter la réponse choisie. Il donne lieu aussi à contrôle – au moins partiel - de la peur et des perturbations émotionnelles qui y sont liées. Le stress est utile, adaptatif, mais il est accompagné de perturbations neurovégétatives gênantes (pâleur, tachycardie, hypertension, sensation de striction laryngée et thoracique, spasmes viscéraux) et il est dépensier en énergie physique et psychique. Quand la réaction de stress est terminée (au bout de quelques heures et, en tout état de cause en moins de vingt-quatre heures), le sujet se sent à la fois soulagé et épuisé.

Mais, si le stress est trop intense, trop prolongé ou répété à de courts intervalles, il déborde les capacités de réponse adaptative et se mue en ***stress dépassé***, inadapté. Il existe quatre modalités de stress dépassé : *la sidération stuporeuse, l'agitation psychomotrice incohérente, la fuite panique éperdue* et *l'action automatique* avec répétition de gestes inutiles ou exécution d'actes pseudo-adaptatifs dont le sujet ne gardera pas le souvenir. Le stress dépassé est vécu avec des symptômes qui témoignent de l'existence du phénomène de traumatisme psychique ou « ***trauma*** ». Ces symptômes sont considérés comme traduisant la « *dissociation péritraumatique* » de la conscience (Marmar, 1997) ; en fait, on devrait dire « *per-traumatique* » car ces symptômes ne sont pas « autour » du trauma mais en plein dedans. Ces symptômes sont, principalement : la surprise, la frayeur, la terreur, l'horreur, la sidération cognitive (perte de l'orientation dans le temps et l'espace, impression de temps accéléré ou ralenti, arrêt de la pensée, de type « trou noir »), l'orage neurovégétatif (avec sueur, pâleur, lipothymie, tachycardie, striction laryngée et thoracique, blocage respiratoire, nausées, spasmes intestinaux ou vésicaux), les troubles de l'élocution (bégaiement, cri ou mutisme), l'inhibition de la volonté, les troubles moteurs (sidération motrice, ralentissement des gestes, ou au contraire décharge motrice incohérente ou fuite éperdue), l'impression d'un monde lointain, irréel ou non reconnu, l'impression de vivre un rêve ou un cauchemar, l'impression de flotter ou même l'impression d'être dédoublé, de marcher à côté de soi. Cet état altéré de conscience, avec ses symptômes, peut avoir été très bref, avec reprise rapide de la lucidité ; mais il peut aussi avoir perduré plusieurs heures et laissé un état résiduel de déréalisation, dépersonnalisation et perplexité perdurant une dizaine d'heures. Pour simplifier, les nosographies courantes (ICD-10 par exemple) assignent une durée maximale de vingt-quatre heures à la réaction immédiate, prolongée ou renouvelée si l'agent traumatisant est lui-même prolongé ou répété. L'expert devra donc explorer avec minutie, rétrospectivement, le vécu du patient lors de l'événement, pour déterminer si le patient a vécu l'événement sur le mode du trauma ou sur le mode du stress adaptatif.

Le DSM-5 ne propose aucune entité diagnostique pour décrire cette pathologie traumatique des vingt-quatre premières heures, et c'est une lacune regrettable. Il ne prend en compte cette pathologie que si elle persiste plus de quarante-huit heures, et il l'inclut alors dans le diagnostic « **Trouble stress aigu** » (*Acute stress disorder*), avec comme critères de durée : trois jours à un mois après l'exposition au traumatisme.

B. LA PERIODE POST-IMMEDIATE (DU DEUXIEME AU TRENTIEME JOUR)

La période post-immédiate (Crocq, 1999, 2003, 2012) s'étend en principe du 2ème au 30ème jour, mais il existe des variantes de durée, de quelques jours à plus d'un mois. La période post-immédiate requiert une surveillance psychologique attentive et soutenue. En effet, deux éventualités peuvent se présenter : ou bien les symptômes (neurovégétatifs et de déréalisation) de la période immédiate s'éteignent progressivement et le sujet, qui n'est plus obnubilé par le souvenir de l'événement, commence à reprendre ses occupations ; ou bien ces symptômes persistent, tandis que le sujet est toujours obsédé par le souvenir de l'événement et se montre incapable de reprendre ses occupations. En outre il commence à souffrir de nouveaux symptômes, psycho-traumatiques, tels que reviviscences, troubles du sommeil et anxiété phobique, augurant de l'installation d'une pathologie psycho-traumatique durable. Par ailleurs, il arrive que certaines victimes, qui dans l'immédiat ne ressentaient aucune souffrance dans l'euphorie de s'en être tirées « quittes pour la peur », commencent à présenter au bout de quelques jours des signes d'une pathologie psycho-traumatique.

La variété morbide de la phase post-immédiate était bien connue des auteurs anciens (Janet, 1889 ; Charcot, 1890), qui la dénommaient par les vocables imagés de *période de préparation, d'incubation, de méditation, de contemplation ou de rumination*, et qui l'incluaient dans la névrose traumatique dont elle constituait à leurs yeux la phase préalable silencieuse, marquée par le travail torpide de « *l'émotion retardante* » (Janet, 1889). Comme sa symptomatologie est en partie différente de celle de la névrose traumatique, on préfère aujourd'hui la différencier de cette affection et lui accorder un statut nosologique à part.

Cette symptomatologie a longtemps été considérée comme latente, c'est-à-dire non extériorisée, cliniquement silencieuse. Il s'agissait toutefois le plus souvent de sujets qui demeuraient isolés, repliés sur eux-mêmes, peu expansifs, voire mutiques. Une observation attentive pouvait déceler leur mimique préoccupée, leur expression perplexe, leur regard vide et leur propension à demeurer figés. Une variante clinique du temps de latence est la forme « euphorique-agitée ». Le sujet, rescapé d'une catastrophe ou d'un accident, se sent euphorique pour s'en être sorti « quitte pour la peur », ce qui pourrait paraître normal. Mais il manifeste cette euphorie de façon exubérante, logorrhéique, recherchant la compagnie des autres pour leur raconter son histoire, ne tenant pas en place, ne pouvant maintenir son attention sur une occupation. Cette euphorie de mauvais aloi est suspecte : elle cache la fixation du sujet à son trauma, malgré ses efforts superficiels et désordonnés pour s'en dégager ; et elle conduit immanquablement à l'installation d'une névrose traumatique.

Les critères diagnostiques du Trouble stress aigu (DSM-5) sont : des symptômes de reviviscence intrusive de l'événement, des réactions de détresse aux stimuli évocateurs, l'incapacité à éprouver des sentiments positifs, des symptômes dissociatifs, l'amnésie élective de certains aspects de l'événement, des symptômes d'évitement et des symptômes d'hypervigilance.

C. LA PERIODE DIFFEREE-CHRONIQUE (AU-DELA DE TRENTE JOURS)

La période différée-chronique démarre en principe après le trentième jour. Mais elle peut débuter avant, si la période de latence s'est avérée plus courte, ou longtemps après, si des circonstances particulières (poursuite des combats, longue période d'hospitalisation maternante empêchant le retour de l'autonomie du sujet) ont rallongé cette latence.

Le tableau clinique le plus typique de cette période différée-chronique est celui de la ***névrose traumatique*** (Oppenheim, 1888 ; Fenichel, 1945 ; Crocq, 1974, 1999, 2003 ; Barrois, 1988). C'est l'Allemand Herman Oppenheim qui créa en 1888 le diagnostic de « névrose traumatique » pour désigner les états psychiques morbides consécutifs aux accidents de chemin de fer : reviviscences de l'accident, troubles du sommeil et cauchemars, sursauts au bruit, phobie du chemin de fer (la *sidérodromophobie*), et labilité émotionnelle. Il imputait ce trouble à l'effroi (*schreck*) qui provoquerait ces altérations psychiques durables. Durant les deux guerres mondiales, les neuropsychiatres aux armées observèrent beaucoup de ***névroses de guerre***, variétés guerre de la névrose traumatique, consécutives aux frayeurs et émotions éprouvées au combat. Il convenait de les distinguer du ***shell schock***, syndrome commotionnel dû au souffle de l'explosion. Le ***trouble stress post-traumatique*** de la nosographie américaine DSM-5 et de la CIM-10 correspond à peu près à la névrose traumatique, avec cette différence que les symptômes non spécifiques y sont considérés comme pathologie « associée ». En gros, la névrose traumatique regroupe trois catégories de symptômes : 1/ les symptômes de répétition ou reviviscence, 2/ les symptômes non spécifiques, et 3/ l'altération de la personnalité.

Les symptômes de reviviscence comprennent les hallucinations, les illusions, les souvenirs forcés, les ruminations mentales, les vécus et agir comme si l'événement allait se reproduire et le cauchemar de répétition ; tous ces symptômes étant accompagnés de détresse et d'orage neurovégétatif ; et tous pouvant survenir soit spontanément, soit déclenchés par un stimulus évocateur, soit enfin à la faveur d'un fléchissement du niveau de conscience (pré-endormissement par exemple). Pierre Janet (1919) insistait sur le caractère intrusif et tenace des symptômes de reviviscence (« *Quand un homme tourmenté par quelque triste souvenir cherche à l'oublier en partant au loin, le chagrin monte en croupe et voyage avec lui* »).

Les symptômes non spécifiques – apparus après l'exposition traumatique et ainsi nommés car on les constate aussi dans le plupart des affections mentales - comprennent : 1/ l'asthénie (triple asthénie, physique, psychique et sexuelle), 2/ l'anxiété (accès anxieux psychique et somatique et état anxieux intercritique), 3/ les superstructures psychonévrotiques (hystériques, phobiques et obsessionnelles) telles que conversions, phobies liées à l'événement et rituels protecteurs liés au trauma, 4/ les plaintes somatiques et les troubles psychosomatiques (tels que psoriasis, asthme, hypertension et ulcère gastrique) et 5/ les troubles des conduites, dont l'anorexie et la boulimie, les conduites alcooliques et toxicomaniaques, les conduites suicidaires et les conduites agressives.

L'altération de la personnalité consécutive au trauma résulte d'un triple blocage des fonctions du moi (Fenichel, 1945) :
- *blocage de la fonction de filtration*, le sujet n'étant plus capable de filtrer dans l'environnement ce qui est dangereux de ce qui ne l'est pas, d'où son attitude d'alerte permanente, son hypervigilance, ses sursauts et sa résistance à l'endormissement ;
- *blocage de la fonction de présence*, le sujet se sentant détaché du monde, d'où son impression d'un monde lointain ou déréel, sa perte de motivation pour les activités jadis motivantes et son impression d'avenir bouché ;
- *blocage de la fonction de relation équilibrée à autrui*, le sujet étant devenu dépendant, quêtant l'affection, récriminateur insatisfait, mais incapable d'aimer les autres, de les comprendre et de se faire comprendre (comme enfermé dans une « *membrane invisible* » ; Shatan, 1974).

En fait, marqué par l'impact du trauma, le sujet a désormais « *une autre manière de percevoir le monde, de le comprendre, d'y aimer, d'y vouloir et d'y agir* » (Crocq, 1999). Lui-même se sent changé, et les autres le trouvent changé. Le trauma a profondément bouleversé sa personnalité ; Simmel (1918) parlait de changement d'âme et Shatan (1974) de transfiguration de la personnalité.

L'évolution de ces états cliniques de la phase différée-chronique - TSPT ou névrose traumatique - est variable selon les cas et l'effet de la thérapeutique. Certains cas, peu sévères, disparaissent spontanément et progressivement en quelques mois. Pour eux, on a invoqué l'effet de la « résilience » ou capacité de l'individu à rebondir et à se dégager de l'emprise de son trauma, en puisant dans ses propres ressources ou en se faisant aider par son entourage familial et social. D'autres cas s'avèrent plus durables, voire chroniques. Certains cas sévères, non traités, peuvent persister tels quels pendant la vie entière. Certains cas, traités ou non, voient leurs symptômes de répétition s'estomper et s'espacer, mais s'enkystent dans leurs troubles caractériels (Crocq, 1974). L'évolution varie aussi au gré de l'exposition à des stimuli évocateurs du trauma (y compris les enquêtes, les expertises et le procès), voire de l'exposition à de nouveaux événements traumatisants (effet de réactivation, voire d'après-coup). A signaler enfin que le départ à la retraite, privant le patient de ses activités professionnelles dérivatives, occasionne souvent une aggravation ou une relance de la névrose traumatique, en particulier chez les anciens combattants (Crocq, 1997, 1999).

II. Les barèmes d'évaluation de l'invalidité

A. LES ANCIENS BAREMES

En France, dans les barèmes d'invalidité pour anciens combattants et victimes de guerre de l'époque des lendemains de guerre (1919-1945-1962), l'hystérie de guerre, stigmatisée, est évaluée à 0% d'invalidité, et la névrose traumatique (au sens de psycho-traumatique) est ignorée. Seul est reconnu le « syndrome subjectif des traumatisés du crâne », commotionnel, avec lésion osseuse ou cérébrale, qui se voit gratifié d'un taux de 20 à 50%. S'il est a-lésionnel, donc purement subjectif, on lui concède 5 à 10% sous le vocable de « neurasthénie émotive ». Une exception, cependant, en faveur des déportés retour des camps de la seconde guerre mondiale: l'« asthénie des déportés », identifiée par Targowla (1948, 1954), qui comprend essentiellement une sémiologie d'asthénie ou d'épuisement physique et psycho-cognitif, mais qui peut comporter aussi un « syndrome d'hypermnésie émotionnelle », avec « revécus et cauchemars de traumas psychiques intenses », et qui se voit attribuer une fourchette de 30 à 50% (asthénie seule), voire 60 à 80% (s'il y a hypermnésie émotionnelle).

B. LES BAREMES OFFICIEUX POSTERIEURS A 1980

La Société de médecine légale et de criminologie de France a publié en 1982 un barème indicatif proposant une fourchette de taux d'invalidité qui s'étend de 5 ou 10% pour une névrose traumatique « sans réelle gravité » à anxiété diffuse dominante, jusqu'à 35% pour une névrose post-traumatique sévère avec perte d'intérêt, hypocondrie et repli sur soi ; toutefois, on peut attribuer aux « formes majeures » un taux d'incapacité permanente plus élevé, allant jusqu'à 60%.

Le barème d'évaluation des incapacités paychiatriques de Melennec, Bornstein, Besançon, Dubouis-Bonnefond et Sichez (1988) recommande une fourchette de taux identiques (0 à 60%).

Le barème indicatif des déficits fonctionnels séquellaires de droit commun, publié dans le journal *Le Concours Médical* en 1993 (actualisation de l'édition de 1982), indique une fourchette de pourcentages similaire, c'est-à-dire de 5 à 35%, et jusqu'à 60% pour les formes majeures « avec état de régression affective et dépendance ».

C. REVISION A LA BAISSE DU BAREME DE CONCOURS MEDICAL (2001)

Mais une révision à la baisse de ce barème du *Concours Médical*, élaborée par des experts rémunérés par des compagnies d'assurance, sous le nom de barème indicatif d'évaluation des taux d'incapacité en droit commun (édition de 2001), réduit cette fourchette des taux : de 0 à 3% pour des manifestations anxieuses discrètes spécifiques, quelques réminiscences pénibles, tension psychique ; de 3 à 10% pour les manifestations anxieuses spécifiques avec conduites d'évitement et syndrome de répétition ; 10 à 15% pour l'anxiété phobique généralisée avec attaques de panique, conduites d'évitement étendues, syndrome de répétition diurne et nocturne ; et, exceptionnellement, jusqu'à 20%.

Donc, de 1980 à 2000, un consensus existait entre les experts psychiatres pour une évaluation correcte du taux d'IPP, selon une fourchette assez large (de 0 à 60%). L'importante baisse du plafond de cette fourchette (ramenée de 60 à 20%), sans que la majorité des experts compétents et indépendants aient été consultés, a de quoi laisser le lecteur songeur. Pourquoi, par exemple, une victime atteinte d'une névrose traumatique assez sévère, évaluée à 30% d'IPP (au milieu de la fourchette) en 2000, devrait subir une réduction de ce taux lors d'une évaluation effectuée l'année suivante, et ramenée à 10% (au milieu de la fourchette), alors que son état clinique est demeuré inchangé ? Nous confinons à l'absurde.

D. LE DECRET DU 10 JANVIER 1990 (ANCIENS COMBATTANTS ET VICTIMES DE GUERRE), SEUL BAREME OFFICIEL EN FRANCE

En France, la reconnaissance officielle des névroses de guerre par les autorités fut concrétisée par le décret du 10 janvier 1992 (Secrétariat d'État aux anciens combattants et victimes de guerre, J.O. du 12 janvier 1992), qui détermine les règles et barèmes pour la classification et l'évaluation des troubles psychiques de guerre (anciens combattants et victimes civiles), et prescrit aussi l'attitude que doit adopter l'expert vis-à-vis du postulant à pension d'invalidité.

Les diagnostics de névrose traumatique et d'état de stress post-traumatique (nosographie américaine du DSM) y sont admis, regroupés sous le vocable plus général de « psychosyndrome traumatique », reconnu « comme une blessure ». En outre, une circulaire du 18 juillet 2000 le commente et formule certaines recommandations à l'intention de l'expert psychiatre. Les notions à connotation péjorative (pithiatisme, sinistrose) sont proscrites. L'expert doit se départir de toute attitude de suspicion a priori, se monter neutre et bienveillant, et procéder à un examen d'au moins 45 minutes (qu'il ne doit pas hésiter à renouveler par un ou deux autres entretiens s'il l'estime nécessaire). Concernant l'imputation causale, étant donné l'absence éventuelle de documents d'origine se rapportant aux faits, le décret stipule que « *l'expertise médicale peut accéder au rang d'élément décisif de preuve, fondée sur la rigueur de l'argumentation* ». Enfin, il est recommandé à l'expert de se méfier de l'hypothèse facile d'un « état antérieur » : ou bien cet état n'existe pas, ou bien il existe mais n'a aucun rapport avec la névrose traumatique, ou bien enfin il existe en tant que vulnérabilité et n'a fait qu'assombrir le pronostic du syndrome psychotraumatique, sans l'expliquer d'aucune manière.

Six niveaux de troubles de fonctionnement décelables sont distingués, donnant lieu à six évaluations du taux d'invalidité, avec toute liberté d'attribuer des pourcentages intermédiaires :
- absence de trouble décelable : 0%
- troubles légers : 20%
- troubles modérés : 40%
- troubles intenses : 60%
- troubles très intenses : 80%
- déstructuration psychique totale avec perte de toute capacité existentielle, et nécessitant une assistance de la société : 100%.

IV. La conduite de l'expertise

A. L'ATTITUDE DE L'EXPERT

Nous recommandons que l'expert, missionné par le Tribunal, soit rigoureusement neutre et indépendant. Il ne doit entretenir aucune attitude de méfiance ni de suspicion à l'encontre du patient ; et il ne doit être aucunement lié aux intérêts des compagnies d'assurance. En d'autres termes, c'est mieux si l'expert, dès qu'il figure sur la liste officielle des experts du Tribunal, s'abstienne désormais de pratiquer des expertises « privées », soit à la demande des compagnies d'assurances, soit à la demande du patient ou de ses avocats. Ainsi, il sera à l'abri autant des tentations que des suspicions, et il mettra sa compétence expertale uniquement au service de la justice.

Certains experts ignorent la pathologie psycho-traumatique ; il faut dire qu'elle n'a fait son apparition dans les manuels de psychiatrie français qu'à partir de 1977 (Lempérière et Féline) et n'a été exposée dans l'Encyclopédie Médico-Chirurgicale qu'à partir de 1983 (Crocq, Sailhan, Barrois). D'autres en dénient passionnément l'existence (nous avons assisté plusieurs fois à de telles dénégations). Certains vont même jusqu'à remettre en cause les faits et la pathologie admis par le Tribunal. Dans notre expérience, nous avons constaté beaucoup de tels errements, qui traduisent un mépris systématique vis-à-vis de la victime. Or, les victimes, lorsqu'elles lisent le rapport les concernant, souffrent de cette incompréhension et désespèrent de la justice.

B. LA CONDUITE DE L'EXAMEN

Dans les expertises somatiques, de chirurgie traumatique par exemple, il est classique de faire précéder l'examen clinique par l'audition des « doléances » du patient. En psychiatrie, la façon dont le patient fait part de des doléances, son ton, son attitude, l'expression de son visage, ses abréactions éventuelles et l'organisation de son discours (apparentements, oublis) font déjà partie de l'examen clinique. De toute façon, l'expert psychiatre devra investiguer les trois périodes de la pathologie psycho-traumatique, et ne pas se contenter du bilan de la troisième. En effet, c'est en explorant la première qu'il pourra reconnaître si son patient a vécu l'événement sur le mode du trauma ; c'est en retraçant la deuxième qu'il suivra l'évolution de l'état psychique dans le ou les premier mois, avec l'opportunité de reconnaître une période d'ITT (invalidité temporaire totale), puis d'ITP (invalidité temporaire partielle) plus graves que l'état stabilisé ; et c'est en suivant la troisième – au moins sur deux ans - qu'il sera en mesure d'apprécier l'évolution du syndrome et la gravité du tableau clinique séquellaire après « consolidation », c'est-à-dire fixer le taux d'IPP.

En établissant le bilan clinique de cet état séquellaire, l'expert ne devra pas se limiter aux classiques « doléances » du patient, car ce patient ne pense pas toujours à inventorier toute sa souffrance ; il devra, en complétant ces « doléances » par des questions judicieuses, passer la revue systématique de tout le tableau clinique du syndrome différé-chronique. En particulier, on rencontre beaucoup de cas où des phobies spécifiques gênantes ne sont pas mentionnées par le patient, non plus que des affections psychosomatiques (avec lésion d'organe), telles qu'ulcère gastrique, asthme, hypertension, diabète, goitre ou eczéma, apparues au décours du trauma et évoluant par poussées au gré de ses relances, parce qu'il n'a pas lui-même établi cette relation causale et qu'il estime que cette pathologie relève de la médecine générale et non de la psychiatrie ; et il en est de même pour le tabagisme, l'alcoolisme ou l'appétence toxicomaniaque d'apparition dans les jours ou semaines suivant le trauma.

Le diagnostic de syndrome psycho-traumatique peut ne pas recouvrir toute la pathologie psychique consécutive à l'événement. Soit, par exemple, un sujet victime d'un accident de la circulation ayant impliqué un traumatisme crânien (au sens somatique du terme), mais aussi un traumatisme psychique (maintien de la conscience lors du choc, avec expérience aiguë de surprise, de frayeur, d'horreur et vécu d'imminence de mort) et ayant entraîné un important délabrement facial ; cette victime peut développer trois pathologies psychiques séquellaires : primo, un syndrome post-commotionnel crânien, avec céphalées, vertiges, acouphènes et altération de l'efficience cognitive ; secundo un syndrome psycho-traumatique, avec toute la sémiologie que nous avons mentionnée plus haut, et tertio un état dépressif, avec hypocondrie, lié au vécu de dépréciation de son image du corps par défiguration.

Par ailleurs, tel ou tel patient, à côté de son syndrome psycho-traumatique, peut très bien manifester d'autres symptômes traduisant une autre affection mentale : délire chronique ou psychonévrose. Dans la plupart de des cas, ces autres pathologies se sont manifestées bien avant la survenue de l'événement traumatisant, et ont fait l'objet d'observations et de soins psychiatriques. Voilà pourquoi, dans les investigations propres à son expertise, l'expert devra être attentif au relevé des antécédents psychiques du patient, et même aux anomalies de sa biographie. Pour apprécier tous ces éléments, l'expert disposera des déclarations du patient et de son entourage, et des documents médicaux (certificats, bulletins d'hospitalisation, ordonnances), tout en sachant que, dans les certificats médicaux délivrés par le médecin traitant et portant sur la période postérieure à l'événement traumatique, les termes de dépression, état anxieux et état asthénique peuvent très bien désigner en réalité un syndrome psycho-traumatique.

C. L'IMPUTATION CAUSALE ET LA QUESTION DE LA « PERSONNALITE ANTERIEURE »

L'imputation causale d'un syndrome psycho-traumatique repose sur l'évidence. Il s'agit d'abord d'une évidence dans la séquence temporelle de l'apparition du syndrome : en l'absence de symptômes psycho-traumatiques manifestés avant l'événement, on relève l'existence de symptômes de dissociation per-traumatique lors de l'événement, puis – au terme d'un temps de latence variable – on voit apparaître des symptômes psycho-traumatiques. Il s'agit ensuite d'un lien de signification entre l'événement causal et le contenu de certains symptômes : par exemple des cauchemars qui répètent l'expérience traumatique, des phobies et des rituels obsessionnels protecteurs qui sont spécifiquement liées à cette expérience, et même des conversions hystériques « légitimes », portant sur l'organe ou la fonction menacée lors de l'événement.

Dans le cas où on a découvert l'existence d'une pathologie psychiatrique antérieure à l'événement, il convient de chercher si cette pathologie : 1/ n'a rien à voir avec le syndrome psycho-traumatique (et il existe donc deux pathologies psychiques indépendantes), 2/ a orienté (par prédisposition qualitative) le syndrome psycho-traumatique vers certains symptômes, anxieux ou phobiques par exemple, 3/ a constitué une vulnérabilité, un état de moindre résistance, à l'impact du trauma (prédisposition quantitative), et 4/ a déterminé entièrement ou presque entièrement le syndrome psycho-traumatique constaté actuellement. En gros, cela revient à chercher l'existence : a/ d'une « personnalité pathologique antérieure », prédisposante, b/ d'un traumatisme psychique antérieur, et responsable d'une névrose traumatique antérieure, manifeste ou « latente ». Cela revient, dans la discussion sur l'imputation causale, à s'interroger sur les deux concepts de personnalité antérieure et d'effet « après-coup ».

La personnalité antérieure

La personnalité antérieure peut constituer une vulnérabilité spécifique, qualitative ; une « prédisposition » à étoffer le syndrome psycho-traumatique de tel ou tel symptôme psychonévrotique, inspiré par telle ou telle personnalité psychonévrotique : conversions hystériques et états seconds pour les personnalités hystériques (ou histrionniques), phobies et conduites contraphobiques pour les personnalités phobiques (ou évitantes), rituels obsessionnels vérificatoires de protection pour les personnalités obsessionnelles (ou compulsives, ou anankastiques). Dans tous ces cas, le tableau clinique de la névrose traumatique serait enrichi des symptômes propres à la psychonévrose antérieure. Fenichel (1945) parlait de « complications psychonévrotiques » pour désigner cette particularité, mais il ne s'agit pas de complications au sens temporel du terme, mais plutôt de « superstructures ». Les incidences médicolégales sont importantes car, dans ces cas, il faut déterminer ce qui revient à l'événement traumatique et ce qui revient à la personnalité antérieure prédisposante. Et, pour Fenichel, il existe toute une gamme de cas de figure, depuis celui où la cause traumatique détermine à elle seule le symptôme, jusqu'à celui où les dispositions psychonévrotiques acquises dans l'enfance l'emportent (par exemple un sujet phobique depuis l'enfance), avec des cas mixtes combinant les ceux causalité en diverses proportions.

Après-coup

Il arrive que l'on découvre dans le passé d'un patient récemment traumatisé l'existence d'un événement ancien « a priori » traumatogène, mais qui n'avait pas donné lieu jusqu'à présent à l'extériorisation d'une symptomatologie psycho-traumatique. Certains cliniciens affirment que le sujet développait à bas bruit une « névrose latente », qui n'attendait que la pichenette du deuxième événement pour s'affirmer au grand jour, et que c'est le premier événement qui est la cause principale, ayant exercé tardivement un effet « d'après coup ». Le cas Katharina, exposé par Freud (1895) en serait un exemple type : cette jeune fille qui, à l'âge de quatorze ans, avait repoussé sans comprendre son oncle ivre qui tentait d'entrer dans son lit, découvre quatre ans plus tard cet oncle en train de copuler avec sa cousine, et comprend alors – parce qu'elle a mûri - à la lumière de ce deuxième événement, le sens de séduction sexuelle du premier événement. Mais, quand on se réfère aux propres écrits explicatifs de Freud (1896), sa conception de l'après-coup est tout autre ; ce n'est pas du tout le conte de la Belle-au-Bois Dormant (critiqué par Crocq, 1985, 1999), où un événement premier serait doté dès sa survenue d'un potentiel traumatique latent, et conserverait pendant des années ce potentiel intact jusqu'au jour où un deuxième événement n'ayant qu'un rôle de rappel le ferait resurgir à la conscience devenue mûre et capable d'en percevoir le pouvoir traumatique ; c'est, au contraire, dit Freud, « *un remaniement après-coup, une réorganisation, une réinscription de traces mnésiques d'un psychisme qui se constitue par stratifications.* » L'après-coup ne livre donc pas l'événement passé tel qu'il avait alors été vécu, mais remodelé par un long travail de mémoire (Crocq, 2006). Au moment où un événement se termine, sa vérité n'est pas établie une fois pour toutes ; elle n'est que sursitaire.

En clinique du traumatisme, cela donne lieu à l'« *illusion rétrospective du vrai* », selon la formule de Bergson, qui avait coutume de dire que le vrai d'aujourd'hui nous semble avoir toujours été vrai. Si nous interrogeons un patient traumatisé sur son histoire de vie, il a tendance, sous le coup de son état traumatique d'aujourd'hui, à ne sélectionner dans son passé que les événements ressemblant à cet événement traumatique, et, s'il évoque aussi d'autres événements, à les mettre en perspective avec cet événement traumatique, les dotant ainsi d'un sens nouveau. La mémoire historique choisit et colore (Crocq, 1965, 1985, 2007) ; elle rappelle au grand jour certains faits qu'elle valorise et aligne, tandis qu'elle en laisse d'autres dans l'ombre, comme des non-sens dérisoires. Et le patient, de toute bonne foi, nous livre cette version de son histoire de vie comme authentique, tandis que nous-même, si nous n'y prenons pas garde, allons avaliser cette version, tant il est vrai que l'illusion rétrospective est souvent partagée par le patient et son thérapeute.

L'évaluation du taux d'invalidité, ou du taux d'incapacité, doit correspondre à ce que la personne a perdu de ses capacités et de son autonomie. La fourchette de ces taux doit être très large car, si cette perte n'est que relative dans la plupart des cas, il existe d'autres cas où la perte d'autonomie est importante et où la victime traumatisée a subi un tel choc et un tel bouleversement qu'elle est devenue entièrement dépendante de son entourage et de la société. Voilà pourquoi le barème officiel du décret du 10 janvier 1992 nous paraît répondre à toutes les éventualités.

Conclusion

Ayant assisté à des expertises où certains experts psychiatres paraissent ignorer l'existence des syndromes psycho-traumatiques, ou même en dénient l'existence nosologique, dressent un inventaire sémiologique rudimentaire et grevé de lacunes, négligent d'explorer le vécu de la phase immédiate, adoptent une attitude sceptique envers le patient, nient l'existence du trauma, attribuent systématiquement la cause du syndrome à une hypothétique personnalité antérieure décrétée fragile ou prédisposante, et concluent à une IPP dérisoire par référence à des barèmes officieux élaborés unilatéralement à la baisse, nous formulons les recommandations suivantes :

1 - être bien au fait de la pathologie psycho-traumatique ;

2 - étudier attentivement le dossier ;

3 - accueillir le patient avec bienveillance ;

4 - écouter ses doléances avec attention, tout en notant son état clinique lors de son exposé ;

5 - procéder à une exploration fouillée des antécédents psychiques, de la biographie, et de la rupture éventuelle qu'a provoqué l'événement dans l'histoire de vie ;

6 - inventorier non seulement l'état psychique séquellaire actuel, mais aussi la période immédiate (rechercher les caractères d'un vécu traumatique) et la période post-immédiate (primordiale pour suivre la constitution du syndrome psycho-traumatique) ;

7- tenir compte non seulement de la souffrance psychique, mais aussi des incapacités psychiques que le syndrome provoque et des conséquences invalidantes que cela entraîne dans sa vie familiale, professionnelle et sociale ;

8 - procéder à une discussion minutieuse de l'imputation causale, en considérant la relation séquentielle et de parenté de sens entre le vécu traumatique de l'événement et le tableau clinique apparu ensuite ; en considérant aussi les parties non traumatiques du tableau clinique (dues à une pathologie antérieure ou contemporaine) ; et en considérant enfin le rôle éventuel d'un état psychique antérieur (personnalité pathologique ou autre affection psychiatrique) comme vulnérabilité « quantitative » ou

prédisposition « qualitative » ; se garder de l'hypothèse fallacieuse de l'effet « après-coup » d'un événement antérieur ;

9 - choisir un barème honnête pour l'évaluation du taux d'invalidité : soit le barème officiel du décret du 10 janvier 1992 (que l'on adaptera aux situations de la pratique civile), soit les barèmes appliqués entre 1980 et 2000 et soutenus par le consensus des experts.

Références bibliographiques

American Psychiatric Association. *Diagnostic and Statistical Manual of Mental Disorders*, Third Edition, Washington, DC, APA, 1980, 1 vol.

American Psychiatric Association. *Diagnostic and Statistical Manual of Mental Disorders*, Fifth Edition, Washington, DC, APA, 2013, 1 vol.

Barème proposé par la Société de médecine légale et de criminologie de France. Editions Alexandre Lacassagne, Lyon, 1982 - *Les séquelles traumatiques. Evaluation médico-légale des incapacités permanentes en droit commun (déficits fonctionnels séquellaires).*

Barème indicatif des déficits fonctionnels séquellaires en droit commun. *Le Concours Médical*, N° spécial, 1993

Barème indicatif d'évaluation des taux d'incapacité en droit commun. *Le Concours Médical*, n° spécial, 2001.

Barème d'évaluation médico-légale. Société de Médecine légale et de Criminologie de France, Association des Médecins Experts en dommage corporel, Editions ESKA, EAL Editions Alexandre Lacassagne, Lyon, 2000.

CROCQ L., LEFEBVRE P., GIRARD V. (1965) Hystérie et névrose traumatique, *LXIII° Congrès de Psychiatrie et Neurologie de Langue Française,* Lausanne, Septembre, compte rendus, Paris, Masson, p. 347-352.

CROCQ L. (1969), Les névroses de guerre, *La Revue de Médecine*, 2, p. 57-82, et 3, p.175-188.

CROCQ L. (1969), Délimitation et signification du concept de névrose traumatique, *LXVII° Congrès de Psychiatrie et Neur. de Langue Française*, Bruxelles, septembre 1969, compte rendus, Paris, Masson, p.1432-1436.

CROCQ L. (1974), Stress et névrose traumatique, *Psychologie Médicale*, 6, p.1493-1531.

CROCQ L., SAILHAN M. et BARROIS C. (1983), Névroses traumatiques : névroses d'effroi, névroses de guerre, *Encycl. Med. Chir.*, 1983, 2, 37329 A-10, 12 p., biblio.

CROCQ L. (1985), Les névroses traumatiques doivent être reconnues et indemnisées, *LXXXIII° Congrès de Psychiatrie et Neur. de Langue Française,* Besançon, 24-28 juin, compte rendus, Paris, Masson, p. 615-624.

CROCQ L. (1985), Evénement et personnalité dans les névroses traumatiques de guerre, *in* GUYOTAT J., FEDIDA P., *Evénement et psychopathologie*, Villeurbanne, SIMEP éd., 1985, p. 111-120.

CROCQ L. (1994). Les victimes psychiques, *Victimologie*, 1, p. 25-33.

CROCQ L. (1996). Critique du concept d'état de stress post-traumatique, *Perspectives Psychiatriques,* 35, 5, p. 363-376.

CROCQ L. (1997). The emotional consequences of war 50 years on. In L. HUNT, M. MARSHALL, C. ROWLINGS, *Past Trauma in Late Life*, Londres, Jessica Kingley Pub., chap 4 : 39-48.

CROCQ L. (1999). *Les traumatismes psychiques de guerre*. Paris, Odile Jacob, 1 vol.

CROCQ L. (2002). Evaluation de l'incapacité dans les syndromes psycho-traumatiques. *Médecine Légale et Société,* 5, 3, pp. 87-92.

CROCQ L. (2003).Stress et trauma. *Le Journal des Psychologues*, N°206, pp. 8-12.

CROCQ L. (2006). Trauma et mémoire. Perspective historique. *Stress et Trauma*, 6 (4), pp. 197-205.

CROCQ L. (2012). *Seize leçons sur le trauma*. Paris, Odile Jacob, 1 vol.

FENICHEL O. (1945). *La théorie psychanalytique des névroses*. Trad. Frse PUF, Paris, 1953, 1 vol.

FREUD S., BREUER J. (1895). *Etudes sur l'hystérie* (1895), précédées de *Communication préliminaire* (1893). Trad. Française, PUF, Paris, 1953, 1 vol.

FREUD S. (1896). Nouvelles remarques sur les névroses de défense. Trad. fr. *in La naissance de la psychanalyse*, Paris, PUF, 1979.

JANET P. (1889). *L'Automatisme mental*. Pars, Larcan, 1 vol.

JANET P. (1893-94). *L'État mental des hystériques*. Paris, Rueff, vol. 1 (1893), et vol. 2 (1894), rééd., Marseille, Laffitte Reprints, 1993, 1 vol.

JANET P. (1919). *Les médications psychologiques.* Paris, Alcan, 3 vol.

LEMPERIERE T., FELINE A. (1977). *Psychiatrie de l'adulte*. Paris, Masson, 1 vol.

MARMAR C. (1997). Trauma and dissociation, *PTSD Research Quaterly*, 8,3 : 1-3.

MATHIEU P, PADOVANI P. *Barème accidents du travail et maladies professionnelles*. Editions Lamarre-Poinat, Paris, 1970 (révision du barème de Mayet et Rey).

MELENNEC L, BORNSTEIN S, BESANCON G, DUBOUIS-BONNEFOND JC, SICHEZ JP. Barème d'évaluation des incapacités psychiatriques. *Annales de Psychiatrie*, 1988, 3, 3 : 188-190.

OPPENHEIM H (1888). *Die traumatischen Neurosen*, Berlin, V. von August Hirschwald ed., 1892 (2ème édition), 1 vol.

Organisation Mondiale de la Santé. CIM-10. *Classification internationale des troubles mentaux et des troubles du comportement. Descriptions cliniques et directives pour le diagnostic*. Masson, Paris, 1993, 1 vol.

SHATAN C.F. (1974), Through the membrane of reality : impacted grief and perceptual dissonance in Vietnam combat veterans, *Psychiatric Opinion,* 11, 6, oct., p. 7-14.

SIMMEL E. (1918). *Kriegs-Neurosen und Psychisches Trauma. Ihre gegenseitigen Beziehungen dargestdellt auf Grund psycho-analytischer, hypnotischer Studien.* Munchen-Leipzig, Otto Nemnich, 1 vol.

TARGOWLA R. (1950). Le syndrome d'hypermnésie émotionnelle paroxystique. *La Presse Médicale*, 24 juin, 58, 40, p. 728-730.

TARGOWLA R. (1954). La pathologie neuro-psychique post-concentrationnaire. Rapport de psychiatrie, Congrès International *La pathologie des déportés*, Paris, 4-5 Octobre 1954, compte rendus, Paris, RMF, p. 177-189.

9

Expertise médicale judiciaire et évaluation des préjudices

Liliane DALIGAND

Que de progrès depuis quarante ans. Ayant été en 1979 inscrite sur la liste des experts près la cour d'appel de Lyon, en médecine légale, en psychiatrie et en sécurité sociale, j'ai pu constater et apprécier l'évolution des textes règlementant les fonctions d'expert de justice et les procédures des expertises.

Un décret du 10 janvier 1992 concernant la réparation du dommage en pensions militaires a été et reste un modèle pour les méthodes et les principes d'évaluation, même si le décret ne porte que sur les troubles psychiques de guerre. Il comporte des éléments essentiels communs quel que soit le cadre législatif de la rencontre expertale. Il insiste sur l'accueil de l'expertisé, sur l'attitude bienveillante de l'expert, sur la durée de l'examen, sur le recueil des informations. Il dit clairement que « *lors des examens médicaux, l'expert accomplit une tâche qui comporte indirectement une dimension thérapeutique* ».

En ce qui concerne les expertises de droit commun, il a fallu attendre les années 2000 pour obtenir une amélioration des missions d'expertises, une méthodologie. Deux groupes de travail ont été réunis sous l'impulsion du gouvernement afin de clarifier la méthodologie de l'indemnisation du dommage corporel[1].

Le premier, constitué dans le cadre du Conseil National de l'Aide aux Victimes, présidé par le Professeur Lambert Faivre en 2002-2003, visait la recherche de « *modalités d'indemnisation de la victime plus justes et plus transparentes* » et devait être conduit « *en distinguant précisément les préjudices strictement personnels qui reviennent à la victime, et ceux sur lesquels les organismes de Sécurité sociale peuvent exercer leur recours* ».

Le second groupe de travail, présidé par un magistrat, Jean-Pierre Dintilhac en 2005, a été chargé de constituer un groupe de réflexion afin de procéder à « *l'établissement d'une nomenclature des chefs de préjudices corporels*

---

[1] Y. Lambert-Faivre et S. Porchy-Simon, *Droit du dommage corporel*, Dalloz, 8e éd., 2016.

cohérente, reposant sur une distinction claire entre les préjudices économiques et non économiques ».

Les conclusions de ces deux groupes de travail étaient quasi identiques comportant toutes deux une nouvelle nomenclature des chefs de préjudices réparables, fondée sur la double distinction des préjudices patrimoniaux et extrapatrimoniaux et sur celles des préjudices temporaires et permanents.

L'évolution des concepts de préjudices réparables s'est traduite par l'évolution du libellé des missions d'expertise. Dans le passé, on ne demandait guère aux experts que de fixer la durée d'incapacité temporaire totale ou ITT, d'évaluer un taux d'incapacité permanente partielle ou IPP, la gravité des souffrances et du préjudice esthétique. Différentes missions types avaient été promulguées mais les juges restaient libres de choisir les missions qu'ils souhaitaient. L'unification des pratiques est enfin arrivée avec la mission dite mission Dintilhac qui est proposée aux experts depuis 2007. L'expert doit répondre à toutes les questions de la mission. C'est une mission qui donne le déroulement de l'expertise et qui explique tous les chefs de préjudice à évaluer. L'expert doit se laisser guider par la mission qui est utilisée au civil comme au pénal lorsqu'il est question d'évaluation des préjudices de victimes. L'AREDOC (Association pour l'étude de la réparation du Dommage Corporel) a adapté sa mission type à la nouvelle typologie des préjudices en 2009 avec des mises à jour régulières, la dernière en 2018, afin d'entrer en meilleure adéquation avec les chefs de préjudices reconnus par la nomenclature Dintilhac.

I. La mission type

Après avoir recueilli les renseignements nécessaires sur l'identité de la victime et sa situation, les conditions de son activité professionnelle, son niveau scolaire s'il s'agit d'un enfant ou d'un étudiant, son statut et/ou sa formation s'il s'agit d'un demandeur d'emploi, son mode de vie antérieur à l'accident et sa situation actuelle,

1 - À partir des déclarations de la victime, au besoin de ses proches et de tout sachant, et des documents médicaux fournis, décrire en détail les lésions initiales, les modalités de traitement, en précisant le cas échéant, les durées exactes d'hospitalisation, et pour chaque période d'hospitalisation, le nom de l'établissement, les services concernés et la nature des soins ;

2 - Recueillir les doléances de la victime et au besoin de ses proches ; l'interroger sur les conditions d'apparition des lésions, l'importance des douleurs, la gêne fonctionnelle subie et leurs conséquences ;

3 - Décrire au besoin un état antérieur en ne retenant que les seuls antécédents qui peuvent avoir une incidence sur les lésions ou leurs séquelles ;

4 - Procéder, en présence des médecins mandatés par les parties avec l'assentiment de la victime, à un examen clinique détaillé en fonction des lésions initiales et des doléances exprimées par la victime ;

5 - A l'issue de cet examen analyser dans un exposé précis et synthétique, la réalité des lésions initiales, la réalité de l'état séquellaire et l'imputabilité directe et certaine des séquelles aux lésions initiales en précisant au besoin l'incidence d'un état antérieur ;

6 - Pertes de gains professionnels actuels

Indiquer les périodes pendant lesquelles la victime a été, du fait de son déficit fonctionnel temporaire, dans l'incapacité d'exercer totalement ou partiellement son activité professionnelle, et en cas d'incapacité partielle, préciser le taux et la durée, préciser la durée des arrêts de travail retenus par l'organisme social au vu des justificatifs produits (ex : décomptes de l'organisme de sécurité sociale), et dire si ces arrêts de travail sont liés au fait dommageable ;

7 - Déficit fonctionnel temporaire

Indiquer les périodes pendant lesquelles la victime a été, du fait de son déficit fonctionnel temporaire, dans l'incapacité totale ou partielle de poursuivre ses activités personnelles habituelles et en cas d'incapacité partielle, préciser le taux et la durée ;

8 - Fixer la date de la consolidation et, en l'absence de consolidation, dire à quelle date il conviendra de revoir la victime ; préciser, lorsque cela est possible, les dommages prévisibles pour l'évaluation d'une éventuelle provision ;

9 - Déficit fonctionnel permanent

Indiquer si, après la consolidation, la victime subit un déficit fonctionnel imputable à l'accident ou l'agression, résultant de l'atteinte permanente d'une ou plusieurs fonctions persistant au moment de la consolidation, le taux de déficit fonctionnel devant prendre en compte, non seulement les atteintes aux fonctions physiologiques de la victime, mais aussi les douleurs physiques et psychiques. En évaluer l'importance et en chiffrer le taux (en principe selon un barème de droit commun). Dans l'hypothèse d'un état antérieur préciser en quoi l'accident a eu une incidence sur cet état antérieur et décrire les conséquences ;

10- Assistance par tierce personne

Indiquer le cas échéant si l'assistance constante ou occasionnelle d'une tierce personne (étrangère ou non à la famille) est ou a été nécessaire pour effectuer les démarches et plus généralement pour accomplir les actes de la vie quotidienne, et préciser la nature de l'aide à prodiguer et sa durée quotidienne ;

11- Dépenses de santé futures

Décrire les soins futurs et les aides techniques compensatoires au handicap de la victime (prothèses, appareillages spécifiques, véhicule) en précisant la fréquence de leur renouvellement ;

12- Frais de logement et/ou de véhicules adaptés

Donner son avis sur d'éventuels aménagements nécessaires pour permettre, le cas échéant, à la victime d'adapter son logement et/ou son véhicule à son handicap ;

13- Pertes de gains professionnels futurs

Indiquer, notamment au vu des justificatifs produits, si le déficit fonctionnel permanent entraîne l'obligation pour la victime de cesser totalement ou partiellement son activité professionnelle ou de changer d'activité professionnelle ;

14- Incidence professionnelle

Indiquer, notamment au vu des justificatifs produits, si le déficit fonctionnel permanent entraîne d'autres répercussions sur son activité professionnelle actuelle ou future (obligation de formation pour un reclassement professionnel, pénibilité accrue dans son activité, « dévalorisation » sur le marché du travail, etc.) ;

15- Préjudice scolaire, universitaire ou de formation

Si la victime est scolarisée ou en cours d'études, dire si en raison des lésions consécutives au fait traumatique, elle a subi une perte d'année scolaire, universitaire ou de formation, l'obligeant, le cas échéant, à se réorienter ou à renoncer à certaines formations ;

16- Souffrances endurées

Décrire les souffrances physiques, psychiques ou morales découlant des blessures subies pendant la maladie traumatique (avant consolidation) et les évaluer distinctement sur une échelle de 1 à 7 ;

17- Préjudice esthétique temporaire et/ou définitif

Donner un avis sur l'existence, la nature ou l'importance du préjudice esthétique, en distinguant éventuellement le préjudice temporaire (avant consolidation) et le préjudice définitif. Évaluer distinctement les préjudices temporaire et définitif sur une échelle de 1 à 7, indépendamment de l'éventuelle atteinte fonctionnelle prise en compte au titre du déficit ;

18- Préjudice sexuel

Dire s'il existe un préjudice sexuel ; le décrire en précisant s'il recouvre l'un ou plusieurs des trois aspects pouvant être altérés séparément ou cumulativement, partiellement ou totalement : la libido, l'acte sexuel proprement dit (impuissance ou frigidité) et la fertilité (fonction de reproduction) ;

19 - Préjudice d'établissement

Dire si la victime subit une perte d'espoir ou de chance de normalement réaliser un projet de vie familiale ;

20 - Préjudice d'agrément

Lorsque la victime allègue l'impossibilité de se livrer à des activités spécifiques de sport et de loisir, donner un avis médical sur cette impossibilité et son caractère définitif, sans prendre position sur l'existence ou non d'un préjudice afférent à cette allégation ;

21 - Préjudices permanents exceptionnels

Dire si la victime subit des préjudices permanents exceptionnels correspondant à des préjudices atypiques directement liés aux handicaps permanents ;

22 - Dire si l'état de la victime est susceptible de modification en aggravation.

II. La réalisation de l'expertise

- La convocation de la victime

Le courrier adressé pour fixer la date d'expertise doit refléter des qualités de l'accueil, « *ne peut pas être ressenti comme une contrainte mais comme une demande d'examen médical suite à une mission se situant dans un cadre précis* »[2].

Cette lettre de proposition de rendez-vous doit préciser l'origine de la demande d'expertise, la nécessité d'apporter tous les documents nécessaires, en particulier le dossier médical, et indiquer que l'expertisé peut se faire accompagner du médecin de son choix (sauf en cas d'expertise pénale).

- La rencontre expertale

Le parcours de la victime est jalonné de rencontres multiples dans le domaine des soins, dans le domaine juridico-administratif, rencontres pouvant accroître les souffrances alors que la victime est en quête de soulagement, de reconnaissance, de réparation.

La rencontre avec un ou plusieurs experts est une épreuve souvent difficile mais qui devrait constituer un moment fort dans l'histoire du sujet, et non pas être un rendez-vous manqué[3]. Ce qui peut arriver si le sujet est dans une attente impossible à satisfaire, si l'expert méconnaît la réalité et la gravité des troubles présentés par la victime, si les documents médicaux sont incomplets, voire absents, si les conditions du respect du caractère contradictoire de l'expertise civile ne sont pas réunies, en particulier si la victime n'est pas assistée d'un médecin de recours ou de son avocat.

- L'accueil permet à l'expert de se présenter, de présenter les personnes, médecins ou avocats, qui assistent à l'expertise, de donner les éléments essentiels de sa mission et d'annoncer qu'un rapport écrit sera rédigé et adressé à toutes les parties. Comme l'indique le décret du 10 janvier 1992 concernant l'évaluation des troubles psychiques de guerre : « *l'accueil du postulant, les conditions matérielles de l'examen doivent faire l'objet*

---

[2] La lettre de l'AREDOC – octobre 2009.

[3] J. Vedrinne, « L'expert et le travail de l'expertise » In De Clercq M. et Lebigot F. editors, *Les traumatismes psychiques*, Paris, Masson 2001, pp. 343-350.

d'une grande attention, permettant au sujet d'être considéré avec le respect dû à tout citoyen et non comme un être anonyme, objet d'une procédure de routine. L'attitude de l'expert doit être bienveillante, empreinte d'une certaine neutralité, et dépourvue de suspicion a priori »[4].

- L'entretien

Bien conduit, sans être inquisitorial, l'entretien permet de reconstituer la biographie de la victime (date de naissance, études, diplômes, vie professionnelle, vie conjugale, antécédents pathologiques, activités personnelles et de loisirs jusqu'à l'événement motivant l'expertise).

Après cet exposé qui permet de mieux connaître la victime, l'entretien aborde le rappel des faits ayant conduit au processus de victimisation. Il s'agit là de permettre à la victime de faire le récit de l'accident ou de l'agression avec ses propres mots, ses sensations, ses émotions, ses pensées, ses réactions. Il importe pour l'expert d'être dans une position d'écoute la plus proche possible de celle de la relation de soins. Écouter la parole de la victime, c'est la reconnaître comme sujet malgré ses blessures et ses déficits, c'est lui signifier la permanence de son appartenance au groupe.

La rencontre expertale peut être facteur de reconnaissance, voire de reconstruction de l'identité du sujet en favorisant l'intégration des images et des représentations concernant le trauma et le corps, les soins plus ou moins prolongés et pénibles. La victime pourra ainsi aborder ses lésions initiales, les suites données avec ou sans hospitalisation, interventions, rééducation, arrêt d'activité personnelle et/ou professionnelle.

Seront évoquées ensuite les doléances de la victime concernant les séquelles de l'évènement : douleurs, gêne fonctionnelle, handicap. Il est important que l'expert consacre du temps à ce passage de l'expertise qui peut s'appuyer sur des listes de manifestations pathologiques parfois apportées par les victimes et qui peuvent être annexées au rapport d'expertise.

- Le dossier médical

L'expert doit s'appuyer sur des éléments probants représentés par les documents médicaux fournis par la victime : certificat médical initial, compte rendu d'hospitalisation, dossier hospitalier, examens spécialisés, ordonnances, certificats, feuilles d'arrêt de travail. Ces documents doivent être repris de façon chronologique dans le rapport d'expertise.

- L'examen clinique

Cet examen est essentiel pour en déduire l'existence de séquelles. Il doit être minutieux, complet, respecter l'intimité de la victime. Certains examens gynécologique ou psychiatrique demandent un colloque singulier particulier

---

[4] J. Vedrinne, L. Daligand, « L'évaluation des troubles psychiques traumatiques », in *Les cahiers de l'expertise judiciaire*, 1992, vol. 4, n° 3 éd. /l.

- Les avis spécialisés
L'expert peut recourir à un sapiteur, spécialiste d'une autre discipline que la sienne en cas de difficulté d'imputabilité, de diagnostic de l'état séquellaire ou de l'état initial ou lorsqu'il est nécessaire de faire appel à un spécialiste lorsque l'examen nécessite des matériels particuliers (ORL, ophtalmologie...).

- La rédaction du rapport
Elle doit être claire afin d'être comprise par des non spécialistes auxquels ce rapport est destiné. Ce rapport doit être respectueux de l'expertisé qui le lira également.
Le rapport reprend les éléments médicaux de l'entretien, de l'examen et se termine par une partie médico-légale avec une discussion et une conclusion.

- La transmission du rapport
En expertise civile, l'expert doit adresser un rapport à toutes les parties ; or, parfois, l'auteur de l'évènement traumatique n'est pas représenté par un avocat. C'est donc directement à cet auteur que devrait être adressée une copie du rapport. Or, ce document met en quelque sorte à nu la victime, révélant son histoire jusqu'à l'intime et pouvant donner ainsi des éléments d'emprise supplémentaires à l'agresseur. La prévention d'un tel risque pourrait consister en l'envoi à l'auteur des seules conclusions de l'expertise.

- Les difficultés de l'expertise
L'expertise peut être vécue comme un supplément d'agression par avidité de savoir au prix de l'impudeur, par traitement de l'expertisé comme un objet, le sujet étant exclu du processus, par transformation du processus d'expertise en appréciation de la vérité du discours de la victime ou par non prise en compte des préjudices considérés comme « subjectifs », donc non-objectifs et, par-là, non repérables scientifiquement et non évaluables.

*** L'état antérieur**
La question de l'état antérieur est régulièrement posée à l'expert. Existait-il une vulnérabilité personnelle au patient au trauma ou une prédisposition de développer une pathologie ?

L'expérience clinique montre qu'il existe plusieurs sortes de vulnérabilité : une vulnérabilité de conjoncture (un évènement qui ne sera pas traumatique pour tel sujet, le sera dans un autre environnement et dans un autre contexte, en particulier de fatigue ou de défaut de soutien social) ; une vulnérabilité de résonance existentielle (la victime traverse une période difficile faite de rupture, de deuil…) et une vulnérabilité de prédisposition[5]. Une telle prédisposition doit être établie par des faits objectifs attestant du passé pathologique de la victime.

La Cour de cassation, dans un rapport de 2009, distinguait deux types de vulnérabilité : la vulnérabilité personnelle (ce qui tient à la personne elle-même) et la vulnérabilité réelle (ce qui provient de l'extérieur, comme une mauvaise prise en charge).

Il appartient à l'expert d'établir l'imputabilité entre l'aggravation éventuelle de cet état antérieur avec l'évènement ou l'aggravation des séquelles du fait de la présence de l'état antérieur.

*Autre difficulté pour l'expert, **l'évaluation du DFP** (Déficit fonctionnel permanent).
Il s'agit d'évaluer la perte des capacités de la victime en raison des atteintes aux fonctions physiologiques, à la douleur permanente ressentie, à la perte de la qualité de la vie et aux troubles dans les conditions d'existence qu'elle rencontre au quotidien après sa consolidation.

L'expert peut se baser sur un **barème indicatif d'évaluation des taux d'incapacité en droit commun.** Le barème donne des taux indicatifs, d'ailleurs exprimés le plus souvent sous forme de fourchettes ou de taux maxima afin de conférer aux experts une certaine souplesse dans l'évaluation médico-légale des incapacités. L'expert peut moduler sa proposition de taux en fonction de ses observations cliniques.

De nombreuses victimes sont insatisfaites des taux proposés, en particulier dans le domaine psychique car le barème de droit commun propose des taux très faibles pour des manifestations qui retentissent de manière permanente sur la vie quotidienne et sont souvent considérées comme invalidantes par les victimes, le barème ne proposant au maximum que 20 % de DFP « exceptionnellement » pour les névroses traumatiques ou pour un « état dépressif résistant ». Or l'évaluation du déficit fonctionnel permanent doit tenir compte du déficit des fonctions cognitives, affectives, volitionnelles et psychomotrices ou comportementales d'une personne dans son environnement physique et social[6].

---

[5] L. Crocq, « Évaluation de l'incapacité dans les syndromes psychotraumatiques » in *Médecine Légale & société* 2002 – Volume 5 – Numéro 3-4.
[6] L. Daligand, « L'expertise psychiatrique et psychologique de la victime » *in Traité de médecine légale et de droit de la santé*, sous la direction de P. Chariot et M. Debout, Vuibert 2010, pp. 267-275.

Autre poste de préjudice souvent sous-évalué, **les souffrances endurées**, surtout en ce qui concerne les souffrances psychiques car les experts méconnaissent leur intensité, leur durée, leur nature existentielle, en particulier dans les agressions, les viols, les accidents collectifs. C'est ainsi qu'est apparu le préjudice exceptionnel spécifique des victimes d'actes de terrorisme et, pour les victimes de l'explosion d'AZF à Toulouse en 2001, un préjudice spécifique est venu majorer le poste des souffrances endurées[7].

Un nouveau poste de préjudice apparaît, le préjudice d'angoisse à la suite d'évènements collectifs ou de catastrophes qui s'accompagnent d'angoisses majeures de néantisation[8].

III. Qualités et formation de l'expert

L'expert judiciaire doit être indépendant, impartial, compétent dans son domaine de spécialité, avoir une parfaite connaissance des règles de l'évaluation médico-légale et en particulier des critères d'imputabilité. Il doit respecter le principe du contradictoire, avoir une organisation qui permet des conditions d'accueil et de réalisation d'expertise optimales qui donneront à la victime la certitude d'avoir été entendue et comprise, quelles que soient les conclusions[9].

Il doit être ponctuel pour rendre ses rapports dans les délais impartis ou, en cas d'impossibilité, il doit en référer au magistrat qui l'a nommé.

Les experts de justice ont bénéficié d'une loi du 23 décembre 2004, modifiée par décret du 23 septembre 2011, qui a établi les conditions d'inscription sur les listes dressées par les cours d'appel. Cette inscription était jusqu'alors acceptée pour une durée non limitée.

Depuis 2004, l'inscription initiale est faite pour trois ans, et peut être renouvelée si l'expert le demande et si les magistrats ne s'y opposent pas.

---

[7] L. Daligand, « Syndrome post-traumatique d'angoisse » *in RISEO, Risques Etudes et Observations,* 2011-3, pp. 132-142.

[8] M.-F. Steinlé-Feuerbach, « Victimes de violences et d'accidents collectifs. Situations exceptionnelles, préjudices exceptionnels : réflexions et interrogations », *Médecine et Droit*, éd. Elsevier nov.-déc. 2000, n° 45, p. 1 ; M.-F. Steinlé-Feuerbach et C. Lienhard, « Accident collectif d'Allinges : un jugement remarquable », *JAC* n° 136, juillet 2013.

[9] Les experts médicaux et les médecins évaluent le dommage corporel. Rapport adopté par le Conseil National de l'Ordre des Médecins du 21 octobre 2011.

La réinscription est acceptée pour une durée de cinq ans si l'expert apporte la preuve de son expérience acquise tant dans sa spécialité que dans la pratique de la fonction d'expert depuis sa dernière inscription. Il doit aussi apporter la preuve qu'il a acquis « *la connaissance des principes directeurs du procès et des règles de procédure applicables aux mesures d'instruction confiées à un technicien ainsi que les formations qu'il a suivies dans ces domaines* ».

L'expert, comme tout médecin, ne peut exercer sur ses acquis et doit sans cesse améliorer ses connaissances et sa formation.

Des formations spécifiques en réparation juridique du dommage corporel[10] et en aptitude à l'expertise[11] s'obtiennent grâce à des diplômes universitaires et à des formations continues offertes par les services de médecine légale, les sociétés savantes, les congrès ou les associations de médecins d'assurances. Les compagnies des experts assurent également la formation initiale et continue des experts.

IV. L'expertise est un passage

Toute expertise constitue pour les victimes une épreuve, **un passage** :

- **Obligé**

Comment indemniser, sur quelles bases, si aucune évaluation expertale n'a été demandée et réalisée ? Pourtant, certaines victimes renoncent et ne se rendent pas à la convocation de l'expert, même renouvelée. Est-ce la peur, l'angoisse ?

- **Redouté**

La victime, déjà éprouvée, ne veut pas de cet inconnu qui lui est imposé, un expert qu'elle n'a pas choisi, auquel il va falloir se dire, avec lequel pourra être revécu l'événement traumatique encore source de souffrance.

- **Préparé**

Préparé par l'avocat pour éviter le « syndrome du sac plastique », selon l'expression de Maître Dominique Arcadio, avocat lyonnais, spécialiste de la réparation. Dans son article « *l'expert médical, l'avocat et le syndrome du*

---

[10] Tel que celui de l'Université Claude Bernard Lyon 1 créé en 1968 par le Professeur Louis Roche.

[11] Créé à l'Université Claude Bernard Lyon 1 en 1987 par le Professeur Liliane Daligand.

sac plastique »[12], il décrit ce sac où la victime a entassé en vrac certificats médicaux, prescriptions, arrêts de travail, bordereaux de remboursement de la sécurité sociale, etc. En effet, ce sac fait frémir tout expert qui, à sa vue, envisage le temps qu'il va falloir pour extraire les pièces indispensables et mettre de l'ordre, au moins chronologique. Si le dossier a été préparé avec l'aide de l'avocat, celui-ci est le fil d'Ariane de la victime dans le maquis de l'évaluation médico-légale.

- **Escorté par le médecin de recours et / ou l'avocat**

Bien souvent, l'avocat est en contact avec la victime avant même le médecin de recours vers lequel il va diriger son client. Il le choisit en fonction de sa spécialité, de ses compétences, mais aussi de sa personnalité, chaleureuse ou sévère. Le tandem avocat/médecin de recours, « couple rêvé », travaille en amont de l'expertise lors d'échanges ; ils peuvent se retrouver tous deux chez l'expert au côté de l'expertisé. Ils ne sont pas simples spectateurs ou figurants, mais jouent un rôle, bien sûr pas le premier rôle.

Cette présence équilibre les forces autour de l'expertisé et assure le respect du principe du contradictoire.

- **Parfois répété en cas d'expertises multiples**

L'expert peut demander à revoir la victime lorsqu'elle n'est pas consolidée, pour fixer ultérieurement les postes de préjudices. Il peut demander des avis spécialisés à des médecins d'une autre discipline, à un dentiste, ou à un psychologue, voire un ergothérapeute. Des expertises peuvent être demandées par différents organismes qui n'utilisent pas forcément les mêmes barèmes, ce qui peut être facteur d'insatisfaction et de revendication chez les expertisés déconcertés.

- **Qui peut être anti-thérapeutique**

Une expertise peut être un véritable rendez-vous manqué lorsque la rencontre expert/expertisé n'a pas eu lieu. Si l'expert se fige dans une recherche inquisitoriale d'éléments objectifs, s'il privilégie l'aspect purement technique du recueil de l'information, s'il ne favorise pas la parole. L'expertise peut être vécue comme une nouvelle agression.

- **Qui ouvre à la thérapie**

Si l'accueil et l'écoute de l'expert assurent une présence dans le temps et un espace consacré à la victime, si l'expert maintient une position la plus proche possible de la relation de soin, il accomplit une tâche qui comporte

---

[12] D. Arcadio, Gaz. Pal., 30-31 janvier 2009, p. 15. Conférencier au Diplôme Universitaire de Réparation Juridique du Dommage Corporel et au DU d'Aptitude à l'Expertise de Lyon.

indirectement une dimension thérapeutique. C'est ce qui est affirmé dans le décret du 10 janvier 1992 concernant l'évaluation des troubles psychiques de guerre.

- **Qui permet une fin**

Cette fin si souvent désirée par les victimes peut advenir après l'expertise, qui apparaît comme l'ultime épreuve permettant de clore un chapitre de leur histoire.

L'expert de justice, quelle que soit sa discipline, donne un avis technique au magistrat qui l'a désigné. Il est un technicien qui a un savoir basé sur la clinique, il doit rester un clinicien. Mais ce que souhaite l'expertisé, c'est une rencontre avec un être humain, un être de parole pour que la rencontre expertale soit possible et bénéfique.

Selon le mot d'un expert cité par Dominique Loriferne[13] : *« Expert n'est pas un métier, ce n'est pas une profession »*. Si les experts ne font pas partie des auxiliaires de justice, ils collaborent au service public de la justice.

L'expert exerce une fonction qui nécessite : compétence, indépendance, autorité et loyauté.

[13] Conseiller honoraire de la Cour de cassation. Conférencier au Diplôme Universitaire de Réparation Juridique du Dommage Corporel de Lyon.

10

Retour sur les temps et les événements fondateurs de l'INAVEM

Anne d'HAUTEVILLE

L'arrivée du temps de l'éméritat dans la carrière universitaire de Claude Lienhard me donne l'occasion de partager des souvenirs, non pas de nos vies universitaires comme par exemple lors des colloques organisés par le CERDACC ou lors d'interventions dans nos enseignements respectifs, mais ceux de notre vie associative avec la grande et belle aventure de l'Aide aux Victimes en France. Lors de la célébration des vingt ans de l'INAVEM dans un lieu prestigieux – la Cour de Cassation- devant un auditoire éminent et admiratif – dont deux Gardes des Sceaux-, Claude Lienhard président fondateur évoqua « *une histoire associative française au service de la cause des victimes, une histoire profonde, une histoire juste, une histoire dense* », ajoutant alors que ces souvenirs « faisaient lien »[1]. Aussi je souhaite, avec ces quelques pages écrites en l'honneur de mon collègue et ami Claude, de « refaire lien » avec tous ceux qui ont vécu des moments de cette histoire en essayant de remémorer les trois moments forts qu'ont été la création de L'INAVEM, l'accident d'avion du Mont Sainte-Odile et l'effondrement du stade de football de Furiani[2].

I. La création de l'INAVEM, Institut National de l'Aide aux Victimes Et de Médiation

En 1982, ma collègue Christine Lazerges[3] apprend par le journal Le Monde qu'une ligne budgétaire « aide aux victimes » était ouverte par le Ministère de la Justice et permettrait de créer des associations d'aide aux victimes. Cette information nous intéresse immédiatement, nous ses collègues pénalistes de l'Université Montpellier 1, Didier Thomas et moi même[4] et nous décidons de répondre ensemble à l'appel de Robert Badinter et de créer l'ADIAV, l'Association d'Information et d'Aide aux Victimes du

[1] C. Lienhard, in « Humanité et compétences dans l'aide aux victimes – Les 20 ans de l'INAVEM », éd. L'Harmattan, collection Sciences Criminelles, p. 54, 55.

[2] En plus des documents publiés par l'INAVEM, je fais appel à ma mémoire qui, tout le monde le sait et le vit, peut parfois déformer ce qui a été le présent d'un moment... Je demande à ceux qui ont vécu les mêmes moments de bien vouloir me pardonner les inexactitudes de mes souvenirs...

[3] Cf. Christine Lazerges, in « Les 20 ans de l'INAVEM », op. cit., p. 90.

[4] Depuis ma thèse de doctorat, je m'étais spécialisée dans les domaines du droit de la responsabilité civile et pénale et dans le droit des assurances.

département de l'Hérault.

L'idée de l'aide aux victimes de la délinquance avait été lancée par le Conseil de l'Europe dans les années 75-80 à la suite d'enquêtes qui avaient mis en évidence les difficultés rencontrées par les victimes de la criminalité dans leurs parcours judiciaires. On pouvait alors parler de « parcours du combattant » et présenter la victime comme la « grande oubliée du procès pénal »[5] en soulignant l'inefficacité de la décision rendue par les juges sur la demande de réparation, l'auteur s'avérant le plus souvent insolvable.

Cette recommandation du Conseil de l'Europe est devenue un vrai projet de politique publique avec l'arrivée de Robert Badinter à la Chancellerie en mai 1981, projet étroitement associé à la politique de prévention de la délinquance mise en œuvre par les associations de contrôle judiciaire regroupées sous l'appellation « Citoyens Justice ».

Un bureau regroupant les deux compétences, prévention et aide aux victimes, fut créé au sein de la Direction des Affaires Criminelles et des Grâces et une commission de réflexion pluridisciplinaire se mit au travail sous la présidence d'un médecin, le professeur Milliez.

Le rapport Milliez remis au Garde des sceaux en 1982 a inspiré la politique publique d'aide aux victimes. La commission déclarait « *avoir pensé aux victimes humainement, humblement, non pour satisfaire la soif de vengeance que certains leur supposent, ce qui est loin d'être toujours vrai, mais simplement en se penchant sur leur détresse, en cherchant les meilleurs moyens de les secourir, de les aider à faire valoir leurs droits, de leur assurer la réparation aussi totale que possible du préjudice qui leur a été causé. Elle a observé que la cause des victimes n'entrait pas en conflit avec l'action qui a été menée en France depuis la seconde guerre pour assurer la réinsertion sociale des condamnés et qui s'est traduite par le grand principe de l'individualisation des peines et la création d'institutions comme le juge de l'application des peines, le sursis avec mise à l'épreuve, l'assistance aux libérés de prison, les comités de probation...* »[6].

Les conclusions du rapport Milliez ont été le socle sur lequel a été fondée la philosophie des actions du mouvement d'aide aux victimes. Il s'agit d'un humanisme qui tend la main à la fois aux victimes et aux auteurs afin que les uns comme les autres retrouvent une place dans la société sans avoir à porter

[5] Dans son allocution pour les 20 ans de l'INAVEM, Robert Badinter précisait : « il y avait la constitution de partie civile, la Justice, l'institution judiciaire, les victimes, elle les ignorait complètement ».
[6] Rapport p. 122.

toute leur vie le poids de la stigmatisation de la victimisation pour les uns et de la condamnation pour les autres.

La première directrice du bureau de la protection des victimes et de la prévention (BPVP) fut la magistrate Marie-Pierre de Liège. A l'occasion des 20 ans de l'Inavem, elle a raconté : « *Je suis arrivée au Ministère de la Justice en septembre 1982, le rapport Milliez venait d'être déposé et l'on m'a demandé si je pouvais être intéressée par les victimes ! Honnêtement, je ne savais quelle réponse donner. J'avais fait de la correctionnelle, je m'étais intéressée aux délinquants. Les victimes... Un bureau devait être créé et il fallait commencer, en ouvrant le Rapport Milliez, à inventer les choses avec l'aide de deux, trois personnes...* »[7].

Oui, à la Chancellerie comme dans plusieurs villes, l'aide aux victimes a commencé à exister avec « deux ou trois personnes » motivées qui sont devenues militantes en raison de l'intérêt, de la nécessité et en même temps de la complexité de cette nouvelle grande cause nationale.

Le bureau dirigé par Marie-Pierre de Liège avait aussi la responsabilité de relancer la politique de prévention de la délinquance en coordonnant les actions des associations de contrôle judiciaire créées dans les années 70. Aussi est-il logique que les premiers services d'aide aux victimes aient vu le jour au sein des associations de contrôle judiciaire et d'aide aux sortants de prisons, comme l'association ACCORD à Strasbourg longtemps présidée par Claude Lienhard.

Certaines structures pratiquaient déjà des formes de médiation à titre de réponse à des comportements pénalement qualifiables, participant ainsi à une « *évolution de la politique pénale vers des modèles plus « consensuels » de gestion des conflits, en faisant appel à la participation des auteurs et des victimes d'infractions dans la recherche de solutions à leur conflit, avec l'aide d'un médiateur* »[8].

À Montpellier, ce sont donc trois collègues universitaires enseignant le droit pénal et la procédure pénale – Christine Lazerges, Didier Thomas et moi-même – qui ont créé en 1983 l'ADIAV offrant ainsi un accès au droit et une aide à faire valoir leurs droits aux victimes résidant dans le département de l'Hérault.

---

[7] M. P. de Liège, « 20 ans au regard des politiques publiques d'aide aux victimes » in « Les 20 ans de l'INAVEM, op. cit. p. 43.

[8] J. P. Bonafé-Schmitt, La médiation pénale en France et aux États Unis, LGDJ 1998 p. 14.

Dans le cadre universitaire de mes recherches, c'est en premier lieu la question de l'indemnisation des dommages subis par les victimes qui m'a intéressée. En effet ma double spécialité, à savoir le droit de la responsabilité civile et le droit des assurances, m'a conduite à réfléchir sur l'efficience du principe de « réparation intégrale » reconnu par la cour de cassation comme principe de la responsabilité civile. Que signifiait-il ? Quel dommage ? Quels préjudices ? Que recouvre le terme de réparation pour une victime ?[9] Quelles voies de droit étaient proposées aux victimes de délinquants ? Quelle solution pouvait pallier l'insolvabilité du responsable ? L'assureur de responsabilité pouvait-il être attrait dans la procédure pénale lors de l'examen de l'action civile de la victime jointe à l'action publique de répression ?[10] Que faire quand l'auteur reste inconnu ? Pourrait-on faire appel à la solidarité nationale ?

L'État français pouvait déjà être sollicité comme un secours à la détresse des victimes, mais à des conditions très strictes depuis une loi de 1978 qui a créé les premières commissions d'indemnisation des victimes au niveau des cours d'appel. Le système devait être amélioré. Ce fut l'objet de la loi du 8 juillet 1983.

La procédure pénale méritait aussi d'être revisitée. Quelle devait être la place de la victime dans le procès pénal ?[11] Quelles paroles de victimes les magistrats des tribunaux correctionnels comme des cours d'assises pouvaient véritablement entendre et traduire dans leurs jugements ? Les victimes constituées parties civiles servaient elles seulement à la recherche de la vérité judiciaire ? Comment assurer l'équilibre entre les parties dans le procès pénal ?[12]

---

[9] A. d'Hauteville, « Faut-il parler d'indemnisation ou/et de réparation des préjudices subis par les victimes d'infractions pénales ? » in Mélanges offerts au professeure Marie-France Steinle-Feuerbach, RISEO, fév 2015, revue juridique en ligne, trimestrielle, « Risques Études et Observations des risques, Université de Haute Alsace et *in «* Risque, Accidents et Catastrophes - *Liber amicorum* en l'honneur de Madame le Professeur Marie-France Steinlé-Feuerbach *»*, éd. L'Harmattan, 2015, p. 115.

[10] A. d'Hauteville, « L'intervention des assureurs au procès pénal en application de la loi du 8 juillet 1983 », JCP 1984, Doctrine n° 3139.

[11] A. d'Hauteville, « La place de la victime dans le procès pénal », rapport introductif au XV ème congrès de l'association française de droit pénal, Archives de politique criminelle, n° 24, 2002, p7 et s. et « L'évolution de la place de la victime dans le procès pénal », Les cahiers de la sécurité intérieure, revue trimestrielle de l'Institut national des hautes études de la sécurité et de la justice, mars 2013.

[12] A. d'Hauteville, « Le droit des victimes « in Libertés et droits fondamentaux, ouvrage collectif sous la direction de R. Cabrillac. éd. Dalloz 2019. « Le point de vue des victimes dans le procès pénal : quel équilibre ? », in Mélanges offerts au

Que de questions importantes et complexes qui m'ont conduite à réfléchir à une nouvelle spécialité pour les juristes, « le Droit des Victimes », faisant appel aux règles du droit de la responsabilité civile et du droit des assurances, comme à celles du droit pénal et de la procédure pénale. Et avec d'autres universitaires, médecins, psychologues, sociologues, la réflexion et les recherches sont devenues pluridisciplinaires et ont permis la naissance d'une nouvelle discipline la « Victimologie »[13].

À la Chancellerie, des réformes se préparaient dans ces domaines. J'ai pu alors participer à des réunions de travail organisées par Marie-Pierre de Liège et son bureau (BPVP) et ainsi collaborer à l'élaboration de la loi du 8 juillet 1983 et présenter ses apports lors du 6 ème congrès de l'Association Française de Droit Pénal en novembre 1983. J'ai donné alors à mes propos le titre de « Le Nouveau Droit des Victimes »[14].

Sur le plan associatif, le mouvement prenait de l'ampleur.
Comme le rappelle Claude Lienhard lors des 20 ans de l'INAVEM, « *ce sont ... des lieux, des endroits, des partenaires, mais aussi des hommes et des femmes qui se sont croisés et ont cru dans une idée ... Les victimes, souvent traumatisées physiquement, toujours atteintes moralement et psychologiquement, méritent elles aussi non seulement d'être indemnisées mais d'être aidées* »[15]. Une quinzaine d'associations ou de bureaux municipaux émargeaient alors à la ligne budgétaire « Aide aux Victimes » du ministère de la Justice. Il devenait nécessaire de rassembler ces généreuses initiatives pour échanger nos intuitions, nos convictions et nos pratiques afin d'élaborer une véritable « doctrine » de l'aide aux victimes tant au plan juridique, procédural ou au fond du droit, qu'aux plans psychologiques, philosophiques, sociaux et sociétaux.

C'est ainsi qu'à l'invitation du magistrat Louis Bartoloméi et de l'association AVAD de Marseille, les représentants d'une trentaine d'associations dans l'église de la Vieille Charité dans le quartier du Panier se sont retrouvés le 7 Juin 1986, certains après avoir bu un café au bar du coin dénommé « Aux deux sinistrés » ![16] L'assemblée constitutive a élu le

---

professeur Christine Lazerges de l'université de Paris 1, Dalloz 2014, rubrique « Politique (s) criminelle (s) », p. 649 et s.

[13] Plusieurs diplômes universitaires pluridisciplinaires de Victimologie ont été créés à Paris, Lyon et Montpellier.

[14] A. d'Hauteville, « Le nouveau droit des victimes », Revue internationale de criminologie et de police technique, 1984, p. 437 et s.

[15] C. Lienhard, « 20 ans au regard du maillage institutionnel et partenarial », in *Les 20 ans de l'INAVEM*, op. cit., p. 53 et s.

[16] C. Lienhard, « Les 20 ans ... » op. cit. p. 55 et 57.

premier conseil d'administration lequel a choisi Claude Lienhard comme premier président de l'INAVEM.

Que voulions nous créer ?
Je donne la parole à Claude : « *ce que nous voulions, c'est que l'INAVEM soit un lieu de réflexions et d'actions, d'où la dénomination d'Institut. Ce que nous souhaitions, c'est que l'aide aux victimes soit déclinée sur l'ensemble du territoire de la République, en tous lieux, tous moments, à toutes heures, dans l'urgence, dans la durée, dans le quotidien et dans l'exceptionnel ... Enfin, ce que nous souhaitions comme un supplément d'âme, se trouve dans la dernière lettre du sigle, le M de Médiation... De quoi notre âme s'est-elle nourrie ? Elle s'est d'abord nourrie de notre capacité sans relâche, à réfléchir en même temps que l'on agissait ... Le choix associatif, c'est la possibilité pour la société civile, au sens large, au sens noble, d'être acteur d'une solidarité en matière de sécurité* »[17].

Ainsi, devant les drames individuels ou collectifs liés à la délinquance ou aux risques de la vie moderne, les associations de l'INAVEM ont apporté à toutes les victimes écoute, réconfort, aide matérielle et juridique, suivi psychologique, tant dans l'urgence que dans la durée.

II. L'accident d'avion au Mont Sainte-Odile

Le 22 janvier 1992, un avion Airbus A 320 de la compagnie Air Inter en provenance de Lyon et à destination de Strasbourg s'écrase sur les hauteurs du Mont Sainte-Odile dans le massif vosgien : 87 morts et 9 blessés. Immédiatement, l'association Accord présidée alors par Claude Lienhard est entrée en contact avec les autorités préfectorales et judiciaires, avec la gendarmerie, pour avoir des informations et apporter son aide aux victimes et leurs familles.

Le 5 février la chancellerie confirme la mission « *de soutien, d'aide et d'information auprès des familles* », et va au-delà de cette mission « classique » en demandant à l'INAVEM « *d'aider activement les avocats et les familles de victimes à constituer les dossiers nécessaires et assurer la transparence du dispositif* ».

C'est le groupe Air France qui a contacté le ministère de la Justice à cette fin. Il était alors confronté à des relations très conflictuelles avec 8 familles de victimes décédées lors de l'accident d'Habsheim le 28 juin 1988, aucune solution transactionnelle n'ayant alors été trouvée. Ne voulant évidemment pas faire face à nouveau à une situation conflictuelle désastreuse pour le

[17] C. Lienhard, « Les 20 ans » op. cit. p. 56.

groupe, Air France a immédiatement annoncé renoncer à appliquer les plafonds de garantie prévus par la convention de Varsovie s'engageant ainsi à indemniser intégralement toutes les victimes et a demandé au ministère de la Justice de mettre en place une formule de médiation... une formule à inventer ...

Ainsi l'INAVEM que je présidais alors, propose la création d'une « cellule de concertation » pour faciliter le processus d'indemnisation transactionnelle, pour rapprocher les points de vue des parties lors de rencontres organisées à la demande des familles.

Nous proposons que quatre membres de l'INAVEM composent cette cellule, deux juristes : Claude Lienhard avocat président fondateur et moi-même professeure de droit et présidente en exercice, et deux médecins membres du conseil d'administration : Liliane Daligand professeure de médecine légale, psychothérapeute et Luc Barret également professeur de médecine légale. Pour présider notre cellule de concertation, le ministère sollicite un magistrat afin d' « adosser au judiciaire » notre proposition. Il fallait trouver un magistrat qui ne soit pas en fonction dans une juridiction du territoire national : Gilbert Guillaume répondait à cette condition puisqu'il était alors détaché du conseil d'État pour siéger à la cour internationale de La Haye. En plus ses compétences en matière aéronautique étaient très grandes.

Avec le procureur de la République de Colmar et un représentant de l'association Accord, la cellule ainsi constituée a organisé pour les familles endeuillées plusieurs réunions d'information sur le dispositif. En collaboration avec le juge d'instruction, la gendarmerie, l'institut médico-légal, les pompes funèbres, les organismes de sécurité sociale, les avocats et l'assureur d'Air France, des réponses ont pu être données aux questions personnelles et délicates des familles, des solutions ont pu être trouvées aux situations difficiles (identification et remise des corps aux familles, prise en charge des frais d'obsèques, restitution des objets personnels...)

De 1992 à 1995, la cellule de concertation a réuni, dossier par dossier, les familles et la Camat- Aviation assureur d'Air Inter et son avocat Maître Fernand Garnault, spécialiste de droit aérien. Au cours de nos dix rencontres, nous avons entendu séparément les deux parties puis en allant présenter aux uns puis aux autres nos propositions d'avancées dans la recherche de l'indemnisation la plus juste, nous avons réussi à trouver des accords transactionnels dans la plupart des dossiers pour lesquels nous avions été saisis[18].

Je pense sincèrement que nous avons apporté aux deux parties plus qu'un soulagement d'avoir évité un contentieux toujours long et pénible. Les rapports humains emplis d'empathie entre les parties et les membres de la cellule ont permis un début de réparation morale pour les familles et une prise de conscience de la part de l'avionneur.

J'ajoute qu'Air France a aussi demandé à la cellule de l'INAVEM, dès le mois de février 1992, d'aider à la résolution des dossiers litigieux de l'accident d'Habsheim...

Quels furent les enseignements tirés par l'INAVEM de cette première expérience de mission confiée par le ministère de la Justice pour améliorer les dispositifs d'indemnisation au-delà de l'accueil des victimes et de l'information sur leurs droits ?

1 – Il est apparu utile, indispensable même, que les associations membres de l'INAVEM coopèrent étroitement avec les services publics et particulièrement avec la Justice. Les processus de rapprochement, de concertation ou de médiation doivent s'adosser au judiciaire[19] et faire référence aux barèmes retenus par les cours d'appel pour l'indemnisation des préjudices.

2 – Les victimes doivent être informées et accompagnées tout au long du processus d'indemnisation et tout au long du procès pénal. L'indemnisation doit être rapide autant que possible et ne pas dépendre de l'issue des procès en responsabilités pénales et civiles. Le procès pénal en recherche de la faute de l'avionneur a duré 14 ans !

3 – Une cellule *ad hoc* réunissant toutes les parties publiques et privées concernées doit être constituée et coordonnée par les services d'aide aux victimes de l'INAVEM mandaté par les pouvoirs publics.

4 – Le partenariat Police, Gendarmerie, services de secours d'urgence, services de santé et de justice doit être prévu et organisé partout en France et Outre-mer avant la survenance de catastrophes afin que soient définis leurs domaines d'interventions respectifs.

---

[18] En juillet 1992, j'ai annoncé à la presse que « notre base de départ pour les indemnisations est la jurisprudence des cours d'appel en matière d'accidents de la route, à laquelle s'ajoute la dimension de catastrophe collective. Cette dimension autorise à envisager le haut de la fourchette et non le bas ». Le ministère de la Justice a rappelé dans un communiqué du 7 février 1992 que « les familles de victimes peuvent toujours utiliser les recours judiciaires qui s'offrent naturellement à elles ».

[19] C. Lacroix, « La réparation des dommages en cas de catastrophes », thèse de doctorat, Université de Haute-Alsace, nov. 2005, n° 424 ; LGDJ, 2008, tome 490.

III – L’effondrement d’une tribune dans le stade de Furiani

Le 5 mai 1992, la catastrophe a eu lieu juste avant le début de la demi-finale de la coupe de France de Football opposant le SC Bastia à l’Olympique de Marseille. Toutes les tribunes étaient combles. Les spectateurs faisaient « monter » l’ambiance en tapant des pieds... et la nouvelle tribune s’effondra en totalité en tordant sa structure métallique entraînant dans sa chute plus de 1 500 personnes, tuant 18 spectateurs, blessant très grièvement certains et traumatisant 2 357 personnes ! Cette tribune avait été construite dans des délais très courts -trop courts-, afin d’augmenter la capacité d’accueil du stade pour cette rencontre importante. Les contrôles de l’achèvement des travaux et du respect des normes de sécurité par la société de contrôle SOCOTEC et par la commission de la sécurité des services préfectoraux seront critiqués lors du procès en responsabilités pénale et civile.

Dès le lendemain, le 6 Mai, je suis accueillie à Bastia par le procureur général Jean-Louis Nadal et le député maire de Bastia Emile Zucarelli. Le préfet « est aux abonnés absents »... Le retentissement de la catastrophe vue par tous les téléspectateurs en direct est considérable. Un formidable élan de solidarité s’est immédiatement exprimé pour les victimes et leurs familles. Nous prenons la mesure de l’évènement et sommes informés rapidement des noms des entreprises ayant concouru à la fabrication, au contrôle et à l’installation de la tribune. A ma demande, l’INAVEM adresse alors des courriers au ministère de la Justice, au ministère de la Ville ainsi qu’au président de la Fédération Française de Football, pour leur proposer de mettre rapidement en place un dispositif d’aide aux victimes. Il n’y avait pas encore d’association d’aide aux victimes en Corse.

Le même jour, un communiqué de presse de l’Institut annonçait la mise en service de deux numéros d’appel téléphonique pour, dans l’urgence, écouter, identifier les besoins des victimes et de leurs familles. Une réunion téléphonique est organisée pour coordonner les actions d’information et de première aide sur le continent avec la Boutique de Droit d’Avignon, l’AVAD de Marseille et l’association d’aide aux victimes de Nice, toutes trois membres de l’INAVEM.

Entre le 7 Mai et le 13 Mai, l’INAVEM est chargé de mission par plusieurs ministères. Une lettre de mission en date du 7 mai du bureau de la protection des victimes et de la prévention alors dirigé par Mme Toulemonde m’est adressée et me demande de « *prendre toutes les mesures nécessaires, afin que les associations d’aide aux victimes qui seront amenées à intervenir dans le cadre de la catastrophe du stade de Furiani puissent offrir aux familles des victimes, le soutien, l’aide et les informations nécessaires* ».

Le Ministère de la Jeunesse et des Sports s'est associé le 8 mai 1992 au Ministère de la Justice dans le choix de l'INAVEM comme coordonnateur des actions à entreprendre en faveur des victimes. Le 13 mai 1992, le Ministère de la Ville a fait de même.

Le 8 mai 1992, l'INAVEM a ouvert une permanence au Palais de Justice de Bastia, pour accueillir et renseigner les victimes et leurs familles. Un numéro vert, le 05.10.01.05 a été mis en service le même jour.

Le 9 mai, une réunion se tient à Bastia avec l'INAVEM[20] et l'ordre des avocats, sous l'autorité des chefs de cours en vue de la création d'un « comité de pilotage de l'indemnisation des victimes du 5 mai »[21].

Quelle allait être la position des assureurs des responsables potentiels ? A partir du bureau du procureur général Jean-Louis Nadal[22], j'ai pris alors contact avec les trois compagnies d'assurances concernées, l'UAP (alors nationalisée) pour le Sporting Club de Bastia et la Fédération française de Football, le GAN pour la Ligue nationale de Football et la SMABTP pour la société Sud Tribune (constructeur de la tribune) et pour la Socotec (bureau de contrôle). Il nous a été répondu que « *des assureurs de responsabilité garantissent des responsabilités qui doivent être prouvées et mesurées et que dans l'hypothèse où les responsabilités de leurs assurés sont engagées, les contrats prévoient des limites financières à leurs engagements, et que ces plafonds de garanties devraient insuffisants pour indemniser toutes les victimes. Les capitaux assurés devront être répartis entre les victimes en application de la règle « au marc le franc* »[23].

À Bastia, les demandes de provisions pour faire face aux grandes difficultés rencontrées par les victimes étaient de plus en plus pressantes et relayées par la presse locale et nationale. L'émotion était très forte ! Certes, des dons avaient pu être récoltés et distribués pour répondre à l'urgence de certaines situations[24],mais la réponse des assureurs était à l'évidence inadaptée à la situation même si elle était juridiquement correcte.

---

[20] Le magistrat Alain Damecour m'avait rejointe à Bastia.

[21] Le comité de pilotage était composé d'un médecin expert, d'un avocat du barreau de Bastia et d'Alain Damecour, représentant l'Inavem qui a obtenu du ministère de la Justice et de sa hiérarchie une mise à la disposition de l'Inavem pendant 5 ans.

[22] Avec lequel j'avais eu d'excellents rapports comme présidente de l'ADIAV lorsqu'il était en poste à Montpellier.

[23] Je cite de mémoire...

[24] Environ 4 300 000 F ont été distribués pour faire face aux premiers besoins des victimes. Il s'agit d'une action de solidarité qui doit être distinguée de l'action d'indemnisation qui est à la charge des responsables et de leurs assureurs.

Le 14 mai, les assureurs réunis à Bastia par l'INAVEM et le Parquet général, admettent que l'application des règles du droit des assurances « *parfaitement justifiées juridiquement serait contraire à une indemnisation rapide et souhaitée par tous* ». Le droit positif du règlement des indemnités d'assurance doit « être mis de côté » ! Ils annoncent alors qu'ils décident de réunir leurs capacités de garanties dans un fonds commun et conviennent dans un protocole d'accord de mettre en place une procédure commune de gestion des dossiers. L'UAP est désignée représentante du « pool » des trois assureurs[25]. C'était la première fois que des assureurs de responsabilité acceptent de commencer à indemniser les victimes sans que les responsabilités de leurs assurés soient établies contradictoirement. Devant l'importance de la catastrophe tant par le nombre des victimes que par la gravité des dommages, ils abandonnent la règle logique subordonnant leurs garanties d'assurances de responsabilité à l'établissement des responsabilités de leurs assurés[26]. Ainsi les assureurs pourront verser rapidement des provisions « sans préjuger des responsabilités faisant l'objet d'une instruction judiciaire »[27].

Le comité de pilotage rédige alors un dossier d'indemnisation type recensant tous les postes de préjudices et permettant d'asseoir le versement de provisions. Ce formulaire unique est élaboré sur le modèle du « Mont Sainte-Odile » et sera accepté par les assureurs et le barreau de Bastia. Comme pour la catastrophe du « Mont Sainte-Odile », le barème d'indemnisation fait référence à la jurisprudence de la cour d'appel locale. Les assureurs acceptent de prendre en compte les conséquences psychologiques même quand les personnes n'ont pas été blessées physiquement. Le comité de pilotage s'est transformé ensuite en « comité de suivi », suivant pendant 5 ans des dossiers d'indemnisation en attente de consolidation des blessures et des procédures judiciaires pendant tout le temps de l'instruction puis du procès pénal. Pendant ce « temps long »[28] le comité a pu collaborer activement avec l'ordre des avocats de Bastia, avec le comité de solidarité créé par les familles de victimes et avec le groupe formé

---

[25] Le protocole d'accord « sur la procédure de gestion des dossiers des victimes de Furiani dans le cadre du Fonds d'indemnisation des assureurs » fut signé le 1er juillet 1992 au Palais de Justice de Bastia.

[26] Le milieu des assureurs a parlé par la suite de ces avancées comme des « effets Furiani » ! Cf. La table ronde de la journée des assurances du 13 déc. 1993 ayant pour titre « Affronter les catastrophes ».

[27] 40 millions de Francs puis 100 millions de Francs ont été ainsi débloqués. Cf. Rapport d'activités de l'Inavem, 1992, p. 42

[28] L'aide aux victimes doit être apportée dans l'urgence et dans « le temps long ». Le procès « Furiani » a débuté le 4 janvier 1995 et a duré 5 ans (cf. journal Le Monde du 24/12/1994). Il a fallu 14 ans de procédure pour « le Mont Sainte-Odile » !

par les cinq compagnies concernées représentées par l'une d'entre elles l'UAP[29].

« Sous l'emprise de la nécessité, la place fut laissée à l'imagination »[30]. Avec Claude Lienhard et les membres des premiers conseils d'administration de l'INAVEM, tous présidents (es) ou directeurs (trices) d'une association locale, nous avons été confrontés aux graves réalités de terrain et nous avons du proposer et mettre en œuvre des pratiques innovantes, les justifier auprès de nos mandants ordonnateurs et financeurs, tout en réfléchissant de façon académique à l'élaboration d'un droit des victimes en général et d'un droit des catastrophes et accidents collectifs.

Dans l'urgence, en ce qui concerne les deux catastrophes survenues pendant mon mandat de présidente, l'équipe de l'INAVEM a contribué certainement à faire évoluer le droit vers une plus grande justice rendue aux victimes.

Pour la catastrophe du Mont Sainte-Odile, on retiendra la création de la cellule de concertation qui a grandement facilité la recherche d'une juste indemnisation transactionnelle indépendamment des voies judiciaires comme la constitution de partie civile ou la requête devant la CIVI (commission d'indemnisation des victimes d'infractions), voies toujours proposées au choix des victimes. On retiendra aussi que, pour la première fois, un responsable, le transporteur aérien, a accepté d'indemniser les victimes et leurs ayants droit sans avoir reconnu sa responsabilité et avant tout procès. Il est vrai que le processus transactionnel a été adossé à la Justice par la présence d'un magistrat à la présidence de la cellule de concertation et par le soutien des parquets et de la Chancellerie.

Pour Furiani, la grande avancée a été dans la création par les assureurs d'un fonds d'indemnisation avec les capitaux garantis par les contrats sans attendre le prononcé des responsabilités et dans la non-application de la fameuse règle de la répartition des indemnités « au marc le franc » en cas de dépassements des plafonds de garantie.

Sur le plan des principes du droit de la responsabilité civile et donc du droit de la réparation des dommages, ces deux événements ont permis de prendre conscience qu'il fallait « déconnecter » le droit à indemnisation de la recherche des responsabilités pénales et civiles pour pouvoir indemniser rapidement et intégralement les victimes. La logique juridique devait

---

[29] L'UAP était alors nationalisée ce qui a permis au Ministère des Finances de suivre les opérations d'indemnisation et de permettre les prises en charge à cent pour cent des dépenses de santé des blessés.

[30] C. Lienhard, « Pour un droit des catastrophes », § 31, Dalloz, 1995, p. 91 et s.

s'inverser, c'est le dommage et non la faute qui prime, c'est le dommage qui justifie l'indemnisation supportée dans un deuxième temps par le responsable ou par la société en cas de carence du responsable[31].

Si cette nouvelle logique s'est imposée pour la première fois dans le cadre de ces deux catastrophes accidentelles, elle tend depuis à s'appliquer à tous les événements dommageables collectifs.

À la suite de ces deux catastrophes « Mont Sainte-Odile » et « Furiani », les actions et innovations mises en place par l'INAVEM dans l'urgence ont été appliquées et adaptées aux nouvelles situations de catastrophes collectives qui ont été malheureusement très nombreuses. Les rapports d'activités annuels de l'INAVEM devenu aujourd'hui FRANCE VICTIMES contiennent autant de retours d'expériences qui enrichissent le « Droit des Catastrophes » théorisé, modélisé excellemment par Claude Lienhard[32].

L'histoire du mouvement associatif de l'aide aux victimes ne se résume évidemment pas aux accidents collectifs et aux grandes catastrophes. Chaque association avec ses accueillants professionnels pluridisciplinaires et son conseil d'administration toujours bénévole, apporte au quotidien à toutes les victimes un accueil et une écoute bienveillante, une explication accessible à tous sur le droit, leurs droits, les processus juridiques perçus comme complexes pour des non- juristes, un accompagnement psychologique et social dans le difficile parcours de l'indemnisation, de la reconstruction, du retour à la vie sociale, familiale, professionnelle.

---

[31] C. Lienhard et M.-F. Steinlé-Feuerbach, « Nouvelles logiques d'action et d'évolution des processus de réparation juridiques et parajuridiques des victimes en France », in C. Gilbert, dir., Risques collectifs et situation de crise, éd. L'Harmattan, 2003, p. 173 et s. Cf. aussi, M.F. Steinle-Feuerbach, « Vers une objectivation de la responsabilité civile dans l'intérêt des victimes », in « L'avènement juridique de la victime », sous la direction de B. Bernabé, Histoire de la Justice, n° 25, p. 65.
C'est aussi la logique de la CIVI : une commission juridictionnelle fixe les indemnités compensant le dommage et les préjudices qui en découlent indépendamment de l'auteur qui n'est pas concerné par cette instance, qui peut être inconnu ou décédé. C'est un Fonds de garantie qui doit payer les indemnités fixées par la commission. Le Fonds se retourne dans un deuxième temps contre l'auteur. La saisine de la CIVI peut être faite avant tout procès en recherche de responsabilité à condition que le dommage trouve sa cause dans des faits de nature pénale.

[32] C. Lienhard écrit « Face au constat de la fragmentation du droit de l'indemnisation et à son traitement sur la périphérie du judiciaire, face au souci aigu de savoir la vérité sur les causes des accidents collectifs, face à la demande de sanctions des « vrais coupables », face à la demande d'une information transparente mais malheureusement soumise à des débordements, nous sommes convaincus de la nécessité d'un approfondissement et d'un élargissement de notre réflexion » in :« Pour un droit des catastrophes », D. 1995, p. 95.

Depuis 1986, l'INAVEM a considérablement grandi, l'Institut a aujourd'hui changé son nom mais n'a pas changé son âme. Les principes fondamentaux affirmés par la commission Milliez structurent toujours les actions des associations de FRANCE VICTIMES qui permettent d'humaniser et d'améliorer toujours plus les services publics de l'État.

Oui, il y a eu - et il y a toujours - un souffle militant, un enthousiasme et une ambition humaniste partagés par ceux et celles que Claude Lienhard a appelé « les compagnons de l'aide aux victimes et de la médiation »[33].

[33] C. Lienhard, « les 20 ans de l'INAVEM », op. cit.

11

Le projet de réforme de la responsabilité civile du 13 mars 2017 et les victimes de catastrophes et d'accidents collectifs

Jonas KNETSCH

Dans une étude remarquée, publiée voici bientôt 25 ans, le dédicataire de ces lignes a appelé de ses vœux une réflexion sur un « droit des catastrophes »[1]. En renouvelant l'analyse des réponses juridiques aux accidents collectifs, le professeur Claude LIENHARD a fourni un précieux travail de pionnier en la matière. Les rares études publiées jusque-là se cantonnaient à traiter de l'incidence des événements catastrophiques sur le droit international et le droit communautaire[2]. En élargissant et en approfondissant le regard du juriste sur la situation des victimes, les travaux menés au sein du Centre Européen de recherche sur le Risque, le Droit des Accidents Collectifs et des Catastrophes (CERDACC)[3], fondé en 1995, ont mis en évidence autant le caractère transversal de cette thématique que la nécessité d'associer des spécialistes d'autres disciplines pour élaborer des propositions concrètes en vue d'une amélioration de la situation des victimes de catastrophes[4]. Il n'est donc pas un hasard que les années 2000 ont été marquées, au sein de la doctrine civiliste, par un intérêt accru pour le contexte juridique et judiciaire dans lequel s'inscrivent les accidents collectifs et leurs victimes[5].

---

[1] C. LIENHARD, « Pour un droit des catastrophes », *D.* 1995, chr. p. 91. V. également M.-F. STEINLE-FEUERBACH, « Le droit des catastrophes et la règle des trois unités de temps, de lieu et d'action », *Petites Affiches* 28 juillet 1995, p. 9 et T. HASSLER, « Le gauchissement des règles de la responsabilité civile en cas d'accidents collectifs ou de risques majeurs », *Petites Affiches* 8 juin 1994, p. 19.

[2] V. en particulier les actes des XIIes Journées d'études juridiques Jean Dabin consacrées à cette thématique (*La réparation des dommages catastrophiques*, Bruylant, 1990). V. aussi l'étude, plus centrée sur les incidences procédurales, de J. CALAIS-AULOY, « Les délits à grande échelle en droit civil français », *RID comp.* 1994, p. 379.

[3] Signalons, outre les travaux de recherche collectifs menés par le CERDACC, le *Journal des Accidents et des catastrophes (JAC)* et la revue *Risques, études et observations (RISEO)*, sources d'information très précieuses.

[4] V. not. les contributions à l'ouvrage collectif de C. GILBERT (sous la dir.), *Risques collectifs et situations de crise : apports de la recherche en sciences humaines et sociales*, L'Harmattan, 2002.

[5] V. surtout les deux thèses d'A. GUEGAN-LECUYER, *Dommages de masse et responsabilité civile*, th. Paris 1, LGDJ, 2006 et de C. LACROIX, *La réparation des dommages en cas de catastrophes*, th. Mulhouse, LGDJ, 2008. V. également

Dans la présente contribution, nous n'entendons aucunement dresser un bilan des études menées sur le « droit des catastrophes et des accidents collectifs »[6]. Il s'agit plus modestement de rechercher si le législateur a également fait évoluer son regard sur les catastrophes. Nous nous sommes notamment demandé si les récentes initiatives législatives traduisent un changement de perspective des autorités publiques à cet égard et si les accidents collectifs et autres sinistres sériels sont désormais perçus comme des situations qui appellent une réponse spécifique sur le plan de la politique juridique.

À première vue, le traitement juridique des dommages de masse ne semble guère avoir changé durant ces dernières années. Les scandales sanitaires et attentats terroristes les plus récents ont donné lieu à des réponses juridiques et politiques qui ressemblent fortement au schéma que l'on pouvait déjà observer lors des affaires du sang contaminé ou de l'hormone de croissance[7]. Suivant l'ampleur de l'événement, l'action des autorités publiques se caractérise par un schéma peu ou prou similaire : après la mise en cause de la responsabilité politique des décideurs publics se suivent un appel à la solidarité nationale appuyé par une association de victimes, la création d'un dispositif d'indemnisation spécifique, le cas échéant l'ouverture d'une procédure pénale et, enfin, l'introduction d'actions en responsabilité complémentaires contre des acteurs privés ou publics.

Il serait néanmoins excessif de considérer que la réglementation en lien avec la prise en charge des victimes de catastrophes est restée totalement inchangée. L'exemple des actes de terrorisme fournit une bonne illustration d'une évolution progressive du cadre juridique. La spectaculaire vague d'attentats des années 2015 et 2016 a conduit les autorités publiques en effet à élaborer un schéma d'information et de coordination bien plus détaillé qu'au moment de l'entrée en vigueur du dispositif initial en 1986. Sous l'égide du Secrétariat général du Gouvernement, les différents ministères impliqués ont mis au point une « doctrine nationale » relative à « un système

---

C. LACROIX/M.-F. STEINLE-FEUERBACH (sous la dir.), *La judiciarisation des grandes catastrophes*, Dalloz, 2015 ainsi que les actes d'une journée d'études intitulée « Dialogue autour de l'indemnisation des victimes d'accidents collectifs » (*Gaz. Pal.* 22 mars 2014, p. 3 et s.).

[6] V. à ce sujet le numéro spécial « Les sciences juridiques à l'épreuve des catastrophes et des accidents collectifs – Retour sur 15 ans d'expérience, d'expertise et de réflexions », *RISEO* 2011 (n° 3).

[7] Sur cette question, v. notre étude *Le droit de la responsabilité et les fonds d'indemnisation*, th. Paris 2/Cologne, LGDJ, 2013, n°s 144 et s. ainsi que, plus récemment, « Regards sociologiques sur la collectivisation de la responsabilité civile. Le cas des fonds d'indemnisation », à paraître in : D. FENOUILLET (sous la dir.), *Flexibles notions. La responsabilité*, éd. Université Panthéon-Assas.

d'information partagé de dénombrement, d'aide à l'identification et de suivi des victimes d'attentats »[8]. Cette « doctrine » est destinée à faciliter la coordination des différents acteurs chargés de la gestion des conséquences immédiates d'un attentat (SAMU, forces de l'ordre, sécurité civile et autorités judiciaires) et à permettre au Fonds de garantie des actes de terrorisme et d'autres infractions (FGTI) de délimiter le cercle des bénéficiaires du dispositif d'indemnisation[9].

De même on doit constater que l'ONIAM a acquis, au gré des scandales sanitaires, un véritable rôle de pivot pour la prise en charge des victimes de médicaments défectueux. On peut certes regretter l'approche casuistique du législateur qui se contente de juxtaposer des dispositifs spécifiques au rythme des affaires de santé publique au lieu de réfléchir à un dispositif plus large[10]. Force est néanmoins de constater que l'ONIAM a acquis, depuis sa création en 2004, un important savoir-faire dans la gestion des dossiers d'indemnisation en lien avec des catastrophes sanitaires. Malgré les difficultés administratives et budgétaires auxquelles l'ONIAM est confronté actuellement[11], le système de prise en charge mis en place par la loi du 4 mars 2002 et complété depuis lors par des initiatives législatives ponctuelles apparaît de plus en plus comme un modèle qui a fait ses preuves, inspirant même des législateurs étrangers[12].

---

[8] Ce document figure en annexe du compte rendu de la réunion interministérielle du 16 janvier 2017 au cabinet du Premier ministre. Il peut notamment être téléchargé à l'adresse : http://www.cmub.fr/wp-content/uploads/2017/04/Doctrine-interministérielle-2017-01-16-Système-dInformation-Dénombrement-Identification-et-Suivi-des-victmes-attentats.pdf

[9] Ce qui n'est pas sans poser des problèmes épineux. V. récemment Civ. 2, 8 février 2018, n° 17-10.456 *JCP G* 2018, 476, note C. LIENHARD ; *RGDA* 2018, p. 265, note A. PELISSIER ; sur cet aspect, v. aussi notre étude « La preuve de la qualité de victime d'acte de terrorisme devant le FGTI », *Resp. civ. assur.* 2018, étude 7.

[10] Sur cette tendance, v. déjà S. HOCQUET-BERG, « L'ONIAM ou La grenouille qui veut se faire aussi grosse que le bœuf… », *Resp. civ. assur.* 2004, alerte 30 et, plus récemment, notre thèse préc. (note 7), n°s 639 et s.

[11] COUR DES COMPTES, *Le rapport public annuel 2017*, t. 1 : *Les observations*, 2017, p. 67 et s. Pour un aperçu des actions d'amélioration menées en réaction à ce rapport par la nouvelle direction de l'ONIAM, v. ONIAM, *Rapport d'activité 2017*, 2018, p. 6 et s.

[12] Les lois belges de 2007 et 2010 relatives à l'indemnisation des préjudices médicaux s'inspirent directement de la législation française, en particulier concernant le champ de l'indemnisation et le rôle du Fonds des accidents médicaux. Pour une étude comparative des systèmes français et belge, v. S. GIBERT/L. GUINOTTE/D. MARTIN, « Analyse comparée des dispositifs publics d'indemnisation des victimes d'accidents médicaux en Belgique et en France », *Tribunes de la Santé* 2011, p. 85. Au Luxembourg, l'adoption d'une loi prévoyant un régime d'indemni-

Au-delà de ces dispositifs spécifiques, ce sont aussi les règles de droit commun qui ont évolué au cours des dernières 25 années. Depuis les années 1990, on a pu observer les signes annonciateurs d'un « infléchissement des règles de la responsabilité »[13] sous l'effet des catastrophes et accidents collectifs. Ce phénomène est d'abord sensible sur le terrain des faits générateurs de responsabilité où la jurisprudence a fait preuve d'une objectivation de certaines règles de la responsabilité civile, en particulier par la reconnaissance facilitée d'une faute inexcusable de l'employeur ou d'une obligation de sécurité de résultat[14]. C'est ensuite et surtout en matière de causalité et d'imputation que les juridictions, parfois confirmées par le législateur[15], ont fait preuve de souplesse en admettant des présomptions dans des cas où le demandeur ne peut établir avec certitude le lien entre son dommage et un produit ou entre le fait illicite et l'un des membres d'un groupe de personnes[16].

Pour prolonger les réflexions sur ce mouvement d'adaptation, nous nous proposons d'étudier dans quelle mesure les projets de réforme de la responsabilité civile confirment ou infirment ces évolutions jurisprudentielles, pour la plupart accueillies positivement par la doctrine. Plus précisément, il s'agira de réfléchir à la place que celles-ci pourraient occuper dans le futur droit commun de la responsabilité et à l'opportunité d'un renforcement des droits des victimes d'accidents collectifs au regard des objectifs politiques de la réforme[17].

---

sation des victimes d'accidents médicaux sur le modèle du dispositif français est une promesse gouvernementale depuis 2015.

[13] C. LACROIX, th. préc. (note 5), n° 245. V. aussi déjà T. HASSLER, art. préc. (note 2) qui évoque un « gauchissement » de ces mêmes règles.

[14] V. en particulier C. LACROIX, th. préc. (note 5), n°s 245 et s. ainsi qu'A. GUEGAN-LECUYER, *Dommages de masse et responsabilité civile*, th. préc. (note 5), n°s 213 et s.

[15] V. par exemple art. 102 de la loi n° 2002-303 du 4 mars 2002 et art. L. 1221-14 al. 2 C. sant. publ. (à propos de l'origine transfusionnelle d'une contamination par l'hépatite C) ou encore art. L. 597-12 et L. 597-36 C. envir. (en matière d'accidents nucléaires).

[16] Sur cette technique, v. l'étude détaillée de C. QUEZEL-AMBRUNAZ, *Essai sur la causalité en droit de la responsabilité civile*, th. Chambéry, Dalloz, 2010, n°s 287 et s. ainsi que du même auteur « La fiction de la causalité alternative », *D.* 2010, p. 1162.

[17] J.-J. URVOAS, « Discours de présentation du projet de réforme de la responsabilité civile », p. 6, accessible sur le site internet du Ministère de la justice : http://www.textes.justice.gouv.fr/textes-soumis-a-concertation-10179/projet-de-reforme-du-droit-de-la-responsabilite-civile-29782.html (« La protection renforcée des victimes de dommages corporels constitue l'une des autres innovations majeures du projet. »). Sur ce point, v. aussi l'analyse percutante de J.-S. BORGHETTI,

Sur ce point, le projet de réforme présenté le 13 mars 2017 suscitera probablement une réaction mitigée auprès des promoteurs d'un « droit des catastrophes ». En effet, s'il consacre une responsabilité solidaire destinée à faciliter l'indemnisation des victimes en présence d'un dommage causé par un membre inconnu d'un groupe (I), le texte refuse de consacrer une responsabilité générale sans faute du fait des activités particulièrement dangereuses (II).

I. La consécration d'une responsabilité solidaire en cas d'imputation incertaine

Les rédacteurs du projet de réforme de 2017 ont repris une proposition de l'avant-projet CATALA et du projet TERRE en consacrant à l'article 1240 une responsabilité solidaire pour les cas où un dommage résulte d'une activité de plusieurs personnes. Ce texte prévoit dans son premier alinéa que « lorsqu'un dommage corporel est causé par une personne indéterminée parmi des personnes identifiées agissant de concert ou exerçant une activité similaire, chacune en répond pour le tout, sauf à démontrer qu'elle ne peut l'avoir causé ». Et le second alinéa de préciser qu'à défaut d'une preuve contraire, « les responsables contribuent alors entre eux à proportion de la probabilité que chacun ait causé le dommage ».

Loin de revêtir une importance « marginale » comme on a pu l'écrire[18], cette disposition peut s'avérer décisive dans le contentieux indemnitaire émanant des victimes d'un accident collectif. Or, il est curieux de constater que les rédacteurs des différents projets de réforme ont semblé hésiter à propos de la délimitation précise d'une telle règle, aucune des formulations employées successivement n'étant identique. Aussi bien faudra-t-il, après avoir identifié les potentialités de l'article 1240 en présence d'un accident collectif (A), en souligner les difficultés d'interprétation (B).

A. LES POTENTIALITES DE L'ARTICLE 1240 DU PROJET EN PRESENCE D'UN ACCIDENT COLLECTIF

Traitée par le projet de réforme au sein d'une sous-section consacrée au « lien de causalité », la question de l'imputation incertaine a pendant

---

« L'avant-projet de réforme de la responsabilité civile. Vue d'ensemble de l'avant-projet », *D.* 2016, p. 1386, spéc. n°s 11 et s.

[18] Ph. BRUN, « Premiers regards sur l'avant-projet de réforme de la responsabilité civile », *Revue Lamy Dr. civil* 2016 (n° 140), p. 31, spéc. n° 19.

longtemps été associée aux accidents de chasse[19]. Le point de départ de la réflexion doctrinale fut en effet l'hypothèse dans laquelle des chasseurs tirent simultanément en direction de la victime, laquelle serait tuée par un seul des projectiles. Si la jurisprudence classique a pu pallier l'incertitude entourant la désignation de son gardien en recourant aux notions de fautes communes d'organisation ou de garde collective[20], ces solutions se sont cependant avérées inadaptées à d'autres situations où le demandeur parvient à prouver un autre fait générateur de responsabilité à l'origine de son dommage, mais se trouve dans l'incapacité d'identifier la personne parmi les membres d'un groupe qui doit en répondre. Traditionnellement, cette problématique a été envisagée dans la doctrine sous l'angle de la causalité, entendue largement comme le lien entre le dommage et le fait du défendeur. Plus récemment, la doctrine y voit davantage un problème lié à l'imputation d'un fait générateur déterminé[21].

En préconisant une règle de présomption qui fait peser sur l'ensemble des membres d'un groupe une responsabilité solidaire, l'article 1240 du projet s'inscrit dans la continuité de la jurisprudence de la Cour de cassation qui a fini par admettre une telle solution dans plusieurs contentieux liés à des produits de santé défectueux, et ce alors même qu'il n'y avait pas à proprement parler d'action concertée. L'exemple le plus connu est certainement l'affaire du Distilbène dans laquelle les demanderesses se heurtaient à des difficultés pour identifier celui des deux laboratoires pharmaceutiques qui avait commercialisé la molécule ingérée par leur mère pendant la grossesse. Dans une décision remarquée de 2009, la Cour de cassation a décidé qu'« il appartenait à chacun des laboratoires de prouver que son produit n'était pas à l'origine du dommage »[22]. Quelques années auparavant, une solution similaire avait déjà été retenue dans une affaire où

---

[19] On pourrait y ajouter des dommages en lien avec des jeux d'enfants dangereux ou des accidents de la route impliquant plusieurs véhicules.

[20] Sur cette jurisprudence, v. la présentation de J. CARBONNIER, *Droit civil*, t. 2 : *Les biens – Les obligations*, PUF, 2004, n° 1134.

[21] Sur la distinction entre causalité et imputation, v. not. F. LEDUC, « Causalité civile et imputation », *Revue Lamy Droit civil* 2007 (suppl. au n° 40), p. 21 ainsi que J. FISCHER, « Causalité, imputation, imputabilité, les liens de la responsabilité civile », in : *Libre droit. Mélanges en l'honneur de Philippe le Tourneau*, Dalloz, 2007, p. 383. – L'idée de distinguer la causalité de l'imputation semble aussi avoir guidé les rédacteurs du projet de réforme, celui-ci précisant à l'article 1239 que la causalité s'entend comme « le lien [...] entre le fait *imputé* au défendeur et le dommage » (c'est nous qui soulignons).

[22] Civ. 1, 24 septembre 2009, n° 08-16.305, *JCP G* 2009, 304, obs. P. MISTRETTA et 381, note S. HOCQUET-BERG ; *Rev. contrats* 2010, p. 90, note J.-S. BORGHETTI ; *RTD civ.* 2010, p. 111, obs. P. JOURDAIN et *Resp. civ. et assur.* 2009, étude n° 15, note C. RADE.

la victime d'une contamination sanguine par l'hépatite C n'a pu identifier le fournisseur de la poche de sang litigieuse[23]. Depuis lors, la Cour de cassation a étendu la solution à un cas où le demandeur était incapable d'imputer son infection nosocomiale à l'un des établissements de santé dans lesquels il avait été soigné[24].

Les exemples précités (Distilbène, hépatite C, infections nosocomiales) illustrent de manière parlante l'importance des questions de causalité et d'imputation dans les contentieux liés aux catastrophes sanitaires. Pour autant, il serait probablement excessif d'assigner à l'article 1240 du projet un rôle essentiel dans le traitement judiciaire de *tous* les accidents collectifs. Ce ne seront en effet que les victimes d'un certain type d'événements catastrophiques qui pourront tirer profit de cette présomption d'imputation. On peut notamment se demander si les accidents collectifs, qui se caractérisent par ce qu'un auteur a appelé la « règle des trois unités de temps, de lieu et d'action »[25], ne devraient pas échapper à l'emprise de la responsabilité solidaire des membres d'un groupe en raison de l'unicité du fait dommageable. La solution pourrait alors se limiter aux sinistres sériels « lié[s] à la diffusion de produits dont les effets néfastes ne se manifestent qu'après l'écoulement d'une période de temps plus ou moins longue [et] frappant à des moments divers des victimes souvent géographiquement »[26], dont les affaires du Distilbène et du sang contaminé sont les exemples les plus connus.

À bien y réfléchir, il n'est pas certain que la distinction doctrinale entre accidents collectifs et sinistres sériels soit pertinente pour circonscrire le champ d'application de l'article 1240 du projet de réforme. Quelle qu'en soit la formulation, cette disposition ne pourra en effet s'appliquer que dans les cas où *plusieurs* faits identiques ou, pour le moins, similaires peuvent être imputés à *une pluralité* de personnes. Or, si cette configuration peut effectivement se présenter en cas de dommages sériels causés par des produits dont la nocivité ne s'avère que tardivement, il n'est pas exclu que les victimes d'un accident collectif lié par exemple à une collision entre deux

---

[23] Civ. 1, 10 juillet 2002, n° 01-02.132, *JCP G* 2003, I, 152, n° 27, obs. G. VINEY. V. également l'analyse d'A. GUEGAN-LECUYER, th. préc. (note 5), n° 218.
[24] Civ. 1, 17 juin 2010, n° 09-67.011, *Rev. contrats* 2010, p. 1247, note. G. VINEY ; *JCP G* 2010, 870, note O. GOUT ; *RTD civ.* 2010, p. 567, obs. P. JOURDAIN. V. aussi plus récemment C. AUBRY DE MAROMONT, « Les tourments de la causalité alternative dans l'indemnisation des victimes de risques sanitaires », *Rev. Lamy Dr. civil* 2017 (n° 148), p. 14.
[25] M.-F. STEINLÉ-FEUERBACH, art. préc. (note 1), *Petites Affiches* 28 juillet 1995, p. 9, spéc. p. 10.
[26] M.-F. STEINLÉ-FEUERBACH, art. préc. (note 1), spéc. p. 10 et s.

aéronefs ayant causé des dommages au sol ou à un dysfonctionnement d'une installation sportive, éprouvent elles aussi des difficultés à identifier, au sein d'un groupe de personnes (par exemple différents transporteurs aériens ou le propriétaire et l'exploitant de l'installation), celle qui est à l'origine du fait dommageable les concernant.

Le champ d'application de la présomption d'imputation dépend également de son articulation avec les régimes spéciaux de responsabilité d'origine supranationale qui, pour certains, prévoient des règles précises en matière de causalité. L'application d'une responsabilité solidaire de plusieurs fabricants d'un produit défectueux pourrait se heurter en effet à la directive 85/374 qui, rappelons-le, dispose dans son article 4 qu'il appartient à la victime « de prouver le dommage, le défaut et le lien de causalité entre le défaut et le dommage ». Bien que ce texte n'évoque expressément que le *lien causal* entre le défaut du produit et le dommage et non pas le *lien d'imputation* entre le défaut et le défendeur, la question de la conformité au droit européen risque de se poser avec plus d'acuité après l'introduction d'un texte explicite dans le Code civil[27]. Si la littérature étrangère, notamment allemande, considère que l'existence d'une présomption d'imputation n'est pas incompatible avec la directive 85/374, laquelle laisserait, en la matière, une marge d'appréciation au législateur national[28], force est cependant de constater que la Cour de Luxembourg ne s'est jamais prononcée sur cette question et qu'il existe une réelle incertitude sur la conformité avec les règles européennes[29].

---

[27] En ce sens aussi, à propos de l'article 1348 de l'avant-projet CATALA, COUR DE CASSATION, *Rapport du groupe de travail de la Cour de cassation sur l'avant-projet de réforme du droit des obligations et de la prescription*, 2007, n° 80 (le document est accessible sur le site internet :
https://www.courdecassation.fr/institution_1/autres_publications_discours_2039/discours_2202/groupe_travail_10699.html).

[28] En droit allemand, v. à propos des liens entre le § 830 al. 1er, 2e phrase BGB et l'article 4 de la directive 85/374, v. déjà P. SCHLECHTRIEM, « Angleichung der Produktehaftung in der EG », *Zeitschrift für Versicherungsrecht (VersR)* 1986, p. 1033, spéc. p. 1034 et, plus récemment, J. OECHSLER, in : *Staudinger BGB, §§ 826-829 ; §§ 1-19 ProdHaftG*, Sellier/de Gruyter, 2018, sous § 4 ProdHaftG, nos 45 et s. (avec d'autres références).

[29] V. not. A. REGNIAULT/J.-A. ROBERT, « Le contentieux 'Distilbène' : quels enseignements en matière de responsabilité du fait des produits de santé ? », *Gaz. Pal.* 25-26 novembre 2009, p. 14, spéc. p. 19 (« Il est toutefois douteux que, sous le régime légal actuel dérivé du droit communautaire, les juridictions puissent prendre pareille liberté avec la nécessité d'identifier personnellement un producteur responsable au titre de son propre produit. »). V. également en ce sens Ph. BRUN, art. préc. (note 18), *Revue Lamy Dr. civil* 2016 (n° 140), p. 31, spéc. n° 19.

Si les potentialités de l'article 1240 du projet de réforme en matière de catastrophes paraissent relativement incertaines, cela résulte aussi de la définition malaisée du lien que le demandeur doit établir entre les responsables potentiels. Sur ce point, la formulation de cet article s'écarte du texte de l'avant-projet de 2016, du projet TERRE et de l'avant-projet CATALA, ce qui laisse présager d'importantes difficultés d'interprétation.

B. LES DIFFICULTES D'INTERPRÉTATION DE L'ARTICLE 1240 DU PROJET

La comparaison des projets de réforme de la responsabilité civile fait apparaître des différences étonnantes s'agissant du critère de la présomption d'imputation. Alors que l'avant-projet CATALA évoque simplement le « dommage [...] causé par un membre indéterminé d'un groupe »[30], le projet TERRE apporte une précision supplémentaire en exigeant que le groupe soit composé de « personnes agissant de concert »[31]. L'avant-projet de réforme ministériel, présenté en avril 2016, suggérait, quant à lui, un critère plus large, la présomption devenant applicable à « un groupe de personnes identifiées agissant de concert ou pour des motifs similaires »[32]. Enfin, le projet de réforme de 2017 a introduit une nouvelle formule encore en renonçant à l'emploi du terme « groupe » et en subordonnant désormais le jeu de l'article 1240 à l'existence d'« un dommage corporel [qui est] causé par une personne indéterminée parmi des personnes identifiées agissant de concert ou exerçant une activité similaire »[33].

Ces hésitations rédactionnelles reflètent les difficultés auxquelles étaient confrontés les rédacteurs des projets successifs, manifestement tiraillés entre l'ambition de trouver la « formule juste » pour consacrer les solutions jurisprudentielles et la hantise d'une ouverture trop large, synonyme d'insécurité juridique, voire de solutions inéquitables ». Ainsi peut-on lire sous la plume de l'un des rédacteurs du projet TERRE que l'article 1348 de

---

[30] Art. 1348 de l'avant-projet Catala. – V. aussi le bref commentaire de cette disposition dans P. CATALA (sous la dir.), *Avant-projet de réforme du droit des obligations et du droit de la prescription*, La Documentation française, 2006, p. 174 (note 3). Les rédacteurs ont estimé que ce texte « pourrait apporter une solution dans bien d'autres situations, en particulier en cas de dommages causés par un produit distribué par quelques entreprises, toutes identifiées, lorsqu'on ne peut établir laquelle d'entre elles a vendu le produit même qui est à l'origine des préjudices subis par les victimes ».

[31] Art. 12 du projet Terré. Pour un commentaire de ce texte, v. J.-S. BORGHETTI, « De la causalité », in : F. Terré (sous la dir.), *Pour une réforme du droit de la responsabilité civile*, Dalloz, 2011, p. 143, spéc. p. 147.

[32] Art. 1240 de l'avant-projet présenté le 29 avril 2016.

[33] Art. 1240 du projet de réforme présenté le 13 mars 2017.

l'avant-projet CATALA « a paru pouvoir se prêter à des applications malheureuses »[34]. Et l'auteur de citer l'exemple d'un vol commis « dans une classe, une équipe de sport ou une assemblée quelconque » et de considérer qu'une présomption d'imputabilité dans ces cas « serait bien évidemment injuste et poserait en outre d'énormes problèmes au stade des recours en contribution »[35]. C'est probablement pour cette raison que les projets ministériels délimitent plus strictement les cas d'application de l'article 1240 en exigeant, soit une action concertée ou « pour des motifs similaires », soit l'exercice d'une « activité similaire ».

Or, à bien y réfléchir, ces formules suscitent toutes les deux des interrogations sur le plan de la mise en œuvre pratique. Tout d'abord, l'emploi du verbe « agir » pourrait être interprété comme ne visant que les seuls comportements actifs – qu'ils soient fautifs ou non – des membres d'un groupe, alors que la jurisprudence actuelle de la Cour de cassation permettrait parfaitement de sanctionner aussi une *abstention* collective et que l'on ne voit pas pourquoi un traitement spécifique serait réservé aux abstentions. Ensuite, les formules « pour des motifs similaires » ou « exerçant une activité similaire » pourraient inciter les plaideurs à invoquer la règle de présomption à chaque fois que des personnes ne sont pas liées par une unité d'action, mais par la ressemblance vague de leur domaine d'activités ou de leurs motivations[36]. Les risques d'une ouverture excessive ne se trouvent dès lors guère endigués, bien au contraire.

Afin de limiter autant que faire se peut les difficultés d'interprétation, nous préférerions une formulation plus sobre qui fait de la notion de « groupe » le critère essentiel de la présomption de causalité. Un retour à la rédaction proposée par l'avant-projet CATALA présenterait ainsi l'avantage de faire dépendre le jeu d'une responsabilité solidaire de l'existence d'une unité d'action (ou d'abstention) qui caractérise – comme nous l'avons vu[37] – les accidents collectifs[38]. Quant aux sinistres sériels liés notamment à la

[34] J.-S. BORGHETTI, « De la causalité », art. préc. (note 31), p. 147.
[35] J.-S. BORGHETTI, « De la causalité », art. préc. (note 31), p. 148.
[36] Pour une critique de la formule « pour des motifs similaires », v. G. VINEY, « L'espoir d'une recodification du droit de la responsabilité civile », *D.* 2016, p. 1378, spéc. p. 1384 (l'auteur avance que la formule retenue par l'avant-projet de 2016 « n'aurait pas permis […] d'admettre la responsabilité des laboratoires dans la fameuse affaire du *DES* (Distilbène) »).
[37] V. *supra* n° 0 et M.-F. STEINLÉ-FEUERBACH, art. préc. (note 1), *Petites Affiches* 28 juillet 1995, p. 9, spéc. p. 10 et s.
[38] Nous concédons que l'emploi du terme « groupe » suscite, lui aussi, des doutes quant à ses contours précis. C'est là, nous semble-t-il, un inconvénient inhérent à l'introduction de toute nouvelle notion juridique. Nous pensons néanmoins qu'une rédaction simplifiée de l'article 1240 du Code civil et la suppression des formules

commercialisation de produits défectueux, ils ne seraient pas pour autant soustraits à la règle, le terme « groupe » pouvant parfaitement désigner les cas où une pluralité de fabricants ont mis sur le marché le même produit vicié[39].

Quant à l'utilité effective de la règle de présomption en présence de catastrophes et accidents collectifs, tout dépend de l'objectif effectivement poursuivi par le législateur. S'agit-il de donner à la victime à tout prix plusieurs responsables au risque dès le moment où un seul fait illicite, à l'origine du dommage, peut potentiellement être imputé à plusieurs personnes ? Ou faut-il limiter la présomption aux cas où un fait illicite peut être imputé à *chacun* des personnes identifiées ?

La deuxième option permettrait à l'évidence d'éviter des résultats injustes comme ceux évoquées précédemment (vol commis dans une classe ou une équipe sportive)[40]. Elle présenterait par ailleurs l'avantage de moins interférer avec l'exercice de certaines libertés fondamentales comme le droit de grève ou la liberté de rassemblement[41].

Les cas d'application identifié en droit positif (Distilbène, sang contaminé, accidents de chasse) se rattachent tantôt à l'une, tantôt à l'autre conception et ne permettent pas réellement d'identifier de politique jurisprudentielle sur ce point. Si la place de l'article 1240 au sein d'un chapitre sur la causalité laisse penser que le demandeur n'est pas dispensé d'apporter la preuve des autres conditions de la responsabilité (fait générateur et dommage)[42], une telle

---

« agissant de concert » et « activité similaire » seraient de nature à limiter l'insécurité juridique. – Sur l'interprétation de la notion de groupe, v. déjà J. DEMAREZ, *L'indemnisation du dommage occasionné par un membre inconnu d'un groupe déterminé*, th. Paris, LGDJ, 1967 p. 26 et s. ainsi que H. ABERKANE, « Du dommage causé par une personne indéterminée dans un groupe déterminé de personnes », *RTD civ.* 1958, p. 516, n°s 29 à 41. V. aussi la critique plus récente d'E. Q. VILLA, « Contribution à une analyse rénovée de la causalité alternative », *Annales de droit* 2017 (n° 11), p. 205, spéc. n° 16.

[39] V. *Le Trésor de la langue française*, *v°* Groupe, sous B.1. (« ensemble de personnes ayant des traits, des buts, des intérêts communs »).

[40] V. *supra* n° 0 et J.-S. BORGHETTI, « De la causalité », art. préc. (note 31), p. 148.

[41] V. sur cet aspect F. BICHERON, in : M. Mekki (sous la dir.), *Avant-projet de réforme du droit de la responsabilité civile : l'art et la technique du compromis*, LGDJ, 2016, p. 65, spéc. p. 76.

[42] En ce sens déjà H. ABERKANE, art. préc. (note 38), *RTD civ.* 1958, p. 516, spéc. n° 39 (« [La victime] fera la preuve des conditions habituelles d'application de ces textes [art. 1382 et 1384 du Code civil], conditions appréciées individuellement, c'est-à-dire par rapport aux personnes mêmes, aux individus susceptibles de se

analyse ne se confirme guère à une analyse de la rédaction de l'article qui ne précise aucunement si ces conditions doivent être réunies pour chacun des membres du groupe ou si la démonstration d'un fait dommageable illicite et de l'identification d'un ensemble d'auteurs potentiels est suffisante. Au regard de l'enjeu pratique de la question, une clarification législative nous semble décidément indispensable[43].

Pour trancher cette question, un regard au-delà des frontières nationales, vers le projet de réforme belge du droit de la responsabilité[44] s'avère riche en enseignements. L'article 5.167 de ce projet admet une responsabilité *in solidum* « lorsque plusieurs personnes *participent à une même activité fautive* et que l'une ou plusieurs d'entre elles causent un dommage à cette occasion, mais qu'on ne peut pas déterminer qui l'a causé »[45]. Si cette proposition est résolument plus restrictive que l'approche française en ce qu'elle cantonne la présomption à la seule responsabilité pour faute, il n'en demeure pas moins qu'elle prend clairement parti sur la question du caractère illicite des agissements de chacun des membres du groupe[46]. Il nous paraîtrait intéressant de reprendre en droit français une telle présentation qui apporterait davantage de clarté, à condition d'élargir cette approche à l'ensemble des régimes de responsabilité, y compris sans faute. L'article 1240 pourrait dès lors s'appliquer en présence d'un dommage corporel « causé par le fait générateur de responsabilité (ou le fait illicite) d'un membre indéterminé d'un groupe de personnes identifiées »[47].

---

trouver à l'origine du dommage. […] La notion de groupe n'interviendra qu'une fois ce stade passé. »).

43 Sur ce point aussi J. FLOUR/J.-L. AUBERT/E. SAVAUX, *Les obligations*, t. 2 : *Le fait juridique*, Sirey, 14e éd. 2011, n° 165-1 ainsi qu'E. Q. VILLA, art. préc. (note 38), n° 21 (l'auteur croit percevoir un « mouvement doctrinal » en faveur de l'exigence d'un fait illicite pour chacune des personnes identifiées).

44 Le texte de ce projet peut être consulté sur le site internet du Service public fédéral Justice (https://justice.belgium.be/fr/bwcc).

45 Sur cette question en droit belge, v. en langue anglaise I. GEERS, « Alternative liability under Belgian Law: unknown and thus unloved », *European Review of Private Law* 1994, p. 442

46 La preuve d'un fait illicite imputable à chacun des membres du groupe est également requise en droit allemand (§ 830 al. 1er BGB) et en droit néerlandais (art. 6.166 du Code civil néerlandais).

47 C'est au demeurant sous cet angle que la question a traditionnellement été abordée par la doctrine. V. not. N. DEJEAN DE LA BATIE, Note sous Civ. 2, 19 mai 1976 (2 arrêts), *JCP G* 1978, II, 18773 (« il s'agissait […] d'une question fort classique, celle qui se pose, quand plusieurs personnes *ayant commis des fautes*, on ne peut déterminer celle d'entre elles qui a causé le dommage » ; c'est nous qui soulignons) ainsi que déjà H. et L. MAZEAUD/A. TUNC, *Traité théorique et pratique de la responsabilité civile*, t. 2, Montchrestien, 1958, n° 1950 (curieusement, les auteurs se réfèrent dans l'appareil critique à l'article 719 al. 1er du Code civil japonais,

En définitive, la consécration législative d'une responsabilité solidaire en cas d'imputation incertaine serait très certainement une avancée pour les victimes de certains accidents collectifs et sinistres sériels. Si la substitution d'une règle légale à une casuistique de solutions jurisprudentielles apporterait effectivement une clarification bienvenue en la matière, la sécurité juridique exige toutefois que le législateur prenne plus clairement position sur les critères d'application d'une présomption d'imputation. Les différences importantes entre les projets de réforme laissent penser que le débat sur cette question n'est pas encore clos et il faut espérer que le projet de loi présenté au Parlement contienne davantage de précisions sur ce point. – S'agissant du projet de consacrer un nouveau régime de responsabilité du fait des activités dangereuses, les services de la chancellerie ont exprimé une position plus nette en rejetant cette idée dès l'avant-projet de 2016. Pourtant, cela n'empêche pas de s'interroger sur la pertinence d'un tel régime, en particulier dans la perspective d'une meilleure prise en charge des victimes de catastrophes et d'accidents collectifs.

II. Le refus de consacrer une responsabilité générale du fait des activités particulièrement dangereuses

La prise de conscience de l'accélération du progrès technologique et scientifique et de l'augmentation de la fréquence et de l'ampleur d'événements catastrophiques a poussé les législateurs nationaux et la communauté internationale à adopter des régimes de responsabilité du fait de certaines activités particulièrement dangereuses. Bien souvent, la survenance d'une catastrophe a conduit à la création de réglementations *ad hoc* destinées à faciliter l'indemnisation de tel ou tel types de dommages de masse, sans qu'une vision d'ensemble se dégage de la mosaïque de régimes spéciaux[48]. Que ce soit en matière d'énergie nucléaire, de transport d'hydrocarbures, de transfusions sanguines ou de médicaments défectueux, il s'agit là de régimes de responsabilité conçus sous la pression de l'opinion publique et visant à répondre de manière ponctuelle à un nouveau type de risque lié au progrès[49].

---

lequel est en réalité une traduction littérale du § 830 al. 1er du BGB allemand, déjà évoqué *supra*).

[48] V. sur ce point M. MEKKI, « La cohérence sociologique du droit de la responsabilité civile », in : *Études offertes à Geneviève Viney*, LGDJ, 2008, p. 739, spéc. nos 11 et s.

[49] Sur le lien entre solidarité nationale et politique législative, v. notre étude « La solidarité nationale, genèse et signification d'une notion juridique », *Rev. fr. aff. soc.* 2014, p. 32, spéc. p. 38 et s.

Pour anticiper l'apparition de risques inconnus et simplifier l'articulation entre les différents régimes de responsabilité civile qui coexistent, certains auteurs ont alors préconisé la création d'un régime général de responsabilité du fait des activités particulièrement dangereuses. Une partie significative de la doctrine française s'est montrée sensible à cette idée de sorte que l'avant-projet Catala et le projet Terré ont suggéré la consécration d'un tel régime général. Les projets de réforme ministériels n'ont pourtant pas repris ces propositions.

Il s'agira dans cette seconde partie de revenir sur les raisons qui ont motivé l'abandon de l'idée d'une responsabilité générale du fait des activités dangereuses (A) et de soumettre au débat une solution alternative qui permettrait de répondre aux arguments critiques (B).

A. LES PROPOSITIONS REJETEES : ARTICLE 1362 DE L'AVANT-PROJET CATALA ET ARTICLE 23 DU PROJET TERRE

Parmi les propositions de l'avant-projet CATALA en matière de responsabilité civile, c'est probablement celle sur la responsabilité du fait d'une activité anormalement dangereuse[50], qui a suscité le débat le plus animé au sein du groupe de travail. Dans l'exposé même des motifs, on peut lire sous la plume de Madame Geneviève VINEY que l'article 1362 « a été particulièrement discut[é] au sein du groupe » et que certains membres avaient fait valoir « que d'autres dispositions, en particulier celles qui concernent la responsabilité du fait des choses, la rendraient à peu près inutile »[51]. En se prononçant pour la création de ce nouveau régime, les rédacteurs ont cherché à « doter le droit français d'un régime de responsabilité adapté notamment aux catastrophes industrielles de grande ampleur »[52]. L'article 1362 de l'avant-projet s'inscrivait ainsi directement dans une stratégie d'adaptation du droit de la responsabilité civile aux dommages de masse et, partant, aux catastrophes et accidents collectifs[53].

---

[50] Cette disposition prévoit que « sans préjudice de dispositions spéciales, l'exploitant d'une activité anormalement dangereuse, même licite, est tenu de réparer le dommage consécutif à cette activité » (al. 1er) tout en précisant qu' « est réputée anormalement dangereuse l'activité qui crée un risque de dommages graves pouvant affecter un grand nombre de personnes simultanément » (al. 2) et que « l'exploitant ne peut s'exonérer qu'en établissant l'existence d'une faute de la victime dans les conditions prévues aux articles 1349 à 1351-1 [consacrés aux causes d'exonération] » (al. 3).

[51] P. CATALA (sous la dir.), *Avant-projet de réforme ..., op. cit.* (note 30), p. 167 et s.

[52] P. CATALA (sous la dir.), *Avant-projet de réforme ..., op. cit.* (note 30), p. 179 (v. aussi note 3).

[53] Très clairement en ce sens, v. P. CATALA (sous la dir.), *Avant-projet de réforme..., op. cit.* (note 30), p. 179, note 3. V. également A. GUEGAN-LECUYER, « Vers un

Curieusement, une fois l'avant-projet présenté au public, la disposition de l'article 1362 n'a eu qu'un retentissement limité au sein de la doctrine. Mis à part une étude approfondie[54] et les observations du Groupe de travail de la Cour de cassation[55], les commentateurs de l'avant-projet se sont généralement limités à une présentation descriptive de ce texte[56]. Les arguments techniques et de politique juridique ne manquaient pourtant pas pour nourrir un vrai débat de fond sur la question. Alors que les défenseurs d'un nouveau régime général mettaient en avant une réelle amélioration de la situation des victimes de catastrophes[57] et la convergence avec certains droits étrangers[58], les auteurs plus critiques n'hésitaient pas à souligner les risques, graves, liés à l'adoption en l'état de l'article 1362 de l'avant-projet. Selon ces derniers, la notion d'activités anormalement dangereuses serait « trop vague », et ce malgré le soin apporté à sa définition à l'alinéa 2[59] ; l'utilité trop incertaine en raison du maintien du principe général de la responsabilité du fait des choses[60] ; enfin, le régime des causes d'exonération (al. 3) serait trop sévère pour les entreprises qui pourraient être incitées à une

---

nouveau fait générateur de responsabilité civile : les activités dangereuses », *Études offertes à Geneviève Viney*, LGDJ, 2008, p. 499, spéc. p. 500 et s.

[54] A. GUEGAN-LECUYER, « Vers un nouveau fait générateur… », art. préc. (note 53) et du même auteur « Regards du civiliste sur la responsabilité civile à l'aune de la catastrophe », *RISEO* 2011 (n° 3), p. 104, spéc. n°s 21 et s.

[55] COUR DE CASSATION, *Rapport du groupe de travail*, *op. cit.* (note 27), n°s 71 et 72.

[56] V. par exemple F. LEDUC, « La responsabilité du fait personnel. La responsabilité du fait des choses », *Rev. contrats* 2007, p. 67, spéc. p. xx et s.

[57] A. GUEGAN-LECUYER, « Vers un nouveau fait générateur… », art. préc. (note 53), p. 501 et s. V. aussi du même auteur, *Dommages de masse et responsabilité civile*, th. préc. (note 5), n° 219.

[58] Parmi les codifications plus récentes, il convient de signaler l'article 6:175 du Code civil néerlandais (*Burgerlijk Wetboek*). Sur les articles 2050 du Code civil italien et 493 du Code civil portugais, v. C. VON BAR, *Gemeineuropäisches Deliktsrecht*, C. H. Beck, t. 1, 1996, n°s 125 à 129 et t. 2, 1999, n°s 346 et 347 ainsi qu'en langue française G. SCHAMPS, *La mise en danger. Un concept fondateur d'un principe général de responsabilité – Analyse de droit comparé*, th. Louvain-la-Neuve, Bruylant/LGDJ, 1999, p. 17 et s. V. aussi l'exposé de J.-S. BORGHETTI, « Des principaux délits spéciaux », in : F. Terré (sous la dir.), *Pour une réforme du droit de la responsabilité civile*, Dalloz, 2011, p. 163, spéc. p. 177.

[59] COUR DE CASSATION, *Rapport du groupe de travail…*, *op. cit.* (note 55), n° 71. Sur cette précision, v. aussi A. GUEGAN-LECUYER, « Vers un nouveau fait générateur… », art. préc. (note 53), p. 504 et s.

[60] *Ibid.* Dans le même sens aussi A. ANZIANI/L. BETEILLE, « Responsabilité civile : des évolutions nécessaires », *Doc. Sénat* 2009 (n° 558), p. 55 (« d'aucuns ont souligné que le régime général de la responsabilité du fait des choses et les multiples régimes spéciaux […] étaient amplement suffisants pour assurer l'indemnisation des victimes »). V. le commentaire ironique en réaction à ces propos d'A. GUEGAN-LECUYER, « Regards du civiliste… », art. préc. (note 53), n° 24 *in fine*.

« délocalisation des activités concernées, risque d'autant plus grave que celles-ci ne sont pas précisément définies »[61].

En réaction à ces critiques, les rédacteurs du projet TERRE ont préféré réduire le domaine de ce nouveau régime de responsabilité en reprenant à leur compte l'une des suggestions du groupe de travail de la Cour de cassation. En effet, l'article 23 du projet TERRE ne prévoit plus qu'une responsabilité du fait des installations classées, laquelle prive ainsi le juge de son pouvoir d'apprécier de manière autonome le champ d'application. Selon ce texte, la responsabilité de plein droit ne s'appliquerait plus qu'à « l'exploitant d'une installation sujette à classement au sens du Code de l'environnement », et ce seulement pour « l'atteinte à l'intégrité physique ou psychique des personnes [et] l'atteinte aux biens causée par son activité » à condition que ce soit « précisément la réalisation du risque justifiant le classement qui a causé le dommage »[62]. En liant la responsabilité à l'exploitation d'une installation sujette à un classement et en cantonnant le régime aux atteintes aux personnes et aux biens, les rédacteurs du projet ont souhaité réaliser un équilibre entre les intérêts des entreprises et ceux des victimes potentielles de catastrophes technologiques[63].

Malgré ce réajustement, les services de la Chancellerie n'ont pas souhaité reprendre l'idée d'un régime général de responsabilité applicable aux activités dangereuses. À défaut d'exposé des motifs, on ne peut que spéculer sur les raisons qui ont justifié le rejet de l'une des innovations des projets universitaires[64]. Le maintien du principe général de la responsabilité du fait des choses (art. 1243) et l'existence d'une multitude de régimes spéciaux de responsabilité ont sans doute occulté l'utilité d'un nouveau régime, et ce alors que les dommages résultant d'une activité dangereuse ou d'une installation dangereuse ne peuvent pas toujours être rattachées au fait d'une

---

[61] *Ibid.*

[62] Cette dernière condition, connue en droit allemand sous l'expression de *Risikozusammenhang*, est assez innovante en droit français de la responsabilité. Sur cet aspect, v. notre étude « La place et le rôle de la responsabilité sans faute », à paraître in *Revue des contrats*.

[63] J.-S. BORGHETTI, « Des principaux délits spéciaux », art. préc. (note 58), p. 179.

[64] Ce parti pris n'a d'ailleurs guère été relevé par les commentateurs des projets ministériels. V. not. les propos assez laconiques de M. MEKKI, in : M. Mekki (sous la dir.), *Avant-projet de réforme du droit de la responsabilité civile : l'art et la technique du compromis*, LGDJ, 2016, p. 77, spéc. p. 81 (« on peut regretter que, à la différence de l'avant-projet Catala et de l'avant-projet Terré, aucune disposition ne soit consacrée à la responsabilité du fait des dommages causés par des activités dangereuses »).

chose corporelle et ne relèvent pas toujours d'un régime spécifique[65]. Néanmoins, ce sont probablement des considérations de politique juridique qui expliquent ce choix : à l'heure où l'économie française peine à se relever de la crise des années 2007 à 2012, l'incidence financière d'un nouveau régime de responsabilité sur les entreprises a dû être un argument fort pour ne pas créer une nouvelle figure juridique aux potentialités inconnues.

Faut-il en déduire l'abandon définitif de l'idée d'une responsabilité du fait des activités particulièrement dangereuses et de celle d'un renforcement des dispositifs législatifs spécifiquement conçus pour répondre aux attentes des victimes de catastrophes ? Il serait quelque peu audacieux de pronostiquer une volte-face de la part de la Chancellerie, tant les considérations économiques pèsent lourd en la matière. Cependant, à supposer que ce soit le champ d'application des propositions qui ait été jugé trop vaste par le Ministère de la Justice, il n'est pas dénué d'intérêt de prendre connaissance de la position du projet de réforme belge sur cette question.

B. UNE SOURCE D'INSPIRATION INTERESSANTE : ARTICLE 5.190 DU PROJET DE REFORME BELGE

Depuis qu'en 2015, le ministre de la justice belge Koen GEENS a annoncé une réforme du Code civil, la réforme du droit des obligations est également à l'ordre du jour en Belgique. En instituant six commissions de réforme[66], le gouvernement belge entend initier un vaste mouvement de réécriture du Code civil qui ne se limite pas à une simple codification à droit constant, mais vise à moderniser profondément de larges pans du droit civil belge[67]. Celui-ci est encore aujourd'hui largement dominé par le Code civil des

---

[65] En ce sens O. SABARD/J. TRAULLE, « Les conditions de la responsabilité. Les faits générateurs de responsabilité : faute ou risque ? », à paraître in : GRERCA (sous la dir.), *La réforme de la responsabilité civile en France et en Belgique*, Bruylant.

[66] Arrêté du 30 septembre 2017 portant création des Commissions de réforme du Code civil. Les matières visées sont le droit des obligations, le droit des biens, le droit de la preuve, le droit de la responsabilité, le droit du contrat de prêt et le droit des sûretés personnelles.

[67] La nécessité d'une réforme avait été soulignée avec vigueur par certains auteurs. V. not. P. WERY, « Mutations et défis du droit belge des obligations », *Revue de la Faculté de droit de l'Université de Liège* 2015, p. 203, spéc. n°s 3 et 25 ainsi que E. DIRIX/P. WERY, « Pour une modernisation du droit civil », *Journal des Tribunaux* 2015, p. 625. S'agissant de la responsabilité civile, v. aussi déjà R. DALCQ, « Une révision législative des articles 1382 à 1386 du Code civil : Est-elle souhaitable ? », in : *Liber memorialis François Laurent 1810-1887*, éd. Story-Scientia, 1989, p. 473 et, plus récemment, B. DUBUISSON, « Faut-il réformer le Code civil (II) ? Interrogations et propositions concernant la responsabilité extracontractuelle », *Journal des Tribunaux* 2016, p. 673.

Français adopté le 21 mars 1804 que Napoléon avait imposé aux départements de la future Belgique[68]. Malgré des tentatives échouées de doter le pays d'une nouvelle codification, les civilistes belges ont toujours entretenu des liens étroits avec le droit français, notamment pour ce qui est de l'interprétation des dispositions du Code[69]. Vue sous cet angle, la refonte du Code civil est également un puissant catalyseur pour l'achèvement du mouvement d'émancipation qu'a connu le droit belge au cours de ces dernières décennies.

Composée d'universitaires francophones et néerlandophones[70], la commission chargée de la réforme du droit de la responsabilité a présenté le 28 mars 2018 son premier avant-projet de réforme[71]. À la suite d'une consultation publique d'une durée d'un mois, la commission a publié le 6 août 2018 un second avant-projet assorti d'un exposé des motifs particulièrement riche et documenté[72]. Parmi les nombreuses innovations figure un nouveau cas de responsabilité applicable à « l'exploitant d'une activité professionnelle qui présente un danger grave et spécifique » (article 5.190). Détaillant ce nouveau régime sur un total de sept articles, les rédacteurs du projet ont entendu créer un régime complet en prévoyant une définition des termes « exploitant » et « danger grave et spécifique » (art. 5.191 et 5.192), une présomption de causalité (art. 5.194) ainsi que des règles spécifiques relatives aux causes d'exonération et à l'étendue de la réparation (art. 5.196)[73].

---

[68] Selon une étude, 54 % des dispositions du Code civil belge actuel seraient identiques à celles du Code civil français de 1804. V. not. K. GEENS, « Réécrire de vieux Codes pour moderniser la Justice », communiqué consultable sur le site internet :
https://www.koengeens.be/fr/news/2016/12/07/reecrire-de-vieux-codes-pour-moderniser-la-justice

[69] Sur l'influence du droit français sur le droit civil belge, v. l'étude fondamentale de S. BOUABDALLAH, *La réception du modèle français en droit civil belge*, th. Saint-Étienne, Bruylant, 2014.

[70] La commission est présidée par les professeurs Bernard DUBUISSON et Hubert BOCKEN, auxquels s'ajoutent quatre « experts » (les professeurs Jean-Luc FAGNART, Geert JOCQUE, Geneviève SCHAMPS et Thierry VANSWEEVELT) ainsi qu'un représentant du Service public fédéral Justice.

[71] Ce texte reste encore accessible sur le site internet :
https://justitie.belgium.be/sites/default/files/aansprakelijkheidsrecht_voorontwerp_van_wet.pdf

[72] Ces deux documents sont consultables sur le site internet du Service public fédéral Justice (https://justice.belgium.be/fr/bwcc).

[73] Pour une première analyse d'ensemble de ce texte, v. F. GEORGE, « La réforme du droit de la responsabilité en Belgique. Examen général : réforme ou consolidation des acquis ? », à paraître in : GRERCA (sous la dir.), *La réforme de la responsabilité civile en France et en Belgique*, Bruylant, 2019, spéc. n°s 20 à 23.

Manifestement inspirées des travaux antérieurs de l'un des membres de la commission[74], ces dispositions entendent garantir une meilleure protection aux victimes de risques « qui sont accepté[s] en raison notamment de leur intérêt social ou économique, mais dont la réalisation peut entraîner de très graves conséquences pour les personnes lésées »[75]. Contrairement aux propositions françaises, les rédacteurs de l'avant-projet belge répondent au grief d'un domaine d'application par trop incertain en laissant le soin à un arrêté royal d'identifier les activités dangereuses auxquelles le nouveau régime sera applicable (art. 5.193). On pourrait arguer que ce renvoi à un texte d'application ultérieur laisse planer un doute sur l'effectivité de cette solution, l'adoption d'un arrêté royal en Belgique étant empreinte du même aléa que celle d'un décret d'application en France[76]. Il transforme par ailleurs considérablement la nature juridique du régime, car les articles 5.190 et suivants de l'avant-projet apparaissent plutôt comme une enveloppe juridique pour un ensemble de régimes spécifiques gouvernés par des règles communes que comme une seconde clause générale de responsabilité[77].

Bien qu'un auteur ait relevé un décalage entre « la philosophie qui sous-tend ces nouvelles règles [et] la tendance très libérale du gouvernement belge actuel »[78], fragilisant alors la perspective d'une adoption en l'état, on ne peut que féliciter les rédacteurs de l'avant-projet pour cette proposition. Les articles 5.190 et suivants sont une source d'inspiration précieuse pour les rédacteurs de la future réforme du droit français de la responsabilité, notamment en raison de l'équilibre établi entre les intérêts en présence. Une conception assez souple des causes d'exonération[79] et la limitation des dommages réparables à ceux qui résultent d'une atteinte aux personnes, le

---

[74] V. la très riche étude de G. SCHAMPS, *La mise en danger*, th. préc. (note 58) et le compte rendu de G. VINEY, *Rev. crit. DIP* 1999, p. 900.

[75] COMMISSION DE REFORME DU DROIT DE LA RESPONSABILITE, *Exposé des motifs de l'avant-projet de loi portant insertion des dispositions relatives à la responsabilité extracontractuelle dans le nouveau Code civil*, 2018, p. 183.

[76] Constatant l'absence d'effet direct de ces dispositions, F. GEORGE, art. préc. (note 73), n° 21.

[77] En ce sens aussi T. MALENGREAU, « Les faits générateurs de responsabilité dans le projet de réforme belge du droit de la responsabilité extracontractuelle », à paraître in : GRERCA (sous la dir.), *La réforme de la responsabilité civile en France et en Belgique*, Bruylant, 2019, spéc. n°s 10 à 13.

[78] T. MALENGREAU, art. préc. (note préc.), n° 13 *in fine*.

[79] Il est précisé à l'article 5.195 que « l'exploitant n'est pas responsable s'il prouve que le dommage a été causé par la faute intentionnelle de la personne lésée ou d'un tiers, un acte de terrorisme, un acte de guerre ou une catastrophe naturelle, pour autant que les mesures de sécurité adéquates aient été prises », ce qui tranche avec l'article 1362 al. 3 de l'avant-projet CATALA qui ne permettait une exonération qu'en présence d'une faute de la victime. Comp. aussi art. 23 al. 2 du projet TERRE.

cas échéant assortie d'un plafond de réparation[80] se trouvent en effet contrebalancées par l'existence d'une présomption de causalité qui s'applique « lorsque la personne lésée établit la vraisemblance du lien causal entre l'activité professionnelle qui présente un danger spécifique de nature grave et le dommage »[81]. La proposition belge, probablement la plus aboutie en droit comparé en raison de sa complétude et de sa modération, mériterait assurément l'attention des services de la Chancellerie et un regard renouvelé sur les motifs du refus de consacrer une responsabilité du fait des activités dangereuses. La situation des victimes de catastrophes et d'accidents collectifs en ressortirait potentiellement améliorée alors que celle des entreprises serait peu affectée par un tel régime.

[80] Selon l'article 5.196 al. 1er, « est seul réparable, le dommage qui résulte d'une atteinte à la vie ou à l'intégrité physique d'une personne ». Et l'alinéa 2 de poursuivre que « le Roi peut établir un montant maximal d'indemnisation à concurrence duquel la responsabilité de l'exploitant peut être engagée et déterminer si des garanties financières doivent être fournies par celui-ci ».
[81] Art. 5.194 du projet.

12

Le traitement judiciaire des accidents collectifs : hier, aujourd'hui et demain. Questions de procédure pénale

Caroline LACROIX

> *« Le Droit pénal, n'est pas [...] conçu pour réprimer des infractions qui font une pluralité de victimes : le code pénal ne permet pas de distinguer l'acte qui fait un mort de celui qui en fait sept mille»*[1].

Il y a presque vingt-cinq ans déjà, en 1995, le professeur Claude Lienhard avait pressenti que les catastrophes seraient à la source d'une nouvelle branche du droit, le droit des catastrophes[2], et qu'au travers de celle-ci, toutes les branches du droit seraient concernées « *les branches classiques, les piliers du droit* ». Parmi ces dernières, il prédisait déjà que « *La procédure pénale, elle aussi, doit s'adapter, comme le prouvent les difficultés pratiques à gérer des dossiers d'instruction avec des centaines, voire des milliers de parties civiles* ».

Au premier rang des catastrophes l'on trouve l'accident collectif. « *Événement unique engendrant instantanément de nombreuses victimes* »[3], il s'identifie *comme « un fait unique qui s'accomplit en un temps bref et en un lieu déterminé »*[4]. Cette définition peut être affinée par l'approche du Guide méthodologique relatif à la prise en charge des victimes d'accidents collectifs, révisé dans cadre d'un groupe de travail copiloté par le secrétariat d'État chargé de l'aide aux victimes et le ministère de la Justice, qui retient comme définition « év*ènement soudain provoquant directement ou indirectement des dommages humains ou matériels à l'égard de nombreuses victimes. Pouvant avoir pour origine ou pour facteur contributif une intervention ou une abstention humaine susceptible de recevoir une qualification pénale, cet évènement nécessite, par son ampleur ou son impact, la mise en œuvre de moyens importants et de mesures spécifiques pour la prise en charge des victimes, ainsi qu'une coordination des*

---

[1] M.-A. Hermitte, *in* Le Sang et le Droit, Seuil, 1996, p. 345.

[2] C. Lienhard, « Pour un droit des catastrophes », D. 1995. 91.

[3] C. Lienhard, préc.

[4] M.-F. Steinlé-Feuerbach, « Le droit des catastrophes et la règle des trois unités de temps, de lieu et d'action », *LPA* n° 90 du 28 juillet 1995, p.9.

interventions et des accompagnements déployés »[5]. L'accident collectif renvoie ainsi aux accidents de transport collectifs - aérien, maritime, ou ferroviaire - mais également aux accidents d'infrastructure- explosion (usine AZF) ou effondrement (stade de Furiani ou passerelle du Queen Mary II).

La nécessité d'un droit processuel des catastrophes s'impose parce que le juge pénal est convoqué au chevet de ces évènements dramatiques majeurs. Les catastrophes s'inscrivent systématiquement dans un contexte de judiciarisation pénale. Il appartient au juge pénal, devenu le juge des catastrophes, de déterminer, parmi « le catalogue des comportements sanctionnés »[6], les qualifications pénales appropriées et leur adéquation à la prise en compte du particularisme des catastrophes. Le renforcement du rôle du juge pénal s'est d'ailleurs affirmé sur le plan des principes par la proclamation d'un droit au procès pénal en cas de catastrophes par la Cour européenne des droits de l'Homme. Ce droit suppose notamment le respect d'obligations procédurales qui tiennent à l'obligation de mener une enquête officielle effective[7]. La procédure pénale garantit une enquête complète et approfondie sur les circonstances et les causes de la catastrophe. L'appréhension des catastrophes par le droit pénal n'est pas seulement une question de qualification c'est aussi et surtout une question de procédure pour répondre aux défis que représente le traitement judiciaire des accidents collectifs : une causalité souvent enchevêtrée et difficile à établir, une identification complexe des auteurs et évidemment une pluralité de victimes.

L'intuition de Claude Lienhard s'est révélée juste. La spécificité du traitement judiciaire qu'imposent ces événements a donné naissance à un droit processuel spécifique lequel s'est construit de manière empirique afin de redimensionner la justice pénale à la hauteur des accidents collectifs.

I. Hier

L'émergence d'un droit processuel des accidents collectifs surgit sous les effets des initiatives conjuguées de l'institution judiciaire et des pouvoirs publics.

---

[5] Guide méthodologique pour la prise en charge des victimes d'accidents collectifs, Ministère de la Justice, 2017. Document en ligne : http://www.justice.gouv.fr/publication/guide_methodo_accidents_collectifs_291117.pdf

[6] M.-L. Rassat, Droit pénal spécial- Infractions des et contre les particuliers, Dalloz, coll. Précis, 5ème éd., 2006, n° 2.

[7] C. Lacroix, « L'influence de la jurisprudence de la Cour européenne des droits de l'Homme, ...Le droit au procès pénal en cas de catastrophes », *RISEO* 2011-3, octobre 2011.

Afin de permettre de mener à leurs termes, dans le respect du délai raisonnable, ces dossiers à dimension collective dans lesquels les investigations ne sont pas à la même échelle, les juges ont utilisé les ressources offertes par le Code de procédure pénale. Ainsi ont-ils opportunément exploité une solution déjà existante consistant à mettre en place une « instruction collective ». L'article 83-1 du Code de procédure pénale prévoit que l'information peut faire l'objet d'une co-saisine, pour des raisons tenant à la gravité ou à la complexité de l'affaire. Le nombre des victimes et/ou l'aspect international des accidents collectifs peut ainsi conduire à renforcer l'instruction. Ainsi, dans le cadre de l'information judiciaire ouverte suite à l'explosion de l'usine AZF à Toulouse ou à la suite du naufrage du Joola dont l'information a été confiée au tribunal d'Évry, deux magistrats instructeurs ont été désignés.

Par ailleurs, au gré des réformes menées et des actions du ministère de la Justice, une optimisation de l'exercice des droits des victimes au cours de la procédure[8] s'est matérialisée d'une part par la consécration de l'action des associations et d'autre part par un renforcement du droit à l'information des victimes.

S'agissant d'abord de l'action des associations, le législateur est venu légitimer et habiliter les associations *ad hoc* de défense des victimes. La loi du 8 février 1995[9], ultérieurement modifiée par la loi dite « Perben I » du 9 septembre 2002, a introduit le droit pour les associations de victimes d'accidents collectifs de se constituer partie civile. Premier pas dans la tentative d'élaboration d'une procédure judiciaire spécifique en cas de catastrophes, ce texte fut ensuite complété par loi du 9 mars 2004, qui consacra la présence d'un « *nouveau partenaire* »[10] auprès des victimes : les fédérations d'associations d'accidents collectifs.

L'article préliminaire du Code de procédure pénale, issu de la loi du 15 juin 2000 qui dispose que « *II. –l'autorité judiciaire veille à l'information et à la garantie des droits des victimes au cours de toute procédure pénale* »,

---

[8] C. Lacroix, La réparation des dommages en cas de catastrophes, préf. M.F. Steinlé-Feuerbach, avant-propos, D. Houtcieff, *LGDJ,* 2008, tome 490.
[9] F. Le Guhenec, « Commentaires des dispositions pénales de la loi du 8 février 1995 : réformettes, réformes d'ampleur et occasions manquées ; Première partie : la procédure préparatoire. », JCP G 1995, I, 3862 ; C. Lienhard, « Le droit pour les associations de défense des victimes d'accidents collectifs de se porter partie civile », *D.* 1996, chron., p. 312.
[10] C. Lienhard, « Encore un nouveau partenaire pour le procès pénal: les associations de défense- Le droit pour les fédérations d'association de défense des victimes d'accident collectif de se porter partie civile », *JAC* n° 44.

consacre un droit général à l'information qui se décline à travers plusieurs dispositions du Code de procédure pénale. Là encore, une originalité tenant à la mise en œuvre d'une *information collective* en cas de catastrophes s'est développée peu à peu. Dans certains dossiers, des réunions de victimes et de leurs familles avaient été organisées à l'initiative du parquet. Ces réunions n'ont pas pour objet d'aborder les questions de fond relatives au déroulement de l'accident et à ses causes mais d'apporter des informations sur le rôle de l'institution judiciaire et les droits des victimes.

Le Conseil National de l'Aide aux Victimes (CNAV), en 2003 a proposé de généraliser cette pratique en cas d'accidents collectifs[11], et a précisé que lors de ces réunions une information serait notamment donnée aux victimes sur le déroulement de la procédure judiciaire, sur ses acteurs, sur les droits des victimes, sur la durée des identifications ou des expertises, ainsi que sur les services ou associations qui peuvent les aider[12]. Afin d'assurer une information globale, sont généralement associés le bâtonnier ou un représentant du barreau local, un représentant de l'association locale d'aide aux victimes ou de la fédération France Victimes, un représentant de la FENVAC[13]. La présence d'autres participants peut encore être envisagée, telle que celle d'un médecin légiste dès lors qu'une procédure d'identification est en cours, ou encore celle d'un représentant du Ministère des affaires étrangères lorsque la catastrophe est teintée d'extranéité. En tout état de cause, cette réunion doit se dérouler à huis clos, hors la présence de la presse. Dans la durée, cette information collective à destination des parties civiles est à la charge du juge d'instruction. Le CNAV avait préconisé l'organisation régulière de réunions d'information collectives des parties civiles constatant que ces réunions « *présentent l'avantage de rassembler au même instant et en un lieu unique l'ensemble des parties civiles du dossier, afin de pouvoir répondre à leurs questions* »[14].

---

[11] Déjà la Circulaire « relative à la politique pénale d'aide aux victimes d'infractions pénales » du 13 juillet 1998, (No NOR : JUS A 98 00177 C), encourageait, dans le cadre d'une prise en charge des victimes de grandes catastrophes, d'accidents collectifs et de terrorisme, la généralisation de la pratique développée par plusieurs parquets qui organisaient une réunion des familles des victimes dans les jours qui suivent l'événement, la considérant comme particulièrement opportune afin d'assurer la meilleure information possible.

[12] Rapport sur la prise en charge des victimes d'accidents collectifs, CNAV, Ministère de la Justice, 2003, proposition n° 9, fiche pratique n° 12.

[13] La Fédération Nationale Des Victimes D'attentats et d'accidents Collectifs regroupe les associations de victimes d'accidents collectifs

[14] Rapport sur la prise en charge des victimes d'accidents collectifs, CNAV, Ministère de la Justice, 2003, fiche pratique n° 15 (Le juge d'instruction).

Le législateur est allé plus loin, introduisant une autre particularité relative à l'information des parties civiles pendant l'instruction. Dans le cadre de l'obligation d'information sur l'état d'avancement du dossier, la loi dite « Perben II » a renforcé la spécificité du droit processuel des catastrophes. Ainsi, suivant l'alinéa 3 de l'article 90-1 du Code de procédure pénale « *lorsqu'une association regroupant plusieurs victimes s'est constituée partie civile en application des dispositions de l'article 2-15, l'avis est donné à cette seule association, à charge pour elle d'en informer les victimes regroupées en son sein, sauf si ces victimes se sont également constituées parties civiles à titre individuel* ». Dès lors qu'une association de défense des victimes d'accident collectif existe, le législateur permet ainsi une information collective par le biais de cette dernière[15]. La pertinence ou l'utilité de cette disposition est peu convaincante.

Malgré les spécificités textuelles ou issues de la pratique, certains déploraient une « *incapacité de la justice française à conduire des enquêtes complexes* » par manque de spécialisation ou une intrusion du « *politique dans la justice* ». Si un tel constat paraît excessif, la nécessité de proportionner la procédure pénale et notamment de dimensionner l'instruction à l'importance des investigations à effectuer à la mesure des catastrophes semblait s'imposer. Comme a pu le souligner Christophe Regnard, ayant exercé les fonctions de juge d'instruction en charge du dossier de l'accident du Concorde, ces dossiers sont particuliers : « *Particuliers par les enjeux économiques, parfois politiques, et donc par les pressions qui ne manquent pas de s'exercer. Particuliers par leur couverture médiatique, l'émotion de l'opinion publique et cette soif compréhensible de savoir, et de savoir vite. Particuliers parce que les magistrats doivent composer avec l'existence de la double enquête administrative et judiciaire dont le timing et les objectifs sont différents. Particuliers enfin parce qu'en ces domaines, alors que les experts, mais aussi les enquêteurs ou les avocats sont des spécialistes, le procureur et le juge sont souvent les seuls néophytes* »[16].

Ces balbutiements d'une procédure pénale émergeante en cas d'accidents collectifs ont laissé place aujourd'hui à un véritable droit processuel dédié.

---

[15] Le texte a été modifié en 2016 étendant cette possibilité aux hypothèses d'attentats terroristes. Une telle information collective peut également avoir lieu lorsqu'il existe une association de victimes constituée partie civile en application des dispositions de l'article 2-9 du CPP.

[16] « La judiciarisation des grandes catastrophes - Approche comparée du recours à la justice pour la gestion des grandes catastrophes (de type accidents aériens ou ferroviaires) », Dalloz, coll. Thème & commentaire, mai 2015.

II. Aujourd'hui

Si l'idée d'instaurer un corps de magistrats expérimentés et spécialisés avait été suggérée par la doctrine dès 2001[17], il faudra attendre dix ans pour qu'elle se concrétise.

Il est vrai que la création d'une juridiction spécialisée en matière de catastrophes n'emporte pas la conviction de tous. Si les représentants des victimes, notamment la FENVAC en a défendu le principe, soutenant le caractère indispensable d'un traitement dès le départ par des magistrats et enquêteurs spécialisés, certains les professionnels du droit se sont montrés dubitatifs et certains avocats hostiles, l'un d'eux allant même jusqu'à considérer que l'idée de « *Générer une sorte de corps expéditionnaire judiciaire* » (…) « *semble être un leurre parfait. Un fausse bonne idée même sur le papier* »[18]. Sans doute cette hostilité à la création d'une juridiction spécialisée rejoint-elle en réalité la contestation de la pénalisation des catastrophes et le caractère non pertinent du traitement pénal de ces évènements complexes.

Pourtant, comme en matière de catastrophes sanitaires, où l'on avait pu admettre qu'il était *«indispensable en effet que des magistrats puissent acquérir une spécialisation poussée sans laquelle le travail d'investigation pourrait s'avérer vain »*[19], la complexité et la technicité de ce type de contentieux justifiaient cette exigence de spécialisation. La création d'institutions et de procédures spécialisées pour traiter du contentieux des catastrophes sanitaires avait d'ailleurs été entérinée par la loi du 4 mars 2002[20], donnant naissance deux pôles de santé à compétence interrégionale, à Paris et à Marseille[21] dont la doctrine reconnait qu'ils « jouent un rôle moteur dans le traitement de grandes catastrophes sanitaires »[22].

---

[17] M.-F.Steinlé-Feuerbach, note sous CA Lyon, 28 juin 2001, « Affaire du Drac, Quelques réflexions sur l'arrêt de la Cour d'appel de Lyon », *JAC* n° 17.

[18] D. Soulez-Larivière *in* « La judiciarisation des grandes catastrophes - Approche comparée du recours à la justice pour la gestion des grandes catastrophes (de type accidents aériens ou ferroviaires) », préc.

[19] P. FAUCHON, avis n° 175 (2001-2002), présenté au nom de la commission des Lois constitutionnelles, de législation, du suffrage universel, du Règlement et d'Administration générale sur le projet de loi, adopté par l'assemblée nationale après déclaration d'urgence, relatif aux droits des malades et à la qualité du système de santé, déposé le 16 janvier 2002.

[20] Titre XIII *Bis* du Livre IV du code de procédure pénale.

[21] Décret n° 2002-599 du 22 avril 2002 fixant la liste et le ressort des tribunaux spécialisés en matière sanitaire.

[22] D. Viriot-Barrial, Le droit pénal face aux grandes catastrophes sanitaires, *RDSS* 2008. 21.

Une première initiative parlementaire en 2006 avait proposé la création d'un pôle unique spécialisé au sein du TGI de Paris, dont la compétence était limitée aux accidents collectifs de transports dès lors qu'ils avaient provoqué un grand nombre de décès et dont l'instruction et le jugement apparaissent d'une grande complexité[23]. La question rejaillit à l'occasion de l'installation de la commission Guinchard, la lettre de mission du Garde des sceaux de l'époque demandant une réflexion sur la constitution de pôles pour le contentieux pénal lié aux catastrophes de transport. Si le rapport de la commission acte que ces affaires présentent une spécificité particulière en raison de leur ampleur et la nécessité de regrouper ce contentieux, il ne réduit pas la question aux seules catastrophes de transports collectifs mais l'étend à l'ensemble des catastrophes liées aux risques technologiques (AZF, Furiani). Dans son rapport remis le 30 juin 2008 sur la répartition des contentieux et la réorganisation judiciaire[24], la commission Guinchard retient en conséquence le principe d'une compétence régionale avec une juridiction spécialisée par cour d'appel. L'abandon d'un pôle unique se justifie par l'ouverture à l'ensemble des accidents collectifs et non aux seuls accidents de transports de la compétence de ces pôles et la nécessité de ne pas trop éloigner le lieu de l'accident et le jugement de ces affaires.

Il faudra attendre la loi du 13 décembre 2011 relative à la répartition des contentieux et à l'allègement de certaines procédures juridictionnelles pour que naissent ces juridictions spécialisées. La loi insère un titre trente-troisième au sein du code de procédure pénale intitulé « *De la procédure applicable en cas d'accident collectif* » (articles 706-176 et s.)[25].

Si le législateur ne définit pas la notion d' « *accident collectif* », au sein des dispositions introduites, il semble néanmoins logique et surtout cohérent de se reporter à la définition déjà connue du Code de procédure pénale depuis l'introduction de l'article 2-15 en 1995 lequel permet aux associations de se constituer partie civile dans ces dossiers. Seront appréhendés dans ce cadre : les accidents collectifs et, plus précisément, ceux survenus dans les transports collectifs, dans un lieu ou local ouvert au public, ainsi que dans une propriété privée à usage d'habitation ou à usage professionnel. De

---

[23] Proposition de loi relative au renforcement des moyens de la justice en cas de catastrophe humaine liée au transport à l'Assemblée nationale par Jean-Pierre Blazy et Odile Sauges. Conférence de presse du 27 juin 2006 à l'Assemblée Nationale, *JAC* n° 66.

[24] *L'ambition raisonnée d'une justice apaisée*, La documentation française, juin 2008, p. 279-283.

[25] L. n° 2011-1862, 13 déc. 2011, JO 14 Déc. 2011 (articles 706-176 et s du code de procédure pénale). A. Gallois, Les juridictions pénales spécialisées en matière d'accidents collectifs, Procédures n° 10, oct. 2011, alerte 46 ; T. Potaskin, La poursuite du processus de spécialisation de la justice pénale, *D.* 2012. 452 ; C. Lacroix, *JAC* n° 119, déc. 2011

manière similaire, plusieurs types de catastrophes permettront la mise en œuvre de la compétence des juridictions spécialisées : les accidents de transports collectifs, les catastrophes industrielles ou encore les catastrophes intervenant au sein de structures accueillant du public. De ce point de vue, la loi s'inscrit dans la lignée de du rapport Guinchard. En revanche, la loi s'en éloigne quant à l'organisation préconisée. Si elle écarte également la création d'un pôle unique comme suggéré en 2006, elle retient plutôt une spécialisation similaire à celle des juridictions interrégionales spécialisées (JIRS) créées en 2004[26]. Selon l'étude d'impact « *cette option paraît préférable compte tenu du nombre limité d'affaires susceptibles de justifier la saisine d'une juridiction spécialisée* ».

Aujourd'hui, l'article 706-176 du Code de procédure pénale issu la loi du 13 décembre 2011 permet d'étendre la compétence d'un tribunal de grande instance pour l'enquête, la poursuite, l'instruction à une ou plusieurs cours d'appel. La mise en œuvre effective de ces juridictions spécialisées, définissant l'extension géographique des ressorts des parquets, des juridictions d'instruction spécialisés supposait l'adoption d'un décret d'application qui n'interviendra que 3 ans plus tard[27]. Le député Éric Straumann avait milité pour que Colmar accueille une juridiction compétente en matière de droit des accidents collectifs et des catastrophes arguant que le chef-lieu du département du Haut-Rhin abrite le Centre Européen de recherches sur le Risque, le Droit des Accidents Collectifs et des Catastrophes et une cour d'appel possédant tous deux une expérience incontestable dans ce domaine. Il est vrai que cette juridiction avait eu à connaître de la catastrophe aérienne du Mont Sainte Odile et du crash d'Habsheim. Finalement, Les tribunaux de grande instance de Paris et Marseille, déjà spécialisés en matière de santé publique, seront désignés.

La justice pénale est désormais dotée de juridictions spécialisées *en cas d'accident collectif*. Ces deux pôles ont vocation à connaître des « *affaires qui comportent une pluralité de victimes et sont ou apparaîtraient d'une grande complexité*» et pour les infractions déterminées limitativement par la loi[28]. Il s'agit des délits non intentionnels (prévus aux articles 221-6, 221-6-1, 222-19, 222-19-1, 222-20 et 222-20-1 du Code pénal) et cette compétence s'étend aux infractions connexes. Ces mêmes infractions qui ne sont pas

---

[26] Loi n° 2004-204 du 9 mars 2004 portant adaptation de la justice aux évolutions de la criminalité, JORF n° 59 du 10 mars 2004.

[27] Décret n° 2014-1634 du 26 décembre 2014 fixant la liste et le ressort des juridictions interrégionales spécialisées en matière d'accidents collectifs, NOR : JUSD1429109D, JO 28 déc. 2014.

[28] Art. 706-176 C. pr. Pén.

d'une grande complexité restent de la compétence des juridictions ordinaires. La compétence des pôles est concurrente de celles des juridictions de droit commun et cela sur toute l'étendue de son ressort. Il s'agit d'une compétence complémentaire et subsidiaire. La procédure de dessaisissement au profit d'une juridiction pôle est prévue par les articles 706-178 à 706-180 du code de procédure pénale

L'efficacité et l'effectivité de ces pôles, à l'image des pôles de santé publique, ne peuvent faire l'économie de moyens renforcés, à défaut de quoi ces juridictions spécialisées risquent fort bien de demeurer, l'une comme l'autre, des « pôles de papier »[29]. La loi dote en conséquence ces juridictions d'assistants spécialisés.

On soulignera enfin, qu'en pratique, certains *modus operandi* mis en œuvre avant même la création de ces pôles ont été pérennisés. La co-saisine y est systématique pour éviter l'isolement du juge d'instruction. Par ailleurs, le principe d'une information collective est également pérennisé. Les modalités et le moment de ces réunions sont désormais cadrées par le guide méthodologique pour la prise en charge des victimes d'accidents collectifs révisé dans le cadre d'un groupe de travail copiloté par le secrétariat d'État chargé de l'aide aux victimes et le ministère de la Justice en 2017 et auquel le dédicataire de ces lignes a apporté son expertise[30].

Ce guide, destiné avant tout aux professionnels, pose préalablement le principe que « *Les réunions d'information visent à rassembler toutes les personnes susceptibles de se prévaloir de la qualité de victime directe et leurs familles, afin d'assurer au mieux leur information et de répondre à leurs questions. Ces réunions permettent aux victimes et à leurs familles de comprendre le cadre des investigations sur les causes de l'accident, mais aussi de connaître les différents acteurs et les dispositifs de prise en charge auxquels ils peuvent recourir. Le moment de leur organisation comme leur composition doivent être adaptés aux circonstances de l'accident, aux informations disponibles et aux problématiques particulières envisagées* ». Il décline ensuite les différents moments où ces réunions s'imposent : durant la phase de crise, puis tout au long de la procédure judiciaire.

---

[29] J.-L. Warsmann, rapport fait au nom de la Commission des lois de l'Assemblée nationale, sur le projet de loi portant adaptation de la justice aux évolutions de la criminalité, n° 856, Tome I, 2ème partie (2003-2004), enregistré à la présidence de l'Assemblée nationale le 1 mai 2003.

[30] Guide méthodologique pour la prise en charge des victimes d'accidents collectifs, Ministère de la Justice, 2017, préc.

III. Demain

Si l'on veut bien se souvenir que ce qui a présidé à la création de tels pôles, c'est l'efficacité de la justice pénale et la possibilité pour celle-ci de mener ces dossiers dans le respect du délai raisonnable, il apparait légitime de s'interroger sur le fait de savoir si la mise à disposition de moyens exceptionnels de la Justice pénale doit se réduire à la mise en place de règles de compétence spéciales ou bien s'étendre aux règles de procédure de fond dérogatoires pour les accidents collectifs et les scandales de santé publique tant les problématiques procédurales sont communes dans ces dossiers et que la porosité entre ces catégorie est toujours possible. L'incendie de l'usine Lubrizol à Rouen le démontre puisque ce drame peut apparaitre plutôt comme un accident collectif en raison de sa nature mais que les éventuelles répercussions sur la santé publique ont justifié la saisine du pôle santé publique à Paris.

Pascal Gand, ancien vice-président chargé de l'instruction au pôle santé du tribunal de grande instance de Paris, soulignait « *La difficile application du contradictoire dans les contentieux de masse* » expliquant que « *Son application est malaisée au regard de la taille des dossiers ou de la faiblesse des services d'enquête. En effet, le code de procédure pénale est conçu sur le schéma d'un dossier impliquant un mis en cause au préjudice d'une victime. Aucun dispositif procédural n'a été prévu dans l'hypothèse de procédures concernant par exemple 4000 victimes* »[31]. Certains appellent à « révolutionner le corpus législatif qui n'est pas adapté à ces procédures »[32]. L'on pourrait alors songer à donner des outils procéduraux adaptés à ces contentieux partant du principe le collectif doit imprimer également la procédure pénale. Dans une telle perspective, la modification des règles relatives aux expertises et à leur notification aux parties prévues aux articles 161-1 et 167 CPP devrait être creusée. Il apparaît particulièrement ainsi anachronique, à l'heure du développement de la justice numérique, de notifier par lettre avec AR.

Une autre difficulté tient à la multiplication des choix procéduraux ouverts aux victimes, à la multiplication des juridictions saisies, pénale et civile, susceptible de troubler les actions et notablement la procédure pénale. Le président du TGI de Paris, Jean-Michel Hayat, souligne dans ce cadre que les demandes mesures d'expertise portant sur l'évaluation des préjudices

---

[31] P. Gand, Les pôles de santé publique, une organisation adaptée aux contentieux en matière de sécurité sanitaire ?, *RDSS* 2013. 813

[32] J.L. Gadaud, L'instruction spécialisée en matière d'accidents collectifs, JSS 23 nov. 2019, n° 84 p. 15.

de la victime « embolise le système » [33]. Plusieurs pistes pourraient être explorées et les solutions nouvelles introduites en matière de terrorisme, - de tels actes présentant des points communs tenant à l'ampleur des dommages ou au nombre des victimes- pourraient, le cas échéant, constituer une source d'inspiration propre à aider à la résolution de ces questions.

Faut-il alors étendre l'innovation introduite en matière de terrorisme qui prévoit une césure du pénal et du civil et la possibilité pour le juge pénal et le juge civil de se coordonner ? Rappelons qu'à la suite du rapport remis par de Chantal Bussière en mars 2018 relatif à « l'amélioration du dispositif d'indemnisation des victimes de préjudice corporel en matière de terrorisme », la loi du 23 mars 2019[34] prévoit désormais l'indemnisation des victimes de terrorisme est confiée à un juge civil à compétence nationale et à titre exclusif[35]. Le juge pénal n'est plus compétent pour statuer sur intérêts civils. Cette dé-corrélation civil / pénal ne fait cependant perdre aucun droit à la victime dans la procédure pénale, la place de celle-ci n'étant pas remise en cause. Tous les droits de celles-ci sont maintenus dont le droit de se constituer partie civile et de participer « activement » à la procédure en conservant toutes ses prérogatives pour demander des actes aux juges d'instruction. Par ailleurs, le texte prévoit dorénavant, un secret partagé. La juridiction de l'indemnisation des victimes de terrorisme peut ainsi demander des pièces sans se voir opposer le secret de l'instruction[36].
Une transposition est-elle envisageable et souhaitable en matière d'accidents collectifs ? Deux réflexions découlent d'un tel choix, l'une plus positive que l'autre.

Une telle césure pourrait être l'occasion de d'étendre l'action de groupe aux hypothèses d'accident collectif. Selon les mots du professeur Lienhard, « *Lorsque la scène pénale est impraticable, inadaptée, ce qui est notamment*

---

[33] Propos tenus lors du colloque « Le traitement judiciaire des accidents collectifs », TGI de Paris, 4 octobre 2019.
[34] Article 64 de la LOI N° 2019-222 du 23 mars 2019 de programmation 2018-2022 et de réforme pour la justice, complétée par le Décret n° 2019-547 du 31 mai 2019 portant application du troisième alinéa de l'article 706-16-1 du code de procédure pénale, NOR : JUSC1907232D et une circulaire du 3 juin 2019, CRIM/2019-16/H3/03.06.2019, N° NOR : JUSD1916126 C.
[35] Article L. 217-6 du code de l'organisation judiciaire.
[36] Le nouvel article 706-16-2 du code de procédure pénale précise que la juridiction civile compétente en application de l'article L. 217-6 du code de l'organisation judiciaire peut procéder ou faire procéder à toutes auditions et investigations utiles, sans que puisse lui être opposé le secret professionnel. Elle peut notamment se faire communiquer, par le procureur de la République ou le juge d'instruction, copie des procès-verbaux constatant l'infraction ou de toute autre pièce de la procédure pénale, même en cours.

le cas pour les réparations civiles en matière d'accident aérien, il se posera la question du procès civil équitable avec la nécessité d'y introduire de l'oralité et de l'humanité au-delà de l'écrit figé (...) Le tout dans l'ombre portée des futurs class action à la française »[37]. L'accident collectif semble correspondre à une hypothèse où l'action collective prend tout son intérêt puisque, par définition, cet événement se caractérise par un nombre élevé de victimes ayant subi des préjudices similaires causés par un fait générateur commun. La masse des dommages subis dans des conditions identiques permet de se convaincre *a priori* qu'il serait rationnel de centraliser l'action et de conjuguer les intérêts individuels dans une action unique. Le développement du domaine de l'action de groupe dans cette hypothèse constituerait une solution complémentaire intéressante en cas d'impossibilité ou d'échec des dispositifs d'indemnisation *ad hoc* imaginés à la suite de plusieurs accidents collectifs permettant un traitement collectif de l'indemnisation, soit que les victimes préfèrent la voie judiciaire. S'il est vrai que la plupart de ces dispositifs se sont révélés très efficaces[38], leur succès dépend cependant, et c'est déterminant, de la solvabilité et du bon vouloir des responsables désignés *ab initio* et de leurs assureurs qui acceptent de s'engager « *pour le compte de qui il appartiendra* ». Il existe donc un risque d'impossibilité ou d'échec de ces dispositifs. Par ailleurs, la mise en place de comités de suivi ainsi que de procédures de règlement amiable n'interdit aucunement aux victimes de saisir les juridictions compétentes si elles le souhaitent. Ce fut notablement le cas dans le cadre de l'effondrement de la passerelle du Queen Mary II, le 15 novembre 2003[39]. Si ces comités et les conventions qui sont proposées réduisent le contentieux quant aux intérêts civils, ils ne les écartent donc pas pour autant. Dans ce cas, la possibilité de

---

[37] C. Lienhard, Catastrophe du tunnel du Mont-Blanc (24 mars 1999), *D.* 2006. 398.

[38] On en prendra pour exemple la catastrophe de très grande ampleur que fut, en 2001, l'explosion de l'usine AZF – 30 morts et 77 000 sinistrés où Une convention, appelée « Convention nationale pour l'indemnisation des victimes de l'explosion de l'usine Grande Paroisse », a été signée le 31 octobre 2001, notamment par un groupement d'assureurs (GEMA), le responsable « présumé » (Total-Fina-ELF) et ses assureurs, la Mairie de Toulouse, le service local d'aide aux victimes, la CPAM de Haute-Garonne. Au 7 janvier 2005, 13 430 personnes étaient identifiées comme victimes de dommages corporels, 10 302 expertises étaient réalisées et plus de 8 000 personnes ont été totalement indemnisées. La juridiction toulousaine correctionnel saisit en première instance indiquait dans son jugement en 2009 que 80 000 dossiers avaient été traités et seulement 1% avaient pris une forme judiciaire. Le tribunal n'avait plus qu'à connaître de demandes résiduelles de complément d'indemnisation. V. Également, C. Lacroix, La réparation des dommages en cas de catastrophes, préc.

[39] Le 15 novembre 2003, 16 personnes sont décédées et 29 autres ont été blessées lors de la chute d'une passerelle de dix-huit mètres reliant le Queen Mary II, navire des Chantiers de l'Atlantique en voie d'achèvement, au quai.

regrouper l'ensemble des actions individuelles en une seule et même procédure trouve un regain d'intérêt. Les exemples étrangers en montrent d'ailleurs la faisabilité. Une telle action est ainsi par exemple possible aux États-Unis et d'ailleurs une cinquantaine de rescapés français du *Costa Concordia* ont décidé de s'allier à un cabinet d'avocats américain pour entamer une procédure collective avec 200 autres victimes même si dans ce cas précis, leur demande a été rejetée. Les tribunaux américains se sont déclarés incompétents, estimant qu'il s'agissait d'un dossier européen. Plus près de nous, en Grande-Bretagne, en cas de catastrophes, par exemple, ferroviaires, l'action en justice prend souvent la forme d'une action collective[40].

La seconde réflexion prendra la forme d'une réticence quant à l'incompétence du juge pénal en matière d'intérêts civils. Cette réserve tient au fait que le juge pénal est un juge moins conservateur et plus innovant quant à la reconnaissance de nouveaux préjudices. Cela se révèle particulièrement vrai en matière d'accidents collectifs où le juge pénal a admis qu' « à situations exceptionnelles, préjudices exceptionnels »[41]. Dans le contexte des accidents collectifs, le juge pénal reconnait l'existence de préjudices spécifiques d'angoisse ou d'attente tant au profit des victimes directes que des proches des victimes.

L'évolution vers une reconnaissance d'une appréciation différenciée du préjudice moral des proches des personnes disparues en cas de catastrophe émergeait déjà dans la décision du Tribunal correctionnel de Lyon du 20 novembre 1972[42] rendue à propos l'incendie tragique du dancing du 5-7 qui admettait que dans l'appréciation du dommage moral subi par les proches, « *il y a lieu de tenir compte des circonstances particulièrement tragiques dans lesquelles les victimes ont péri (...)* [et] *d'accorder en réparation de la douleur morale, une indemnité supérieure à celle qui pourrait être allouée à la suite d'un décès accidentel survenu isolément et dans des circonstances tristement banales* ». Cette amorce se confirmera par la suite. Les juges du fond avaient ainsi tenu du temps écoulé entre la survenance d'une catastrophe et l'annonce des décès lors de l'évaluation du préjudice moral. Lorsqu'une catastrophe est annoncée, les médias diffusent en effet dans un premier temps le lieu et la nature de l'événement et ensuite seulement le

---

[40] R. Mulheron, *The Class Action in Common Law Legal Systems : A Comparative Perspective* (Oxford: Hart, 2004) et N. Andrews, "English Civil Procedure: Fundamentals of the New Civil Justice System" (Oxford: Oxford University Press, 2003), chap. 41).

[41] M.F. Steinlé-Feuerbach, « A situations exceptionnelles, préjudices exceptionnels, réflexions et interrogations » rev. Médecine et Droit, nov. Déc. 2000, n° 45, p. 1.

[42] Gaz. Pal. 1973, juris. p. 3.

nombre exact de victimes : une attente, plus ou moins longue mais toujours angoissante, s'ensuit alors pour les proches, le temps que soit communiquée la liste des victimes identifiées. La souffrance vécue par ces victimes est en outre partageable à l'échelle collective par le truchement des médias. Saisi suite à l'accident aérien du Mont Sainte-Odile survenu le 22 janvier 1992, le Tribunal de grande instance de Colmar[43] avait souligné « *les circonstances particulières de l'accident annoncé par les médias dès la disparition de l'avion des écrans radars, et régulièrement commenté jusqu'à la découverte de l'épave, l'arrivée des secours, l'identification des rescapés et des morts* » ainsi que « *le délai nécessaire à l'identification et à la restitution des corps particulièrement meurtris». De même,* lors de l'incendie des Thermes de Barbotan, le Tribunal correctionnel de Toulouse avait également énoncé que « *la partie civile a supporté, outre le chagrin lié à la perte d'un être cher, l'angoisse découlant des circonstances mêmes du sinistre ainsi que les incertitudes de l'attente. En effet les informations sur l'identité et le sort des personnes restées à l'intérieur de l'établissement n'ont été connues qu'à la fin de l'après-midi* », soit plusieurs heures après le déclenchement de l'incendie[44].

Franchissant une étape supplémentaire, la jurisprudence pénale a contribué à améliorer la situation des victimes en traduisant le mieux possible la réalité de la catastrophe à travers la reconnaissance et l'indemnisation de nouveaux dommages, afin d'éviter que l'un de ses aspects demeure non réparé. Ainsi, ont été reconnu un préjudice d'angoisse pour les victimes directes et un préjudice d'attente et d'inquiétude pour les proches, de manière autonome. De tel préjudices ont été consacrés dans les décisions concernant l'effondrement de la passerelle du Queen Mary II[45], de la catastrophe d'Allinges[46] ou du crash de l'avion de la Yemenia Airways. Le préjudice spécifique d'angoisse pour les seules victimes directes, se définit alors « comme le préjudice autonome exceptionnel inhérent à une souffrance supplémentaire distincte et résultant pour les victimes décédées de la conscience d'une mort imminente et de l'angoisse existentielle y afférent et, pour les victimes rescapées ou blessées de la même angoisse d'une crainte

---

[43] TGI Colmar (CIVI), 2 juillet 1992, *D.* 1993, p. 208 note C. Lienhard.

[44] Trib. corr. Toulouse, 19 février 1997, *Rev. Préventique – sécurité*, n° 32 mars-avril 1997 ; *Gaz. Pal.*, 27-28 juin 1997 note R. Rier.

[45] TGI Saint Nazaire 11 février 2008 n° 377/2008 confirmé par CA Rennes 2 juillet 2009 n° 1166/2009.

[46] Collision entre un TER et un autocar de transport scolaire survenue à un passage à niveau, en Haute-Savoie, le 2 juin 2008, à l'origine de 8 morts, dont 7 mineurs, et de 50 blessés.

pour son existence... »[47] ou comme « la souffrance morale et psychologique liée à la conscience d'une mort imminente », qui « suppose un état de conscience et pendant un temps suffisant pour envisager sa propre fin ». Il se traduit par « un état de détresse pour chaque passager par l'appréciation de sa mort à venir et la certitude de son caractère inéluctable »[48]. Concernant le *préjudice spécifique d'attente et d'inquiétude des* victimes par ricochet, les tribunaux indemnisent en raison « *de l'attente de l'arrivée et du déploiement des secours, des conditions dans lesquelles elles ont été averties ou ont appris la nouvelle de l'accident, de l'impossible accès à l'endroit où se trouvaient leurs enfants ou à leurs enfants eux-mêmes* »[49] ou en raison de l'« *extrême inquiétude qui fut la leur pendant ces heures d'expectatives »*[50] .

Les accidents collectifs ont incontestablement participé à l'émergence de nouveaux préjudices, lesquels ont trouvé ensuite une consécration en matière de terrorisme[51]. Sans doute admettra-t-on que cette reconnaissance est liée à la spécificité du procès pénal. Le juge pénal est sans nul doute celui qui y voit le plus clair car ce procès, par sa nature, nourrit les éléments de l'indemnisation en raison de sa narrativité. Toute évolution des règles processuelles en la matière devra nécessairement être réfléchie en tenant compte de cet aspect incontournable.

---

[47] Tribunal correctionnel Thonon-Les Bains 26 juin 2013, 683/2013, B. Deparis, « Retour sur le jugement du tribunal correctionnel de Thonon-les-Bains du 26 juin 2013 », in dossier spécial « Dialogues autour de l'indemnisation des victimes d'accidents collectifs », Gaz. Pal. 22 mars 2014.
[48] CA Aix en Provence 30 juin 2016 n° 2016/ 290.
[49] Tribunal correctionnel Thonon-Les Bains 26 juin 2013, préc.
[50] CA Aix en Provence 30 juin 2016, préc.
[51] V. à ce sujet, le Livre blanc, Barreau de Paris, 2016, www.avocatparis.org, le Rapport du groupe de travail dirigé par le Pr. S. PORCHY-SIMON, L'indemnisation des préjudices situationnels d'angoisse des victimes directes et de leurs proches fév. 2017 et le Communiqué de presse du FGTI - Conseil d'administration du 28 mars 2017.

13

L'évolution de la prise en charge des victimes d'événements collectifs par les associations d'aide aux victimes depuis le début des années 1980

Isabelle SADOWSKI

La politique publique d'aide aux victimes est née au début des années 1980, issue de la rencontre entre une volonté politique forte portée par Robert Badinter, alors Garde des Sceaux, et une ambition associative des structures d'aide aux victimes existantes. Ces associations se fédéreront rapidement à l'Inavem (devenu France Victimes depuis 2017[1]), créé en 1986, et dont le premier Président, à l'origine de sa fondation, fut Claude Lienhard.

Ce réseau s'est en effet vu confier par le ministère de la Justice en particulier et les autorités publiques en général la mission d'accompagner et d'aider au quotidien les victimes d'infractions. 132 associations professionnelles composent aujourd'hui ce réseau associatif d'aide aux victimes, sur l'ensemble du territoire métropolitain et d'Outre-mer et accueillent annuellement près de 320 000 victimes d'infractions. Les associations France Victimes sont des associations professionnelles généralistes d'aide aux victimes, elles proposent aide et soutien à toute personne s'estimant victime d'une infraction, via un soutien global et personnalisé, gratuit et confidentiel, au plus près et tant que nécessaire pour la victime.

Les premiers événements collectifs suite auxquels le réseau d'aide aux victimes a été mobilisé de façon inédite remontent à 1992, suite à l'accident aérien du Mont Sainte-Odile et l'effondrement de la tribune à Furiani. Sous l'impulsion plus particulière de Claude Lienhard et d'Anne d'Hauteville, alors Présidente de l'Inavem, et pour la première fois, les associations d'aide aux victimes sont intervenues dans des dispositifs *ad hoc* de prise en charge et d'indemnisation des victimes. En effet, le ministère de la Justice a mandaté l'Inavem pour une mission tendant, au travers d'un rapprochement entre les différentes parties concernées -organisées en cellule de

[1] Changement d'appellation du réseau généraliste d'aide aux victimes, pour une meilleure lisibilité, tant à l'égard des victimes que des partenaires - www.france-victimes.fr

concertation[2] -, à favoriser l'indemnisation des victimes via une procédure de règlement amiable des préjudices subis, là où aurait pu intervenir une procédure contentieuse, longue, coûteuse et ajoutant au traumatisme des victimes[3].

On voit dès lors émerger les principes fondateurs des interventions du réseau associatif Inavem en matière d'événements collectifs : adaptabilité face à la nature des événements, innovation dans les dispositifs de prise en charge, favorisation des liens entre les différents interlocuteurs, et surtout facilitation des démarches pour les victimes et leurs proches.

Presque trente ans après, quel état des lieux est-il possible de dresser sur ce sujet et sur l'intervention du réseau France Victimes ?

I. L'aide aux victimes d'événements collectifs : un concept élargi

On note une double évolution depuis le début des années 1980 s'agissant de l'aide aux victimes d'événements collectifs : celle d'une extension de son champ d'application (A), couplée à un rôle renforcé des acteurs associatifs de l'aide aux victimes (B).

A. EVOLUTION QUANT AU CHAMP D'APPLICATION DES SITUATIONS COLLECTIVES

Originellement, l'aide aux victimes d'événements collectifs a concerné, s'agissant de la mobilisation du secteur associatif, les faits impliquant un grand nombre de victimes, et en lien avec une infraction pénale, cœur de métier des associations d'aide aux victimes (attentat, homicides involontaires, blessures involontaires…).

De nombreux travaux du ministère de la Justice, associant l'ensemble des professionnels impliqués en cas d'événements collectifs, dont l'Inavem, ont abouti à une amélioration de l'accompagnement de ces victimes. On pensera en particulier aux travaux du Conseil National de l'Aide aux Victimes (CNAV) en 2003, dont le groupe de travail mis en place sur le sujet et présidé par Claude Lienhard a abouti à un rapport sur la prise en charge des victimes d'accidents collectifs[4], puis à un guide méthodologique[5], composé

---

[2] Ces instances seront ultérieurement appelées comités de suivi - cf. *infra*.

[3] V. notamment « 10 ans d'actions en faveur des victimes d'accidents et de catastrophes collectives », Synthèse des expériences de l'Inavem et du réseau national d'aide aux victimes, mai 2002.

[4] Rapport CNAV « La prise en charge des victimes d'accidents collectifs », présidé par Monsieur Claude Lienhard, ministère de la Justice, 2003.

[5] Guide méthodologique « La prise en charge des victimes d'accidents collectifs », ministère de la Justice, décembre 2004.

de schémas-types d'intervention et de fiches pratiques, à destination des acteurs de terrain.

L'accident collectif y est défini comme « un événement soudain provoquant directement ou indirectement des dommages humains ou matériels à l'égard de nombreuses victimes. Pouvant avoir pour origine ou pour facteur contributif une intervention ou une abstention humaine susceptible de recevoir une qualification pénale, cet événement nécessite, par son ampleur ou son impact, la mise en œuvre de moyens importants et de mesures spécifiques pour la prise en charge des victimes, ainsi qu'une coordination des interventions et des accompagnements déployés »[6]. Le réseau associatif France Victimes compte ainsi aujourd'hui plus d'une soixantaine d'événements d'ampleur collective survenus en France ou à l'étranger et impliquant des victimes françaises, pour laquelle son réseau a été amené à intervenir : accidents terrestres, aériens, maritimes, ferroviaires, explosions, incendies, actes de terrorisme, accidents médicaux, etc.., tous susceptibles de recevoir une qualification pénale.

Au-delà de telles interventions, l'année 2017 a constitué une année phare en terme de contour de l'aide aux victimes d'événements collectifs : en effet, un décret du 24 mai relatif aux attributions du ministre de la Justice, précise que dans le cadre de la coordination de son travail gouvernemental dans le domaine de l'aide aux victimes, il doit veiller à l'adaptation des dispositions permettant d'assurer le respect des droits des personnes victimes, notamment, d'infractions pénales et en particulier d'actes de terrorisme, d'accidents collectifs, de sinistres sanitaires, industriels, alimentaires ou de santé publique, d'accidents écologiques, industriels, de catastrophes naturelles ou encore de discriminations et d'atteintes aux droits fondamentaux[7].

Les victimes de catastrophes naturelles font désormais expressément partie du domaine d'intervention du ministère de la Justice, ce qui, corrélativement, a un impact sur les associations d'aide aux victimes qui se voient elles aussi attribuer une compétence pour l'accompagnement de ces victimes.

Est ainsi consacrée la prise en charge des victimes de catastrophes naturelles dans l'escarcelle de l'aide aux victimes, parmi les missions dévolues aux associations d'aide aux victimes ; pour la première fois on sort donc du domaine de l'infraction pénale *stricto sensu* pour situer l'aide aux victimes.

---

[6] Définition actualisée du Guide méthodologique (cf. *supra*), novembre 2017.

[7] Décret n° 2017-1072 du 24 mai 2017 relatif aux attributions du ministre d'État, garde des sceaux, ministre de la Justice, Article 1er.

Ce décret a trouvé à s'appliquer somme toute assez rapidement après sa promulgation, la survenance de l'ouragan Irma en septembre 2017 ayant entraîné une large mobilisation du réseau France Victimes, tant sur place à Saint-Martin qu'en métropole suite aux retours de nombreux sinistrés. En cas de catastrophe naturelle, il est vrai que l'aide diffère quelque peu des missions quotidiennes des associations d'aide aux victimes : la dimension sociale est prégnante, avec des problématiques d'accès aux droits, de relogement, très importantes, mais qui finalement et comme toujours positionnent le professionnel de l'association comme un « facilitateur » à l'égard des victimes, pour les mettre en relation avec les services concernés selon la nature de l'aide sollicitée.

On peut sans doute indiquer qu'au final, **cette action associative à la faveur des victimes de catastrophes naturelles s'inscrit dans le prolongement de l'aide aux victimes dite « classique », et marque avant tout une adaptation indispensable de l'aide aux victimes face à l'amplification de tels phénomènes dans le monde**.

Il est important de souligner que les associations d'aide aux victimes étaient déjà intervenues pour des catastrophes naturelles avant 2017, sur mandat du ministère de la Justice ou du ministère de l'Europe et des Affaires Étrangères, suite par exemple à des inondations, tempêtes, tsunamis, séismes, ayant impliqué de nombreuses victimes françaises ; cette action s'effectuait avant tout à cette époque au titre de la solidarité nationale, alors qu'elle est désormais pleinement consacrée comme s'inscrivant dans le domaine de l'aide aux victimes.

B. EVOLUTION QUANT AUX MISSIONS DES PROFESSIONNELS DE L'AIDE AUX VICTIMES

Également pour les événements collectifs, le socle de base des interventions des associations d'aide aux victimes se retrouve, à savoir une écoute, une aide globale et pluridisciplinaire, sous forme de l'incontournable triptyque information juridique, soutien psychologique, accompagnement social, sur le long terme, selon les souhaits de la victime. Il y aura toutefois en plus une nécessaire adaptation, ce qui est là une véritable force du réseau associatif France Victimes, qui fait du « sur-mesure » pour les victimes, c'est-à-dire avec une prise en compte de leurs attentes et besoins individuels, ce même lorsque nous nous trouvons dans une dimension collective.

Ces dernières années, en matière d'attentats, une initiative a encore été prise afin de renforcer la lisibilité de l'action associative France Victimes et la qualité du suivi individualisé opéré par ses associations : la Fédération France Victimes et le SADJAV au ministère de la Justice ont en effet conjointement développé un réseau de référents associatifs départementaux « victimes d'actes de terrorisme », interlocuteurs dédiés et identifiés au niveau de leurs partenaires locaux, bénéficiant de formations régulières concernant les spécificités des droits et de la prise en charge de ces victimes. La réactivité dans le temps de la gestion de crise puis l'accompagnement dans la durée impliquent de disposer de personnels qualifiés, informés des dispositifs étatiques mobilisables et aptes à s'y intégrer aux côtés des autres intervenants compétents. Une extension progressive de leurs compétences à l'ensemble des victimes d'accidents collectifs et de catastrophes naturelles se profile d'ici la fin de l'année 2019, devant la sollicitation croissante des associations France Victimes à venir en aide à ces victimes, y compris dans le temps de l'urgence.

On peut par ailleurs souligner une évolution au niveau des modalités d'intervention des professionnels des associations d'aide aux victimes à l'égard des victimes en général, concernant aussi celles de catastrophes collectives : aujourd'hui et depuis les années 2000 environ, nous sommes passés d'une logique de gestion de la demande d'aide formulée par une victime à une véritable proactivité, consistant pour les associations d'aide aux victimes à « aller vers », à tendre la main les premières aux victimes, pour leur proposer cette aide et ce soutien. La loi Guigou du 15 juin 2000[8] a consacré législativement le rôle des associations d'aide aux victimes conventionnées par le ministère de la Justice[9] : le Procureur de la République peut en effet recourir à une association d'aide aux victimes afin qu'il soit porté aide à la victime. La charge de l'effort du premier contact pèse ainsi sur le professionnel, et non sur la victime.

Ce rôle proactif des associations d'aide aux victimes est particulièrement marqué lors de la survenance d'événements collectifs, cette réquisition judiciaire est même systématique[10] ; plus encore depuis les attentats de 2015, cette dynamique associative a encore évolué, toujours pour s'adapter au mieux à la réponse apportée aux besoins des victimes, via une proactivité programmée, dans la durée, consistant, pour ses professionnels, de façon empathique, bienveillante, professionnelle, et non-intrusive, à se manifester à échéances régulières auprès des victimes, pour prendre de leurs nouvelles, faire un point avec les victimes sur leurs situations personnelles et voir si de nouvelles difficultés seraient éventuellement survenues depuis le dernier

---

[8] Loi n° 2000-516 du 15 juin 2000 renforçant la protection de la présomption d'innocence et les droits des victimes.

[9] Article 41, in fine, du Code de procédure pénale.

[10] À titre d'illustration, le rapport du CNAV sur la prise en charge des victimes d'accidents collectifs préconise une saisine systématique par le parquet compétent, dès le premier jour de la catastrophe, de l'association locale d'aide aux victimes.

contact.

Cette approche participe largement au sentiment de non abandon des victimes sur le long terme.

En parallèle de cette définition de l'aide aux victimes pour les événements traumatiques collectifs, qui a connu un développement tant dans son contenu que dans sa pratique, au-delà du rôle des associations d'aide aux victimes, la politique publique d'aide aux victimes dans son ensemble s'est elle aussi considérablement renforcée.

II. La structuration contemporaine étatique de l'aide aux victimes

L'aide aux victimes est incontestablement une grande cause nationale ; en témoigne le renforcement constant de sa structuration, particulièrement accru depuis les attentats de 2015, tant au travers des organisations étatiques de pilotage dédiées (A), que d'une véritable déclinaison au local de cette politique publique (B), mais aussi par la mise en place d'acteurs spécialisés (C).

A. UNE ORGANISATION ÉTATIQUE REPENSEE

Dès le début de l'année 2016, des organisations de pilotage dédiées incarnant de façon emblématique l'aide aux victimes ont été installées : Secrétariat d'État à l'Aide aux Victimes pour commencer, puis un éphémère Secrétariat Général à l'Aide aux Victimes et, depuis août 2017[11], une Délégation Interministérielle à l'Aide aux Victimes (DIAV). Ces avancées successives consacrent une conception interministérielle de l'aide aux victimes[12] ; actuellement la DIAV, sous l'autorité du ministère de la Justice, est chargée de coordonner l'action des différents ministères en matière de suivi, d'accompagnement et d'indemnisation de toutes victimes d'infractions, dont celles de terrorisme, accidents collectifs, catastrophes naturelles… Le collectif a incontestablement impulsé ce nouveau paysage de l'aide aux victimes, en particulier consécutivement aux attentats commis depuis 2015, mais cette organisation et cette institution sont dédiées à toute victime quelle que soit l'infraction subie.

[11] Décret n° 2017-1240 du 7 août 2017 relatif au délégué interministériel à l'aide aux victimes.

[12] Caroline Lacroix, La prise en charge des victimes de terrorisme « *2.0,* » *in* « Légalité, légitimité, licéité : regards contemporains - Mélanges en l'honneur du Professeur Jean-François Seuvic », PUN-Edulor, 2018, p. 537.

De plus, les dispositifs étatiques de prise en charge des victimes d'événements collectifs ont eux aussi évolué, présentant certaines spécificités, notamment s'agissant de la place accordée aux associations d'aide aux victimes dans cette mission, celles-ci étant consacrées comme des acteurs à part entière de ces processus.

Là non plus cette action n'est pas nouvelle et remonte à plusieurs années, puisqu'en effet dès les attentats survenus à Paris en 1995 et 1996, les associations d'aide aux victimes sont largement intervenues, en lien avec les autorités et autres partenaires, ce qui les a progressivement conduites ensuite à mieux s'organiser pour répondre aux victimisations de masse.

Désormais, les associations d'aide aux victimes sont repérées et intégrées dans tous les dispositifs de gestion de crises, consécutifs à des actes de terrorisme ou événements collectifs, au travers en particulier des plans Orsec-NOVI (NOmbreuses VIctimes).

Sur le sujet du terrorisme, depuis plus de quatre ans et la vague effroyable d'attentats qui a touché la France, à commencer par Paris, le système prévu par une instruction interministérielle de 2008[13] qui posait les bases, a été rénové à plusieurs reprises, toujours dans le sens d'une prise en compte croissante de la spécificité des besoins et de la prise en charge des victimes d'actes de terrorisme, tirant enseignements des précédentes expériences, et a donné lieu à plusieurs refontes de cette instruction interministérielle, dont la dernière version date du 11 mars 2019[14].

Ce texte, socle d'une action interministérielle renforcée et coordonnée en direction des victimes d'actes de terrorisme, obéit à trois impératifs : Efficacité, Cohérence et Humanité.

Selon ses dispositions, en phase d'urgence, une Cellule Interministérielle d'Aide aux Victimes peut être ouverte, sur décision du Premier ministre[15] : elle va, pour l'essentiel, et ce dès la survenance de l'événement, coordonner l'action des services de l'État dans la prise en charge des victimes d'actes de terrorisme et assurer la mise en place d'une plateforme téléphonique dédiée pour une première réponse aux victimes et à leurs familles. Elle a cette

---

[13] Instruction interministérielle relative à la prise en charge des victimes d'actes de terrorisme, Premier ministre, N° 860/SGDN/PSE/PPS du 6 octobre 2008.

[14] Instruction interministérielle relative à la prise en charge des victimes d'actes de terrorisme, Premier ministre, 11 mars 2019.

[15] Si aucune CIAV n'est activée, la coordination d'aide aux victimes est assurée par le ministère de la Justice, en lien avec les associations d'aide aux victimes France Victimes.

particularité d'allier dans les acteurs de l'urgence des équipes pluridisciplinaires : les quatre ministères concernés (Justice, Santé, Intérieur, Affaires étrangères), Parquet de Paris, Cellule d'Urgence Médico-Psychologique, Fonds de Garantie des Victimes d'Actes de Terrorisme et d'Autres Infractions - FGTI, acteur incontournable de l'indemnisation des victimes, mais aussi des associations, conventionnées par le ministère de la Justice : France Victimes et associations de victimes.

Parallèlement à cette Cellule Interministérielle d'Aide aux Victimes, dans un premier temps et à proximité du lieu de l'attentat, un Centre d'Accueil des Familles - CAF - peut s'ouvrir, lieu « physique » unique d'information, de recensement des victimes et de leurs familles.

On retrouve les associations d'aide aux victimes dans toutes les composantes des dispositifs de soutien aux victimes déployés tant au niveau national que local, aux côtés des services de l'État.
Ce « mélange » d'intervenants d'horizons différents dès les premières mobilisations est intéressant car il allie des professionnels avec des compétences complémentaires : gestion de crise, question de justice et aide aux victimes, pour l'essentiel.

Cette intégration immédiate dans les dispositifs d'urgence des associations d'aide aux victimes est essentielle, donnant l'opportunité à leurs professionnels de s'identifier immédiatement auprès des autres acteurs, d'être repérés par les victimes, facilitant ensuite leur suivi sur le long terme, de leur donner d'emblée des informations générales sur le soutien dont elles pourront bénéficier, ce qui est de nature à les rassurer. Surtout, cela leur permet de mieux préparer l'Après, dans la mesure où les associations d'aide aux victimes fédérées autour de France Victimes auront un véritable rôle clé pour le suivi des victimes, les textes leur reconnaissant en effet cette mission, si besoin au travers de l'ouverture d'un lieu dédié d'accueil et de prise en charge des victimes : un Espace d'Information et d'Accompagnement - EIA -, dont elles assureront l'animation.

L'association y accomplira deux grandes missions : d'une part la prise en charge pluridisciplinaire de toute personne exprimant un besoin en lien avec l'attentat ; d'autre part l'organisation de permanences, avec l'ensemble des partenaires appelés à prendre en charge les victimes (notamment FGTI, Caisse Primaire d'Assurance Maladie, Office National des Anciens Combattants et des Victimes de Guerre, avocats, associations de victimes, Pôle Emploi, Caisse d'Allocations Familiales ...), l'idée étant véritablement d'avoir un seul point d'accueil pour les victimes, où elles pourront trouver toute l'aide dont elles ont besoin.

Ce concept d'EIA n'est pas complètement nouveau en soi, puisque dès 2008, l'instruction interministérielle alors en vigueur avait prévu la possibilité de mise en place de « guichet unique », ce qui avait été le cas par exemple suite à l'attentat survenu au Caire le 22 février 2009 qui avait touché de jeunes adolescents issus de Levallois-Perret ou encore suite à l'attentat de Charlie Hebdo en janvier 2015.

Ancêtre de l'EIA, le guichet unique a permis de le faire évoluer efficacement : l'EIA est une structure plus pérenne, avec un co-pilotage confié aux autorités préfectorales et judiciaires, et son organisation opérationnelle, anticipée, est véritablement renforcée.

Les associations d'aide aux victimes participent ainsi pleinement[16] à cette architecture de l'aide aux victimes prévue en matière de terrorisme, combinant parfaitement savoir-être et savoir-faire.

Ces schémas trouvent par ailleurs de plus en plus à s'appliquer aussi à la suite d'accidents collectifs : les terminologies de CAF ou d'EIA ne sont pas systématiquement reprises, mais la philosophie des dispositifs reste la même, à savoir offrir aux victimes, dans l'urgence comme dans la durée, un système de « guichet unique » où elles trouveront en un même lieu une synergie de toutes les compétences et de tous les acteurs susceptibles de leur apporter aide et soutien.

Face à la pluralité de professionnels auxquels elles peuvent avoir affaire dans ces situations d'événements collectifs, il est en effet essentiel que les démarches leur soient au maximum facilitées. C'est un facteur de bientraitance évident qui va pouvoir éviter la sur-victimisation des victimes.
Dans ce cadre, l'expertise quotidienne des associations d'aide aux victimes à l'égard des victimes leur permet une appréhension plus rapide de leurs besoins, et d'anticiper au mieux, en partenariat avec les autres acteurs locaux comme nationaux, les difficultés auxquelles elles peuvent se trouver confrontées.

B. LA DECLINAISON LOCALE DE LA POLITIQUE PUBLIQUE D'AIDE AUX VICTIMES

Plus encore, en seconde étape, et au-delà de ces dispositifs de prise en charge des victimes, est apparu le besoin fondamental de décliner la politique publique d'aide aux victimes au niveau local : en effet, nul ne peut

[16] Pour une illustration concrète du rôle des associations en cas d'attentats : « Le dispositif d'aide aux victimes suite aux attentats survenus à paris en 2015 », Carole Damiani, Anne Decung, Claude Lienhard, Gaz. Pal., 7 février 2017, p. 55.

nier que le terrorisme peut frapper à n'importe quel endroit, tout comme un accident collectif ou encore un phénomène climatique peut survenir en tout lieu ; il faut donc garantir un dispositif d'aide aux victimes équitable sur tout le territoire.

Là aussi on relèvera plusieurs temps, et comme souvent, les initiatives ont débuté à la faveur des victimes d'attentats, en 2016, avec la création de Comités Locaux de Suivi des Victimes - CLSV : il s'agissait d'instances de suivi et d'accompagnement des victimes de terrorisme à un niveau départemental, structurant le réseau des acteurs compétents pour la mise en œuvre des droits accordés aux victimes et la prise en compte de leurs situations.

Ces CLSV sont devenus CLAV - Comités Locaux d'Aide aux Victimes - depuis un décret du 25 avril 2017, avec une compétence élargie, au-delà des attentats, et autres événements collectifs, à tout type d'infraction en général ; en 2018, une trilogie de textes sur les CLAV ont été adoptés (décret - arrêté - circulaire)[17], modifiant, précisant, leurs missions, composition, ce qui leur donnent une véritable opérationnalité sur le terrain et incitent vivement à leur déploiement généralisé, pour favoriser la diffusion d'une culture commune de la prise en charge et de l'aide aux victimes sur un département, entre acteurs publics et privés locaux[18].

Les associations d'aide aux victimes locales France Victimes font partie des CLAV, tant dans leur composition plénière, que pour des comités de suivi dits techniques qui seraient créés suite à un événement dramatique impactant lourdement le département concerné.

Il est en effet à souligner que la coordination des différents intervenants dans le suivi et l'accompagnement des victimes concernant un accident collectif particulier est assuré dans le cadre du CLAV réuni dans une formation spécifique, « en vue de veiller à une prise en charge adaptée en termes d'information, de soutien juridique et psychologique des victimes,

---

[17] Décret n° 2018-329 du 3 mai 2018 relatif aux Comités Locaux d'Aide aux Victimes / Arrêté du 7 mai 2018 relatif aux modalités de fonctionnement de l'Espace d'Information et d'Accompagnement (EIA) / Circulaire relative à l'application du décret n° 2016-1056 du 3 août 2016 modifié portant création des comités locaux d'aide aux victimes et des espaces d'information et d'accompagnement des victimes d'actes de terrorisme.

[18] V. notamment La consolidation juridique de l'organisation territoriale de l'aide aux victimes, Isabelle Sadowski, JAC-CERDACC, juin 2018.

ainsi qu'à leur indemnisation »[19].

La mise en place de telles instances remonte à de nombreuses années, connues alors plutôt sous le nom de cellule de concertation, comités de pilotage, ou comités de suivi[20], mais leur objectif était similaire : coordonner les acteurs intervenant dans la prise en charge des victimes d'un événement collectif particulier, avec un focus sur leur indemnisation. On félicitera toutefois le fait que si l'installation de ces comités n'était finalement pas systématique auparavant[21], elle le devient au travers des CLAV qui aborderont automatiquement l'événement collectif en question, dès lors qu'il a une résonnance dans le département. La catastrophe, situation potentiellement génératrice de dommages collectifs, nécessite en effet la mise en œuvre de mesures et mécanismes spécifiques, notamment dans l'intérêt des victimes[22]. Très régulièrement dans ces situations, l'assureur concerné peut accepter d'indemniser les victimes « pour le compte de qui il appartiendra », c'est-à-dire de façon totalement déconnectée par rapport aux questions de responsabilité pénale, et une convention d'indemnisation (ou « accord-cadre d'indemnisation ») peut être signée ; cette convention aura un caractère transactionnel amiable, optionnel et provisionnel pour les victimes, elle pose un cadre pour elles, garanti pour toutes, en vue de favoriser leur indemnisation intégrale, individualisée, et plus rapide, sans attendre l'issue d'un procès pénal[23].

Au fur et à mesure, ces situations exceptionnelles ont généré, depuis qu'elles sont traitées de façon idoine, des indemnisations exceptionnelles, spécifiques au collectif, traduisant justement le caractère collectif de l'événement et le prenant pleinement en compte.

Cette nécessaire adaptation se retrouve aussi au niveau des professionnels

---

[19] Guide méthodologique sur la prise en charge des victimes d'accidents collectifs 2018, *supra*, page 39.

[20] Quelques exemples d'accidents collectifs suite auxquels des comités de suivi ont été installés : explosion AZF en 2001, effondrement de la passerelle du Queen Mary en 2003, accident ferroviaire de Zoufftgen en 2006, accident de car de Puisseguin en 2015, incendie du Cuba Libre à Rouen en 2016….

[21] V. notamment « La judiciarisation des grandes catastrophes - Approche comparée du recours à la justice pour la gestion des grandes catastrophes (de type accidents aériens ou ferroviaires) », ss la dir. de Caroline Lacroix et Marie-France Steinlé-Feuerbach, Rapport adressé à la Mission de Recherche « Droit et justice », janvier 2014 ; Dalloz, coll. Thème & commentaire, mai 2015.

[22] V. La réparation des dommages en cas de catastrophes, Caroline Lacroix, *LGDJ,* 2008, tome 490.

[23] Des principes directeurs à cet accord-cadre ont été annexés au Guide méthodologique sur la prise en charge des victimes d'accidents collectifs 2018, p.80.

intervenant en cas d'événement collectif.

C. DES ACTEURS SPECIALISES

Des acteurs clés émergent aussi pour participer activement, coordonner, améliorer la prise en charge des victimes d'événements collectifs et être une interface entre les différents protagonistes intervenant dans leur soutien ou indemnisation. Ainsi pendant un certain temps, des Ambassadeurs, rattachés au ministère de l'Europe et des Affaires Étrangères, ont été nommés suite à plusieurs accidents aériens à l'étranger impliquant des victimes françaises ; cette fonction a même été pérennisée à une époque, mais n'a pas été renouvelée.

Par ailleurs, suite à des accidents collectifs terrestres, la désignation d'un coordonnateur ad hoc devient aussi de plus en plus automatique ; ce sujet faisait aussi partie de la feuille de route de la DIAV, qui a constitué un vivier de coordonnateurs[24], afin de faciliter leur sollicitation en cas d'accidents collectifs au sens large et d'anticiper leur intervention en les formant.

Ces coordonnateurs sont perçus par les victimes comme un gage de prise en considération essentielle par les pouvoirs publics de leurs situations. Interlocuteurs pour les victimes au niveau national, ils agissent en parfaite complémentarité avec les associations d'aide aux victimes, qui œuvrent pour leur part au niveau local.

Ce sont enfin des juridictions spécialisées qui ont émergé pour les accidents collectifs, avec deux Pôles Accidents collectifs en France - à Paris et Marseille -, mais également très récemment avec le parquet national antiterroriste[25], ou encore la création d'un Juge de l'Indemnisation des Victimes d'Actes de Terrorisme (JIVAT)[26] : de telles initiatives actent de la nécessaire spécialisation judiciaire dans le traitement d'affaires collectives complexes, tant dans le domaine des investigations que celui de l'indemnisation.

Parallèlement, les acteurs de l'aide aux victimes gagnent eux aussi toujours en compétences : en matière d'attentat, on pensera, par exemple, à la

---

[24] Activé pour la première fois suite à la catastrophe aérienne Éthiopian Airlines du 10 mars 2019, avec la nomination par le Premier ministre de deux coordonnateurs.

[25] Article 69, Loi n° 2019-222 du 23 mars 2019 de Programmation 2018-2022 et de réforme pour la Justice.

[26] Article 64, Loi n° 2019-222 du 23 mars 2019 de Programmation 2018-2022 et de réforme pour la Justice.

spécialisation et aux formations dédiées des avocats[27], à la nomination de référents « aide aux victimes » à Pôle Emploi, au sein des Caisses Primaires d'Assurance Maladie, dans les Directions Régionales des Finances Publiques....

Ces évolutions participent à un renforcement de l'accompagnement personnalisé des victimes alors même que l'événement revêt un caractère collectif.

Pour conclure…

Depuis plus de trente ans, le cadre d'intervention de l'aide aux victimes en situation d'événement collectif n'a fait que gagner en lisibilité, en opérationnalité, en spécialité et en efficience dans l'assistance à apporter aux victimes et à leurs proches.

Notons au demeurant que ce constat ne s'arrête pas à l'événement collectif en lui-même, mais s'étendra le cas échéant jusqu'au procès collectif qui, eu égard notamment au nombre important de parties civiles, nécessitera également une organisation et des mécanismes d'aide et de prise en charge à adapter, plaçant toujours la victime, sa bientraitance et sa prise en considération au centre de ces préoccupations.

On ne peut évidemment que saluer l'implication grandissante des pouvoirs publics sur ces questions, et, partant, l'engagement des acteurs de terrain, dont les associations d'aide aux victimes. La succession d'attentats survenus depuis 2015 et les enseignements tirés au travers de différents retours[28], ont véritablement visé, sur la base de leurs interventions dans ces situations collectives, à asseoir le rôle des associations France Victimes en tant que porteurs de la politique publique d'aide aux victimes, en les distinguant des associations de victimes, via la délivrance d'un agrément, gage de qualité de l'accompagnement des victimes.

Des représentants politiques du réseau Inavem / France Victimes ont sans cesse appuyé et contribué aux améliorations des dispositifs dans ce domaine des événements collectifs, parmi lesquels Claude Lienhard, tant par sa participation aux instances de réflexion nationales que par son engagement sur le terrain et son travail durant toutes ces années à l'égard du réseau généraliste d'aide aux victimes. Qu'il en soit vivement remercié.

---

[27] Un groupe de contact d'avocats constitué à l'initiative du barreau de Paris, a même été créé et a réalisé plusieurs travaux concernant les victimes d'attentats.

[28] V. en particulier le Rapport sur La structuration de la politique publique d'aide aux victimes - IGAS, IGF, IGA et IGJ, février 2017.

14

Retour sur la responsabilité des professionnels et établissements de santé en présence d'un dispositif médical défectueux

Paul VERON

Du stéthoscope à l'appareil d'imagerie, de la seringue au respirateur artificiel, du lit d'hôpital au scalpel, nombreux sont les instruments auxquels les professionnels et établissements de santé ont recours dans la prise en charge des patients. Le plus souvent, le matériel utilisé à l'occasion d'une prise en charge médicale, entre sous la qualification juridique de « dispositif médical » (DM). Les dispositifs médicaux constituent en effet, à côté des médicaments, l'une des deux principales catégories de produits de santé visées au livre 5 du Code de la santé publique. Ils recouvrent un champ extrêmement vaste, ce qui explique la difficulté du droit à en proposer une définition synthétique[1].

En schématisant, le dispositif médical peut se définir par deux éléments principaux ; l'un positif : il s'agit de *« tout instrument, appareil, équipement, matière ou produit destiné par le fabricant à être utilisé chez l'homme à des fins médicales »* ; l'autre négatif : l'absence d'action pharmacologique ou immunologique, critère qui permet de distinguer le DM du médicament.

Il serait périlleux de tenter d'en dresser une liste exhaustive tant la catégorie est hétérogène. Tout au plus peut-on en fournir quelques exemples, sous la forme d'un inventaire (imparfait) à la Prévert. Ainsi, sont des dispositifs médicaux, une prothèse, un pace maker, un lit d'hôpital, un respirateur artificiel, un stéthoscope, un scalpel, la fraise du dentiste, un pansement, un abaisse-langue, un fauteuil roulant, des lunettes de vue, des lentilles de contact, un appareil auditif, un oxygénateur, des agrafes

---

[1] En témoigne la longue et complexe définition donnée par l'article L. 5211-1 al. 1er du CSP : *« On entend par dispositif médical tout instrument, appareil, équipement, matière, produit, à l'exception des produits d'origine humaine, ou autre article utilisé seul ou en association, y compris les accessoires et logiciels nécessaires au bon fonctionnement de celui-ci, destiné par le fabricant à être utilisé chez l'homme à des fins médicales et dont l'action principale voulue n'est pas obtenue par des moyens pharmacologiques ou immunologiques ni par métabolisme, mais dont la fonction peut être assistée par de tels moyens. Constitue également un dispositif médical le logiciel destiné par le fabricant à être utilisé spécifiquement à des fins diagnostiques ou thérapeutiques »*. V., J. Peigné, La notion de dispositif médical issue du règlement (UE) 2017/745 du 5 avril 2017, *RDSS*, 2018, p. 5.

cutanées, un hémodialyseur, une pompe à perfusion, une sonde d'aspiration aortique, ou un logiciel d'aide à la décision médicale.

Cela peut donner à juste titre l'impression d'une notion fourre-tout et l'on comprend à la simple lecture de cette liste que tous les dispositifs médicaux ne peuvent être logés à la même enseigne, en particulier du point de vue de leur sécurité. Quoi de commun, en effet, entre un pansement et un stimulateur cardiaque, entre un abaisse-langue et une électrode implantée dans le cerveau ?

Certains DM comportent des risques sérieux pour la santé des personnes : la défaillance d'un pace maker ou d'un respirateur artificiel peut conduire au décès du patient ; la panne d'un *monitoring* peut empêcher la détection d'une anomalie cardiaque du fœtus ; la stimulation électrique du cerveau peut entraîner d'importants effets indésirables[2], etc. Au contraire, d'autres dispositifs comportent peu, voire pas de risques. Cela explique que le régime applicable aux DM ne soit lui-même pas uniforme, le droit distinguant plusieurs classes de dispositifs en fonction des risques qu'ils présentent, en distinguant notamment les dispositifs médicaux implantables actifs[3] (DMIA), c'est-à-dire incorporés, et ceux qui ne le sont pas.

Le scandale sanitaire des prothèses de la marque PIP[4], qui a éclaté en 2010, a mis en lumière les insuffisances du contrôle des dispositifs médicaux avant leur mise sur le marché[5]. Plus récemment, l'affaire des « *implant files* »[6] a remis cette question au goût du jour. Rappelons que contrairement aux médicaments, les dispositifs médicaux ne font pas l'objet d'une autorisation de mise sur le marché (AMM) par l'autorité sanitaire, mais d'une simple

---

[2] Cette technique est notamment utilisée pour le traitement de la maladie de Parkinson et plusieurs effets secondaires psychiques et comportementaux ont été observés : apathie, manie, hypersexualité, jeu pathologique, troubles dépressifs, risque suicidaire accru, troubles anxieux, psychoses et hallucinations. V., G. Canselier, « Défectuosité du produit, effets secondaires et cause du dommage », *in* S. Desmoulin-Canselier, M. Gaille, B. Moutaud (dir.), *La stimulation cérébrale profonde, de l'innovation au soin. Les neurosciences cliniques à la lumière des sciences humaines et sociales*, Hermann, 2019, p. 303 et s.

[3] CSP, art. L. 5211-1, al. 2.

[4] Rapport de l'ANSM, Les prothèses mammaires implantables PIP. État des lieux, avril 2013 ; Données PIP, Mise à jour des signalements de matériovigilance, juin 2016, ansm.sante.fr.

[5] Sur ce point, la thèse de P.-A. Adèle, *Le droit du dispositif médical : entre gouvernement des corps et normes de gouvernance*, A. Lyon-Caen (dir.), thèse Paris X, 2013.

[6] https://www.lemonde.fr/implant-files/video/2018/11/25/implant-files-comprendre-le-scandale-de-la-surveillance-des-dispositifs-medicaux_5388428_5385406.html

certification[7] à la suite d'un contrôle exercé par des organismes privés agréés, appelés « organismes notifiés ». Le règlement européen du 5 avril 2017[8] relatif aux dispositifs médicaux, qui entrera en vigueur en 2020, a renforcé sur certains points les procédures de contrôle de conformité des DM, tout en maintenant le système d'intervention des organismes notifiés[9].

Nous nous intéresserons ici principalement à la responsabilité des établissements et des professionnels de santé, c'est-à-dire des prestataires de soins qui utilisent du matériel médical défectueux[10]. Bien entendu, on ne saurait passer sous silence la responsabilité d'autres acteurs, au premier chef celle du producteur ou du fournisseur du produit, deux catégories de personnes responsables sur le fondement du régime de responsabilité du fait des produits défectueux, issu de la directive du 25 juillet 1985[11]. Précisons d'ores et déjà qu'il n'en va pas de même de l'établissement de santé ou du professionnel *utilisateurs* d'un produit défectueux, qui ne relèvent pas du champ d'application de cette directive.

Deux autres catégories de personnes peuvent encore voir leur responsabilité recherchée dans certaines hypothèses. D'une part, les organismes notifiés en cas de manquement à leurs obligations de contrôle de la qualité et sécurité des dispositifs médicaux. D'autre part, l'État en présence d'un manquement des autorités sanitaires à leurs obligations relatives à la matériovigilance[12], conduisant par exemple à un retrait tardif

---

[7] La procédure de certification de conformité est définie aux articles R. 5211-25 et s. du CSP.

[8] Règlement (UE) 2017/745 du Parlement européen et du Conseil du 5 avril 2017 relatif aux dispositifs médicaux, modifiant la directive 2001/83/CE, le règlement (CE) n° 178/2002 et le règlement (CE) n° 1223/2009 et abrogeant les directives du Conseil 90/385/CEE et 93/42/CEE.

[9] V., P.-A. Adèle, S. Desmoulin-Canselier, « Droit des dispositifs médicaux : vers une réforme ou un simple réaménagement ? », *RDSS* 2016, p. 930 ; C. Le Gal Fontès, M. Chanet, « Le rôle et les conditions de surveillance des organismes notifiés : une réforme tant attendue… », *RDSS* 2019, p. 34 et s.

[10] Not., G. Viney, « L'incidence de la loi du 4 mars 2002 sur la responsabilité du fait des produits de santé », *Resp. civ. et assur.* 2016, dossier 7 ; S. Hocquet-Berg, « La responsabilité des prestataires de services utilisateurs de produits », *Resp. civ. et assur.* 2016, dossier 6. ; P. Véron, « Dispositifs médicaux défectueux et responsabilités », *in* F. Vialla (dir.), *Les grandes décisions du droit médical*, LGDJ, 2e éd. 2014, p. 862 et s.

[11] Directive européenne n° 85/34 CEE du 25 juillet 1985 transposée en droit interne par la loi n° 98-389 du 19 mai 1998 relative à la responsabilité du fait des produits défectueux. Il s'agit d'un régime de responsabilité objective qui repose sur le défaut de sécurité du produit.

[12] Catégorie de vigilance sanitaire, la matériovigilance *« porte spécifiquement sur les dispositifs médicaux »* et *« a pour objet de surveiller les incidents ou risques*

du marché du produit dommageable. L'affaire PIP a fourni sur ces deux points de récentes illustrations jurisprudentielles[13].

Dans ce concert des responsabilités, les professionnels et établissements de santé occupent assurément une place singulière. En effet, s'ils ne sont, dans l'immense majorité des cas, qu'utilisateurs du matériel défaillant, ils sont bien souvent et dans le même temps les seuls à avoir été en contact direct avec le patient victime du dommage, qui pourra alors se tourner vers eux pour demander réparation. Ajoutons que sont concernées les responsabilités tant civile qu'administrative puisque le défendeur à l'action peut être l'hôpital public, une clinique privée ou un professionnel de santé exerçant à titre libéral. Or, précisément, il existe aujourd'hui une divergence de positions entre le Conseil d'État et la Cour de cassation quant au fondement de responsabilité du prestataire utilisateur de matériel défectueux.

Nous présenterons ici cette responsabilité des prestataires de soins publics ou privés à travers deux qualificatifs. Tout d'abord, il s'agit d'une responsabilité propre, qui repose sur un fondement autonome par rapport au régime de responsabilité du fait des produits défectueux issu de la directive de 1985. En d'autres termes, le prestataire est bien responsable pour les dommages causés à raison du défaut du produit, mais non sur le même fondement juridique que le fabricant ou le fournisseur de ce même produit. Ensuite, il s'agit d'une responsabilité subsidiaire ou de second rang par rapport à celle du fabricant du produit, en ce sens que l'établissement ou le professionnel déclaré responsable dispose de la faculté d'appeler en garantie le fabricant primo-responsable, même si certaines difficultés peuvent se poser à l'occasion de ce recours, ainsi que nous le verrons.

I. Une responsabilité autonome

A. DE LA RECONNAISSANCE PRETORIENNE A LA CONSECRATION LEGALE D'UNE RESPONSABILITE SANS FAUTE

Rappelons que la reconnaissance prétorienne d'une responsabilité sans faute est ancienne. En effet, dès le début des années 1970, la Cour de cassation applique une obligation de résultat au chirurgien-dentiste en

---

d'incidents liés à l'emploi de ces produits après leur mise sur le marché ». V., M.-F. Callu, M. Girer, G. Rousset, *Dictionnaire de droit de la santé*, LexisNexis 2017 ; CSP, art. R. 5212-1 et s.

[13] V., *infra*.

matière de fourniture d'une prothèse dentaire conforme et sans défaut[14], alors que pour les soins l'obligation n'est traditionnellement que de moyens[15]. La jurisprudence a ensuite étendu cette obligation de sécurité à l'ensemble des professionnels et établissements de santé utilisateurs de matériel défaillant. C'est particulièrement clair dans un arrêt rendu par la première chambre civile de la Cour de cassation le 9 novembre 1999 : *« le contrat formé entre le patient et son médecin met à la charge de ce dernier, sans préjudice de son recours en garantie, une obligation de sécurité de résultat en ce qui concerne les matériels qu'il utilise pour l'exécution d'un acte médical d'investigation ou de soins »*[16]. De son côté, le Conseil d'État a consacré sans équivoque, dans l'arrêt *Marzouk* en 2003, la responsabilité sans faute des établissements publics de santé, dans une affaire relative au défaut d'un respirateur artificiel ayant entraîné le décès d'un patient : *« sans préjudice d'éventuels recours en garantie, le service public hospitalier est responsable, même en l'absence de faute de sa part, des conséquences dommageables pour les usagers de la défaillance des produits et appareils de santé qu'il utilise »*[17]. Ainsi, s'érige un régime jurisprudentiel dérogatoire au principe de responsabilité pour faute des établissements et professionnels de santé, aussi bien en droit privé qu'en droit public. La loi du 4 mars 2002[18] a poursuivi ce mouvement, puisque si elle a posé un principe de responsabilité pour faute des établissements et professionnels de santé, elle l'a assorti de certaines exceptions, dont l'hypothèse du dommage causé par le défaut d'un produit de santé. L'article L 1142-1 du Code de la santé publique dispose en effet : *« Hors le cas où leur responsabilité est encourue en raison d'un défaut d'un produit de santé, les professionnels de santé (...), ainsi que tout établissement, service ou organisme* [de santé] *ne sont responsables qu'en cas de faute »*[19].

---

[14] Civ. 1re, 15 novembre 1972, *D.* 1973, p. 243 ; *RTD civ.*, 1974, p. 160 obs. G. Durry ; Civ. 1re, 28 octobre 1985, n° 1985-002650 ; 22 nov. 1994, *RTD civ.*, 1995, p. 375, obs. P. Jourdain.

[15] Civ. 20 mai 1936, *Dr Nicolas c/ Mercier*, *GAJC*, 12e éd., 2008, nos 162-163 ; *GADS* 2010, n° 33 ; *D.* 1936. 1. 88, concl. P. Matter et rapp. L. Josserand ; *Gaz. Pal.* 1936. 2. 41, note A. Besson ; *S.* 1937. 1. 321, note A. Breton et rapp. Josserand ; *RTD civ.* 1936. 691, obs. R. Demogue.

[16] Civ. 1ère, 9 nov. 1999, n° 90-10.010.

[17] CE, 9 juillet 2003, APHP c/ Marzouk, n° 220437.

[18] Loi n° 2002-303 du 4 mars 2002 relative aux droits des malades et à la qualité du système de santé.

[19] On peut toutefois se demander si la loi n'est pas, à certains égards, plus restrictive que la jurisprudence. En effet, le Conseil d'État vise les « produits et appareils de santé », le juge judiciaire les « matériels utilisés ». La loi se réfère au défaut d'un « produit de santé », ce qui renvoie, pour ce qui nous concerne, aux dispositifs médicaux. Or, il n'est pas certain que tous les matériels utilisés par le médecin puissent être qualifiés de dispositifs médicaux.

B. QUELLE ARTICULATION AVEC LE REGIME DE RESPONSABILITE DU FAIT DES PRODUITS DEFECTUEUX ?

La question s'est posée de l'articulation de ces régimes de responsabilité sans faute -jurisprudentiels puis légal - avec le régime de responsabilité du fait des produits défectueux, issu de la directive du 25 juillet 1985, transposée dans le Code civil aux articles 1245-1 et suivants (ex. 1386-1 et s.).

Une des caractéristiques du régime instauré par la directive de 1985 est qu'elle est d'application à la fois impérative et exclusive. C'est en tous cas l'interprétation retenue par la cour de Luxembourg depuis un arrêt rendu en 2002[20]. Ainsi, *« le régime mis en place par la directive exclut l'application d'autres régimes de responsabilité, dès lors que ceux-ci reposent sur un fondement identique, à savoir le défaut de sécurité »*[21]. Or, le régime de responsabilité sans faute dégagé par le juge administratif repose bien sur le défaut de sécurité du matériel utilisé.

Il importait donc de savoir si ce régime jurisprudentiel était compatible avec la directive de 1985, et si la victime pouvait l'invoquer dans le cadre d'une instance en justice, sans violer le droit de l'Union européenne. Une question préjudicielle a été posée sur ce point par le Conseil d'État[22] à la CJUE dans l'affaire « CHU de Besançon ».

La CJUE y a répondu dans une décision du 21 décembre 2011[23]. Elle a jugé que le prestataire de services qui utilise un produit défectueux dans le cadre de la prise en charge d'un patient n'entre pas dans le champ d'application de la directive. Celle-ci ne vise en effet que deux catégories de

---

[20] CJCE 25 avr. 2002, C-52/00, *D.* 2002. 2462, note C. Larroumet, 1670 obs. C. Rondey, 2935, obs. J.-P. Pizzio, et 2003. 1299, chron. N. Jonquet, A.-C. Maillols et F. Vialla ; *RTD civ.* 2002. 523, obs. P. Jourdain, et 868, obs. J. Raynard ; *RTD com.* 2002. 585, obs. M. Luby ; 10 janv. 2006, C-402/03, *RTD civ.* 2006. 265, obs. P. Rémy-Corlay, et 333, obs. P. Jourdain ; *D.* 2006. 1261, obs. C. Nourissat, et 1936, obs. P. Brun ; *JCP* 2006. I. 166, n° 12, obs. P. Stoffel-Munck ; *LPA,* 11 déc. 2006, obs. G. Pignarre ; *RDC* 2006. 835, obs. J.-S. Borghetti ; *RTD com.* 2006. 515, obs. M. Luby.

[21] J.-S. Borghetti, « Nouvelles précisions sur le champ d'application de la directive du 25 juillet 1985 relative à la responsabilité du fait des produits défectueux », *D.* 2012 p. 926.

[22] CE, 4 oct. 2010, n° 327449, *AJDA* 2010, p. 1912 ; *D.* 2011, p. 213 note J.-S. Borghetti.

[23] CJUE, 21 déc. 2011, C-495/10, *D.* 2012. 926, note J.-S. Borghetti, p. 1558, note P. Véron et F. Vialla ; *JCP A* 12 mars 2012, 2078, obs. H. Oberdoff ; *Dr. adm.,* avr. 2012, comm. 42, note C. Lantero ; *AJDA* 2012. 306, chron. M. Aubert, E. Broussy et F. Donnat ; *RDSS* n° 4 p. 716 note J. Peigné ; *RTD civ.* 2012. 329, obs. P. Jourdain.

responsables, d'une part, le producteur[24] et d'autre part, le vendeur, le loueur – à l'exception du crédit-bailleur - ou tout autre fournisseur professionnel[25]. En revanche, les simples prestataires utilisateurs du produit n'entrent pas dans le champ de la directive. En l'espèce, l'affaire du CHU de Besançon concernait un matelas chauffant défectueux ayant causé des brûlures à un jeune patient. Il apparaissait dès lors clair que l'hôpital public ne pouvait en aucun cas être qualifié de producteur, pas davantage de vendeur, loueur ou fournisseur du produit.

En revanche, la question de la qualification de fournisseur pouvait plus sérieusement se poser pour d'autres dispositifs médicaux non simplement utilisés mais également fournis au patient, à l'image des dispositifs médicaux implantables, notamment les prothèses[26]. En effet, l'établissement ou le professionnel qui implante une prothèse dans le corps d'un patient ne devrait-il pas être considéré également comme un fournisseur et non comme un simple prestataire utilisateur du produit ? *A fortiori* s'il facture directement l'implant au patient ?

Cette question a été posée à la fois au juge administratif et au juge judiciaire dans plusieurs affaires. Ainsi, dans une décision du 25 juillet 2013 *Falempin*[27], le Conseil d'État a cassé l'arrêt de la cour administrative d'appel de Lyon[28] qui avait qualifié l'hôpital public de fournisseur d'une prothèse du genou défectueuse. Le juge d'appel avait ainsi estimé que le CHU entrait dans le champ d'application de la directive et que sa responsabilité ne pouvait en conséquence être recherchée que de manière subsidiaire, le producteur étant identifié. Le Palais Royal estime au contraire que la responsabilité sans faute de l'hôpital *« trouve à s'appliquer »* y compris *« lorsque le service public hospitalier implante, au cours de la prestation de soins, un produit défectueux dans le corps d'un patient ».* On en déduit que même en présence d'une prothèse implantable, l'établissement public de santé ne peut être qualifié de fournisseur au sens de la directive. Dans un arrêt du 12 juillet 2012 largement commenté[29], la Cour de cassation a jugé,

---

[24] C. civ., art. 1245 et 1245-3.

[25] C. civ., art. 1245-6.

[26] B. Clavière-Bonnamour, « De la distinction entre fournisseur et utilisateur d'un produit défectueux au sens de la directive, 85/374/CEE », *RLDA* 2012, n° 70, p. 52.

[27] CE, 25 juillet 2013, n° 339922, *JCP G* 2013, n° 36, p. 915, note F. Tesson.

[28] CAA Lyon, 23 mars 2010, n° 06LY01195, *Falempin*, *AJDA* 2010, p. 1486.

[29] Civ. 1re, 12 juillet 2012, n° 11-17510, *D. act.* 23 juillet 2012, obs. J. Marrocchella ; *RTD civ.* 2012, n° 4 p. 737, note P. Jourdain ; *JCP G* 2012 note 623, P. Tifine ; *Resp. civ. et assur.* 2012, comm. 314 et étude 8 par S. Hocquet-Berg ; *D.* 2012, p. 2277, note M. Bacache ; *JCP G* 2012, n° 40, p. 1036, note P. Sargos ; *RTD civ.* 2012, p. 737, obs. P. Jourdain ; *Gaz. Pal.* 26-27 sept. 2012, obs.

dans le même sens, que le chirurgien libéral qui fournit et procède à la pose d'une prothèse n'est pas soumis au régime de responsabilité du fait des produits défectueux, alors même qu'existe bien une prestation de fourniture. L'affaire concernait cette fois l'éclatement d'une prothèse testiculaire au cours d'une partie de tennis.

L'exclusion du prestataire de soins du champ de la directive doit être approuvée. Elle évite une complexité inutile qui conduirait à retenir ou non la qualité de fournisseur du prestataire selon le type de matériel défectueux utilisé. Sur un plan technique, la solution pourrait s'expliquer par le recours à la théorie civiliste de l'accessoire. La qualité accessoire de fournisseur du chirurgien ou de l'établissement de santé serait ainsi absorbée dans la qualité principale de prestataire de soins utilisateur du produit[30].

C. RESPONSABILITE POUR FAUTE OU SANS FAUTE ? LE DESORDRE DES DEUX ORDRES

Dès lors que les établissements et professionnels de santé prestataires sont exclus du champ d'application de la directive, quel régime de responsabilité leur est applicable ? C'est sur ce point que les positions du Conseil d'État et de la Cour de cassation divergent désormais. Le juge administratif maintient l'application du régime de responsabilité sans faute dégagé dans l'arrêt *Marzouk* de 2003, solution confirmée dans l'affaire du CHU de Besançon[31] à la suite de la réponse apportée par la CJUE. En revanche, dans l'arrêt du 12 juillet 2012 relatif à la prothèse testiculaire défectueuse, la Cour de cassation a de manière surprenante opéré un revirement. Elle a en effet jugé que le chirurgien libéral qui implante une prothèse n'est responsable qu'en cas de faute. Ce revirement n'est pas anodin et intervient seulement deux ans après l'éclatement de l'affaire PIP. Le juge judiciaire a semble-t-il été sensible aux critiques des prestataires de soins et de leurs assureurs estimant qu'il était excessif de faire peser sur eux une responsabilité sans faute pour le défaut

---

M. Mekki ; *RLDC* 2012, n° 97 p. 24, note G. Le Nestour Drelon ; *RGDM* 2012 n° 45, p. 201, obs. P. Véron ; *RDC* 2013/1 p. 111 obs. G. Viney.

[30] Certains auteurs défendent toutefois la qualité de fournisseur de l'établissement ou du professionnel dans un tel cas, et donc l'application du régime des produits défectueux. V., not. P. Jourdain, *RTD civ.* 2012, n° 4 p. 737 ; en ce sens, un arrêt de la première chambre civile retenant la qualité de fournisseur du chirurgien ayant procédé à la pose de ligaments synthétiques de substitution défectueux : Civ. 1re, 22 oct. 2009, n° 08-18601.

[31] CE, 12 mars 2012, CHU de Besançon, n° 327449, *AJDA* 2012 p. 575 et p. 1665 note H. Belrhali-Bernard ; *RDSS* 2012.716, note J. Peigné ; *JCP G* 2012 n° 20, p. 1013, note P. Tifine.

d'un produit de santé, *a fortiori* en présence de dommages de masse[32] et face au risque d'insolvabilité du fabricant[33].

Malgré tout, cette solution nous semble devoir être critiquée pour plusieurs raisons. Certes, lorsque le producteur est insolvable, il peut paraître dérangeant que la charge définitive de la réparation du dommage pèse sur le prestataire. Toutefois, il ne semble pas moins injuste de faire peser ce risque d'insolvabilité sur la victime. Sauf à envisager une indemnisation au titre de la solidarité nationale, il apparaît dès lors justifié que le prestataire qui a acquis et utilisé du matériel défectueux soit déclaré responsable, alors qu'il dispose pour cela d'une couverture d'assurance obligatoire.

En outre, la solution crée une inégalité entre les victimes selon qu'elles sont prises en charge en secteur public ou privé alors que l'évolution de la responsabilité médicale, au moins depuis 2002, va au contraire dans le sens de l'instauration d'une égalité entre les victimes[34]. Ce revirement est d'autant plus curieux que la solution va, nous semble-t-il, nettement contre les prévisions du code de la santé publique qui institue, nous l'avons vu, une responsabilité sans faute en cas de défaut d'un produit de santé[35].

Quant au domaine de la solution de la Cour de cassation, on aurait pu se demander si elle n'invitait pas à distinguer entre les professionnels et les établissements de santé, dès lors que l'arrêt du 12 juillet 2012 concernait un chirurgien libéral. Selon cette lecture, seuls les établissements, services et organismes de santé seraient soumis à une responsabilité sans faute, mais non les professionnels de santé, personnes physiques. Une analogie avec le régime des infections nosocomiales serait alors possible, puisque depuis l'entrée en vigueur de la loi du 4 mars 2002, seuls les établissements de santé sont responsables de plein droit des conséquences dommageables d'infections nosocomiales[36], les professionnels demeurant soumis à une responsabilité pour faute.

---

[32] C. Jourdain-Fortier, L'affaire PIP ou la difficile réparation en Europe des dommages corporels de masse causés par un dispositif médical défectueux, *Rev. int. dr. éco.*, n° 1, 2015. 5.

[33] Il y a là une manifestation de plus de la manière dont les dommages de masse, les accidents collectifs et les catastrophes impactent les logiques et les mécanismes de la responsabilité, ce qu'a parfaitement mis en lumière le dédicataire de ces lignes : C. Lienhard, « Pour un droit des catastrophes », *D.* 1995, p. 91.

[34] En ce sens, la critique de P. Sargos, *JCP G* 2012, n° 40, p. 1036.

[35] Précisions toutefois que l'arrêt du 12 juillet 2012 concerne des faits antérieurs à la loi du 4 mars 2002. Au sens strict, on ne peut donc parler d'un revirement *contra legem*.

[36] CSP, art. L. 1142-1, I, al. 2.

Cette lecture n'apparaît cependant pas convaincante pour au moins deux raisons. D'une part, si le texte distingue expressément entre professionnels et établissements en matière d'infections nosocomiales, il ne le fait pas pour le défaut d'un produit de santé. C'est bien la spécificité du risque infectieux à l'hôpital qui explique la soumission des seuls établissements à ce régime de responsabilité sans faute[37]. D'autre part, certains juges du fond ont pu appliquer la même solution à une clinique privée. Il en va ainsi de la cour d'appel de Rennes, dans une décision du 26 mars 2014[38], à propos toujours de faits antérieurs à la loi du 4 mars 2002. L'affaire concernait un patient qui avait chuté à la suite de la rupture du col de sa prothèse de hanche, imposant une nouvelle intervention chirurgicale. Pour le juge rennais, la responsabilité des prestataires de soins *« ne peut (...) être recherchée que pour faute lorsqu'ils ont recours aux matériels et dispositifs nécessaires à l'accomplissement d'un acte médical »*. En l'espèce, *« la clinique Saint Damien n'a pas participé au processus de fabrication de la prothèse puisqu'elle l'a achetée et sa responsabilité ne peut être recherchée que pour faute puisqu'elle n'est pas tenue d'une obligation de sécurité de résultat en matière de prothèse défectueuse »*.

L'exclusion d'une responsabilité sans faute du prestataire de soins a plus récemment été confirmée par la Cour de cassation dans un arrêt du 13 juillet 2016[39], statuant cette fois sur des faits postérieurs à la loi du 4 mars 2002. La Cour de cassation propose une interprétation originale de l'article L. 1142-1, I du code de la santé publique. En l'espèce, une patiente avait assigné son chirurgien-dentiste pour les troubles occasionnés par une prothèse dentaire inadaptée, à la suite de morsures de la langue et de la lèvre supérieure. Elle fondait son action sur le texte susvisé et invoquait la responsabilité sans faute du professionnel. La Cour de cassation confirme pourtant le rejet de la responsabilité en l'absence de faute prouvée. Aux termes d'un attendu général, elle juge *« qu'en dehors des cas où leur responsabilité est encourue en raison du défaut d'un produit de santé, sur le fondement des articles 1386-1 et suivants du Code civil (...), les professionnels de santé ne sont responsables qu'en cas de faute par application de l'article L. 1142-1, I, du Code de la santé publique »*. La Haute juridiction semble ici considérer que la responsabilité sans faute des établissements et professionnels consacrée par le code de la santé publique en matière de défaut d'un produit de santé, renvoie en fait au régime des produits défectueux issu de la directive. En

---

[37] V., O. Smallwood, « Le phénomène nosocomial », *in* F. Vialla (dir.), *Les grandes décisions du droit médical*, LGDJ, 2014, p. 781 et s.

[38] CA Rennes, 26 mars 2014, n° 133-13/00657, *Rev. Dr. et Santé*, 2014, n° 60, p. 1370, obs. P. Véron.

[39] Civ. 1re, 13 juillet 2016, n° 15-19.871. Il s'agit toutefois d'un arrêt inédit qui semble globalement avoir échappé à l'attention de la doctrine.

d'autres termes, cette responsabilité sans faute pour défaut d'un produit de santé ne viserait que les hypothèses où l'établissement de santé ou le praticien libéral sont eux-mêmes producteurs ou fournisseurs du produit. *De facto*, cette interprétation conduit à réduire quasi à néant le domaine de la responsabilité sans faute des établissements privés et des professionnels de santé pour défaut du produit. En effet, les hypothèses où l'établissement ou le praticien est lui-même producteur d'un dispositif médical sont *a priori* rares[40]. Quant à la qualité de fournisseur, nous l'avons vu, elle est écartée par la Cour de cassation même quand la clinique ou le chirurgien fournit au patient une prothèse implantée.

En définitive, Conseil d'État et Cour de cassation ont une lecture différente de l'article L. 1142-1, I du Code de la santé publique. Pour le premier, la responsabilité sans faute des établissements et professionnels est bien autonome par rapport au régime de responsabilité du fait des produits défectueux. Pour la Cour de cassation, en revanche, cette responsabilité n'est pas vraiment autonome puisqu'il faudrait comprendre, à la lumière d'une jurisprudence récente, qu'elle renvoie au régime des produits défectueux pour les seuls cas où l'établissement ou le professionnel a la qualité de producteur ou de fournisseur du produit. Au-delà, il faudra prouver la faute, par exemple une mauvaise utilisation ou un défaut d'entretien du matériel[41]. La responsabilité sans faute de l'établissement public prestataire n'est cependant que subsidiaire puisque ce dernier dispose d'une action récursoire contre le fabricant.

II. Une responsabilité subsidiaire

A. LA FACULTE D'APPEL EN GARANTIE CONTRE LE PRODUCTEUR

Si l'hôpital public est certes responsable sans faute à l'égard de la victime, pour les conséquences dommageables liées au défaut du matériel utilisé, il

---

[40] La fabrication de dispositifs médicaux par des professionnels de santé et/ou au sein des établissements de santé n'est toutefois pas une hypothèse d'école, que l'on pense à certains plâtres, pansements spéciaux, ou prothèses sur mesure. Elle pourrait se développer à l'avenir, notamment avec le recours croissant, au sein des hôpitaux, à la technique de l'impression 3D. V., le dossier « Impression 3D et santé », *JDSAM* 2016, n° 14, p. 5 et s. Notons que les établissements de santé disposant d'une pharmacie à usage intérieure sont également producteurs des médicaments préparés sur place.

[41] Par ex., *CAA Lyon, 17 juillet 2014, n° 13LY00878, Hospices civils de Lyon, où la responsabilité du CHU est retenue à raison du dysfonctionnement du matériel de scopie utilisé lors de l'accouchement. V., nos obs. à la Rev. Dr. et Santé, n° 62, 2014, p. 1650.*

dispose néanmoins de la possibilité d'appeler en garantie le producteur ou le fournisseur sur le fondement du régime des produits défectueux. C'est ce qu'a rappelé le Conseil d'État dans une décision du 30 décembre 2016[42]. L'espèce concernait un patient victime de la luxation d'une prothèse du genou, ce qui avait conduit à une intervention chirurgicale afin de procéder au remplacement de l'implant. Le patient assigne le centre hospitalier de Chambéry et invoque la défectuosité du produit. L'hôpital appelle alors le fabricant en garantie.

La cour administrative d'appel de Lyon condamne l'hôpital à indemniser la victime. En revanche, il rejette l'appel en garantie contre le fabricant au motif que le régime de responsabilité du fait des produits défectueux ne serait pas invocable par l'hôpital public. Cette position relève à l'évidence d'une confusion sur le champ d'application de la directive du 25 juillet 1985. Le régime des produits défectueux ne peut certes pas être invoqué *contre* l'établissement public de santé défendeur. En revanche, rien ne s'oppose à ce qu'il soit invoqué *par* l'hôpital public demandeur agissant contre le fabricant. Sans surprise, donc, le Conseil d'État censure et précise qu'*« un centre hospitalier qui a été condamné à indemniser un patient à raison des dommages résultant de l'implantation d'une prothèse défectueuse doit se voir reconnaître la possibilité de rechercher la responsabilité du producteur de la prothèse sur le fondement des articles 1386-1 à 1386-18 du Code civil »*.

Cette position est conforme aux exigences posées par la CJUE puisque dans l'arrêt CHU de Besançon du 21 décembre 2011, la Cour avait bien précisé que si un prestataire de soins peut être déclaré responsable sans faute pour le défaut d'un produit de santé, c'est à la condition *« que soit préservée la faculté pour la victime et/ou ledit prestataire de mettre en cause la responsabilité du producteur sur le fondement de ladite directive lorsque se trouvent remplies les conditions prévues par celle-ci »*[43]. En d'autres termes, si l'hôpital est certes responsable à l'égard de la victime, il peut se retourner pour le tout contre le fabricant qui est bien, en droit, le primo-responsable pour les conséquences liées au défaut du produit. L'hôpital utilisateur du dispositif médical défectueux n'a donc pas vocation à assumer la charge

---

[42] CE, 30 déc. 2016, n° 375406, JurisData n° 2016-028111 ; *JCP G* 2017, n° 9, p. 376, comm. P. Véron et F. Vialla ; *RCA* 2017, n° 3, p. 28, note L. Bloch ; *Procédures*, 2017, n° 3, p. 27, obs. S. Deygas. Cette décision fût par ailleurs rendue après que le tribunal des conflits se soit prononcé en faveur de la compétence des juridictions administratives, à propos de l'action en garantie dirigée par l'hôpital public contre le fabricant de la prothèse, personne privée : *T. confl., 11 avr. 2016, n° 4044, Centre hospitalier de Chambéry, JurisData n° 2016-007028 ; RDSS 2016, p. 571, note J. Peigné ; Rev. Dr. et Santé* 2016, n° 72, p. 503, note M.-C. Rouault.

[43] CJUE, 21 déc. 2011, préc., consid. 39.

définitive de la réparation du dommage. C'est en ce sens qu'on peut ici parler de responsabilité subsidiaire.

B. LES LIMITES DU RECOURS CONTRE LE PRODUCTEUR

Cette faculté de recours subrogatoire se heurte toutefois à certaines limites juridiques et pratiques, qu'il convient ici de souligner.

Premièrement, lorsque le producteur est insolvable, la charge définitive de la réparation sera assumée par l'établissement public de santé ou par son assureur. Or, le secteur des dispositifs médicaux se distingue sur ce point du secteur de l'industrie des médicaments. Il s'agit en effet d'un marché beaucoup plus éclaté dans lequel les entreprises y sont plus nombreuses et généralement de plus petite taille. Le risque d'insolvabilité est donc moins hypothétique qu'en matière pharmaceutique. Ce fût précisément le cas dans l'affaire PIP, placée en liquidation judiciaire, ce qui explique que les victimes se soient tournées vers d'autres acteurs pour tenter d'obtenir une indemnisation[44].

Deuxièmement, il faut souligner un paradoxe de taille, qui est que le prestataire utilisateur du produit défectueux est à certains égards dans une position moins confortable que le fournisseur de ce produit, et y compris son propre fournisseur. En effet, si le grossiste fournisseur de dispositifs médicaux – par exemple, de prothèses - est certes responsable sur le fondement de la directive du 25 juillet 1985, il ne l'est que de manière subsidiaire, en ce sens que sa responsabilité peut être engagée uniquement si le producteur n'est pas identifié. Dès lors que le producteur est identifié, quand bien il serait insolvable, le fournisseur du produit n'engage donc pas sa responsabilité[45].

Troisièmement, si l'hôpital peut certes exercer une action récursoire contre le producteur sur le fondement du régime de responsabilité du fait des produits défectueux, c'est à la condition, affirme la CJUE, que « *se trouvent remplies les conditions prévues par celle-ci* »[46]. Or, là encore, le régime instauré par la directive du 25 juillet 1985 s'avère, à certains égards, plus

[44] Sur le volet assurantiel de cette affaire, not, M.-F. Steinlé-Feuerbach, « Prothèses mammaires : l'assureur en responsabilité civile du fabricant doit sa garantie », *RISEO*, 2012-3, p. 7 ; Civ., 2e, 8 juin 2017, n° 16-14.951, *RCA* 2017, n° 11 p. 29, obs. H. Groutel.

[45] En d'autres termes, la subsidiarité de la responsabilité du fournisseur joue au stade de l'obligation à la dette alors que celle du prestataire de soins utilisateur du produit ne joue qu'au stade de la contribution.

[46] CJUE, 21 déc. 2011, préc., consid. 39.

favorable que le régime de responsabilité sans faute auquel est soumis le prestataire. Plus favorable, la directive l'est en effet sur au moins deux points. D'une part – et c'est un aspect essentiel -, l'action en justice exercée contre le producteur est enfermée dans des conditions de délai plus strictes que l'action dirigée contre l'hôpital, pourtant simple utilisateur. Pour rappel, l'action contre le producteur est enfermée dans un double délai de trois ans *« à compter de la date à laquelle le demandeur a eu ou aurait dû avoir connaissance du dommage, du défaut et de l'identité du producteur »*[47] et de dix ans à compter de la mise en circulation du produit[48]. Le point de départ de ce second délai est redoutable, car le défaut peut parfois être découvert tardivement, plus de dix ans après la mise en circulation du produit. Au contraire, le délai de prescription de l'action en réparation fondée sur le Code de la santé publique est de dix ans à compter de la consolidation du dommage[49]. D'autre part, la directive prévoit des causes d'exonération dont peut se prévaloir le producteur mais qui n'existent pas en faveur du prestataire. On pense par exemple à la cause d'exonération liée au « risque de développement », lorsque *« l'état des connaissances scientifiques et techniques, au moment où il a mis le produit en circulation, n'a pas permis de déceler l'existence du défaut »*[50].

C. LE RECOURS CONTRE D'EVENTUELS COAUTEURS

Il faut encore réserver un possible recours du prestataire de soins contre d'éventuels coresponsables, en particulier les organismes notifiés chargés du contrôle de la conformité et de la sécurité des DM mis sur le marché. Dans son arrêt Schmitt du 16 février 2017[51], rendu à la suite d'une question préjudicielle, la CJUE a rappelé que l'organisme notifié est soumis à une obligation de vigilance. En présence d'indices suggérant qu'un dispositif est susceptible d'être non conforme aux exigences découlant de la directive 93/42[52], il doit prendre toutes les mesures pour s'acquitter de ses obligations, notamment celle de suspendre, retirer ou assortir de restrictions le certificat délivré et celle de procéder à la surveillance du fabricant pour s'assurer qu'il remplit correctement les obligations qui découlent du système de qualité

---

[47] C. civ., art. 1245-16.
[48] C. civ., art. 1245-15.
[49] CSP, art. L. 1142-28.
[50] C. civ., art. 1245-10 al. 4.
[51] CJUE, 16 février 2017, n° C-219/15, *RDC* 2017, n° 114, p. 241, note J. Knetsch ; *Gaz. Pal.* 2017, n° 16, p. 25, note N. Blanc ; *RCA* 2017, n° 5 p. 3, note C. Coulon.
[52] Directive 93/42/CEE du Conseil, du 14 juin 1993, relative aux dispositifs médicaux.

approuvé. Un an et demi plus tard, dans l'affaire PIP, la Cour de cassation[53] a fait application des critères dégagés par la cour de Luxembourg et relevé *« qu'en présence d'indices laissant supposer qu'un dispositif médical ne serait pas conforme aux exigences qui découlent de la directive 93/42, un organisme notifié est tenu de procéder au contrôle des dispositifs médicaux ou des documents du fabricant qui recensent les achats de matières premières ou à des visites inopinées ».* Dans cette affaire, la responsabilité de l'organisme notifié, la société allemande TRLP, et celle de son sous-traitant, étaient recherchées par les distributeurs de prothèses PIP. La Cour de cassation a censuré la cour d'appel pour n'avoir pas recherché si un examen de compatibilité, sur la base des informations dont disposait l'ON, n'aurait pas dû permettre à ce dernier de constater que les quantités de gel médical acquises étaient manifestement sans rapport avec le nombre d'implants vendus, et ainsi détecter la fraude du fabricant.

La mise en cause de l'État au titre de son devoir de vigilance est également envisageable. Le tribunal administratif de Montreuil a ainsi, le 29 janvier 2019[54], retenu la faute de l'AFSSAPS[55] dans l'affaire des prothèses mammaires PIP, pour s'être abstenue d'agir dans la période d'avril à décembre 2009, alors qu'elle disposait de suffisamment d'éléments pour être alertée sur la dangerosité des prothèses de cette marque. Si l'abstention fautive de l'État est retenue, l'établissement d'un lien de causalité avec le dommage est en revanche plus difficile à établir. Dans cette affaire, en effet, la faute de l'agence, caractérisée uniquement sur une période d'environ huit mois au courant de l'année 2009, a été jugée sans incidence sur le sort de la victime, qui avait reçu ses implants en avril 2005. Le prestataire de soins, subrogé dans les droits de la victime, qui déciderait d'exercer une action récursoire contre l'État, se heurterait à l'évidence aux mêmes difficultés.

Conclusion

En définitive, ni la solution du Conseil d'État ni celle de la Cour de cassation ne sont pleinement satisfaisantes. Celle de la Cour de cassation « sacrifie » potentiellement l'indemnisation des victimes pour protéger l'établissement privé de santé ou le professionnel libéral, puisque la responsabilité sans faute est exclue. Celle du Conseil d'État est plus

---

[53] Civ. 1re, 10 octobre 2018, n° 15-26.093, 16-19430 et 17-14401, *D.* 2018, p. 1971 ; *JCP G*, n° 48, 28 novembre 2018, p. 1235 ; *Rev. dr. et santé*, 2018, p. 188, note D. Eskenazy ; *RCA* 2018, n° 11, p. 3, note L. Bloch.

[54] TA Montreuil, 29 janvier 2019, n° 1800068, *Jurisdata* n° 2019-001257 ; *JCP G* 2019, n° 7, p. 313 note V. Vioujas ; *JCP A* 2019, n° 6, p. 3, note H. Pauliat.

[55] Agence française de sécurité sanitaire des produits de santé, devenue Agence Nationale de Sécurité du Médicament et des produits de santé (ANSM).

favorable aux victimes et sans doute plus équilibrée, mais elle peut parfois conduire à ce que le prestataire assume seul la charge définitive de la réparation du dommage, lorsqu'une action récursoire, notamment contre le producteur, ne peut aboutir.

Les développements ont ici porté, pour l'essentiel, sur la question du fondement de la responsabilité des prestataires de soins utilisateurs de dispositifs médicaux. Cependant, d'autres questions mériteraient d'être abordées. Premièrement, le « défaut » du produit visé à l'article L. 1142-1, I du Code de la santé publique doit-il recevoir la même définition que dans le cadre du régime de responsabilité du fait des produits défectueux, par référence au produit qui n'offre pas la sécurité à laquelle on peut légitimement s'attendre[56] ? On sait que la CJUE retient une conception extensive du défaut de sécurité du produit. Elle a par exemple jugé que la simple défaillance potentielle de stimulateurs cardiaques implantables, faisant peser sur le patient un risque anormal, permettait de caractériser le défaut au sens de la directive du 25 juillet 1985[57]. Les anomalies constatées sur certains stimulateurs permettent ainsi de considérer comme défectueux l'ensemble des produits de la même série, la victime pouvant alors en demander l'explantation préventive à la charge du producteur. Deuxièmement, certains DM intègrent aujourd'hui des techniques d'intelligence artificielle. C'est le cas, notamment, de logiciels d'aide au diagnostic, à la prédiction, ou à la prescription médicale, qui peuvent comporter des erreurs – erreur de diagnostic, mauvaise recommandation sur un traitement, erreur de posologie - avec des conséquences potentiellement lourdes pour le patient. Pour la victime, la caractérisation du défaut peut s'avérer délicate, tout comme l'application de la cause d'exonération liée au risque de développement, en particulier en présence de logiciels autoapprenant[58]. Troisièmement, l'étude du contentieux de la responsabilité liée aux dispositifs médicaux enseigne que les discussions autour de la preuve du lien de causalité entre le défaut et le dommage y sont moins présentes que dans le contentieux du médicament. Il en va ainsi, sans doute,

[56] C. civ., art. 1245-3.

[57] CJUE, 5 mars 2015, *Boston scientific Medizintechnik GmbH*, aff. N° C503/13 et C504/13, *RDC* 2015/3, p. 466, note G. Viney ; *D.* 2015, p. 1247, note J.-S. Borghetti ; *JCP G* 2015, p. 892, note L. Grynbaum ; *Rev. dr. et santé*, 2015, n° 65, p. 489, obs. P. Véron ; *JDSAM* 2015, n° 4 p. 116, note J-A Robert et M. Binder.

[58] J.-S. Borghetti, « Civil Liability for Artificial Intelligence : What Should its Basis Be? », *in* S. Lohsse, R. Schulze and D. Staudenmayer (ed.), Liability for Artificial Intelligence and the Internet of Things (Hart, Nomos, 2018) 63 ; S. Desmoulin-Canselier et D. Le Metayer : « Algorithmic Decision Systems in the Health and Justice Sectors: Certification and Explanations for Algorithms in European and French Law », *European Journal of Law and Technology*, 2018, vol. 9 Issue 3: http://ejlt.org/article/view/626.

parce que les DM sont dépourvus d'effet immunologique ou pharmacologique. Pour schématiser, ils seraient censés avoir un effet mécanique et non organique sur le corps humain. Les conséquences dommageables de la rupture d'une prothèse ou de la panne d'un respirateur artificiel, par exemple, sont sans doute plus aisément identifiables que les effets indésirables d'un médicament sur l'organisme. Toutefois, au regard de la très grande variété des DM, on ne peut exclure que des questions délicates d'imputabilité puissent se poser, par exemple pour les dispositifs ayant une action sur le cerveau, à l'image des techniques de stimulation cérébrale profonde.

DROIT DES RISQUES

15

Risques naturels et expropriation

Hervé ARBOUSSET

En 1995, Claude Lienhard, fort de ses années au service de la cause des victimes, notamment par le biais de l'INAVEM (dont il fut le président fondateur) devenu depuis France victimes, fut l'auteur d'un article majeur par sa dimension tout à la fois pragmatique dans son thème et prospective dans sa vision : « *Pour un droit des catastrophes* »[1]. Face « *au constat de la fragmentation du droit de l'indemnisation et à son traitement sur la périphérie du judiciaire* » notamment, il s'agissait pour celui pour lequel ces modestes lignes sont écrites de marquer les esprits par un plaidoyer en faveur de la création d'une nouvelle branche du droit, par le biais d'une interrogation « *sur une modélisation globale, juridique et judiciaire du traitement* » des catastrophes. Depuis lors, les catastrophes (naturelles et anthropiques) et autres accidents collectifs n'ont cessé de survenir sur tous les continents. Le droit ou peut-être devrait-on écrire les droits, qu'ils soient nationaux et supranationaux, écrits et jurisprudentiels, ont dû s'adapter à ces événements sinon anticiper leur survenance. La création concomitamment à la publication de cet article, par trois enseignants chercheurs de l'IUT de Colmar dont Claude Lienhard, du Centre Européen de Recherche sur le Droit des Accidents Collectifs et des Catastrophes (CERDACC) rattaché à l'université de Haute-Alsace, a permis à de nombreux enseignants chercheurs d'apporter leurs connaissances et leurs compétences à une matière dont le spectre initial (catastrophes et accidents collectifs) a été étendu à l'étude des risques quels qu'ils soient, à la réparation des dommages subis par le biais de l'assurance, de la solidarité ou de la recherche de responsables et à l'analyse des situations factuelles appréhendées sous l'angle de la sécurité mais aussi de la sûreté. C'est ainsi que ce laboratoire de recherche est devenu en 2010 (il était alors dirigé par le professeur Marie-France Steinlé-Feuerbach) le Centre Européen de recherche sur le Risque, le Droit des accidents Collectifs et des Catastrophes, conservant ainsi son acronyme originel.

Présentant le champ d'application du droit qu'il qualifiait lui-même de « *droit des catastrophes* » et soulignant le « *traitement collectif à tous les niveaux* » qui s'imposent une fois la catastrophe survenue, Claude Lienhard exposait les branches du droit concerné. Il écrivait alors : « *le droit public,*

[1] *Dalloz*, 1995, p. 91 et s.

au travers de la responsabilité administrative et de la responsabilité du pouvoir politique est également sommé de se positionner ». S'il existait ainsi à l'époque une diversité de règles de droit public de nature à être mises en œuvre une fois la catastrophe ou l'accident collectif survenu, on pense particulièrement aux règles de la responsabilité administrative qui ne concernaient pas et n'intéressent toujours pas exclusivement les catastrophes et accidents collectifs, au fil des années, un autre axe d'action *a posteriori* a pris de plus en plus d'ampleur : la solidarité. On se contentera ici de renvoyer le lecteur aux multiples textes législatifs prenant appui sur la solidarité par le biais, par exemple, de fonds d'indemnisation ou du comité d'indemnisation des victimes des essais nucléaires français[2]. Au demeurant, l'affirmation de la valeur constitutionnelle de la fraternité[3] par le Conseil constitutionnel en juillet 2018 reconnaissant « *la liberté d'aider autrui, dans un but humanitaire, sans considération de la régularité de son séjour sur le territoire national* »[4], intéresse d'évidence le droit des catastrophes, entendu ici comme s'inscrivant dans un contexte de catastrophe humanitaire. Comme l'écrit Michel Borgetto : « *la fraternité recèle dans son concept et donc implique a minima, sauf à être une formule vide de sens, un certain nombre de conséquences parmi lesquelles l'exercice de la tolérance, la bienveillance pour autrui, le respect de l'Autre, l'aide et la sollicitude à l'égard de celui qui souffre...* »[5]. Ainsi, la décision du Conseil constitutionnel paraît avoir un retentissement important, au-delà de ses effets immédiats sur le code de l'entrée et du séjour des étrangers et du droit d'asile, en matière d'aide aux migrants, sous réserve que ce soit à des fins humanitaires et ainsi totalement désintéressées sans considération de la nationalité de ceux-ci (solution logique pour Michel Borgetto[6] et inconcevable pour Anne-Marie Le Pourhiet[7]). Il s'agit d'ailleurs, en l'espèce, au nom du principe

---

[2] CE, avis, n° 400375, 17 octobre 2016 : « *en confiant au CIVEN la mission d'indemniser, selon une procédure amiable exclusive de toute recherche de responsabilité, les dommages subis par les victimes de ces essais, le législateur a institué un dispositif assurant l'indemnisation des victimes concernées au titre de la solidarité nationale* ». Pour une analyse critique : H. Arbousset, « Indemnisation des victimes des essais nucléaires : une question de solidarité ? », *Petites Affiches*, 13 janvier 2017, n° 10, p. 6 et s.

[3] M. Borgetto, *La notion de fraternité en droit public français, le passé, le présent et l'avenir de la solidarité*, Bibliothèque de droit public, tome 170, L.G.D.J., 1993.

[4] CC, n° 2018-717/718 Q.P.C. du 6 juillet 2018.

[5] « La fraternité devant le Conseil constitutionnel », *La Semaine Juridique Edition Générale* n° 30-35, 23 juillet 2018, doctr. 876.

[6] « *Ce principe va-t-il jusqu'à permettre que l'on apporte une aide à une personne étrangère en situation irrégulière ?... En réalité, il va sans dire que rien ne s'oppose, bien au contraire, à ce qu'il en aille ainsi...* », *idem*.

[7] « *...la fraternité n'a jamais expressément uni que les citoyens français appartenant à la « famille » nationale et ne s'étend certainement pas aux étrangers,*

constitutionnel de fraternité d'éviter, à celui qui vient en aide à autrui (le Conseil constitutionnel n'utilisant à aucun moment le mot victime), la sanction prévue par l'article L. 622-1 du code de l'entrée et du séjour des étrangers et du droit d'asile. Au regard de la décision du Conseil constitutionnel, les personnes fuyant leur pays d'origine prises en charge sur le territoire français par des aidants bénéficient de manière indirecte de la consécration du principe constitutionnel de fraternité sans qu'« *aucun principe non plus qu'aucune règle de valeur constitutionnelle n'assure aux étrangers des droits de caractère général et absolu d'accès et de séjour sur le territoire national* ». Principe de fraternité que le législateur doit, toutefois, concilier avec la sauvegarde de l'ordre public impliquant la mise en œuvre de « *l'objectif de lutte contre l'immigration irrégulière [qui] participe de la sauvegarde de l'ordre public qui constitue un objectif de valeur constitutionnelle* »[8].

Or, sans doute plus qu'hier, agir avant, anticiper en amont la survenance d'une catastrophe ou d'un accident qu'il soit collectif ou non, doit être l'une des préoccupations des acteurs publics responsables de la sécurité des personnes vivant sur leur territoire de compétences. Cette évidence qui constitue une exigence n'a pas échappé au Conseil d'État. Dans son étude publiée le 25 juin 2018 intitulée « *La prise en compte du risque dans la décision publique : pour une action publique plus audacieuse* », il insiste sur la nécessité, pour le gouvernement et les collectivités territoriales, d'anticiper la survenance de risques. Il souligne « *...faute d'être armé pour agir en toute connaissance de cause, le décideur public peut être amené à privilégier le moindre risque. En outre, n'étant pas incité à faire preuve d'audace, du fait de la stigmatisation de l'échec, il ne prend pas toujours les décisions que commanderait l'intérêt général. Pour remédier à cette*

---

a fortiori en situation irrégulière, c'est-à-dire entrés ou demeurés sur le territoire français au mépris des lois républicaines. C'est une falsification des principes républicains que de prétendre appliquer la fraternité à l'ensemble du « genre humain » à la façon de l'Internationale socialiste ou de la chrétienté et de décider, comme le fait le Conseil constitutionnel qu'il « découle » de la fraternité la «liberté» d'aider des étrangers illégaux dans un but humanitaire ». « Fraternité avec les migrants illégaux : le coup d'État du Conseil constitutionnel », *Le figarovox*, 10 juillet 2018.

[8] CC, n° 2018-717/718 Q.P.C. du 6 juillet 2018 : « *Dès lors, en réprimant toute aide apportée à la circulation de l'étranger en situation irrégulière, y compris si elle constitue l'accessoire de l'aide au séjour de l'étranger et si elle est motivée par un but humanitaire, le législateur n'a pas assuré une conciliation équilibrée entre le principe de fraternité et l'objectif de valeur constitutionnelle de sauvegarde de l'ordre public. Par conséquent...les mots « au séjour irrégulier » figurant au premier alinéa de l'article L. 622-4 du code de l'entrée et du séjour des étrangers et du droit d'asile, doivent être déclarés contraires à la Constitution* ».

situation...en vue d'assurer plus efficacement la protection du public contre les risques exogènes, [il faut] anticiper, évaluer et gérer les risques, de manière plus objective et professionnalisée...que l'audace, qui suppose une prise de risque, soit favorisée et récompensée... »[9]. Il faut ainsi, selon cette étude, que les décideurs publics identifient les risques notamment par une expertise interne efficace et efficiente mais aussi qu'ils organisent « *le retour d'expérience* » pour, alors, prendre les décisions opportunes en ayant adapté l'organisation administrative aux risques existants. Puis, il leur faut informer, dialoguer, former le public et agir de manière audacieuse c'est-à-dire chercher à « *oser des actions hardies en dépit des dangers ou des obstacles* »[10], ce qui exige « *une culture nouvelle qu'il faut insuffler dans la sphère administrative* »[11]. La prévention s'impose d'autant plus, même si elle ne permet jamais d'éviter la réalisation de tous les risques puisque le risque zéro est une chimère, qu'elle présente un coût financier généralement moins important que le recours à la solidarité ou aux règles de responsabilité et, *in fine*, qu'elle permet de réduire le nombre de victimes et corrélativement le nombre de leurs ayants droit.

Le droit s'il doit ainsi organiser, de la plus harmonieuse des façons, la vie en société de tous les acteurs dont il va impacter la vie quotidienne (personnes de droit privé et personnes morales de droit public) impose d'agir sur le présent, d'anticiper le futur mais aussi en quelque sorte de solder le passé. On retrouve ici une thématique fondamentale tenant à l'exigence de mémoire puisque, dans certaines circonstances, il faut faire mémoire, constituer une mémoire, afin non seulement d'anticiper la réalisation d'un risque mais aussi parfois de penser aux générations futures[12]. Or, agir sur le présent en s'appuyant sur le passé concerne d'évidence un instrument juridique remarquable par son effet sur la propriété privée voire la propriété publique (mais alors seulement à l'égard de biens situés sur le domaine privé) : l'expropriation consacrée par l'article L. 561-1 du code de l'environnement. Ce type d'expropriation fut décliné en 2003 à l'hypothèse de risques industriels mais seulement alors lorsqu'il est question d'un

---

[9] Étude adoptée par l'assemblée générale plénière le 26 avril 2018.

[10] *Dictionnaire de la langue française*, Hachette livre, 1993.

[11] H. Pauliat, « La prise en compte du risque dans la décision publique », *Semaine juridique, Administrations et collectivités territoriales*, n° 26, juillet 2018, Actualités, n° 552.

[12] Le CERDACC a ainsi organisé un colloque le 23 novembre 2018 sur « *La mémoire industrielle : facteur de prévention, le cas du démantèlement* » où furent abordées les dimensions philosophique, juridique, sémiologique et scientifique de la mémoire appliquée au monde industriel. Pour un compte-rendu, Journal des accidents et des catastrophes, n° 182, décembre 2018 (www.jac.cerdacc.uha.fr).

territoire couvert par un plan de prévention des risques technologiques (L. 515-16 du code de l'environnement).

Nous voudrions par cette contribution intitulée « *Risques naturels et expropriation* », faire part de quelques remarques sur une technique juridique (l'expropriation pour cause d'utilité publique) appliquée à des situations particulières (amenant à faire état d'expropriation pour cause de sécurité publique alors que la formule n'est pas consacrée par le code de l'environnement, d'une expropriation « *sauvetage* »[13], d'une expropriation « *sacrifice* »[14]), qui n'est pas l'objet d'une attention régulière de la doctrine depuis sa consécration par la loi du 2 février 1995 alors pourtant qu'elle doit participer à la sauvegarde des populations confrontées à certains risques naturels par le biais d'une action sur le foncier particulièrement volontariste. Cela s'explique sans doute par le renversement de perspective qui est apparu au fil du temps consistant à privilégier l'acquisition à l'amiable des biens exposés sur l'expropriation, au regard du traumatisme sinon de l'atteinte au droit de propriété, droit naturel s'il en est au regard de l'article 17 de la déclaration des droits de l'homme et du citoyen du 26 août 1789, qu'elle implique. L'acquisition à l'amiable fait d'ailleurs l'objet de précisions apportées par l'article L. 561-3 du code de l'environnement. Ainsi, le fonds de prévention des risques naturels majeurs créé en 1995 (dit Fonds Barnier) peut, depuis 2003, contribuer au financement des mesures de prévention concernant deux types de situations d'acquisition[15], sous réserve toutefois

---

[13] N. Foulquier, *Droit administratif des biens*, Lexisnexis, 4ème édition, 2018, p. 600.
[14] « L'expropriation pour risque naturel », R. Hostiou, *AJDA* 2012, p. 1324 et s.
[15] « *L'acquisition amiable par une commune, un groupement de communes ou l'État d'un bien exposé à un risque prévisible de mouvements de terrain ou d'affaissements de terrain dus à une cavité souterraine ou à une marnière, d'avalanches, de crues torrentielles ou à montée rapide, de submersion marine menaçant gravement des vies humaines ainsi que les mesures nécessaires pour en limiter l'accès et en empêcher toute occupation, sous réserve que le prix de l'acquisition amiable s'avère moins coûteux que les moyens de sauvegarde et de protection des populations* » et « *L'acquisition amiable, par une commune, un groupement de communes ou l'État, de biens à usage d'habitation ou de biens utilisés dans le cadre d'activités professionnelles relevant de personnes physiques ou morales employant moins de vingt salariés et notamment d'entreprises industrielles, commerciales, agricoles ou artisanales et de leurs terrains d'assiette ainsi que les mesures nécessaires pour en limiter l'accès et en empêcher toute occupation, sous réserve que les terrains acquis soient rendus inconstructibles dans un délai de trois ans, lorsque ces biens ont été sinistrés à plus de la moitié de leur valeur et indemnisés en application de du code des assurances* » : Loi n° 2002-276 du 27 février 2002, JORF 28 février 2002, p. 3808. En 2016, le fonds a versé 30,8 millions d'euros au titre des acquisitions, ce qui représente beaucoup plus que pour les expropriations (7 millions).

que les biens soient « *couverts par un contrat d'assurance mentionné au premier alinéa de l'article du code des assurances* ». Néanmoins, le texte de 1995 soulignait déjà le caractère exceptionnel dans l'usage qui devait en être fait puisque c'est seulement lorsque « *les moyens de sauvegarde et de protection des populations s'avèrent plus coûteux que les indemnités d'expropriation* »[16] que cet instrument pouvait et peut toujours être utilisé.

Si d'évidence on peut être la victime d'un phénomène notamment naturel, est-il possible d'être victime ou d'être qualifié de la sorte parce qu'une procédure d'expropriation est utilisée ou parce qu'il est refusé de mettre en œuvre ce mécanisme ? Pour pouvoir répondre à cette question, il faut s'entendre sur la définition à donner au terme victime et sur son champ d'application. Faire état de sa qualité de victime consiste à s'inscrire dans une vision d'emblée liée à la responsabilité mais aussi à la solidarité et ainsi au sacrifice qui est infligé à celle-ci. Comment alors définir la victime ? Selon Gérard Cornu, c'est « *celui qui subit personnellement un préjudice par opposition à celui qui le cause, mais qui peut être victime directe ou indirecte* »[17]. Pour Anne-Laure Girard : « *la victime... désigne l'homme dont la souffrance puise sa source dans une cause particulière, qui émeut suffisamment la communauté nationale pour que l'État lui offre un dédommagement, au moins partiel* »[18]. Le terme vient du latin *victima* qui signifie « *animal destiné au sacrifice* »[19]. Par un abus de langage, le mot victime a dépassé son sens originel puisqu'il peut aussi être employé dans le langage courant pour signifier souffrir d'un comportement ou d'un acte que l'on considère injuste. Faut-il alors écarter cette dernière approche, parce que trop subjective, pour ne privilégier que celle consistant à affirmer qu'une victime subit un préjudice ? Il s'agirait alors de considérer qu'une personne ne peut être qualifiée de victime que si elle supporte un préjudice et qu'elle est reconnue comme telle par la société à travers les lois mais aussi la jurisprudence. Car dans le cas contraire, pourraient être qualifiées de victimes toutes personnes se prévalant, à son sens, d'un acte ou d'une action qui lui porte préjudice sans que la société lui ait reconnu ce titre, sinon ce statut. On pense par exemple aux mouvements des gilets jaunes se disant victimes notamment d'une fiscalité excessive et inégalitaire, mais aussi du propriétaire faisant l'objet d'une procédure d'expropriation dont il ne veut absolument pas ou, à l'inverse, du propriétaire à qui on refuse le bénéfice de

---

[16] Art. L. 561-1. Formule ajoutée par l'Assemblée nationale et validée ensuite par le Sénat.

[17] *PUF*, Paris, 2011.

[18] « L'efflorescence de la notion de victime en droit administratif », *in L'avènement juridique de la victime*, sous la direction de Boris Bernabé, La documentation française, 2015, p. 17 et s., p. 35.

[19] Dictionnaire Gaffiot, Latin-français, Hachette, 1934, p. 1672.

l'expropriation. Ainsi, dans cette acception large, chacun d'entre nous peut se dire victime. Or, justement, il ne suffit pas d'invoquer cette qualité pour pouvoir prétendre endosser l'habit de la victime. Car alors nous serions tous, à un moment donné de notre existence au regard de circonstances plus ou moins graves, victimes, ici d'une fiscalité à nos yeux injuste ou là d'un comportement jugé *a minima* inadéquat.

L'application de l'article L. 561-1 du code de l'environnement a donné lieu à des solutions jurisprudentielles récentes soulignant que le droit à exproprier porte sur des hypothèses strictement limitées par la loi (I). Existe-t-il alors un droit à être exproprié (II) ?

I. Un droit à exproprier entendu restrictivement

L'article 17 et dernier de la Déclaration des droits de l'homme et du citoyen formule un principe qui produit toujours ses effets en droit français contemporain. Il consacre ainsi la propriété comme un droit inviolable et sacré tout en précisant explicitement qu'il n'est pas un droit immuable. En effet, il peut être remis en cause au nom de la nécessité publique (qui doit alors l'exiger « *évidemment* »), identifiée par la loi, et sous « *la condition d'une juste et préalable indemnité* ». Cette privation du droit de propriété (à ne pas confondre avec une atténuation de ce droit exigeant l'application de l'articles 2 de la Déclaration des droits de 1789[20]) a conduit, au fil du temps, d'abord le législateur puis le juge administratif, à déterminer les hypothèses pour lesquelles une expropriation pouvait être entreprise. Ainsi, parmi d'autres textes législatifs adoptés, la loi du 2 février 1995 relative au renforcement de la protection de l'environnement[21], tout en instituant les plans de prévention des risques naturels prévisibles, a consacré une procédure d'expropriation « *atypique* », « *sui generis* »[22]. En effet, si l'article L. 561-1 du code de l'environnement renvoie aux conditions énoncées par le code de l'expropriation, l'instrument ainsi institué déroge au droit commun de l'expropriation sur plusieurs points. Tout d'abord, l'indemnité allouée aux expropriés doit permettre de remplacer le bien exproprié et ne doit pas tenir compte de l'existence du risque. Cette solution, certes bienvenue, puisque la seule existence d'un risque prévisible pour les vies humaines produit une dépréciation inexorable de la valeur du bien, peut toutefois inciter certaines personnes à vouloir obtenir le bénéfice de ce dispositif légal nouveau. On pourrait même envisager l'hypothèse d'un propriétaire qui vendrait son bien ne sachant pas si et quand il serait exproprié, risquant alors

[20] CC, *12 novembre 2010, n° 2010-60 Q.P.C., CC* 13 janvier 2012, n° 2011-208 Q.P.C.
[21] Loi n° 95-101, JORF n° 29 du 3 février 1995, p. 1840 et s.
[22] « L'expropriation pour risque naturel », R. Hostiou, *op. cit.*

d'obtenir une indemnisation faible car tenant compte du risque. Le nouveau propriétaire pourrait, une fois l'expropriation menée, obtenir une indemnisation plus importante puisque l'existence du risque ne serait pas alors prise en compte… Ensuite, le fonds de prévention des risques naturels majeurs, créé par la même loi, est chargé d'assurer l'indemnisation des expropriations réalisées[23], ce qui pourrait inciter les expropriants à souhaiter que cette procédure soit enclenchée afin que ce ne soit pas eux qui, *in fine*, assurent l'indemnisation des expropriés (en application du code de l'expropriation) puisque le fonds est notamment alimenté par « *un prélèvement sur le produit des primes ou cotisations additionnelles relatives à la garantie contre le risque de catastrophes naturelles* » (article L. 561-3 du code de l'environnement).

L'expropriation telle que prévue par l'article L. 561-1 du code de l'environnement a donné lieu depuis 1995 a peu de modifications. La principale d'entre elles a porté sur son champ d'application[24]. En effet, au fil des années mais surtout en conséquence de la survenance d'événements naturels, précisément géologiques et météorologiques, le législateur a étendu les hypothèses de recours à l'expropriation. Ainsi, si l'expropriation de droit commun telle que définie par les articles L. 1 et suivants du code de l'expropriation doit être justifiée par l'existence d'une utilité publique, dont on connaît toutefois le caractère hétérogène des situations concernées, l'expropriation consacrée par le code de l'environnement ne concerne pas tous les risques naturels mais seulement certains sans qu'il soit question aujourd'hui comme hier de généraliser cette procédure qui doit ainsi rester ciblée à quelques hypothèses[25]. Cela en fait une procédure d'expropriation réellement spécifique, l'utilité publique toujours exigée étant en effet entendue restrictivement, l'unique objet étant de protéger des vies humaines face à « *certains risques naturels majeurs* » (titre donné au chapitre du code de l'environnement). Ainsi, le champ de cette expropriation, qui concernait

---

[23] Depuis sa création, le fonds a versé 102 397 923 euros au titre de l'expropriation dont 7 millions en 2016, *cf.* rapport sur la gestion du fonds de prévention des risques naturels prévisibles, annexe au projet de loi de finances pour 2018.

[24] La loi du 30 juillet 2003 a précisé que « *l'État peut déclarer d'utilité publique l'expropriation par lui-même, les communes ou leurs groupements* » (n° 2003-699, JORF 31 juillet 2003), l'ordonnance du 6 novembre 2014 ayant modifié la numérotation des articles du code de l'expropriation pris en compte dans cette procédure (n° 2014-1345).

[25] La cour administrative d'appel de Bordeaux a jugé que l'article L. 561-1 du code de l'environnement ne peut être utilisé que si la menace grave pour les vies humaines est « *exclusivement imputable aux éléments naturels* ». Dès lors, il ne sera pas possible d'utiliser l'article L. 561-1 lorsque le risque procède aussi d'autres événements non issus de la nature (CAA Bordeaux, 13 décembre 2016, n° 15BX01289).

« *des risques localisés à dynamique rapide* »[26], a été étendu au-delà des mouvements de terrains, des avalanches et crues torrentielles, hypothèses consacrées en 1995, aux affaissements de terrain dus à une cavité souterraine ou à une marnière[27] et aux crues « *à montée rapide ou de submersion marine* »[28].

Il est important de rappeler les conditions ayant abouti en 1995 à ce champ d'application restrictif. Le sénateur Dailly qui proposa de consacrer cette nouvelle forme d'expropriation à la place de la solution préconisée par le gouvernement, qui souhaitait créer un nouveau pouvoir de police (interdiction d'accès, d'occuper, droit de démolir), n'a pas voulu limiter les hypothèses de risques naturels, estimant que cela donnerait ainsi aux gouvernements successifs une marge de manœuvre moins contraignante que si le champ d'application était strictement déterminé par avance (il proposait la formule « *risque naturel majeur prévisible [qui] menace gravement des vies humaines* »[29]). C'est le sénateur Le Grand qui suggéra que cet outil puisse être utilisé seulement pour les mouvements de terrain, les avalanches ou crues torrentielles. Le changement de perspective est significatif. Il fut justifié par son auteur comme caractérisant une procédure d'un usage exceptionnel, concernant « *des risques dont le périmètre est bien défini... Les risques dont l'étendue spatiale est difficile à cerner-les séismes, les cyclones, les éruptions volcaniques- sont...écartés par la rédaction retenue* »[30]. Le ministre de l'environnement insista sur l'importance que la nouvelle procédure soit réservée à « *des problèmes très localisés* » d'un point de vue spatial, dépassant une « *certaine importance* »[31]. Selon lui, ce « *mécanisme doit conserver un caractère exceptionnel, ponctuel, limité à de toutes petites communautés humaines, sinon nous viderons le dispositif de toute crédibilité* »[32]. Des élus de la Nation, rejoints par le gouvernement puis par

---

[26] E. Graszk, M. Toulemont, « P.P.R. et prévention des risques majeurs. Les mesures de prévention des risques naturels de la loi du 2 février 1995 », *Bulletin des laboratoires des ponts-et-chaussées*, novembre-décembre 1996, p. 85 et s., p.90.

[27] Loi n° 2002-276 du 27 février 2002 relative à la démocratie de proximité. JORF 28 février 2002, JORF du 28 février 2002, pages 3808 et s. : « *Ces dispositions ne s'appliquent pas aux cavités souterraines d'origine naturelle ou humaine résultant de l'exploitation passée ou en cours d'une mine* ».

[28] Loi n° 2010-788 du 12 juillet 2010 portant engagement national pour l'environnement, JORF n° 0160 du 13 juillet 2010, p. 12905 et s.

[29] Sénat, avis, n° 2, au nom de la commission des lois constitutionnelles, de législation, du suffrage universel, du règlement et d'administration générale.

[30] Sénat, Séance du 12 octobre 1994, p. 4222. Remarquons que le projet gouvernemental avait déjà un champ d'application limité aux mouvements de terrain, avalanches ou crues.

[31] *Idem*, p. 4224.

[32] *Ibidem*, p. 4225.

leurs collègues, ont donc souhaité que le dispositif créé concerne peu d'hypothèses sans toutefois expliquer une telle approche. Comment alors comprendre ce souci législatif de restreindre *ab initio*, puis au fil des années, le champ d'application de la loi de 1995 qui porte sur des événements potentiels localisés ? En premier lieu, il est toujours possible de recourir à une expropriation pour cause d'utilité publique en dehors des situations limitativement énumérées par l'article L. 561-1 du code de l'environnement, l'utilité publique justifiant le recours à l'expropriation pouvant être aisément découverte en cas de risques. Il appartiendra alors au seul expropriant d'assurer le versement de l'indemnité à l'exproprié. En second lieu, seules des situations à risques exceptionnelles peuvent justifier le recours à une procédure elle-même exceptionnelle.

On peut toutefois s'interroger sur cette limitation, sur laquelle le Parlement ne reviendra pas au cours des débats, des hypothèses d'emploi de cette nouvelle expropriation. En effet, à plusieurs reprises furent mentionnés les exemples de la falaise de la Séchilienne (en Isère) et du massif de l'Hautil (Yvelines), sans doute pour montrer que le nouvel instrument pourrait y être utilisé. Or, l'un et l'autre concernent-ils un risque se rattachant à un mouvement de terrain ? Les discussions parlementaires n'apportent pas de réponses claires, le ministre de l'environnement semblant estimer que tel était le cas alors que le sénateur Dailly, à propos de la Séchilienne, faisait état d'un risque d'éboulement de falaise. D'évidence, il s'agissait pour le gouvernement et le Parlement d'apporter une réponse à deux situations d'extrême dangerosité. Or, aucune explication n'a été donnée à l'ajout des avalanches et des crues torrentielles si ce n'est, pour ces dernières, leur caractère souvent très grave. Dès lors, pourquoi avoir réservé cette forme d'expropriation à trois situations de risques exceptionnels et géographiquement localisés alors qu'il en existe d'autres dont certaines seront ajoutées plus tard ? Aucune réponse ne fut apportée par les discussions. En revanche, le travail parlementaire fait apparaître l'exclusion de certains risques naturels : séismes, cyclones, éruptions volcaniques et érosions de côte. Dans son rapport le sénateur Le Grand écrit que doivent être exclus les risques naturels « *soit d'évolution lente, soit d'importance telle qu'il devient manifestement impossible d'exproprier les biens des populations concernées* »[33].

Si les hypothèses sont limitativement énumérées par la loi, serait-il toutefois possible d'obtenir l'application de l'article L. 561-1 du code de l'environnement pour d'autres situations et particulièrement du fait de

---

[33] Sénat, Rapport n° 4 au nom de la commission des affaires économiques et du plan, p. 63, Annexe au procès-verbal de la séance du 5 octobre 1994, première session ordinaire de 1994-1995.

l'érosion côtière ? *A priori*, une réponse simple s'impose. Dès lors que le législateur n'a pas mentionné d'autres circonstances, il n'est pas soutenable juridiquement d'utiliser l'article L. 561-1 du code de l'environnement. Sauf à rattacher à l'une de celles-ci des situations qui s'en rapprocheraient, rappelant alors les mouvements des contorsionnistes, ou à ce que les travaux parlementaires aient mentionné pareille hypothèse. La question fut posée à propos de l'immeuble Le Signal localisé sur la côte Atlantique (précisément sur la commune de Soulac-sur-Mer en Gironde), construit en 1965 et dont les habitants ont été évacués en 2014 en raison d'un risque d'effondrement. En effet, l'immeuble situé à 200 mètres de l'océan en 1978, n'est plus désormais qu'à 9 mètres de celui-ci.... Des recours contentieux ont été formés par des copropriétaires devant les juridictions administratives, le Conseil constitutionnel ayant eu, quant à lui, à statuer sur une question prioritaire de constitutionnalité. Par une décision rendue le 17 janvier 2018[34], la haute juridiction administrative a jugé que « *le législateur n'a pas entendu étendre le régime d'expropriation qu'elles instituent aux risques liés à l'érosion côtière, lesquels ne sont assimilables ni aux risques de submersion marine, ni, par eux-mêmes, aux risques de mouvements de terrain, mentionnés dans cet article* ». Toutefois, elle décida que les conditions permettant le renvoi au Conseil constitutionnel de la question prioritaire de constitutionnalité déposée par le syndicat secondaire Le Signal étaient réunies. Par une décision du 6 avril 2018, le Conseil constitutionnel a jugé que la formule « *lorsqu'un risque prévisible de mouvements de terrain, ou d'affaissements de terrains dus à une cavité souterraine ou à une marnière, d'avalanches, de crues torrentielles ou à montée rapide ou de submersion marine menacent gravement des vies humaines* » ne portait pas atteinte aux droits et libertés garantis par la Constitution. Selon les juges constitutionnels, cette formule ne viole pas le principe d'égalité devant la loi qui autorise le législateur à traiter de manière différente des situations elles-mêmes différentes, voire à déroger « *à l'égalité pour des raisons d'intérêt général, pourvu que, dans l'un et l'autre cas, la différence de traitement qui en résulte soit en rapport direct avec l'objet de la loi qui l'établit* ». Il était ainsi loisible au Parlement de traiter différemment les personnes exposées à un risque d'érosion côtière (en l'espèce les propriétaires des biens en copropriété) et les populations confrontées à l'un des risques énumérés à l'article L. 561-1 du code de l'environnement puisqu'elles constituent deux catégories différentes. Au demeurant, poursuit le Conseil constitutionnel, le champ de l'article L. 561-1 du code de l'environnement ne couvre pas « *le risque d'érosion côtière* », l'énumération législative étant donc d'interprétation stricte. *A priori*, cette analyse s'impose comme une évidence car aucunes des hypothèses retenues ne recouvrent justement le risque d'érosion côtière. Pourrait-on toutefois rattacher ce phénomène à un

[34] CE n° 398671, Syndicat secondaire Le Signal.

mouvement de terrain ? L'analyse littérale de l'article L. 561-1 du code de l'environnement laisse penser que seuls les affaissements de terrain provoqués par une cavité souterraine ou une marnière relèvent de cette procédure, ce qui est pour le moins restrictif et inapplicable aux risques d'érosion côtière, mais pas les mouvements de terrain, qui, dès lors, n'auraient pas à être provoqués par une cavité souterraine ou une marnière pour justifier le recours à une expropriation. Ainsi, l'hypothèse d'un mouvement de terrain mentionnée à l'article L. 561-1 du code de l'environnement pourrait peut-être couvrir l'érosion côtière. D'ailleurs, le site ministériel Géorisques définit les mouvements de terrains comme un « *ensemble de déplacements, plus ou moins brutaux, du sol ou du sous-sol, d'origine naturelle ou anthropique. Les volumes en jeux sont compris entre quelques mètres cubes et quelques millions de mètres cubes. Les déplacements peuvent être lents (quelques millimètres par an) ou très rapides (quelques centaines de mètres par jour)* », tout en listant leur forme dans lesquels on trouve l'érosion littorale...[35]. Ne pourrait-on pas estimer que l'érosion côtière puisse être rattachée aux submersions marines et justifier alors l'usage de l'article L. 561-1 du code de l'environnement ? La cour administrative d'appel de Bordeaux a répondu positivement en 2016 puisqu'elle a jugé à propos de l'immeuble Le Signal que « *le risque de submersion marine qui pèse sur l'immeuble du Signal ne pouvait, à la date de la décision contestée, être regardé comme menaçant gravement des vies humaines au sens des dispositions précitées de l'article L. 561-1 du code de l'environnement* »[36]. Toutefois, selon Rémi Radiguet, une réponse négative doit l'emporter car l'érosion côtière correspond en « *une perte de matériaux vers la mer* » alors que la submersion marine « *consiste en une inondation temporaire de la zone côtière par la mer dans des conditions météorologiques et marégraphiques sévères* »[37]. Répondre à ces deux questions est finalement inutile car la lecture des travaux préparatoires sur la loi de 1995 exclut justement l'érosion côtière[38] rendant dès lors inconcevable

---

[35] http://www.georisques.gouv.fr/articles/le-risque-mouvements-de-terrain. Ce phénomène naturel affecte aussi bien les côtes rocheuses par glissement et effondrement de falaise (Nord - Pas-de-Calais, Normandie, côte basque) que les côtes sableuses soumises à l'érosion par les vagues et les courants marins.

[36] CAA 9 février 2016, n° 14BX03289.

[37] « Mauvais signal pour les propriétaires de biens en bord de mer ! », *AJDA* 2018, p. 1109 et s.

[38] Sénat, rapport n° 4 du sénateur Le Grand, au nom de la commission des Affaires économiques et du Plan, p. 63, *op. cit.*, « *L'article 1er de la loi crée une possibilité nouvelle d'*expropriation... *se manifestant dans l'hypothèse de mouvements de terrain, avalanches ou crues torrentielles (les séismes et l'érosion des côtes sont exclus)* », J. Morand-Deviller, « Commentaire de la loi n° 95-101 du 2 février 1995 relative au renforcement de la protection de l'environnement », *A.J.D.A.* 1995, p. 439 et s.

que les juridictions nationales décident d'appliquer l'article L. 561-1 du code de l'environnement à cette situation. Au final, le silence du législateur est interprété restrictivement par le Conseil constitutionnel se retranchant derrière les travaux préparatoires. Dès lors, la formule juridique, parfois contestée sinon ignorée, selon laquelle une énumération est limitative prend tout son sens. Il n'y a pas enfin violation du droit de propriété selon le Conseil constitutionnel, car il ne peut être fait application de la procédure d'expropriation aux personnes confrontées à un risque d'érosion côtière qui justement porte atteinte au droit de propriété et justifie une juste et préalable indemnité.

Le Conseil d'État a définitivement statué le 16 août 2018[39] jugeant que la cour administrative d'appel de Bordeaux[40], qui avait considéré que le risque d'érosion côtière relevait de la submersion marine et justifiait ainsi le recours à l'expropriation prévue par l'article L. 561-1 du code de l'environnement, a commis une erreur de droit soulevé d'office par le juge de cassation. Il juge alors que l'article L. 561-1 du code de l'environnement conditionne son utilisation à l'existence d'un risque constituant une grave menace pour les vies humaines. Or, et la cour administrative d'appel l'avait précédemment reconnu, cette condition n'existe pas au regard du « *dispositif de surveillance, d'alerte, d'évacuation temporaire des résidents de l'immeuble et d'un périmètre de sécurité, propres à assurer la sécurité des personnes en amont de la réalisation de ces risques* ». Juge d'appel qui en avait déduit que « *les risques en cause ne pouvaient, à la date de la décision contestée, être regardés comme menaçant gravement des vies humaines* ». Ainsi, l'expropriation énoncée par l'article L. 561-1 du code de l'environnement ne peut porter que sur l'une des situations mentionnées explicitement dans cet article, à condition que le risque menace gravement des vies humaines, ce qui ne sera pas le cas lorsque des mesures de police suffisantes et proportionnées ont été édictées, sans oublier que l'expropriation doit avoir un caractère subsidiaire (« *sous réserve que les moyens de sauvegarde et de protection des populations s'avèrent plus coûteux que les indemnités d'expropriation* »)[41] et sous réserve de respecter les règles procédurales énoncées par le code de l'expropriation.

---

[39] CE, n° 398671.

[40] CAA 9 fév. 2016, *op. cit.*

[41] CE, 15 janvier 2013, n° 387259, avis, les termes de l'article L 561-1 « *eu égard à la condition de nécessité à laquelle toute expropriation est subordonnée…et à la volonté du législateur que [ces] dispositions ne soient mises en œuvre qu'à défaut de solution alternative à moindre coût, incluent, outre les travaux, équipements et aménagements susceptibles de supprimer ou réduire le risque ou de permettre l'alerte et l'évacuation ou la mise à l'abri de la population menacée, ainsi que le prévoient les dispositions de l'article R. 561-2 du code de l'environnement, les*

Le recours du syndicat secondaire Le Signal est ainsi rejeté, mettant un terme au plan national à ce contentieux de légalité. Si certains de ses membres réfléchissent désormais sur une saisine de la Cour européenne des droits de l'homme, avant que celle-ci ne se prononce, peut-être que l'immeuble sera recouvert par les plus hauts flots en raison des phénomènes naturels, hors perturbations météorologiques exceptionnelles[42]. Cela aboutira alors à incorporer la parcelle dans le domaine public maritime naturel propriété de l'État. Si cela ne réjouira pas les propriétaires ou plus exactement les ex propriétaires (puisqu'il y aura eu alors transfert de propriété sans que soit légalement prévu une quelconque indemnisation par le code général de la propriété des personnes publiques), cela leur ouvrira toutefois la possibilité d'intenter une action contentieuse afin d'obtenir une indemnisation de l'État en application de la décision rendue par le Conseil d'État le 22 septembre 2017 selon lequel : « *si les dispositions législatives en cause n'instituent pas un droit à indemnisation au profit du propriétaire dont tout ou partie de la propriété a été incorporé au domaine public maritime naturel en raison de la progression du rivage de la mer, elles ne font pas obstacle à ce que ce propriétaire obtienne une réparation dans le cas exceptionnel où le transfert de propriété entraînerait pour lui une charge spéciale et exorbitante, hors de proportion avec l'objectif d'intérêt général de protection du rivage de la mer dans l'intérêt de l'ensemble des usagers poursuivi par ces dispositions* »[43]. Certes, si les conditions ainsi posées quant à la nature de la charge pesant sur l'ex propriétaire et ouvrant droit à indemnisation sont très restrictives[44] et sont l'application de la solution adoptée par le Conseil d'État en 1998 à propos des servitudes d'urbanisme[45], elles laissent entrevoir une très faible lueur d'espoir qu'il s'agira, pour ces derniers, de faire prospérer devant les juridictions administratives. En effet, la solution retenue en 1998 n'a donné lieu à octroi d'une indemnisation qu'une seule fois en 2016[46].

---

mesures de police de nature à sauvegarder ou à protéger la population ou encore à éviter son exposition au risque ».

[42] Article L. 2111-4 du code général de la propriété des personnes publiques.

[43] CE 22 sept. 2017, n° 400825, S.C.I. APS.

[44] Norbert Foulquier, « La définition du rivage de la mer et la Convention européenne des droits de l'homme », *R.D.I.*, 2018, n° 2, p. 104 : « ... *hormis les cas où la dépossession affectera un lieu d'habitation au point de violer gravement le droit au domicile ou encore un lieu de production indispensable à l'économie locale, et à condition que n'y gagnent pas suffisamment la protection du rivage et les droits des usagers, les indemnisations resteront très rares* ».

[45] CE, 3 juillet 1998, *M. Bitouzet*, n° 158592.

[46] CE, 29 juin 2016, n° 375020. CE, 26 juillet 2018, n° 408149 : « *pour écarter l'existence d'une telle charge, la cour administrative d'appel de Bordeaux a retenu que le caractère inconstructible du terrain d'assiette trouvait son fondement dans les dispositions de l'article L. 146-6 du code de l'urbanisme, applicables à*

Le Sénat, de son côté, a adopté une proposition de loi, transmise depuis à l'Assemblée nationale[47], qui au-delà de la généralité des formules utilisées, concerne prioritairement la situation de l'immeuble Le Signal. Elle *vise à instaurer un* régime transitoire d'indemnisation *pour les* interdictions *d'*habitation *résultant d'un* risque *de* recul *du* trait *de* côte[48] précisant que le fonds de prévention des risques naturels prévisibles « *finance les indemnités allouées aux propriétaires d'un bien immeuble ayant fait l'objet d'une interdiction définitive d'habiter ou d'occuper les lieux prise en raison du risque de recul du trait de côte pour des faits intervenus avant le 1er janvier 2017, à l'exception des immeubles dont le permis de construire a été délivré par le maire au nom de la commune, en application d'un plan d'occupation des sols ou d'un plan local d'urbanisme. Ces indemnités sont évaluées sans prendre en compte ce risque et leur montant maximum est fixé à 75 % de la valeur estimée de chaque bien* ». Il ne s'agit donc pas pour le législateur d'étendre encore le champ de l'article L. 561-1 du code de l'environnement mais d'attribuer une compétence supplémentaire au fonds de prévention des risques naturels prévisibles, celui-ci n'ayant pas depuis sa création en 1995 comme seule compétence de financer les indemnités d'expropriation au titre de l'article L. 561-1 du code de l'environnement. À l'occasion de la discussion du projet de loi de finances pour 2019, l'Assemblée nationale a adopté un amendement, visant les autorisations d'engagement, réservant 7 millions d'euros au programme « *Indemnisation des propriétaires de biens immeubles rendus inhabitables par l'érosion côtière » (ligne nouvelle »*) qui, s'il avait été définitivement adopté par le Parlement, aurait concerné

l'ensemble du littoral, que l'application de ces dispositions ne pouvait être regardée comme ayant eu pour effet de modifier l'état antérieur des lieux et que la société requérante ne pouvait se prévaloir d'aucun droit acquis né de l'autorisation de lotir du 14 septembre 2006 ou du protocole transactionnel signé le 24 avril 2006, lesquels étaient illégaux ; qu'elle n'a, sur ce point, pas commis d'erreur de qualification juridique ».

47 Proposition n° 948, enregistrée le 16 mai 2018 et renvoyée depuis à la Commission du développement durable et de l'aménagement du territoire. Le Conseil constitutionnel a rappelé dans sa décision du 6 avril qu'il ne disposait pas « *d'un pouvoir général d'appréciation et de décision de même nature que celui du Parlement* » qui lui permettrait de se substituer à celui-ci, suggérant que le Parlement élargisse le nombre d'hypothèses permettant l'usage de l'article L. 561-1 du code de l'environnement.

48 Sénat, n° 307, « *Cet article fait écho au cas de l'immeuble le Signal à Soulac en Gironde qui, construit à 200 mètres du front de mer en 1967, est aujourd'hui interdit d'accès par arrêté municipal du 7 janvier 2014 du fait de l'imminence du danger. Or, il ne fait pas pour autant l'objet d'un dispositif d'expropriation donnant lieu à une indemnisation à hauteur du prix du bien* ».

notamment la situation des copropriétaires de la résidence Le Signal[49]. Or, la loi de finances pour 2019 ne fait pas apparaître, dans l'état B[50], la ligne « *Indemnisation des propriétaires de biens immeubles rendus inhabitables par l'érosion côtière » (ligne nouvelle »)*[51].

S'il existe ainsi un droit à exproprier dont les hypothèses d'emploi sont strictement définies par le législateur et restrictivement entendues par le Conseil constitutionnel et le juge administratif, peut-on se prévaloir d'un droit à être exproprié ?

II. Un droit à être exproprié refusé catégoriquement ?

Si les recours en annulation d'une procédure d'expropriation semblent être logiques au regard de l'effet juridique (extinction du droit de propriété sur un bien immobilier) et pratique (disparition de la possession d'un bien immobilier) produit par ce dispositif légal, il peut sembler plus curieux que certains propriétaires contestent le refus d'utiliser ce mécanisme. En effet, puisque l'expropriation porte atteinte à un droit essentiel, consacré au plus haut sommet de la hiérarchie des normes juridiques, droit auquel tous les Français sont viscéralement attachés (le droit de propriété), il semblerait plus logique et plus rationnel qu'aucun d'entre eux ne conteste le refus de porter atteinte à leur droit de propriété, afin de pouvoir continuer à exercer les prérogatives liées à ce droit que sont l'*usus*, l'*abusus* et le *fructus*. On est dès lors surpris de voir former devant le juge administratif une action en

---

[49] AN, amendement n° 1490 à l'article 39 de la loi de finances pour 2019 déposé par M Giraud. Selon le député Benoit Simian porteur d'un amendement ayant le même objet (n° 589), celui-ci est « *neutre financièrement : il ne coûte rien car il s'agit d'une réaffectation* ». Le ministre du budget a pourtant demandé le retrait de l'amendement, « *le Gouvernement s'engage – j'insiste pour que cela soit écrit au compte rendu – à régler cette difficulté l'année prochaine, en lien avec votre important travail de terrain, mais aussi de façon à satisfaire les propriétaires de cet immeuble en Gironde* » (débats 18 décembre 2018). Selon la députée Sophie Panonacle : « *Si nous ne votons pas cet amendement, il sera de notre responsabilité d'apporter une réponse législative afin de régler le cas de l'immeuble Le Signal et d'anticiper les prochains cas de biens et d'équipements menacés par le recul du trait de côte. Si nous votons cet amendement, nous réglerons le cas de l'immeuble Le Signal, mais il faudra faire aboutir au plus vite la proposition de loi en cours visant à répondre aux situations d'urgence provoquées par le recul du trait de côte et à proposer des dispositifs d'aménagement adaptés aux zones concernées* » (débats 18 décembre 2018). Cet amendement a finalement été adopté.

[50] États législatifs annexés : répartition, par mission et programme, des crédits du budget général.

[51] Loi n° 2018-1317 du 28 décembre 2018 de finances pour 2019, JORF n° 0302 du 30 décembre 2018.

illégalité afin d'obtenir le droit d'être exproprié… Même si ce type d'action est peu souvent mené, tel fut récemment le cas concernant l'immeuble Le Signal dont son syndicat secondaire avait demandé l'annulation de trois décisions administratives (émanant de la commune de Soulac-sur-Mer, de la communauté de communes de la Pointe du Médoc et de la préfecture de la Gironde) lui ayant refusé la réalisation de travaux de consolidation de la zone dunaire sur laquelle est située la résidence Le Signal, le préfet ayant aussi rejeté la demande de mise en œuvre de l'article L. 561-1 du code de l'environnement[52].

Il existe des solutions permettant aux propriétaires de revendiquer sinon la mise en œuvre d'une expropriation, du moins l'acquisition de leurs biens. Ainsi, le code de l'expropriation consacre le droit de délaissement qui permet au propriétaire d'un bien immobilier, objet d'une expropriation, qui n'a pas été acquis par l'expropriant dans l'année qui suit la publication de la déclaration d'utilité publique, de le mettre en demeure de procéder à l'acquisition dans un délai de deux ans à compter du jour de la demande (L. 241-1 du code de l'expropriation). Il s'agit ainsi pour le propriétaire concerné par une procédure d'expropriation déjà entamée (une DUP publiée depuis plus d'un an) de ne pas rester dans l'attente hypothétique que celle-ci aboutisse. Telle n'est toutefois pas exactement la situation objet de ces développements puisque nous sommes alors bien en amont, le processus d'expropriation n'ayant pas encore été déclenché et pour cause puisqu'il n'est pas prévu de le mettre en œuvre. Le code de l'expropriation reconnaît aussi au propriétaire objet d'une procédure d'expropriation de demander au juge l'emprise totale « *lorsque l'expropriation ne porte que sur une portion d'immeuble bâti et si la partie restante n'est plus utilisable dans les conditions normales* » et dans l'hypothèse d'une « *parcelle de terrain nu qui, par suite du morcellement, se trouve réduit au quart de la contenance totale, si toutefois le propriétaire ne possède aucun terrain immédiatement contigu et si la surface du terrain ainsi réduit est inférieure à dix ares* » (L. 242-1 du code de l'expropriation). Cette situation est ainsi très particulière puisqu'elle concerne une partie de bien n'étant pas l'objet de l'expropriation. Au demeurant, selon Norbert Foulquier « *Comme la réquisition d'emprise totale repose sur la volonté de l'exproprié, il ne s'agit pas d'une expropriation* »[53].

Chacun d'entre nous peut-il, au-delà de ces solutions particulières, demander sinon exiger la mise en œuvre d'une procédure d'expropriation au titre de l'article L. 561-1 du code de l'environnement ? En d'autres termes,

---

[52] TA Bordeaux, 25 septembre 2014, n° 1301417-1301705-1301938. CAA Bordeaux, 9 février 2016, n° 14BX03289.
[53] N. Foulquier, *Droit administratif des biens*, *op. cit.*, p. 609.

dispose-t-on d'un droit à être exproprié ? Un tel questionnement semble devoir être rejeté pour plusieurs raisons. En premier lieu, revendiquer le droit de faire l'objet d'une expropriation, c'est dépasser le cadre de cette procédure et même la logique de celle-ci qui tient justement au caractère imposé de l'expropriation. Car, comme l'écrivait par exemple Maurice Hauriou, c'est une *« opération directement voulue et poursuivie par l'administration »*[54]. Consistant à porter atteinte à la propriété d'autrui, elle semble exclure qu'un propriétaire en réclame l'application. En effet, il n'existe pas d'expropriation volontaire, ce qui ressort de l'article 17 de la Déclaration des droits de l'homme, même si la définition donnée par l'article L.1 du code de l'expropriation ne s'appuie à aucun moment sur cet aspect, ce que l'on regrette. Il serait ainsi pour le moins curieux qu'une procédure imposée aux propriétaires se transforme en procédure initiée par ces derniers. En second lieu, le droit de propriété est attaché notamment à l'*abusus*. Or, cette prérogative qui implique la faculté de disposer de la chose ne paraît pas permettre d'aller jusqu'à l'utiliser afin de perdre sa propriété par une procédure d'expropriation mise en œuvre par autrui. En troisième lieu, il existe une procédure juridique prenant appui sur la volonté du propriétaire qui, tout en se rapprochant de l'expropriation, n'en est pas une : le droit de préemption. Ce droit caractérise ainsi un mécanisme « *indolore* » à l'égard de la propriété alors que l'expropriation « *est souvent présentée comme un mode agressif* »[55] d'atteinte au droit de propriété. Dès lors, ces deux procédures répondent à des conditions de mise en œuvre différentes mais aussi à une logique interne opposée les rendant ainsi spécifiques l'une par rapport à l'autre : une aliénation nécessairement forcée, contrainte en matière d'expropriation, une aliénation inéluctablement « *volontaire* »[56], voulue en ce qui concerne la préemption. En dernier lieu, la qualité d'expropriant (celui qui prend l'initiative) est réservée par l'article L. 561-1 du code de l'environnement à l'État, aux communes ou à leurs groupements depuis la loi du 30 juillet 2003[57]. Dès lors, personnes physiques et personnes morales de droit privé ne peuvent pas prendre l'initiative de demander à l'État la mise en œuvre de cet article.

Pourquoi alors certaines personnes impactées par un risque naturel non compris dans le champ de l'article L. 561-1 du code de l'environnement ont

---

[54] *Précis de droit administratif et de droit public*, Recueil Sirey, 1921, 10e édition, p. 694.

[55] R. Hostiou, J.-F. Struillou, *Expropriation et préemption*, Litec professionnel, 2007, 3e édition, p. 2.

[56] *Droit administratif général*, R. Chapus, tome 2, 2001, 15e édition, p. 687.

[57] Loi n° 2003-699 du 30 juillet 2003 relative à la prévention des risques technologiques et naturels et à la réparation des dommages, J.O.R.F. 31 juillet 2003, n° 175, p. et 13021 s.

pourtant cherché[58], cherchent et chercheront encore, quitte à saisir les juridictions administratives, à bénéficier, puisque c'est bien de cela dont il s'agit, de cette procédure ? Cela tient à l'injustice qu'elles ressentent parce qu'il leur est ainsi refusé une indemnisation, qui plus est davantage favorable que dans le droit commun de l'expropriation puisqu'il ne peut être tenu compte de l'existence du risque[59] dont on rappellera qu'il est la conjonction d'un aléa (élément menaçant) et d'une ou de plusieurs vulnérabilité (élément(s) menacés), tout en les laissant face à leur bien confronté à un risque prévisible pouvant se réaliser. « *Ainsi, ce qui motive la demande, c'est la perspective de voir le montant des indemnités déterminé selon une méthode objective, tenant à la valeur des biens à laquelle on n'appliquera aucune décote du fait de l'existence du risque qui motive la mesure d'expropriation* »[60].

Toutefois, l'injustice ressentie impose d'y substituer une justice fondée sur la réalité, *a fortiori* lorsque, comme cela a pu se manifester, le propriétaire, confronté à un risque naturel ne relevant pas des hypothèses retenues par l'article L. 561-1 du code de l'environnement, voit peser sur lui la charge d'agir et non d'attendre que quelqu'un agisse à sa place. Il existe ainsi un risque « *de détournement de cette procédure par des propriétaires tentant de faire peser sur le fonds Barnier des charges qui leur incombent a priori ou qui peuvent leur incomber à plusieurs titres. Les effondrements, qui entraînent des matériaux, caractérisent en effet des risques liés à des choses mobilisées par détachement d'un immeuble approprié, choses dont le propriétaire doit répondre au titre tant de la garde de la chose que de la responsabilité civile délictuelle ou quasi-délictuelle, notamment pour défaut de réalisation de travaux confortatifs sur la falaise lui appartenant ou de travaux insuffisants* »[61]. Au demeurant, l'injustice invoquée par le propriétaire si elle venait à être prise en compte par les juridictions

---

[58] CAA de Marseille, 29 avril 2010, n° 08MA01238, C.A.A. de Nantes, 30 décembre 2014, n° 13NT02405 (*« la maison du requérant [ne] serait elle-même menacée par un glissement ou un effondrement de cette même falaise...* », CAA de Bordeaux, 9 février 2016, n° 14BX03289, CAA Bordeaux, 13 décembre 2016, n° 15BX01289. CAA Bordeaux, 15 juin 2018, n° 16NT02786.

[59] Sénat, séance du 12 octobre 1994, Gille Le Grand : « *Dans le droit commun de l'expropriation, les biens expropriés sont estimés à leur valeur vénale. Il est évident que dans le cas qui nous préoccupe la valeur vénale est réduite à quasiment rien en raison du risque qui pèse... C'est la raison pour laquelle la commission tient beaucoup à cette référence à la valeur de remplacement des biens expropriés* », JORF 12 octobre 1994, *op. cit.*, p. 4223.

[60] L. Marcovici, « Intérêt à agir des voisins d'une zone à risque souhaitant voir leur bien exproprié », *AJDA* 2010, p. 1715 et s.

[61] P. Billet, « Limites du régime d'expropriation des biens exposés à certains risques naturels », *Revue industrielle de droit immobilier*, n° 1, 2015, p. 16 et s., p. 18.

conduirait à un grave problème juridique tenant au lien établi par la loi de 1995, et les textes législatifs ultérieurs l'ayant complété, entre l'expropriation de l'article L. 561-1 du code de l'environnement et le fonds de prévention des risques naturels prévisibles consacré par l'article L. 561-3 de ce même code. En effet, l'extension jurisprudentielle du champ de l'expropriation pour cause de risques naturels devrait-elle s'accompagner d'une indemnisation par ce fonds ? Rien n'est moins sûr mais on le voit ici, un choix jurisprudentiel d'interprétation extensive de la loi pourrait alors impliquer un changement de paradigme au niveau de l'indemnité versée, ne pesant plus alors sur l'expropriant qui a demandé la mise en œuvre de l'expropriation, mais sur la Nation au nom de la solidarité.

Or, le Conseil d'État, statuant au titre d'un référé suspension, a eu l'occasion, par le passé, de décider que le juge des référés du tribunal administratif n'a pas commis d'erreur de droit en considérant qu'il existait un doute sérieux justifiant la suspension de la décision préfectorale refusant de faire droit à la demande d'une société exploitant un camping de faire l'objet d'une expropriation au titre de l'article L. 561-1 du code de l'environnement[62]. Pour le Conseil d'État, le juge des référés a pu retenir : « *le moyen tiré de ce que le préfet ne pouvait légalement se fonder sur le motif selon lequel seuls les terrains supportant des constructions à usage d'habitation entreraient dans les prévisions de l'article L. 561-1 précité du code de l'environnement* ». Selon René Hostiou, « *cette jurisprudence...montre néanmoins qu'il y a toute une série d'éléments qui tendent à faire en sorte que la compétence de l'État...ne soit pas totalement discrétionnaire et que dès lors que se trouvent réunies les conditions posées par l'article L. 561-1, quant à la nature du risque auquel est exposé le bien et quant au coût des mesures de protection envisageables par rapport au montant des indemnités à allouer aux expropriés, l'administration se retrouve dans une zone qui s'apparente à celle d'une compétence liée* »[63]. Il faut toutefois insister sur le fait qu'en l'espèce, le refus préfectoral n'était pas lié aux hypothèses de recours à l'article L. 561-1 du code de l'environnement mais à la question de savoir si les seuls terrains bâtis pouvaient être concernés, ce qui n'est pas explicitement énoncé par cette disposition. Tel n'était pas le cas dans un autre contentieux où le Conseil d'État a jugé qu'« *un refus d'engager la procédure d'expropriation pour risque naturel majeur prévue par l'article L. 561-1 du code de l'environnement est susceptible de créer une situation d'urgence, au sens de l'article L. 521-1 du code de justice administrative, alors même que l'indemnité d'expropriation ne pourrait être versée qu'au terme d'une*

---

[62] CE, 16 février 2004, n° 260811.

[63] « L'expropriation pour risque naturel », *op. cit.*

procédure de longue durée »[64]. Ainsi, le refus de faire droit à une demande d'expropriation peut donner lieu à suspension de cette décision par le juge des référés. Mais, s'agit-il pour autant de reconnaître un droit à être exproprié devant le juge du fond ? Non selon nous[65] puisque, au regard de l'article L. 521-1 du code de justice administrative, à côté de la condition d'urgence, il faut que l'argumentation développée devant le juge des référés fasse naître un doute sérieux quant à la légalité. Toutefois, seul le juge appelé à statuer sur le fond devra juger de la légalité ou pas de la mesure.

La question de l'existence ou non d'un droit à être exproprié a resurgi aussi à l'occasion d'un contentieux relatif à des propriétaires objet d'une procédure d'expropriation (l'arrêté de cessibilité était attaqué) sur le fondement de l'article L. 561-1 du code de l'environnement qui, toutefois n'englobait pas l'ensemble de leurs biens immobiliers (une parcelle se trouvait dans le périmètre à risque mais n'était pourtant pas intégrée dans l'arrêté de cessibilité). La cour administrative d'appel de Marseille a refusé de leur reconnaître un intérêt à agir en jugeant[66], de manière habituelle, que l'administration ne peut déclarer cessible un bien que s'il se situe dans le périmètre de l'enquête préalable repris dans la déclaration d'utilité publique. Or, le rapporteur public proposa la solution inverse selon laquelle : « *le requérant a bien évidemment intérêt à agir contre l'exclusion de parcelles dont il est propriétaire... il conteste [l'arrêté de cessibilité] seulement en tant qu'il ne le concerne pas. C'est en fait sa qualité de voisins des parcelles concernées qui lui donne l'intérêt à agir* ». Cette proposition, si elle avait été retenue par le juge administratif, aurait eu une conséquence remarquable puisqu'elle aurait permis d'invoquer par exception l'irrégularité de la déclaration d'utilité publique devenue définitive car selon le Conseil d'État le requérant « *dispose...d'une possibilité claire, concrète et effective de contester l'ensemble de la procédure administrative préalable à l'expropriation* »[67]. Or, reconnaître un intérêt à agir contre l'arrêté de cessibilité ayant exclu de la procédure d'expropriation un bien immobilier aboutirait-il *in fine* à admettre un droit à être exproprié ? Absolument pas parce que l'intérêt à agir au titre du recours pour excès de pouvoir contre la DUP ou (et) l'arrêté de cessibilité n'implique pas automatiquement une annulation contentieuse du refus d'intégrer une parcelle dans le champ de

[64] CE, 15 février 2012, n° 352259.

[65] Pour un point de vue plus mesuré, lire « L'expropriation pour risque naturel », *op. cit.* : « *...alors même que l'on est en droit de s'interroger quant à la portée effective de cette jurisprudence...* ».

[66] CAA de Marseille, 29 avril 2010, n° 08MA01238.

[67] CE, 9 février 2000, M. Chevallier, *A.J.D.I.*, 10 septembre 2000, p. 714. Pour une confirmation : CAA de Bordeaux, 17 décembre 2008, Péré-Laperne contre commune de Lestelle-Bétharram, *A.J.D.A.* 2009, p. 255 et s.

l'expropriation engagée. Néanmoins, selon René Hostiou, l'arrêt de la cour administrative d'appel de Marseille « *laisse à penser...qu'en cas de recours qui serait dirigé contre la DUP, un contrôle de l'erreur manifeste d'appréciation permettrait au propriétaire exclu du périmètre retenu de contester le bien-fondé de celui-ci* »[68]. La cour administrative d'appel de Nantes a refusé de faire droit à une demande de mise en œuvre d'une procédure d'expropriation sur le fondement de l'article L. 561-1 du code de l'environnement en 2018[69] parce que l'interdiction de toute construction issue du plan de prévention des risques naturels et l'interdiction temporaire de stationnement des caravanes étaient de nature à assurer suffisamment la sauvegarde et la protection des populations pour un coût moindre que l'acquisition de la propriété par l'État. En outre, selon le juge d'appel « *il ne ressort pas des pièces du dossier que le risque de submersion marine présent sur le terrain menace gravement les vies humaines, compte tenu de l'absence de présence humaine et d'activité économique ou de loisir sur ce terrain qui n'est pas bâti, et des mesures de protection existantes résultant tant du classement de ce terrain en zone rouge que de l'interdiction temporaire de stationnement des caravanes. Dès lors, le préfet de la Vendée a pu légalement refuser de faire droit à la demande d'expropriation formulée par M. et Mme C...sur le fondement des dispositions précitées de l'article L. 561-1 du code de l'environnement* ». Mais alors, si tel avait été le cas, le préfet aurait-il dû mettre en œuvre la procédure d'expropriation et ainsi faire droit à la demande des propriétaires ? Cela semble plausible d'autant qu'il serait logique, lorsque les conditions posées par l'article L 561-1 du code de l'environnement sont réunies, que l'expropriation soit lancée dès lors qu'il s'agit, il ne faut pas l'oublier, de sauvegarder des vies humaines. L'État serait ainsi en situation de compétence liée alors que l'article L. 561-1 fait seulement état d'une possibilité offerte à ce dernier de recourir à une expropriation lorsque les conditions légales existent. Ainsi, la jurisprudence administrative n'a pas encore clairement et définitivement pris position sur l'existence ou non d'un droit à être exproprié. Une réponse positive aboutirait alors à donner naissance à un nouveau type de victime...

Ainsi, la procédure d'expropriation énoncée par l'article L. 561-1 du code de l'environnement ne peut être utilisée que dans des hypothèses strictement limitées, laissant alors le propriétaire confronté au risque naturel non visé par ce texte agir devant les juridictions administratives puisque le refus de recourir à une expropriation, quel que soit son objet, est susceptible d'un recours en annulation. Pourrait-il aussi se tourner vers le maire et lui demander d'user de son pouvoir de police administrative générale puisque cette attribution s'inscrit, par essence, dans une logique de prévention des

---

[68] « L'expropriation pour risque naturel », *op. cit.*
[69] CAA Nantes, 15 juin 2018, n° 16NT02786.

atteintes à l'ordre public, au premier rang desquelles se trouve la protection de la sécurité publique ? D'autant que l'article L. 561-1 du code de l'environnement renvoie aux pouvoirs de police générale détenus par le maire. D'évidence, il le pourrait[70] mais cela aboutirait seulement à ce qu'éventuellement une mesure d'éloignement voire de protection physique (telle une destruction) des habitants soit édictée. Au titre de l'exercice des pouvoirs de police, une action en illégalité pourrait voir le jour. L'un des arguments qui pourrait être avancé tiendrait alors à l'éventuelle atteinte au droit de propriété voire à une privation de ce droit par la mesure édictée. En effet, si l'expropriation conduit à faire disparaître le droit de propriété, l'usage des pouvoirs de police ne peut jamais aboutir à une telle solution[71] sauf alors à contourner les règles contraignantes posées en matière d'expropriation. La décision du Conseil constitutionnel du 6 avril 2018 aborde, d'ailleurs, la problématique des pouvoirs de police du maire. Selon les juges de la rue de Montpensier « *si le maire peut, dans le cadre de son pouvoir de police, prescrire l'exécution des mesures de sûreté exigées par la prévention des accidents naturels, au nombre desquels figure l'érosion côtière, il n'y a pas lieu pour le Conseil constitutionnel, qui n'est pas saisi des dispositions en vertu desquelles de telles mesures peuvent être ordonnées, d'examiner l'argument tiré de ce qu'il en résulterait une atteinte inconstitutionnelle au droit de propriété* ». Ainsi, le Conseil constitutionnel juge qu'il pourrait être saisi, dans l'avenir, d'une question prioritaire de constitutionnalité l'amenant à juger la question de savoir si l'exercice des pouvoirs de police tels que consacrés par le code général des collectivités territoriales porterait atteinte à un droit (ou à une liberté) garanti par la Constitution, en l'espèce le droit de propriété. Car selon le syndicat Le Signal, la possibilité offerte au maire de contraindre un habitant à quitter son logement en application de ses pouvoirs de police aboutirait à une atteinte au droit de propriété. La lueur d'espoir liée à la formulation retenue par le Conseil constitutionnel nous paraît pourtant bien faible. Car, encore faudrait-il que le Conseil constitutionnel, saisi à ce titre, juge que les mesures édictées par le maire violent le droit de propriété, ce qui paraît peu probable, sinon impossible, au regard de la généralité des termes de l'article L. 2212-2 du code général des collectivités territoriales. Des actions en responsabilité pourraient être aussi engagées au titre d'une faute commise par le maire sous réserve que les conditions d'engagement de la responsabilité de la commune existent. Ainsi, outre la présence du lien de causalité et du préjudice, l'existence d'un fait générateur fautif s'impose, qu'il prenne la forme d'une

---

[70] L'article L. 2212-2 du code général des collectivités territoriales ne définit pas, fort logiquement, le champ des hypothèses où le maire peut agir.

[71] CE, 21 octobre 2009, n° 310470 : une mesure permanente et définitive de privation de la propriété est irrégulière.

illégalité (mesure de police disproportionnée par rapport au risque existant[72], inadaptée ou inutile[73] ou aboutissant à une mesure permanente et définitive de privation de sa propriété, retard ou non usage par le maire de son pouvoir de police alors qu'au final le risque s'est réalisé…) ou pas. La responsabilité sans faute peut aussi l'emporter en matière de pouvoir de police puisque, par exemple « *la fermeture du camping était motivée par la protection de la sécurité publique, une telle circonstance ne suffit pas à exclure l'engagement de la responsabilité sans faute de l'autorité de police* »[74] sous réserve d'un préjudice spécial et anormal, conditions dont on sait le caractère contraignant[75].

En définitive, la décision du Conseil constitutionnel du 6 avril 2018, ainsi que celle du Conseil d'État du 16 août 2018, nous paraissent clarifier (une fois pour toute ?) le champ d'application de l'article L. 561-1 du code de l'environnement qui est nécessairement restrictif. Il pourrait être étendu par le législateur ou par le Conseil constitutionnel, ce qui poserait alors une difficulté au regard de l'interaction entre l'expropriation énoncée par l'article L. 561-1 du code de l'environnement et les compétences pour l'indemnisation réservées au FPRNP par l'article L. 561-3 du même code. Toutefois, la question de la reconnaissance ou non d'un droit à être exproprié n'a pas encore donné lieu à une réponse claire des juridictions françaises. Espérons qu'elles le fassent au plus tôt.

Colmar, le 8 janvier 2019.

---

[72] Pour un rappel, CE, 15 janvier 2013, avis, n° 387259, *op. cit.*

[73] Ordonnance du 9 janvier 2014, Ministre de l'intérieur c/ Société Les Productions de la Plume et M. Dieudonné M'Bala M'Bala, n° 374508 : « *les atteintes portées, pour des exigences d'ordre public, à l'exercice de ces libertés fondamentales doivent être nécessaires, adaptées et proportionnées* ».

[74] CE, 25 juillet 2007, n° 278190, M. Leberger, CE, 11 avril 2008, n° 288528 (« *même en l'absence de dispositions le prévoyant expressément, l'exploitant d'une installation dont la fermeture a été ordonnée sur le fondement des pouvoirs de police dévolus au maire par le 5° de l'article L. 2212-2 du code général des collectivités territoriales pour prévenir les conséquences d'éventuelles inondations, est fondé à demander l'indemnisation du dommage qu'il a subi de ce fait lorsque, excédant les aléas que comporte nécessairement une telle exploitation, il revêt un caractère grave et spécial et ne saurait, dès lors, être regardé comme une charge incombant normalement à l'intéressé* »). Lire notre article « Catastrophes naturelles et responsabilité administrative des collectivités territoriales : prévenir vaut mieux que réparer », *R.R.J.* 2013-1, p. 207 et s.

[75] Les victimes « *doivent surmonter l'obstacle de la preuve de l'anormalité de leur dommage* » (B. Seiller, *Droit administratif, 2. L'action administrative*, Flammarion, Champs université, 2016, 6ème édition, p. 339).

16

Droit et analyse de risques et vice versa

Contribution à la construction d'un droit public de la prévention des risques en hommage au Professeur Claude Lienhard*

** « Le droit du risque »* Quelles perspectives pour la recherche juridique ?, 2007, p.263.

Karine FAVRO

« Il est vrai que, par une bizarrerie qui vient plutôt de la nature que de l'esprit des hommes, il est quelquefois nécessaire de changer certaines lois. Mais le cas est rare ; et lorsqu'il arrive, il n'y faut toucher que d'une main tremblante : on y doit observer tant de solennités et apporter tant de précautions que le peuple en conclue naturellement que les lois sont bien saintes, puisqu'il faut tant de formalités pour les abroger... »[1].

La prévention des risques. Le principe de prévention n'est pas seulement un principe juridique[2] mais il a vocation à drainer toutes les disciplines qui ont à connaître du risque, des risques. C'est à dire la présence d'une source de danger – physique, organisationnelle, humaine – qui peut s'activer et donner lieu à un événement non souhaité. Ce dernier peut être caractérisé par un niveau de probabilité et de gravité. La définition du risque conduit à s'interroger sur l'acceptabilité sociale, économique ou environnementale de la réalisation de cet événement non souhaité. L'estimation du bénéfice peut s'analyser au regard de la prise de risques[3].

---

[1] Montesquieu, *Lettres persanes*, Lettre LXXIX, de Usbek à Rhédi, 1721.

[2] CE, 4 août 2006, Comité de réflexion, d'information et de lutte anti-nucléaire (CRILAN) et Association « Le réseau sortir du nucléaire », req. n° 254948, et plus récemment CE, 9 juillet 2018, req. n° 410917, Commune de Villiers-le-Bâcle.

[3] En coll. avec J.-F. Brilhac, « Menues réflexions du « Droit » et de la « Science » autour du partage des savoirs dans le domaine du risque », numéro spécial *RISEO*, janv. 2015 ; in Risques, accidents et catastrophes, *Liber amicorum*, en l'honneur du Professeur Marie-France Steinlé-Feuerbach, sous la direction de, Hervé Arbousset, Caroline Lacroix et Benoit Steinmetz, *L'Harmattan*, 2015.

L'économie, la géographie, la politique, la psychologie, la médecine, les sciences et techniques, le droit, pour citer les principales disciplines, reposent sur des logiques de prévention de manière à éviter autant que faire se peut les événements non souhaités, et surtout la réparation des préjudices liés aux dommages causés. L'idée même de réparation n'est pas en soi totalement satisfaisante, en ce qu'elle modélise un idéal – le retour à la situation passé, autrement dit la réparation « à l'identique » - qui ne procède plus de la réalité, puisque l'on évalue dans le présent ce que sera le futur au regard d'une situation qui n'est plus, et qui ne sera jamais plus. La réparation, qui accompagne l'action en responsabilité est envisagée, dans une logique purement préventive, comme un dysfonctionnement du système.

L'incertitude liée à la prévention. Ceci dit, la logique préventive présente également son lot d'incertitudes dans la mesure où l'on ne peut prévenir que ce que l'on connaît, à savoir des situations passées, avec les connaissances du présent, dans la perspective de déjouer les événements non souhaités à venir. Décrite de la sorte, la prévention est synonyme de prédiction car il s'agit de modéliser le futur. Ce qui pose, d'emblée, un certain nombre de questions dont la première, particulièrement évidente : peut-on prévenir le futur ? Ou bien, a-t-on la certitude que le futur ressemblera au présent ou au passé ? À toutes ces questions, la réponse se veut, de prime abord, négative sauf à considérer qu'à force de prévention, l'on arrive à « dompter » le futur, à l'imaginer, ou l'interdire. Plus exactement, que l'on arrive à interdire toute manifestation du futur que l'on ne parviendrait pas à gérer ou que l'on souhaite occulter. Est-ce la réalité ? Ces questions sont prégnantes à l'ère des algorithmes, par peur de la « machine » et en réaction aux objets connectés particulièrement intrusifs, mais elles ont déjà subi l'érosion du temps et de la pratique. N'est-on pas en train de décrire le raisonnement du juge administratif lors du contrôle de légalité des mesures de police administrative ?[4] Plus simplement, c'est de la sorte qu'il convient d'envisager en tout état de cause la mise en œuvre du principe de prévention.

La gestion des incertitudes dans le cadre de l'analyse de risques. Afin de pouvoir anticiper voire prédire, les différentes disciplines concernées par la possible réalisation du risque font cause commune autour d'un outil d'aide à la décision : l'analyse de risques. Schématiquement, l'analyse reposant sur des méthodes scientifiques éprouvées permet d'identifier les risques présents dans le cadre d'un système défini préalablement, que ces risques soient naturels, technologiques ou anthropiques. Concrètement, les différentes constructions qui permettent de déboucher sur des événements non souhaités sont scénarisées, jouées et rejouées, couplées les unes aux autres pour mettre

---

[4] A. Ciaudo, « La prédiction administrative de l'atteinte à l'ordre public », *RISEO*, 2018-2, mai 2019.

en perspective les effets dominos. Il s'agit ensuite d'en évaluer la gravité, la cinétique et la probabilité d'occurrence pour en mesurer les effets sur les cibles, à savoir la société, un groupe d'individus, un individu, les capitaux, les biens, l'environnement… Au regard des résultats de l'analyse, il convient de décider des barrières de prévention et de protection idoines de manière à éviter, et au besoin à réduire ou atténuer la réalisation future du risque.

Quelle que soit la discipline, la démarche reste identique, mais se révèle plus ou moins efficace au regard des enjeux, des acteurs et de la définition du système car elle peut être parasitée par des éléments extérieurs, une mauvaise définition du système à analyser, par-delà les incertitudes aléatoires et épistémiques liées à l'exercice et évaluées lors de la prise de décision. En effet, l'appréciation de la nature et de l'intensité du risque ayant pour objet d'en décrire les effets et les conséquences, n'est pas une opération normée. Le même risque peut se voir attribuer des valeurs différentes selon l'estimation qui en est faite par les personnes concernées. Ces écarts se comptent en termes de probabilité et de gravité qui dépendent des scénarios considérés pour l'analyse des risques[5]. Cette incertitude liée aux scénarios retenus n'est cependant pas la seule à prendre en compte. S'y ajoutent des incertitudes relatives à la modélisation de la gravité de l'aléa et la vulnérabilité des enjeux, à savoir les incertitudes épistémiques. Les modèles semi-empiriques ou empiriques utilisés dans le cadre de l'analyse de risques, ne permettent qu'une représentation raisonnable de la réalité car il s'agit de prendre en considération un nombre important d'hypothèses et de paramètres variables[6]. Quand bien même les modèles seraient scientifiquement affinés dans le but d'en réduire les incertitudes, les incertitudes aléatoires demeurent car le risque ne se réalisera jamais deux fois de la même manière. Enfin, la dimension politique, socio-économique ou juridique de la prise en charge du risque lors de la décision, peut fausser les résultats de l'analyse, acquis par une démarche scientifique – une méthode et des outils-, en raison de la distance qu'il existe entre l'expertise technique et la décision[7]. L'expertise technique reste la caution de la décision prise par la suite[8].

---

[5] V. par ex., le contrôle du juge (erreur manifeste d'appréciation) sur la méthode choisie, CAA Douai, 30 janv. 2014, req. n° 12DA00449.

[6] V., « PPRT, quand tu nous tiens ! », note sous, CE, 12 octobre 2016, PPRT de Donges, req. n° 390489, *Droit de l'environnement*, déc. 2016, n° 251, p.417.

[7] K. Favro, M. Lobé-Fouda, J.-P. Markus, sous la direction de, L'expert dans tous ses états – A la recherche d'une déontologie de l'expert, Dalloz, nov. 2016.

[8] Une analyse de risques, dénommée étude de dangers dans le cadre de l'élaboration des plans de prévention des risques, qui se poursuit légitimement par la négociation du tracé de la zone d'exposition aux risques par les acteurs concernés, va servir de fondement au zonage retenu alors que ladite négociation va considérablement en modifier les résultats. V. Circulaire du 10 mai 2010 récapitulant les règles

Les rapports entre analyse de risques et droit. En dépit des critiques structurelles et conjoncturelles inhérentes à toute démarche de modélisation, l'analyse de risques reste le seul outil pertinent de la prévention en ce qu'il permet de gérer le risque connu - donc passé - pour se concentrer sur les éléments inconnus caractérisant l'événement non souhaité en train de se réaliser. Alors que les disciplines concernées mettent en œuvre l'analyse de risques au regard de la définition qu'elles entendent donner du risque et des effets à éviter ou à produire, le droit ne fait que traduire au cas par cas, les besoins des professionnels du risque. À telle enseigne que dans les textes, l'analyse de risques est désignée selon les hypothèses par référence à l'étude de dangers, l'étude d'impact[9], ou l'analyse d'impact[10]. En élevant le risque au rang constitutionnel à travers les principes de prévention et de précaution, le droit se met au service de l'analyse de risques, en modifiant le rapport des individus à la règle de droit (I). L'inverse se vérifie également car l'analyse de risques se met au service du droit, et plus exactement au service de la qualité de la norme par l'identification *a priori* des risques qui pourraient résulter de son ordonnancement juridique. Cependant, cette démarche n'est pas suffisante pour asseoir correctement la prévention qui suppose certes, de travailler sur l'accessibilité et l'intelligibilité du droit, mais également sur l'intervention de tous les acteurs et pas seulement celle des pouvoirs publics, pour rendre la norme acceptable. C'est la raison pour laquelle le droit se courbe, « s'horizontalise », s'assouplit au profit de la concertation (II).

I. Le droit au service de l'analyse de risques

Cet outil d'aide à la décision s'inscrit dans le cadre de principes juridiques (A) et mobilise un raisonnement juridique particulier qui s'érige progressivement en régime juridique de la prévention (B).

A. LA REALISATION DE L'ANALYSE DE RISQUES ERIGEE EN PRINCIPES JURIDIQUES : LE RECOURS AU PRINCIPE DE PRÉVENTION

---

méthodologiques applicables aux études de dangers, à l'appréciation de la démarche de réduction du risque à la source et aux plans de prévention des risques technologiques (PPRT) dans les installations classées en application de la loi du 30 juill. 2003, *BO du MEEDDM*, n° 2010/12 du 10 juill. 2010.

[9] A. Bretonneau, L. Dutheillet de Lamothe, « Principe de prévention et déclaration d'utilité publique », Energie, Environnement, Infrastructures, 1er oct. 2018, p. 58 ; « PPRT, quand tu nous tiens ! », préc.

[10] J. Schweiger, « Smart cities et nouveaux enjeux de protection des données : comment tirer profit du nouveau règlement européen ? », *Dalloz IP/IT,* 2017 p. 624.

Principe de prévention v/ principe de précaution. La notion de risque n'est pas juridiquement définie[11] mais elle a été élevée au rang des principes constitutionnels[12] de façon à distinguer le risque avéré (principe de prévention) du risque supposé (principe de précaution). Dans le premier cas, l'analyse de risques pourra être menée à terme. Dans le second cas, la connaissance scientifique du moment ne permet pas de prédire et de probabiliser les conséquences des décisions prises en raison de la nature même du risque. Soit parce qu'il existe plusieurs théories scientifiques concurrentes permettant de décrire les mêmes phénomènes et distribuant des probabilités différentes. Soit, aucun scientifique ne fait état d'une théorie pour certifier les résultats d'un phénomène donné. Pourtant, il n'est pas question de s'abstenir dans le doute, mais au contraire d'agir et de décider. Les connaissances évoluant dans le temps, il est nécessaire que les mesures intègrent l'arrivée d'informations futures de nature à réduire l'incertitude ou avec le risque d'augmenter l'incertitude en brisant les anciennes certitudes. Un événement, auquel on attribuait une probabilité nulle ou négligeable, s'est réalisé ou devient probable. Autrement dit, soit le progrès scientifique vient confirmer la nature du risque par une distribution non contestée de probabilités, et ce risque va basculer dans le champ de la prévention. Soit la controverse remet en cause la distribution des probabilités, l'incertitude demeure alors, et la décision devra en faire état par application du principe de précaution. En droit français, il prend les traits d'un principe d'incitation législative et son domaine d'action est circonscrit aux seules activités « *qui affectent l'environnement dans des conditions susceptibles de nuire à la santé des populations concernées* » dans le respect des libertés et notamment de la liberté d'entreprendre[13] alors que le droit européen, aux termes de l'article 191 TFUE, en fait un principe général mais surtout un objectif légal. Cette approche plus large renforce la difficulté d'application d'un tel principe, qui se comprend au regard de phénomènes se jouant des frontières et qui appellent une décision européenne. Enfin, même si le risque devient dangereusement inacceptable, le principe de précaution peut paraître excessif car la mise en œuvre de mesures d'urgence pour circonscrire ce risque est perçue par la société comme liberticide, ce qui se retourne contre l'intervention des pouvoirs publics, seuls à pouvoir évaluer et assumer la charge de ce risque nouveau par des mesures provisoires et proportionnées.

Le lien entre la prévention et la précaution est indéniable. Il est évident que l'on ne peut prévenir que ce qui est connu, ce qui renvoie à la certitude

---

[11] Rapport annuel de la Cour de cassation, *Le risque,* La Doc. Franç., 2011, p. 80 ; Dictionnaire de vocabulaire juridique, sous la direction du Doyen Gérard Cornu, PUF, définition n° 1 du mot risque.

[12] Cons. Const., n° 2008-564 DC du 19 juin 2008, loi relative aux OGM.

[13] CE, 8 oct. 2012, Commune de Lunel, req. n° 342423.

scientifique. Le principe de prévention connaît un prolongement une fois la certitude scientifique acquise, ou peut trouver son origine dans le principe de précaution. Cette certitude scientifique porte sur la nature du risque et non sur la probabilité de sa réalisation. Dans ce cadre, le processus et les effets du risque sont connus. C'est la raison pour laquelle il est possible de prévenir le risque sans avoir la certitude qu'il aurait dû se réaliser en l'absence de mesures préventives. La prévention supposera cependant une réévaluation permanente du risque qui reste rarement circonscrit à son appréciation initiale.

Chaque fois qu'une personne « prend des précautions », c'est bien qu'elle a connaissance du risque. Cette précaution à prendre relève donc de la prévoyance individuelle entendue sous l'angle de la prévention lorsqu'il s'agit de gérer des risques collectifs[14]. Ce principe de prévention constitue le principe « socle » du droit français de l'environnement[15], mais pas seulement, traduisant l'adage « mieux prévenir que guérir » en toutes situations. La démarche préventive est présente dans nombre d'actions de la vie quotidienne, et repose simplement sur la conscientisation du risque. Pour autant cette conscientisation est souvent provoquée, et rarement innée en raison de la multitude des situations pouvant débouchées sur la réalisation d'un risque et l'émergence de « nouveaux risques » ou de « risques nouveaux ». La prévention en appelle à des comportements responsables de l'ensemble des acteurs. Sous l'angle du droit, cela se traduit par un devoir. Ce devoir de prévention impose « *seulement à chacun de se conformer aux obligations édictées par la loi et pour les actes administratifs pris pour l'application de celle-ci* » ce qui en réduit considérablement la portée en maintenant l'illusion de l'efficacité de la norme[16]. En réalité, le devoir de prévention implique une part de bon sens qui ne relève pas du domaine de la norme mais qui a vocation à l'accompagner. Cela étant, et pour le mettre en œuvre, il convient de placer des barrières de prévention/protection dans la perspective de réduire le risque à la source, donc de limiter les incertitudes. La part de la règle de droit dans la perception de l'incertitude est loin d'être négligeable[17].

---

[14] R. Kast, « Calcul d'un coût économiquement acceptable pour la mise en pratique du principe de précaution », *Revue Économique*, 2003/6, n° 54, p. 166.

[15] Article 2 de la loi constitutionnelle n° 2005-205 du 1er mars 2005 et article L. 110-1, II, 2° du code de l'environnement.

[16] Cons. Const., n° 2011-116 QPC, 8 avr. 2011 ; E. Cortot-Boucher, « Le devoir de prévention posé par l'article 3 de la Charte de l'environnement. Portée, contrôle », *RFDA*, 2014, p. 97.

[17] J. Carbonnier, *Flexible droit*, préc., p. 201 et s.

Principe de sobriété : mesure de réduction des risques ? Depuis quelques années, le principe de sobriété a fait son entrée sur la scène juridique de manière à limiter les effets de l'exposition aux ondes électromagnétiques[18]. La genèse de ce principe mérite d'être rappelée pour en comprendre la portée, essentiellement pratique. La couverture numérique des territoires pose la délicate question des effets de l'exposition aux ondes hertziennes au regard de l'implantation des antennes relais de téléphonie mobile et des bornes wifi dans les communes, préalable à l'utilisation des services numériques. Les maires ont longtemps été divisés sur l'attitude à adopter en l'absence de réglementation en la matière, et certains ont posé des moratoires pour refuser ou limiter l'implantation des antennes sur le territoire dans l'attente d'une certitude raisonnable des effets engendrés[19]. Face à un ensemble de situations très hétérogènes, le Conseil d'État a reconnu une compétence exclusive aux autorités de l'État désignées par la loi (Ministre, ARCEP, Agence Nationale des Fréquences) pour réglementer l'implantation des antennes relais sur le territoire et a refusé aux maires l'usage en la matière de leur pouvoir de police générale[20].

Non sans difficultés d'appréciation des situations au regard des principes de précaution ou prévention d'ailleurs, établir un cadre juridique relatif à l'exposition aux ondes électromagnétiques revient à arbitrer entre l'obligation de couvrir le territoire que se sont assignés les pouvoirs publics et l'application du principe de précaution contre les nuisances sanitaires. Pour couvrir le territoire, seul le maillage se révèle d'une particulière efficacité. Seulement l'exposition du public aux champs électromagnétiques n'en est que plus grande d'autant que les seuils d'exposition fixés ne sont pas uniformes et sont largement contestés. Le décret n°2002-775 du 3 mai 2002 fixe à 41 et 58 V/m les niveaux d'émission des antennes. Suivant ce raisonnement, une proposition de loi avait été déposée le 11 novembre 2013

---

[18] Loi n° 2015-136 du 9 février 2015 relative à la sobriété, à la transparence, à l'information et à la concertation en matière d'exposition aux ondes électromagnétiques ; S. Nadoud, « L'adoption de la loi n° 2015-136 du 9 février 2015 relative à l'exposition aux ondes électromagnétiques : premier pas encourageant ou régression décourageante ? », *RJE*, 1er septembre 2015, n° 3, p.423 ; S. Gallage-Alwis, S. Hammad, « Ondes électromagnétiques : introduction du principe de sobriété en droit français », *DE*, 1er mai 2015, p.193 ; v. pour une vision plus globale, O. Cachard, « Rétrospective de législation et de jurisprudence sur les champs électromagnétiques », *Gaz. Pal.*, 4 juill. 2017, p.12.

[19] S. Maréchal, « Réseaux 4G : les maires pris entre le marteau du développement et l'enclume de la santé », *La Gazette des communes*, 5 févr. 2013, http://www.lagazettedescommunes.com.

[20] CE, 26 octobre 2011, Commune de Saint-Denis, req. n° 326492 ; Commune des Pennes-Mirabeau, req. n° 329904 ; Société Française de Radiophonie, req. n° 341767, 341768.

à l'Assemblée nationale relative à l'application du principe de précaution aux risques résultant des ondes électromagnétiques. Il s'agissait d'imposer un seuil de 0,6 V/m, de privilégier les réseaux filaires, et d'encadrer plus strictement le wifi, ce qui n'est pas incongrue mais se heurte à la réalité économique et au potentiel des territoires. Tout comme il est irréaliste au regard du principe d'égalité de limiter l'usage des téléphones mobiles et des services associés à certaines parties des territoires. Revoyant les prétentions à la baisse, c'est l'application du principe ALARA – « as low as reasonably achievable » - laquelle a été proposée dans le cadre de cette proposition de loi visant concomitamment à baisser la puissance des antennes relais et à mutualiser leur implantation entre les opérateurs[21]. Entre temps, la réglementation s'est étoffée. Le décret n°2013-1162 du 14 décembre 2013 a eu pour effet de renforcer le dispositif de surveillance et de mesure des ondes électromagnétiques. Sans régler la question de fond à savoir déterminer la nature du risque, il s'agissait d'encadrer et de vérifier l'application des seuils en contribuant à la prévention des risques d'atteintes à l'environnement et à la santé. Cependant, le principe de précaution et le principe ALARA ont été évacués des débats, au profit d'un principe de sobriété dont le droit ne s'était jamais saisi jusqu'à présent et qui en l'état s'inscrit dans le prolongement d'une démarche de prévention, au titre des barrières envisagées. Cette démarche préventive est le fait de l'existence de chartes de bonne conduite conclues par les acteurs, de procédures de concertation et de dialogue en dehors de toute application expresse de principes juridiques[22].

La loi n°2015-136 en date du 9 février 2015 instituant la sobriété[23] vise à l'amélioration de la transparence dans l'implantation des installations radioélectriques et l'information de la population quant aux conditions d'utilisation des mobiles et autres technologies sans fil. La sobriété s'entend donc d'une surveillance sur le territoire national de points atypiques, recensés par l'Agence nationale des fréquences, sur lesquels les niveaux d'exposition excèdent substantiellement la moyenne nationale. Les communes concernées doivent réduire le niveau d'exposition. L'Agence doit

---

[21] G. de Lacour, « « *Les ondes électromagnétiques polluent, il faut les limiter au maximum* » - Laurence Abeille, deputée EELV du Val de Marne », *La Gazette des communes*, 15 janv. 2013, http://www.lagazettedescommunes.com.

[22] Réponse ministérielle, Question Sénat de A. Archimbaud, JO Sénat, 17 mai 2012, n° 22823. Depuis la loi n° 2009-967 du 3 août 2009 relative à la mise en œuvre du Grenelle de l'environnement, les communes peuvent conclure avec les opérateurs des chartes de bonne conduite pour l'implantation des antennes relais.

[23] J.-M. Pastor, « Adoption de la loi sur les ondes électromagnétiques », *D. Actu.*, 3 févr. 2015 ; « Le rôle des édiles contre l'exposition aux ondes électromagnétiques », *JCP Adm. et Coll. Terr.*, n° 7, 16 févr. 2015, act. 153.

également mettre à la disposition des communes de France une carte à l'échelle communale des antennes relais existantes. Les modalités d'application n'ont pas été définies, remettant en cause le fondement même de la loi, et par conséquent l'efficacité de la barrière moins ambitieuse que l'application du principe ALARA car il n'est pas envisagé d'abaisser les seuils réglementaires d'exposition de la population. Les véritables enjeux ont été écartés au profit de mesures ponctuelles et en dehors de toute démarche globale que l'analyse de risques aurait privilégié. Le principe de sobriété connaît pour autant de nouvelles applications dans les domaines où les effets de seuil et les mixages sont recherchés, comme la transition énergétique[24] abordée sous l'angle de mesures ponctuelles et d'un mix énergétique. On peut également imaginer dans la même logique l'appliquer aux perturbateurs endocriniens[25].

B. LA REALISATION DE L'ANALYSE DE RISQUES ERIGÉE EN REGIME JURIDIQUE : LE RECOURS AU REGIME DE LA MISE EN CONFORMITÉ

La mise en conformité dans le cadre de la réédition de comptes. Se conformer au droit reste inhérent à l'État de droit. Pour autant, la mise en conformité ne se réduit pas à la simple applicabilité du droit et notamment au regard de la charge de la preuve. Il appartient à l'acteur d'un système, un opérateur, une entreprise, etc., de démontrer au quotidien auprès d'un tiers « superviseur » ou régulateur, qu'il respecte les règles applicables en les adaptant à l'environnement de la structure. Le régime juridique de la mise en conformité suppose une analyse de risques *a priori,* sans quoi les risques ne sont pas réellement identifiés et gérés et ne peuvent donner lieu à une réédition de comptes. La démarche de mise en conformité est utile dans les systèmes complexes et décloisonnés[26] où la seule application des traités ou normes internes est source de déséquilibre entre les acteurs. Que ce soit la

[24] Loi n° 2015-992 du 17 août 2015 relative à la transition énergétique pour la croissance verte : art. 2 : «*Les politiques publiques (...) soutiennent la croissance verte par le développement et le déploiement de processus sobres en émissions de gaz à effet de serre et de polluants atmosphériques, par la maîtrise de la consommation d'énergie et de matières, par l'information sur l'impact environnemental des biens ou services, ainsi que par l'économie circulaire, dans l'ensemble des secteurs de l'économie* » ; v. sur le sujet, C. Krolik, « Du mouvement naturel à la production énergétique », *RJE*, 1er déc. 2016, n° 4, p.708.

[25] B. Parance, « Les défis soulevés par la régulation des perturbateurs endocriniens », *D.,* 2018, p.1449.

[26] Encore faut-il que le système soit défini (v. en ce sens, A. Geslin, « Le champ de la régulation », *RFDA*, 2010, p.731).

crise financière de 2007[27], les pollutions transfrontières[28], ou bien la protection des données personnelles[29], le constat est identique. L'absence de règles de fond, déontologiques, susceptibles de globaliser les engagements des acteurs économiques, et l'absence de contrôle de la conformité du respect de ces engagements, ont fragilisé les secteurs concernés qui, confrontés à la réalisation de risques systémiques, ont exposé les autres acteurs du marché, et particulièrement les consommateurs. Un tel contexte montre les limites du droit, et plus particulièrement du droit interne lorsque le système pertinent tel qu'il est défini, est international, tenant en échec tous les leviers juridiques classiques et nationaux. Dans ces hypothèses, la règle applicable pour prévenir ou réparer de telles situations ne relève pas d'un texte spécifique mais d'une lecture complexe et croisée d'un ensemble de textes dont il convient d'apprécier la portée.

Très concrètement, les objectifs à atteindre sont aujourd'hui, « *monumentaux* »[30] tant les principes applicables ont tendance à se multiplier et à se « fondamentaliser ». Ils ont vocation à gérer des situations globales et internationales mais les acteurs sont acculés à les respecter et, pour ce faire, à entreprendre une veille juridique qui occupe une personne *quasi* à temps plein dans chaque structure concernée. Cependant, ces objectifs sont légitimes et ont pour principal effet de contenir la confiance des acteurs sur un marché donné et de protéger des libertés que les États peinent à garantir. À titre d'exemple dans le domaine de la donnée à caractère personnel, il s'agit d'assurer la mise en œuvre de l'ensemble des principes directeurs applicables aux communications numériques, à la protection des données personnelles et des principes transverses applicables de manière générale, aux entreprises. Tel est le cas de la liberté d'expression, du principe de neutralité, de transparence, du devoir de loyauté, de la libre concurrence, du principe de prévention, du devoir d'information, etc. Plus spécifiquement encore, le régime de la donnée oscille perpétuellement entre circulation, ouverture, partage, transparence, protection, et contrôle. Parfois au cœur d'injonctions contradictoires en période de crise, le régime de la donnée, et plus particulièrement la donnée à caractère personnel, est au quotidien le

---

[27] Directive 2009/138/CE du Parlement européen et du Conseil du 25 novembre 2009 sur l'accès aux activités de l'assurance et de la réassurance et leur exercice (solvabilité II).

[28] Directive 2012/18/UE du Parlement Européen et du Conseil du 4 juillet 2012 concernant la maitrise des dangers liés aux accidents majeurs impliquant des substances dangereuses.

[29] Règlement (UE) 2016/679 du Parlement Européen et du Conseil, du 27 avril 2016 relatif à la protection des personnes physiques à l'égard du traitement des données à caractère personnel et à la libre circulation de ces données, et abrogeant la directive 95/46/CE (règlement général sur la protection des données).

[30] M.-A. Frison-Roche, « Le droit de la *compliance* », *D.*, 2016, p.1871.

résultat plus ou moins pertinent de la conciliation entre ces différents objectifs. Au sein de l'écosystème numérique, c'est typiquement l'existence des plateformes, des GAFAM[31] et autres NATU[32] qui a fait naitre une exigence de *compliance,* directement importée des États-Unis[33], « *formulée d'une obligation pour une entreprise de donner à voir qu'elle s'organise pour que chaque personne qui dépend d'elle se comporte conformément aux règles en vigueur* »[34]. La *compliance* n'est pas un mirage, mais un objet dont le droit se saisit comme de coutume au gré des besoins, mais sans prendre la peine de le définir. Or, la démarche qui y est sous-tendue entre difficilement dans nos catégories juridiques. Pour reprendre les propos du vice-président du Conseil d'État, Jean-Marc Sauvé, « *une chose est sûre. La compliance existe. C'est, sinon une valeur, du moins une procédure ou une méthode de respect des règles, qui monte en puissance. Elle se développe dans les entreprises, sans que les États, au moins en leur qualité de régulateur, n'en soient tenus à l'écart* »[35].

La compliance : une signification bien au-delà de la mise en conformité. Oscillant entre démarche éthique[36] et principe éminemment juridique qui suppose que les acteurs dans la vie des affaires se conforment à la réglementation en vigueur, la *compliance* reste difficile à cerner. Indéfinissable, la *compliance* est en réalité tout autre chose que sa pâle traduction française, qui la réduit à la conformité. La démarche *compliance* suppose que l'on identifie tous les maillons de la chaine par la formation et l'incitation des salariés dans l'ensemble des services, des sous-traitants, en vue d'adopter une « culture de conformité » étant en capacité de détecter la non-conformité par le truchement d'audits, d'enquêtes internes, de systèmes d'alerte *whistleblowing*[37]. Dans tous les secteurs économiquement régulés, il existe une véritable inflation normative « *tributaire de plusieurs paramètres qui formatent un mode nourricier de production normative, mi-hiérarchisé,*

---

[31] *Google, Amazon, Facebook, Apple, Microsoft.*

[32] *Netflix, Airbnb, Tesla et Uber.*

[33] C. Castets-Renard, « Quels liens établir entre les USA et l'UE en matière de vie privée et protection des données personnelles ? », *Dalloz IT/IP*, 2016, p.115.

[34] *Idem.*

[35] J.-M. Sauvé, « Conformité, droit public et juge administratif », Cycle de conférences Régulation, supervision, compliance, Conseil Économique, Social et Environnemental, 30 nov. 2016, http://www.conseil-etat.fr/Actualites/Discours-Interventions/Conformite-droit-public-et-juge-administratif

[36] A. C. Bénichou, « Nouvelles technologies : réflexions sur la *compliance* et l'éthique », in *Régulation, supervision, compliance*, sous la dir. de M.-A. Frison-Roche, Dalloz, Thèmes & Commentaires, 2017, p.81 et s.

[37] V. R. Gola, « Le règlement européen sur les données personnelles, une opportunité pour les entreprises au delà de la contrainte de conformité », *Légicom*, n° 59, 2017/2, p.29.

mi-réticulé »[38], sans aucune horizontalité. La verticalité et la mondialisation du droit dit « dur » constituent véritablement le socle de la *compliance*[39], doublé d'une volonté intégrationniste hors du commun poussant notamment le législateur de l'Union européenne à réglementer certains secteurs en raison de leur dimension économique couplée à la protection de libertés et droits fondamentaux[40]. La gestation des textes européens et leur rédaction finale, en raison de la procédure à suivre, procèdent du constat que les conséquences potentielles des principes juridiques posés sont insuffisamment explorées ou expliquées. Véritables patchworks, ces textes invitent à mettre en rapport des dispositifs et principes répondant à des grilles de lecture différentes, dans la perspective de répondre à un besoin difficile à circonscrire en raison de la diversité culturelle des États en la matière, d'objectifs pluriels, d'intérêts divergents, etc… Outre la procédure législative de l'Union qui associe des représentants de chaque État, se déploie un pouvoir normatif délégué au bénéfice de la Commission européenne et des instances de contrôle présentes à l'échelle européenne. Agissant en étroite collaboration avec des autorités de contrôle nationales, telles que les autorités administratives, qu'elles soient ou non indépendantes, ou dotées de compétence de régulation, la toile se tisse progressivement.

Le législateur national participe quant à lui à l'inflation normative par l'ajout de prescriptions parfois non requises par les textes européens dans une perspective d'anticipation[41] ou dans le cadre des marges de manœuvre laissées par les textes européens[42]. À cela s'ajoute encore les organisations professionnelles, les assureurs dans certains cas[43], les clusters, producteurs de lignes directrices, code de déontologie, chartes de bonne conduite, que l'on qualifie désormais de droit souple. Ce droit souple n'est pas seulement l'apanage des organisations professionnelles, mais il tend à s'imposer comme le mode d'action des systèmes internationaux régulés. Cette

---

[38] A. Louvaris, « Régulation économique et inflation normative », *RDP*, 2014, n° 2, p.304.

[39] M.-A. Frison-Roche, « Du droit de la régulation au droit de la compliance », in *Régulation, supervision, compliance*, sous la dir. de M.-A. Frison-Roche, Dalloz, Thèmes & Commentaires, 2017, p.1 et suivantes.

[40] V. K. Favro, *Le droit de la régulation des communications numériques*, LGDJ, Système, nov. 2018.

[41] La loi n° 2016-1321 du 7 octobre 2016 Pour une République numérique.

[42] Règlement (UE) 2016/679 du Parlement Européen et du Conseil, du 27 avril 2016 relatif à la protection des personnes physiques à l'égard du traitement des données à caractère personnel et à la libre circulation de ces données, et abrogeant la directive 95/46/CE (règlement général sur la protection des données).

[43] Sur les garanties des contrats d'assurance, A. Pélissier, « Qualification des mesures de prévention des risques », *Revue Générale du Droit des Assurances*, 1er mai 2017, p.324.

surproduction normative est singulière au regard de nos schémas classiques. Elle a certes pour objectif de remédier à la défaillance d'un marché ou à la protection des libertés et droits fondamentaux mais elle fait l'effet d'un bloc indigeste difficile à hiérarchiser. Pour le Professeur Louvaris, « *on en arrive à la présentation d'une forme spéciale de hiérarchie des normes, de l'international au national, avec multiplication en crescendo descendant des sources normatives* »[44]. La profusion de normes transforme progressivement l'objectif de liberté et la protection qui y est associée, en démarche de conformité inhérente à la *compliance.* Cette démarche repose sur l'interdépendance des acteurs et leur participation au processus normatif. La confiance est le moteur de cette conversion sans que l'on puisse l'ériger en principe juridique. La confiance « *ne se décrète pas et ne peut être l'affaire de la loi* »[45]. Cette confiance est recherchée aujourd'hui à une autre échelle ce qui invite à reconsidérer les outils pour y parvenir sans que la souveraineté des États ne soit envisagée comme un obstacle, car chaque acteur, autorité administrative comprise, participe à la démarche de mise en conformité par un accompagnement spécifique afin que les barrières à mettre en place aient un cout économiquement acceptable mais qu'en même temps elles permettent d'assurer un haut niveau de protection pour les consommateurs, citoyens, utilisateurs, etc. Les obligations de mise en conformité sont plus contraignantes que le simple respect de la norme, et davantage onéreuse en raison des démarches à accomplir propres à chaque structure[46] (adhésion à des labels, respect de la déontologie et mise en place de comités d'éthique, contrôle de la mise en conformité des sous-traitants, mise en place d'un programme de conformité qui implique tous les salariés de chaque prestataire de services, etc.). Il appartient donc aux autorités administratives et de régulation d'encourager les démarches de mise en conformité, de protéger le secret professionnel lors des audits sans pour autant être plus clémentes au regard des entreprises les plus volontaristes, parce qu'il est seulement question d'assurer le respect de l'État de droit. Pour autant, il ne faut pas abandonner l'approche réglementaire spécifique à l'Europe.

---

[44] A. Louvaris, « Régulation économique et inflation normative », préc.

[45] G. Weigel, « Les dispositions audiovisuelles de la loi « Indépendance des médias » du 14 novembre 2016 étaient-elles nécessaires ? », *Légipresse*, n° 346, févr.2017.

[46] L. Donnedieu de Vabres, « Pas de *compliance* sans confiance », in *Régulation, supervision, compliance*, sous la dir. de M.-A. Frison-Roche, Dalloz, Thèmes & Commentaires, 2017, p.108.

II. L'analyse de risque au service du droit

Le droit que l'on qualifie désormais de dur en raison de l'ordonnancement juridique dans lequel il s'inscrit, est déterministe en ce qu'il repose sur ce qui est. Cependant, il prescrit dans un cadre complexe, évolutif et non stabilisé au regard d'un certain « désordre normatif »[47], source d'insécurité juridique. Afin de stabiliser cet ordre juridique à l'échelle du territoire national, il a été envisagé par le législateur organique en 2009 de procéder à une analyse des risques engendrés par les projets de loi en la forme d'une analyse d'impact. Cette démarche, quoique fondamentalement nécessaire, n'est pas suffisante en ce qu'elle n'est pas aboutie[48]. Elle n'intègre pas tous les aspects de la démarche préventive conduisant à l'évolution de la logique juridique marquée par la concertation, car les acteurs sont parties prenantes. Ils contribuent à l'élaboration de la norme pour être en capacité de l'appliquer. Par conséquent la prévention intègre le droit souple (A) et en appelle à la régulation (B).

A. LA CONSTRUCTION DE LA NORME JURIDIQUE PAR L'ANALYSE DE RISQUES : LE RECOURS AU DROIT SOUPLE

Droit dur et étude d'impact de la loi. Le principe de prévention n'a pas épargné l'élaboration de la loi qui en raison du « désordre normatif », de l'affaiblissement de la qualité rédactionnelle des textes et de la volonté de justifier *ex ante* l'intervention publique, est en attente de caution scientifique[49]. L'article 39 al.3 de la Constitution dans les conditions définies par l'article 8 de la loi organique n°2009-403 du 15 avril 2009[50] modifiée impose au gouvernement - et pas aux parlementaires-, de déposer les projets de loi accompagnés d'une étude d'impact dans l'objectif d'exposer « *les motifs du recours à une nouvelle législation* », « *les options possibles en dehors de l'intervention de règles nouvelles* », autrement dit, d'aider le législateur à prendre une décision[51]. L'étude d'impact doit exposer « *avec*

---

[47] Y. Gaudemet, « La régulation économique ou la dilution des normes », *RDP*, 2017, n° 1, p. 23

[48] B.-L. Combrade, « A qui profite l'étude d'impact ? », *LPA*, 24 janv. 2012, p.6 ; J. Sirinelli, « La justiciabilité des études d'impact des projets de loi », *RDP*, 2010, p.1367 ; A.- S. Denolle, « Les études d'impact : une révision manquée ? », *RFDC*, 2011/3, p.499 ; M. Philip-Gay, sous la dir. de, *Les études d'impact accompagnant les projets de loi*, LGDJ, 2012 ; A. Haquet, « Les études d'impact des projets de loi : espérances, scepticisme et compromis », *AJDA*, 2009, p.1986.

[49] J. Sirinelli, « La justiciabilité des études d'impact des projets de loi », préc.

[50] Certaines dispositions ont été frappées de non conformité par le Conseil constitutionnel dans le cadre de sa décision n° 2009-579 DC du 9 avril 2009.

[51] Circulaire du 15 avril 2009 relative à la mise en œuvre de la révision constitutionnelle (procédure législative).

précision » la nécessité d'adopter un nouveau texte et ses incidences autant au sein de la hiérarchie des normes, qu'au sein des domaines sociaux, techniques et environnementaux dans lesquels il s'inscrit[52]. Cela étant, cette analyse de risques ne porte pas sur l'ensemble des projets de loi, et notamment laisse de côté les projets soumis obligatoirement au contrôle de conformité du Conseil constitutionnel[53]. Ces exclusions remettent en cause les aspects légistiques du dispositif en faisant obstacle à toute approche globale du risque « juridique » dans le cadre de l'élaboration de la loi. D'ailleurs, ce n'était pas l'objectif du dispositif dans la mesure où l'étude d'impact fait l'objet d'un contrôle limité quant à son contenu et son existence[54]. En apparence, cet outil d'aide à la décision instaure la méfiance à l'égard des textes rédigés par le gouvernement au profit d'une revalorisation du rôle du parlement, allant ainsi dans le sens souhaité de la réforme constitutionnelle de 2008. Mais la réalité est tout autre car cet outil permet de légitimer l'action publique en démontrant le bien fondé du projet déposé par le gouvernement, sans que le parlement soit en mesure de contester l'étude d'impact par une contrexpertise[55]. L'outil se transforme en incitation insidieuse qui assoit confortablement la posture du gouvernement sans produire les effets escomptés à savoir l'amélioration de la qualité des textes, voire l'adoption d'une vision systémique de la loi qui réduirait à néant le bavardage, les contradictions, les effets d'annonce et retours d'expérience, pour restaurer des textes généraux et impersonnels qui

---

[52] « *l'articulation du projet de loi avec le droit européen en vigueur ou en cours d'élaboration, et son impact sur l'ordre juridique interne ; l'état d'application du droit sur le territoire national dans le ou les domaines visés par le projet de loi ; les modalités d'application dans le temps des dispositions envisagées, les textes législatifs et réglementaires à abroger et les mesures transitoires proposées ; les conditions d'application des dispositions envisagées dans les collectivités régies par les articles 73 et 74 de la Constitution, en Nouvelle-Calédonie et dans les Terres australes et antarctiques françaises, en justifiant, le cas échéant, les adaptations proposées et l'absence d'application des dispositions à certaines de ces collectivités ; l'évaluation des conséquences économiques, financières, sociales et environnementales, ainsi que des coûts et bénéfices financiers attendus des dispositions envisagées pour chaque catégorie d'administrations publiques et de personnes physiques et morales intéressées, en indiquant la méthode de calcul retenue ; l'évaluation des conséquences des dispositions envisagées sur l'emploi public ; les consultations qui ont été menées avant la saisine du Conseil d'État ; s'il y a lieu, les suites données par le Gouvernement à l'avis du Conseil économique, social et environnemental ; la liste prévisionnelle des textes d'application nécessaires.* »

[53] Article 11 de la loi organique n° 2009-403 du 15 avril 2009.

[54] J. Sirinelli, « La justiciabilité des études d'impact des projets de loi », préc. ; C. Pérès, « L'étude d'impact à la lumière de la réforme par ordonnance du droit des obligations », *Revue des contrats*, juill. 2014, p.275.

[55] B.-L. Combrade, « A qui profite l'étude d'impact ? », préc.

résistent à l'épreuve du temps. Il est regrettable que cette analyse de risques porte en germe la volonté de garantir les équilibres politiques, car elle aurait permis d'objectiviser le processus démocratique d'élaboration de la loi en améliorant la qualité du droit[56] à l'image de la Commission européenne qui a su valoriser cet outil au risque de ralentir la procédure législative[57].

Évaluation des normes territoriales ? Il n'est pas permis d'attendre davantage de la part du Conseil national d'évaluation des normes (CNEN), censé apporter sa pierre à l'édifice de la hiérarchie des normes territoriales. L'articulation des normes territoriales avec les normes nationales fait partie des préoccupations de ce CNEN créé par la loi n°2013-921 du 17 octobre 2013, qui compte parmi ses membres des parlementaires jouant un « *rôle de concertation et d'interface, voire de décision* »[58]. Logiquement, une proposition de loi organique tendant à joindre les avis rendus par le Conseil à l'étude d'impact sur les projets de loi relatifs aux collectivités territoriales et à leurs groupements dans le respect des procédures consultatives devant le Conseil d'État, avait été déposée le 2 octobre 2013, par le Sénateur Alain Richard[59]. En réalité, les deux procédures sont indépendantes. Les possibilités de saisine, voire d'auto-saisine ont été étendues par l'article 10 de la loi n°2016-1888 du 28 décembre 2016, modifiant ainsi l'article L.1212-2 du Code général des collectivités territoriales. Selon cet article et en dehors des normes justifiées par la protection de la sûreté nationale, « *le Conseil national d'évaluation des normes est consulté par le Gouvernement sur l'impact technique et financier, pour les collectivités territoriales et leurs établissements publics, des projets de textes réglementaires créant ou modifiant des normes qui leur sont applicables* ». A cet effet, le gouvernement a modifié le modèle de fiche d'impact mis à disposition des ministères producteurs de normes dans le cadre de l'évaluation préalable des projets de textes réglementaires, car sont concernés les seuls actes du gouvernement et pas ceux des autorités administratives indépendantes alors que l'impact financier peut être important[60]. Le CNEN « *est également consulté par le Gouvernement sur l'impact technique et financier des projets*

---

[56] C. Pérès, « L'étude d'impact à la lumière de la réforme par ordonnance du droit des obligations », préc.

[57] V. sur la question, I. Papadopoulos, « L'usage stratégique des études d'impact dans la procédure législative européenne », in M. Philip-Gay, sous la dir. de, *Les études d'impact accompagnant les projets de loi*, LGDJ, 2012, p.5.

[58] J.-F. Kerléo, « Le droit parlementaire local : l'impensé juridique de la fonction territoriale du représentant de la nation », *RFDC,* 1017, n° 109, p.103.

[59] Rapport n° 19 (2013-2014) de Monsieur Alain Richard, fait au nom de la commission des lois.

[60] CE, 9 mars 2018, Société Enedis et autres, n° 407516, note sous, L. de Fontanelle, « Tarifs d'utilisation des réseaux publics d'électricité : le vade-mecum du Conseil d'État », *Énergie, Environnement, Infrastructures*, juill. 2018, p.1.

de loi créant ou modifiant des normes applicables aux collectivités territoriales et à leurs établissements publics. Il émet, à la demande du Gouvernement, un avis sur les projets d'acte de l'Union européenne ayant un impact technique et financier sur les collectivités territoriales ou leurs établissements publics ». Le Conseil d'État, saisi sur ce point, s'est prononcé sur la notion de norme applicable aux collectivités territoriales, précisant qu'il s'agit de celles « *qui les concernent spécifiquement ou principalement, soit les normes qui affectent de façon significative leurs compétences, leur organisation, leur fonctionnement ou leurs finances* »[61]. Les propositions de loi ne sont pas concernées. Ceci dit, celles « *ayant un impact technique et financier* » peuvent également lui être soumises pour avis à la discrétion des présidents des assemblées parlementaires. Le CNEN dispose de la possibilité de s'y opposer.

L'impact financier est d'autant plus important que la contrainte normative des collectivités territoriales est colossale. C'est pourquoi, après quelques tentatives avortées et moratoires qui n'ont pas été suivies d'effet[62], le CNEN s'est positionné pour contribuer au processus de simplification des normes dans la logique de la circulaire du 26 juillet 2017 relative à la maîtrise du flux des textes réglementaires et de leurs impacts, consacrant le principe « *une norme créée pour deux supprimées* », accompagnée de propositions concrètes du gouvernement de manière à réduire le coût des normes[63] portant les efforts sur les normes parasismiques, les normes sportives, et les normes de construction qui ne sont pas nécessaires sur l'ensemble du territoire. L'application dévoyée du principe de précaution a généré des surcoûts inutiles et en appelle à une application plus systématique du principe de proportionnalité. Par-delà, la seule réduction quantitative de la norme ne permet pas une application efficace du principe de prévention.

Droit dur v/droit souple. Une démarche préventive ne doit pas être fondée sur l'illusion que le respect par les acteurs d'une réglementation déterministe est suffisant pour éviter la réalisation d'un risque. Ce constat a déjà fait l'objet de développements importants dans le domaine du risque

---

[61] CE, 26 octobre 2018, Association Regards Citoyens, req. n° 403916 ; CE, ass., avis, 27 septembre 2018, req. n° 395785.

[62] V. Mission pour la simplification des normes applicables aux collectivités territoriales, confiée à A. Lambert et J.-C. Boulard, rapport 13 septembre 2018, https://www.economie.gouv.fr/files/2018-09_rapport_Lambert-Boulard-simplification-normes-des-collectivites-territoriales.pdf.

[63] Lettre du Président du Conseil nationale d'évaluation des normes, adressée au Premier Ministre, 6 septembre 2017, Lettre_CNEN 2018 adressé au PM - IMPORTANT.pdf.

industriel[64] que l'on peut aisément transposer à tous les domaines exposés aux risques[65]. Autrement dit, l'analyse de risques doit être perpétuelle et *a minima* être mise en œuvre à chaque modification notable de situation « *afin de prendre en compte la révélation ex post de nouvelles occurrences de risque et le développement des techniques* »[66]. La veille juridique et technique est de ce point de vue essentielle à la survie du système. Mais elle doit également s'accompagner d'une contribution à la définition de la norme applicable par les acteurs du système afin de la rendre acceptable et compréhensible par tous. Le « monumentalisme » normatif a ouvert la porte au droit souple, dans un premier temps, pour renforcer la sécurité juridique car il a pour objectif de mettre en place *in fine* les barrières de prévention/protection idoines inhérentes à l'analyse de risques réalisée. Si la démarche est aujourd'hui pointée du doigt par la doctrine en raison des jurisprudences du Conseil d'État de 2016, *Fairvesta* et *Numéricâble*, qui situent le débat sous l'angle de la recevabilité des recours contre les actes de droit souple laissant de côté leur normativité[67], elle n'est pas nouvelle. C'est à partir des années 1980 que s'est développée en France une réflexion sur la norme tendant à considérer qu'il fallait étendre la définition du droit à des pratiques non contraignantes, quitte à s'écarter du positivisme[68]. Le paradigme d'un droit obligatoire et contraignant permettait de laisser de côté

---

[64] V. sur ce point, en collaboration avec J.-F. Brilhac, « Les études de dangers ; le point de départ de la planification du risque industriel », in *Planifier le risque industriel* sous la dir. de J.-F. Brilhac et K. Favro, Victoires-Editions, Collection Environnement, oct. 2009, p.43 ; C. London, « Risques industriels d'accidents majeurs : de la non application du principe de prévention ? », *LPA*, 29 avril 2002, p.7.

[65] P. Pucheral, A. Rallet, F. Rochelandet, C. Zolynsky, « La privacy by design : une fausse bonne solution aux problèmes de protection des données personnelles soulevés par l'Open data et les objets connectés », *Légicom*, n° 56, 2016/1, p.97.

[66] *Idem.*

[67] CE, ass., 21 mars 2016, n° 368082, 368083, 368084, AMF/sté Fairvesta International GmbH ; CE, ass., 21 mars 2016, n° 390023, Autorité de la concurrence/NC Numéricable ; CE, 10 novembre 2016, n° 384691, CSA.

[68] J. Carbonnier, *Flexible droit – Pour une sociologie du droit sans rigueur*, 1re éd., 1969, LGDJ ; P. Amselek, « L'évolution générale de la technique juridique dans les sociétés occidentales », *RDP*, 1982, p. 275 ; C. Atias, « Normatif et non normatif dans la législation récente du droit privé », *RRJ,* 1982, p. 219 ; J.-B. Auby, « Prescription juridique et production juridique », *RDP*, 1988, p. 673 ; M. Delmas-Marty, *Le flou du droit*, 1986, PUF, coll. Les voies du droit ; J. Chevallier, *L'État post-moderne*, 1re éd., 1998, préc. ; C. Thibierge, « Le droit souple – Réflexion sur les textures du droit », préc. ; Association Henri Capitant (dir.), *Le droit souple – Journées Nationales de Boulogne-sur-Mer,* t. XIII, 2009, Dalloz, coll. Thèmes & commentaires ; V. Boecomei et J.M. Furt, « L'évolution de la réglementation de la qualité : une contribution à la théorie du droit souple », *LPA*, 21 juin 2006, p. 6 ; C. Vigouroux, « Du droit "mou" au droit "souple" », *AJDA*, 2013, p. 1825.

tout ce que les autorités administratives produisent au quotidien, à savoir les recommandations, déclarations, lignes directrices, notes d'informations, avis, mises en garde et autres chartes de bonne conduite, guides, référentiels, etc.[69], sans se soucier de leur régime juridique. Dans certains domaines techniques et notamment les entreprises industrielles, les démarches volontaires se multiplient et sont absorbées par l'administration pour assurer le respect de la réglementation. Tel est le cas des procédures de certification. Dans le domaine des risques industriels par exemple, la démarche volontaire de certification d'un exploitant ICPE est prise en considération dans le cadre des prescriptions techniques édictées par le préfet lors de la procédure d'autorisation ou de déclaration préalable avec contrôle périodique. Certaines des installations soumises au régime de la déclaration doivent être périodiquement inspectées afin de vérifier qu'elles sont conformes avec la réglementation en vigueur. Cette inspection n'est pas réalisée par l'administration. Elle est à la charge de l'exploitant qui peut choisir l'organisme de contrôle agréé pour effectuer ce contrôle périodique tous les cinq ans ou tous les dix ans lorsque l'exploitant est certifié[70]. Dans certains cas où l'entreprise présente des non conformités majeures, l'organisme agréé a l'obligation d'en informer la préfecture.

L'adoption de ces documents permet de procéder à des ajustements réguliers, conformément d'ailleurs à ce qui est attendu de ce type d'encadrement. C'est donc la perspective de réguler certains secteurs au regard de leur environnement propre, qui engendre l'édiction de textes dotés « *d'un mode de rédaction et une présentation formelle libres, disponibles, choisis au quotidien de l'action de régulation, et choisis davantage pour séduire et provoquer l'adhésion, intimider ou susciter en contournant le droit, que pour signifier* »[71]. L'idée est que ces textes génèrent par eux-mêmes – « naturellement » – une influence significative à l'égard de ceux qui les appliquent, orientant notamment la conduite des acteurs, sans se borner, selon la formule de Portalis reprise par le Conseil d'État, à « *ordonner, prescrire ou interdire* » dans le respect de la sécurité juridique[72]. L'élaboration de modalités techniques et d'orientations essentielles, l'émergence d'une doctrine, la rapidité d'action, privilégient des

---

[69] V. en ce sens, C. Thibierge, « Le droit souple – Réflexion sur les textures du droit », préc.

Article R. 512-57 du code de l'environnement.

[71] Y. Gaudemet, « La régulation économique ou la dilution des normes », préc.

[72] Conseil d'État, *La sécurité juridique*, EDCE 1991, La Doc. franç., 1992, p. 189 et 182 ; reprenant les considérations du rapport, C. Vigouroux, « Du droit "mou" au droit "souple" », *AJDA* 2013, p. 1825.

mécanismes d'implication des parties prenantes à leur élaboration. L'on peut légitimement se demander s'il s'agit de règles de droit[73].

Le rapport du Conseil d'État de 2013[74] a eu un effet d'entraînement assez étonnant au regard de l'autorité de cette institution, en conférant aux actes de droit souple un « *brevet de juridicité* »[75] qu'il a eu l'occasion de soumettre au test de la recevabilité quelques années après, cette fois-ci en qualité de juge et à l'égard des actes des autorités administratives indépendantes. Donc, tous les actes de droit souple ne sont pas recevables devant le juge mais essentiellement ceux qui relèvent de la régulation que le juge peut analyser comme un « *angle mort du droit* »[76]. Le Conseil d'État a, en effet, souhaité intégrer le droit souple à l'ordonnancement juridique en proposant une définition empirique de la notion se référant tantôt à la forme de l'acte, tantôt à ses effets[77]. Pour le Conseil, le droit souple s'inscrit dans le champ du droit et s'insère dans une « *échelle de normativité graduée* ». L'acte de droit souple ne crée pas par lui-même de droits ou d'obligations juridiques mais vise à modifier ou orienter les comportements de ses destinataires[78]. Il présente un degré de formalisation de nature à lui donner une apparence et une légitimité approchant celle d'un acte juridique, alors qu'il émane d'acteurs publics ou privés, nationaux ou transnationaux. Les critères ainsi posés, les incertitudes demeurent, la frontière entre le droit souple et le droit dur ne s'impose pas à l'évidence ainsi que la frontière entre le droit souple et ce qu'il convient d'appeler le « non-droit ». Le « non-droit » existerait dans un monde où tout se dessine par rapport à la règle de droit, dès lors qu'il ne répond pas aux critères empiriques posés par le juge[79]. Ce raisonnement est le « *signe de la transformation de l'État qui, volontairement ou non, renonce à une part de son imperium* »[80]. C'est une réalité : le droit n'est plus tel qu'il a été. Le droit souple n'est pas défini avec précision[81]. Pour autant, le

---

[73] Y. Gaudemet, « La régulation économique ou la dilution des normes », RDP 2017, n° 1, p. 23 ; H. Pauliat, « Contribution du droit souple au désordre normatif », *RDP*, 2017, n° 1, p. 59.

[74] Conseil d'État, *Le droit souple*, rapport annuel 2013, La Doc. franç., 2013.

[75] E. Nicolas et M. Robineau, « Prendre le droit souple au sérieux ? – À propos de l'étude annuelle du Conseil d'État pour 2013 », *JCP* G 2013, 1116.

[76] P. Deumier, « Quand le droit souple rencontre le droit dur », *RTD civ.* 2016, p. 571.

[77] Conseil d'État, *Le droit souple*, rapport annuel 2013, La Doc. franç., 2013.

[78] *Ibid.*

[79] E. Nicolas et M. Robineau, « Prendre le droit souple au sérieux ? – À propos de l'étude annuelle du Conseil d'État pour 2013 », préc.

[80] J.-M. Sauvé, « Où va l'État ? », intervention à l'occasion des 80 ans de la revue *Esprit*, table-ronde sur *Les transformations de l'État, effacement ou montée en puissance ?*, 8 avril 2013.

[81] P. Deumier, « Quand le droit souple rencontre le droit dur », préc.

législateur n'hésite pas à « se l'approprier » en prônant ouvertement l'application de règles plus consensuelles, souples ou adaptées au comportement des acteurs. Depuis la loi n° 2018-493 du 20 juin 2018 relative à la protection des données personnelles, le législateur confie à la CNIL le soin de « *favoriser un environnement juridique sécurisé à travers des instruments de droit souple dont la normativité est graduée* »[82] ce qu'elle fait en réalité depuis des années, et dans un premier temps, en marge de ses compétences d'attribution. Sauf qu'aux termes de la loi de 2018, l'élaboration du droit souple est institutionnalisée et devient le mode d'action principal de la Commission. La démarche du législateur peine cependant à se démarquer de la construction normative classique, par définition cloisonnée, générale et impersonnelle sauf lorsqu'elle répond aux exigences de la Commission européenne. Ce droit souple se construit dans le sillage du droit dur et en dehors de toute logique normative qui lui est propre. L'inverse se vérifie également, car dans le cadre de cette même loi, le législateur s'est approprié la logique des lignes directrices, techniques, qui nécessitent des remises à jour et adaptations régulières, puisque l'article 32 de la loi organise sa révision par voie d'ordonnance dans les six mois à venir[83]. Ce n'est pas de cette manière qu'il faut concevoir le rapport du droit souple au droit dur, ni même concevoir la loi. Même si en l'espèce il s'agissait de toiletter, sans faire disparaître, l'emblématique loi informatique et libertés !

B. LA CONSTRUCTION D'UNE LOGIQUE JURIDIQUE PAR L'ANALYSE DE RISQUES : LE RECOURS À LA RÉGULATION

De la régulation par le droit au droit de la régulation. Longtemps convaincus que l'application du droit et la saisine du juge constituaient la seule issue pour résoudre et anticiper les litiges, et plus largement les dysfonctionnements de la société, les juristes imprègnent désormais le droit d'une approche « régulationniste ». Cette approche ne se borne pas à consacrer la règle de droit comme seule dotée d'une vertu régulatoire. Elle fait appel à un plus grand consensualisme, une transparence accrue lors de l'élaboration et de la mise en application de la règle, dans le but de réduire le nombre de litiges, ou à tout le moins d'en envisager une issue plus adaptée à leur contexte. La régulation ne s'impose pas de prime abord dans la démarche du juriste. Certains auteurs ne lui reconnaissaient aucune portée juridique, l'assimilant au seul pouvoir de police, notamment à la police

[82] Exposé des motifs du projet de loi.

[83] Ord. n° 2018-1125 du 12 décembre 2018, prise sur le fondement de l'article 32 de la loi du 20 juin 2018, et qui réécrit la loi pour adapter au contexte national, au titre des marges de manœuvres, les évolutions mises en œuvre par le RGPD.

économique pour justifier des actions dans le domaine de la concurrence[84], voire en matière de liberté d'expression pour légitimer, par exemple, l'action du CSA au titre de la police des ondes. La « menace du gendarme » caractérisait l'action de cette autorité, niant ainsi toute possibilité de régulation. Or, dès le départ il existait une contradiction entre la posture du « gendarme » et la volonté d'ériger des autorités administratives indépendantes en tant qu'administrations souples, y compris en termes d'effectifs – 200 personnes[85]. Déresponsabilisant, ce régime de police a créé son lot de réfractaires, rétifs à la menace théorique du « gendarme », et peu enclins au respect des procédures. Mis en œuvre pour contrôler les conditions nécessaires à l'accès au marché et au respect des libertés[86], ce régime de police n'est efficace que lorsque les moyens alloués sont fonction du nombre d'acteurs concernés, et que le contrôle à un instant donné est suffisant. Ce qui est rarement le cas, d'où l'illusion de la maîtrise du processus.

Pour autant la régulation, conçue sous forme de standard, présente la caractéristique d'évoluer au gré des besoins des acteurs économiques ou institutionnels, des usages du public, et de se révéler comme la seule issue possible. Progressivement, la régulation amène le droit à prendre en considération l'ensemble des sujets concernés qui deviennent acteurs à part entière. D'innombrables écrits ont tenté de poser, ces quarante dernières années, la définition juridique de la régulation sans que le législateur national ou européen s'y attelle véritablement[87]. Il y fait référence, élargit l'univers de la régulation afin de promouvoir de nouvelles logiques économiques ou la démarche de *compliance*, pour montrer la marche à suivre. Parallèlement, le législateur a enserré la régulation dans certains secteurs de prédilection qui requièrent souplesse et adaptation de la règle de droit. Or la régulation est efficace seulement lorsqu'il s'agit d'appréhender un système dans sa globalité. Morcelée par secteurs trop étroits, la régulation peine à faire effet car elle ne permet pas de mettre en perspective l'ensemble des liens d'interdépendance entre les acteurs et les activités à considérer. La

---

[84] V. par exemple, A.-S. Mescheriakoff, *Droit public économique*, 1996, PUF, coll. Droit fondamental ; Y. Gaudemet, « La concurrence des modes et des niveaux de régulation », *RFDA*, 2004, p. 14 ; v. également les travaux de J.-L. Autin notamment, « Autorités administratives indépendantes, démocratie et État de droit », *Droit et Société*, 2016/2, n° 93, p. 206.

[85] A. Debet, « Les nouveaux instruments de conformité », *Dalloz IP/IT*, 2016, p. 592 ; E. Gabrié, « Les pouvoirs des autorités de protection des données », *Dalloz IP/IT*, 2017, p. 268.

[86] *Le droit de la régulation des communications numériques*, préc.

[87] T. Perroud, *La fonction contentieuse des autorités de régulation en France et au Royaume-Uni*, thèse Paris 1, 2011, p. 61 à 92 ; 2013, Dalloz, Nouv. Bibl. de thèses, vol. 127.

délimitation du système à réguler est capitale et s'opère à partir de la représentation que l'on s'en fait[88]. Ce système, devenu global, doit bénéficier d'un cadre juridique adapté et suffisamment souple pour anticiper les évolutions du secteur et corriger les rigidités d'une réglementation sectorielle, tout en restant suffisamment stable et robuste pour répondre aux exigences du principe de légalité. Cette souplesse s'obtient par l'injection d'une dose de contrôle interne des acteurs du secteur participant à la définition des règles. La robustesse s'obtient par un contrôle externe à l'aide d'outils qui doivent toutefois rester modulables. L'objectif de la régulation est d'arriver à un équilibre durable des acteurs, dans un secteur d'activité caractérisé par un déséquilibre structurel[89] qui tient aux liens d'interdépendance existant entre les acteurs. L'efficacité de la régulation va donc dépendre d'une identification *a priori* des risques connus et inhérents à l'activité régulée, lesquels sont liés à ce déséquilibre. Le système défini doit être en capacité d'absorber des risques émergents, parce qu'il les a évalués et gérés le cas échéant.

La régulation viserait alors un ensemble de processus, dont le droit, par lesquels les décisions collectives sont actées et mises en œuvre en matière de développement économique et social par le dialogue entre les pouvoirs publics et les acteurs concernés, acceptées par ces derniers, parce que nées d'un compromis. Ces décisions collectives sont nécessaires à l'équilibre du système. La survie du système et du groupe social, dans un premier temps, et sa pérennité, dans un second temps, sont assurées par la régulation pour deux raisons : d'une part, au regard de la diversité des intérêts en présence, et d'autre part au regard de la complexité des situations. La régulation apparaît donc comme un instrument de retour à la stabilité. Tout est question d'équilibre, et si l'équilibre n'est pas atteint par la supériorité d'un acteur, la mauvaise réponse d'un autre ou son absence de moyen d'action, c'est qu'il convient de redéfinir les acteurs du système ou les règles qui leur sont applicables. Le droit qui en est issu, se nourrit de principes juridiques, droits et libertés souvent fondamentalisés, pour asseoir sa robustesse. Mais, si l'on adopte une vision plus systémique, ces principes se teintent de règles éthiques et de velléités éducatives comme le principe de prévention – parfois nécessaire à la compréhension des phénomènes techniques – ou de transparence. Le droit de la régulation se décline donc en modalités d'intervention plus ou moins formelles, ce qui le rend particulièrement

---

[88] R. Lanneau, « Le normal et le pathologique dans la régulation, un vertige épistémologique », *in* A. See (dir.), *Régulations*, 2013, Éditions La Mémoire du Droit, p. 21.

[89] Le législateur fait appel à la régulation un peu « contre nature » pour régler des déséquilibres conjoncturels. V. à ce titre, les développements sur l'Autorité de la concurrence.

protéiforme : mis en œuvre par l'autorité de régulation et l'autorité administrative, il tend à adopter, en marge des outils réglementaires ou décisionnels classiques, des outils qualifiables de « quasi juridiques », plus modernes. Ce faisant, il fait évoluer le droit même, notamment à travers la consécration du droit souple, l'instauration de procédures de règlement des différends, ou encore la mise en place de démarches de compliance.

Des autorités administratives indépendantes aux autorités de régulation. Cependant, les autorités nationales peinent à rénover leur approche de la régulation et à tendre vers la définition considérée, même si les outils se déploient progressivement. Ce n'est que sous l'impulsion de l'Union européenne qu'elles y procèdent par touches successives lors de l'adoption d'une directive ou d'un règlement. Il en résulte que le système actuel est sous tension permanente. Pour autant, le juge s'adapte à cet environnement, qu'il soit national ou européen. Garant de l'État de droit, il s'érige en garant de la régulation et pose les principes de l'évolution de son propre contrôle[90]. Le juge n'entend pas se mettre en retrait[91], et se réserve la possibilité de remettre en cause la décision de « l'expert » dans le cadre des procédures de règlement des différends. Il déploie les actions en référé pour aller plus vite, et tente de protéger les acteurs les plus fragiles en développant le contentieux des sanctions. Cette démarche répressive, propice au règlement des déséquilibres conjoncturels, n'est toutefois pas adaptée à des situations de déséquilibres structurels qui requièrent une approche préventive. Cette dernière approche doit impliquer, mobiliser l'ensemble des acteurs, y compris les individus, les éduquer pour faire émerger une régulation par la *compliance*. C'est ainsi la responsabilisation des acteurs qui est visée. Les plus puissants doivent se conformer activement au respect des règles en gérant la question des lobbies, et ne doivent pas utiliser leur puissance pour organiser leur contournement. De manière générale, les acteurs sont tenus, non plus d'appliquer la réglementation, mais de se mettre quotidiennement en conformité avec elle.

La posture du législateur a longtemps consisté à appeler à la rescousse une armada d'autorités administratives indépendantes, ou publiques indépendantes pour celles d'entre elles qui possèdent la personnalité juridique. Ces autorités qui se sont transformées au fil du temps et sous l'influence de la commission européenne, en autorité de régulation[92], doivent

[90] CE, ass., 21 mars 2016, n° 368082, 368083, 368084, AMF/sté Fairvesta International GmbH ; CE, ass., 21 mars 2016, n° 390023, Autorité de la concurrence/NC Numéricable ; CE, 10 nov. 2016, n° 384691, CSA.
[91] CE, ass., 21 mars 2016, AMF/sté Fairvesta International GmbH, préc.
[92] P. Idoux, « Régulateurs nationaux et régulateurs européens », *RDP*, 2014, p. 290.

composer avec un encadrement juridique contraignant au sein duquel les pouvoirs de contrôle et de sanction octroyés, peuvent paraitre surdimensionnés chaque fois qu'il s'agit d'instaurer la confiance. Mais ces prérogatives sont nécessaires. Elles permettent de valoriser la démarche de mise en conformité à l'égard de ceux qui y souscrivent pleinement. Pour l'heure, la densité normative à l'origine de la démarche de *compliance*, nuit à la régulation et par effet ricochet à l'efficacité de la *compliance* qui suppose que l'on se débarrasse progressivement des contraintes extérieures pour faire prévaloir des comportements éthiques. Idéalement, cette démarche devrait reposer sur une régulation totalement asymétrique, répondant aux besoins de chaque acteur. C'est pourquoi, les autorités de régulation doivent accompagner les entreprises dans leurs efforts de conformité, en proposant de nouveaux outils et afin d'éviter des sanctions trop lourdes[93]. « *L'innovation responsable peut être ici le vecteur d'une nouvelle révolution industrielle soucieuse des droits et libertés fondamentaux où le citoyen est appelé à prendre toute sa place* »[94]. Les autorités de régulation classiques n'ont pas encore pu jouer pleinement leur rôle probablement en raison de la façon dont la régulation a été conçue en France. Le droit reconstruit l'inopérante mais non moins « mythique »[95] *summa divisio* entre droit privé et droit public lors de la création des AAI, ce qui, dans le même mouvement, déconstruit toute approche du droit par la régulation qui se veut plus globale[96]. Autrement dit, ces autorités répondent à la logique du droit de l'administration. En effet, si cette distinction a le mérite de démontrer qu'il existe bel et bien une régulation de l'exercice des libertés, elle se révèle peu opérationnelle. Régir des secteurs d'activité soit sous l'angle économique, soit sous l'angle des libertés, voue à l'échec toute velléité de régulation. Des autorités de co-régulation d'un genre nouveau sont à inventer pour permettre à l'ensemble des acteurs de participer à la construction de cette démarche en y associant d'emblée l'individu et de la manière la plus visible. Affaire à suivre…

---

[93] I. Falque-Pierrotin, « L'Europe des données ou l'individu au cœur d'un système de *compliance* », in *Régulation, supervision, compliance*, sous la dir. de M.-A. Frison-Roche, Dalloz, Thèmes & Commentaires, 2017, p.29 et s.

[94] R. Gola, « Le règlement européen sur les données personnelles, une opportunité pour les entreprises au delà de la contrainte de conformité », *Légicom*, n° 59, 2017/2, p.29.

[95] V. sur ce point, B. Bonnet et P. Deumier, sous la dir. de, *De l'intérêt de la summa division droit public-droit privé*, Dalloz, Thèmes & Commentaires, Actes, 2010.

[96] V. M.–A. Frison-Roche, « Penser le monde à partir de la notion de « donnée » », in *Internet, espace d'interrégulation*, sous la dir. de, Dalloz, Thèmes & Commentaires, 2016, p.11.

17

Risque et inégalités environnementales : un autre regard sur le risque

Valentine ERNE-HEINTZ

Si le risque se définit toujours autour d'un aléa, d'une vulnérabilité et de la résilience, il évoque aussi des jeux (enjeux) de pouvoir[1] comme l'attestent les questions de norme, dose journalière admissible ou d'autorisation de mise sur le marché. Lier le risque aux inégalités environnementales[2] révèle « *sur certains espaces l'existence d'une distribution inégalitaire des infrastructures polluantes et une surexposition aux nuisances environnementales* »[3]. Florence Rudolf précise : « *Le couple risque et danger distribue la responsabilité du côté du risque et l'exposition du côté des dangers. En d'autres mots, il serait judicieux [...] de parler de risques lorsque nous sommes les auteurs des menaces auxquelles nous nous exposons et exposons les autres et de dangers lorsque nous sommes exposés aux décisions et aux actions des autres. L'asymétrie entre ces deux notions renvoie à une asymétrie sociale* »[4].

S'interroger sur le risque d'une autre manière met en lumière des aspects ignorés ou sous-estimés[5]. Ainsi, certains conflits environnementaux (trop souvent résumés à un simple NIMBY[6] ou LULU[7]) apparaissent alors sous un

---

[1] E. Henry, *Ignorance scientifique et inaction publique. Les politiques de santé au travail*, SciencesPo Les Presses, 2017 ; J.-N. Jouzel et G. Prete, « Mettre en mouvement les agriculteurs victimes des pesticides », *Politix*, 2015 ; V. Erné-Heintz, « Devenir victime ….», JAC n° 173, fév. 2018 http://www.jac.cerdacc.uha.fr/devenir-victime-v-erne-heintz/, 2018 ; V. Erné-Heintz et J.-C. Vergnaud, « Quelle quantification pour identifier un niveau de toxicité ? », Revue *Vertigo*, 2016, https://journals.openedition.org/vertigo/17828.

[2] Deldrève V. & Candau, J., « Inégalités intra et intergénérationnelles à l'aune des préoccupations environnementales », *Revue française des affaires sociales*, 2015, n° 1-2, p. 87.

[3] J. Gobert, « Compensations territoriales, justice et inégalités environnementales aux États-Unis », *Espace, populations, sociétés,* 2008, p.73.

[4] F. Rudolf, « Risques, dangers, vulnérabilités et résilience », in *Les villes à la croisées des stratégies globales et locales des enjeux climatiques*, ouvrage coll. sous la direction de F. Rudolf, Presses Universitaires de Laval, 2016, pp. 22-23.

[5] V. Erné-Heintz, « Le côté obscur du risque : son invisibilité ! », *Risques, Etudes et Observations*, http://www.riseo.cerdacc.uha.fr/, 2017-2, pp.21-39, https://fr.calameo.com/read/005049066fa9bf1a01289.

[6] *Not in my back yard.*

[7] *Locally Undiserable (Unwanted) Land Uses.*

autre angle. De nouvelles formes de mobilisations[8] de citoyens se multiplient[9] qui requièrent autre chose qu'un simple droit à l'information : une demande de participation que seule l'approche par les inégalités environnementales favorise. Dès lors, c'est aussi une réflexion sur le contenu des politiques publiques[10]. Pour Claude Gilbert, « *Lorsque les acteurs centraux se trouvent en prise avec des risques ou menaces qui ne peuvent être territorialisés (comme dans le cas de risques sanitaires, alimentaires, etc.), ils subissent frontalement l'épreuve de la gestion de ces risques et, plus encore, de la gestion de crises aux dimensions multiples* »[11].

Cette contribution clarifie les notions d'inégalités environnementale et écologique. Elle montre la plus-value que la justice environnementale peut apporter à l'histoire du risque : s'interroger sur ce qu'est un risque juste et comment un groupe d'individus s'empare d'un problème sanitaire en développant des stratégies d'*empowerment*. Autrement dit, les propos se décomposent en deux parties : d'une part, ils rappellent la notion d'inégalité environnementale en précisant en quoi elle diffère de l'inégalité écologique ; d'autre part, ils donnent du sens à celle de justice environnementale.

I. Définir les inégalités environnementales

Dorénavant, il est question de vulnérabilité, de risque subi, d'iniquité et de controverse sociotechnique. La question sous-jacente est comment concilier prise de risque et distribution du risque. C'est aussi une façon de relier le risque à un territoire.

[8] J.-M. Fourniau, « L'expérience démocratique des 'citoyens en tant que riverains' dans les conflits d'aménagements », *Revue européenne des sciences sociales*, 2007, XLV, n° 136, pp.149-179.

[9] V. Erné-Heintz, « Se constituer en une communauté d'intérêts comme une stratégie *d'empowerment* pour la reconnaissance d'un préjudice ….», 2018, JAC n° 176, mai 2018 http://www.jac.cerdacc.uha.fr/se-constituer-en-une-communaute-dinterets-comme-une-strategie-dempowerment-pour-la-reconnaissance-dun-prejudice-par-v-erne-heintz/.

[10] Z. Lejeune, « La justice et les inégalités environnementales : concepts, méthodes et traduction politique aux États-Unis et en Europe », *Revue française des affaires sociales,* 2015.

[11] C. Gilbert, « Limites et ambiguïtés de la territorialisation des risques », *Pouvoirs Locaux*, 2003, n° 56, p.51.

A. INEGALITES ENVIRONNEMENTALES ET INEGALITES ECOLOGIQUES

Ulrich Beck rappelle que « *la production sociale de richesses est systématiquement corrélée à la production sociale de risques* »[12]. Dès lors, la question de la répartition des risques dans la société est posée. « *Le terme 'inégalités environnementales' est introduit par Jacques Theys pour désigner des exemples d'inégalités d'exposition aux risques et aux polluants, et d'accès à un environnement de qualité, cumulées à d'autres formes d'inégalités sociales. Mais progressivement, cette définition s'enrichit pour recouvrir également les inégalités en termes d'impacts sur l'environnement et pour les générations à venir, ou encore de participation et de capacité à agir sur l'environnement, à défendre la conception et l'usage que l'on en a* »[13].

La perception d'un impact disproportionné ou d'une distribution des avantages ou nuisances inégales constitue un levier puissant pour comprendre une demande de justice environnementale. L'introduction d'enjeux économiques, spatiaux, sociaux combinés aux impacts écologiques permet d'insister sur des situations d'iniquités : il existe une « trappe écologique »[14] au même titre qu'une trappe à pauvreté. Il existe de fortes inégalités sur le territoire[15] : inégalités environnementales et inégalités territoriales s'auto-renforcent. « *L'existence de ces risques n'est pas le fruit du hasard, mais elle correspond à la cartographie des inégalités et de la ségrégation sociale qui, en se renforçant mutuellement, caractérisent la structure spatiale métropolitaine. [...] Ce chevauchement d'inégalités environnementales et sociales s'accompagne d'une faible capacité de ces populations à mobiliser les politiques publiques en leur faveur* »[16].

---

[12] U. Beck, *La société du risque. Sur la voie d'une autre modernité*, 1986, Champ Flammarion, 2001, trad. de l'allemand par L. Bernardi. Paris, Aubier, p.36.

[13] V. Deldrève & J. Candau, *op. cit.*, p. 88.

[14] M. Durand. & S. Jaglin, « Inégalités environnementales et écologiques : quelles applications dans les territoires et les services urbains ? », *Flux*, 2012, 89-90, (3), p. 6.

[15] D. Bidou, G. Crepey, W. Diebolt, A. Helias, *Les inégalités écologiques en milieu urbain. Rapport de l'inspection générale de l'environnement.* Ministère de l'écologie et du développement durable, Paris, 2005. Téléchargeable à l'adresse : http://www.ladocumentationfrancaise.fr/rapports-publics/054000572/index.shtml.

[16] A. Britto & A. Cardoso, « Les enjeux liés à l'occupation des berges fluviales dans la Région métropolitaine de Rio de Janeiro : une analyse dans la perspective de la justice environnementale », *Flux*, 2012, 89-90, (3), p. 90.

Il est important de distinguer l'inégalité environnementale de l'inégalité écologique : la première renvoie à une distribution inégale des risques ou de l'accès aux aménités environnementales, alors que la seconde se réfère à un acteur générateur et/ou victime de nuisances environnementales[17]. Cyria Emelianoff précise : « *L'inégalité écologique se rapporte à nos yeux non seulement à la réception de nuisances, de risques, de ressources ou d'aménités, mais aussi à l'émission de polluants. Nous serions inégaux sur un plan écologique par les impacts que nous subissons et par ceux que nous générons, soit, pour le dire d'une manière simplifiée et synthétique, par la taille de notre empreinte écologique. L'inégalité écologique désignerait une distribution inégale de biens et de maux environnementaux, mais aussi de droits à polluer* »[18].

B. L'EXISTENCE D'UN SUR-RISQUE SUBI

Si la législation tente de réconcilier la contrainte industrielle (produire) et la sécurité des travailleurs et des populations, elle affirme aussi une dimension intrinsèque (lieu du site ou de l'activité) et extrinsèque (espace autour du site) du risque. La réalisation d'un plan particulier d'intervention (PPI) ou d'un plan de prévention des risques technologiques (PPRT), les enquêtes publiques et les études d'impacts sont autant d'éléments disponibles au public pour s'informer. Mais cette information accrue n'est pas sans effet pervers : en insistant sur une image négative du site, elle déprécie le foncier[19], réduit la mobilité résidentielle en raison de la difficulté à céder son bien, participe à la concentration de ménages défavorisés[20]. De ce fait, la maîtrise du risque industriel (à travers celle de l'urbanisation) peut paradoxalement conduire à une stigmatisation de la zone. De ce fait, la concentration spatiale des enjeux devient un facteur cindynogène majeur dans cette autre lecture du risque.

C'est l'idée d'une « *charge environnementale jugée disproportionnée* »[21] subie par une partie de la population, d'un accès à des aménités environnementales (accès à la mer, à des espaces verts, à des aménagements de loisirs ...) et d'une capacité à agir sur les conditions environnementales d'existence. « *Il faut considérer les attributs du logement (superficie,*

---

[17] Z. Lejeune, *op. cit.*

[18] C. Emelianoff, « Connaître ou reconnaître les inégalités environnementales ? », *ESO, Travaux et documents*, 2006, n° 25, décembre, p. 36 ; p.37.

[19] T. Levesque, « Modelling the effects of airport noise on residential housing markets », *Journal of Transport Economics and Policy*, 1994, vol.28, pp.199-210.

[20] V. Been, « Unpopular neighbors : Are dumps and landfills sited equitability », *Resources*, 1994, n° 115, pp.15-19.

[21] J. Gobert, *op. cit.*, p.72.

salubrité, chauffage central, taux d'occupation, isolation, etc.) comme une variable environnementale susceptible de renforcer les inégalités socioéconomiques, au même titre que l'exposition au bruit, à la pollution atmosphérique ou l'accès aux aménités urbaines. [...] La pauvreté est un facteur de vulnérabilité environnementale, déterminant notamment la qualité du logement, qui ne peut plus jouer son rôle de filtre protecteur (isolation thermique, phonique, sismique, confort spatial, qualité des murs, ensoleillement, etc.) et démultiplie au contraire les vulnérabilités »[22]. Le sentiment d'injustice s'avère d'autant plus grand lorsque les bénéfices sont globalement distribués alors que les inconvénients sont localement situés comme dans le cas d'une antenne-relais ou d'un aéroport. Le projet peut alors être mobilisateur selon que des populations discriminées s'y opposent avec plus ou moins de véhémence. Et Claude Gilbert relate : « *Dans la prise en compte des risques industriels, la sécurité est un impératif, mais un impératif parmi d'autres : la continuité des activités, leur rentabilité, la poursuite de l'innovation, le développement économique, etc. Aussi, les acteurs locaux, situés en première ligne, héritent-ils de risques ayant déjà donné lieu à divers arbitrages. Et lorsqu'à leur tour, ils introduisent des préoccupations – maintien d'activités menacées par des délocalisations, au contraire, rejet des industries au profit d'activités plus valorisantes – ils ne font que poursuivre le processus de négociation des risques* »[23].

II. Donner du sens à la justice environnementale[24]

La mise en évidence d'inégalités environnementales va plus loin qu'une simple mise en évidence d'inégalités sociales ; elle insiste sur la capacité à agir et à choisir[25]. Il est question de justice distributive mais aussi procédurale car elle met l'accent sur la capacité à prendre la voix, à donner un sens à des revendications, à révéler une nocuité subie, à mettre en œuvre des stratégies d'*empowerment*[26].

---

[22] Z. Lejeune, T. Chevau, J. Teller, « La qualité du logement comme variable environnementale : l'exemple de la région urbaine de Liège (Wallonie) », *Flux*, 2012, 89-90, (3), p. 30 ; p.36.

[23] C. Gilbert, *op. cit.*, p.50.

[24] Historiquement, la justice environnementale trouve son origine aux États-Unis au sein des combats pour les droits civiques : dès la fin des années 70, l'accumulation des inégalités (pauvreté, ethniques, pollutions) est mise en lumière par le courant *Grass Roots* qui n'est pas dissociable du mouvement en faveur des droits civiques.

[25] V. Erné-Heintz, « Libre-arbitre et libre-choix : plus de liberté signifie-t-il moins de risque ? », JAC n° 151, fév. 2015 http://www.jac.cerdacc.uha.fr/ ; V. Erné-Heintz, « OGM : faut-il un référendum pour juger de leur acceptabilité sociale ? », JAC n° 122, mars 2012, http://www.jac.cerdacc.uha.fr/.

[26] Nous retrouvons cette dimension dans la proposition « *naming, blaming, claiming* » autrement dit, « revendiquer, dénoncer, mettre en place des outils pour y

A.RETOUR SUR UNE NOTION

Le problème de la reconnaissance du préjudice environnemental ou sanitaire relève de ce type de situation. Effectivement, il interroge la place de la victime et sa capacité à faire reconnaître son statut de victime. De ce fait, un détour par la justice environnementale s'impose[27]. Le contenu de cette dernière reste à construire autour de la notion de justice distributive et procédurale car les enjeux diffèrent : dans le premier cas, elle vise à réduire les inégalités sociales ; dans le second cas, elle se réfère aux « *conditions d'accès au débat* »[28], c'est-à-dire aux *capabilités*[29] des individus, à leur capacité à choisir (et à refuser).

Assurément, la justice environnementale se décline de façon plurielle en englobant à la fois la justice distributive[30] et la capacité à favoriser certaines populations à faire entendre leur voix *pour agir sur leur cadre de vie*. En l'espèce, l'accès à la mobilité par le biais d'alternatives à la voiture (qualité et quantité de la desserte en transports en commun) peut jouer un rôle de compensation territoriale des inégalités sociales (réduction des distances entre lieux d'emploi et lieux de vie ou création d'opportunités pour profiter d'aménités environnementales). L'idée de la gratuité des transports en commun obéit à cet objectif.

Une justice distributive vise à réallouer les bénéfices d'un nouveau projet d'infrastructure et à réduire les atteintes à l'environnement. Ce système de compensation s'apparente à un subventionnement – un consentement à recevoir pour accepter les effets négatifs. Dans le cas du Grand Contournement Ouest (projet GCO), faut-il rendre l'accès gratuit aux riverains qui subissent les nuisances d'un transfert du trafic routier ? Ces éléments peuvent influencer la justice procédurale pour une future négociation entre les parties (en l'espèce, le financement de pistes cyclables ou de mesures de protection contre les inondations). Cependant, la justice procédurale fait directement référence à la capacité à mobiliser des compétences et à défendre ses positions souvent à travers une communauté d'intérêts (élément de justice procédurale) pour mener des études

---

arriver » (Lejeune Z. (2015), pp. 59-60). Voir Felstiner W.L.F., Abel R.L., Sarat A. (1991), « L'émergence et la transformation des litiges : réaliser, reprocher, réclamer », *Politix*, vol.4, n° 16.

[27] Lejeune, Z. (2015), *op. cit.*

[28] Callon M., Lascoumes P., Barthe Y. (2001), *Agir dans un monde incertain. Essai sur la démocratie technique,* Seuil, Paris.

[29] Ballet, J., Bazin, D. & Pelenc, J. (2015), « Justice environnementale et approche par les capabilités », *Revue de philosophie économique*, vol. 16, (1), p. 22 ; p.27.

[30] Emelianoff C. (2006), *op. cit.*

indépendantes, recenser des informations qui donnent du poids et de la voix à une victime. « *La justice distributive s'intéresse à la manière dont se répartissent les coûts et les bénéfices de l'adaptation climatique, la justice procédurale vise la juste implication des populations dans la mise en place de ces politiques d'adaptation. La gouvernance est donc un aspect essentiel de la justice dans sa dimension procédurale car elle questionne la manière dont les processus de décision collective sont construits et organisés sur les territoires de façon à réaliser une distribution équitable des ressources. La justice distributive implique de considérer à la fois les dimensions intergénérationnelle et intragénérationnelle associées à l'adaptation* »[31].

B. VERS UNE COMMUNAUTE DE DESTIN ECOLOGIQUE

Valérie Deldrève et Jacqueline Candau s'interrogent sur une éventuelle possibilité de construire une communauté de destin écologique « *qui associe la justice pour la nature à des préoccupations en termes d'équité intergénérationnelle* »[32] et qui irait plus loin qu'une simple conservation des ressources naturelles. « *La question écologique repose celles des inégalités sociales au sein des générations et du lien entre ces dernières. Dit autrement : comment interroge-t-on la stratification sociale et reformule-t-elle l'idée de dépendance entre générations ? [...] Un tel constat nous conduit à revenir sur l'articulation entre 'communauté de destin' et 'communauté d'épreuve' soit deux formes de dépendance et de solidarité intra et intergénérationnelles qui, en contenant l'idée de dette et de transmission, prennent sens dans l'histoire des préoccupations environnementales. [...] Cette expérience collective de l'injustice est fondatrice du sentiment d'appartenir à une 'communauté d'épreuve'. Il fait de la justice un cadre directeur et fortement intégrateur des différentes formes de discrimination en matière environnementale* »[33].

---

[31] Berthe, A. & Ferrari, S. (2015), « Justice écologique et adaptation au changement climatique : le cas des petits territoires insulaires », *Revue de philosophie économique*, vol. 16, (1), p. 111.

[32] V. Deldrève & J. Candau (2015), op. cité, p. 83.

[33] V. Deldrève & J. Candau (2015), op. cité, pp. 81-82 ; p. 86. Les deux auteures se réfèrent explicitement à : « Si selon P. Rosanvallon les liens de solidarité se construisent dans une communauté d'épreuve qui se confond avec la communauté de destin, il en est autrement dans le domaine de l'environnement. Dans *La société des égaux* (Rosanvallon, 2011), l'historien considère l'expérience de la Première guerre mondiale. [...] Les soldats, jeunes et moins jeunes, de tout bord politique, de toutes conditions sociales, ont été exposés à la mort de la même façon et ont vécu une fraternité des tranchées. [...] La guerre 1914-1918 a ravivé l'égalité sociale parce que la communauté de destin (mort éventuelle de la patrie) et la communauté d'épreuve (expérimentation individuelle d'exposition à la mort) n'y ont constitué qu'une seule et même communauté. Si la crise écologique et sa dramaturgie

À cela se rajoutent les discussions sur le risque lui-même et les procédures de négociation. Dans le cas du risque sanitaire, il est parfois important de constituer une communauté d'intérêts afin de positionner une histoire personnelle dans le registre du problème public[34]. Cet « agir ensemble » fournit un cadre social à une nuisance ou une question de santé environnementale et se traduit par une volonté de créer une communauté de destin écologique. Ce changement d'échelle est primordial et le citoyen devient actif, parfois par le truchement de structures sentinelles. Si une conflictualité apparait lors d'un développement industriel, elle est peut-être aussi révélatrice d'une interprétation différente de l'utilité publique[35] d'un projet et de la contestation de la répartition des risques inhérents à ce projet. Des communautés d'intérêt peuvent investir le débat pour introduire de nouveaux arguments ou sensibiliser les pouvoirs publics sur des nuisances ou des iniquités qui n'étaient pas prises en compte initialement. En définitive, cette lecture du risque permet de comprendre comment une communauté de justice se crée et quelles formes d'autonomisation (*empowerment*) se mettent en place : place de la société civile dans la révélation d'inégalités environnementales et rôle du savoir profane dans la mobilisation de collectifs de citoyens inquiets des éventuelles nuisances d'une activité industrielle. Dans cet esprit, David Schlosberg[36] va plus loin et étend la notion de justice environnementale à l'ensemble des êtres vivants (humains ou non ; nés ou « non-nés ») en distinguant la notion de justice environnementale et de justice écologique[37] : « *On parle de justice écologique quand on inclut, dans les destinataires de la justice, des vivants non humains, voire la Terre dans son ensemble. [...] Mais quels devoirs pouvons-nous avoir vis-à-vis d'humains qui n'existent pas encore et dont l'existence même peut dépendre des décisions que nous prenons maintenant ?* »[38].

---

construisent bien une communauté de destin, que P. Rosanvallon d'ailleurs évoque, ses contours sociaux diffèrent de ceux de la communauté d'épreuve » (page 91).

[34] J.-N. Jouzel et G. Prete, « Devenir victime des pesticides. Le recours au droit et ses effets sur la mobilisation des agriculteurs Phyto-victimes », *Sociologie du Travail*, 2015, 56, Elsevier Masson.

[35] A. Jobert, « L'aménagement en politique, ou ce que le syndrome Nimby nous dit de l'intérêt général », *Politix*, 1998, n° 42, pp.67-92.

[36] V. Deldrève, « David Schlosberg, *Defining Environmental Justice. Theories, Movements, and Nature* », *Développement durable et territoires* [En ligne], Vol. 4, n° 1 | Avril 2013, mis en ligne le 05 mars 2013, consulté le 29 janvier 2018.

[37] D. Bidou, G. Crepey, W. Diebolt, A. Helias, *op. cit.*

[38] C. Larrère, « Justice et environnement : regards croisés entre la philosophie et l'économie », *Revue de philosophie économique*, 2015, vol. 16, (1).

Conclusion

La façon traditionnelle d'interroger le risque ignore la question du risque subi et de la distribution du risque sur le territoire. C'est pourquoi, réfléchir sur le risque acceptable n'échappe pas aux demandes de justice. En prenant appui sur l'histoire du risque, un modèle de changement de valeurs dont dépendent à la fois l'acceptation et la perception du caractère tolérable d'un risque prend forme : des citoyens deviennent actifs en investissant les procédures de choix : la contestation de nouvelles infrastructures ou de projets collectifs illustre que ce mouvement n'est rien d'autre qu'une recherche de légitimité *de proximité*. Michel Callon expose cette nécessaire « *reconstruction d'une citoyenneté active [...] où les acteurs doivent se comporter comme de véritables participants plutôt que comme de simples spectateurs* »[39]. L'irruption de revendications en termes de justice environnementale transforme profondément les enjeux liés à un risque car elle fait référence à la distribution des risques (subi, choisi) tout comme à des enjeux de reconnaissance[40] ou encore à des capacités à participer à la négociation (avoir accès au processus de décision). Au final, l'inflexion est décisive car elle met l'homme au centre de l'analyse du risque et déplace le curseur vers le sujet-acteur qui met l'individu en situation[41]. Ce renversement est non seulement ontologique (dans la capacité à définir le risque) mais aussi épistémologique (dans sa nécessité de croiser les regards[42] via une approche interdisciplinaire).

---

[39] M. Callon, « Quel espace public pour la démocratie technique ? », *Les sens du public*, 2003, PUF, texte disponible sur le site https://www.u-picardie.fr/curapp-revues/root/48/4._QUEL_ESPACE_PUBLI.pdf_52cfbbffa215a/4._QUEL_ESPACE_PUBLI.pdf, pp. 200-201.

[40] J.N. Jouzel et G. Prete, *op. cit.*

[41] Les philosophes comme Martin Heidegger diraient « être dans le monde », « da-sein ». Cette thèse de l'individualisation de nos sociétés se retrouve également chez Ulrich Beck ou Anthony Giddens.

[42] V. Erné-Heintz, « Croiser les regards pour renouveler l'analyse du risque », *Revue d'Allemagne et des pays de langue allemande*, 2018, tome 50, 2-2018.

Conclusion

18

De l'aléa à la vulnérabilité : du sens à donner aux mots (ou aux maux)...

Valentine ERNE-HEINTZ
&
Brice MARTIN

Le risque, associant aléa et vulnérabilité, est une notion allotropique et plurivoque présente partout dans le domaine économique, environnemental, sanitaire, etc. Il est donc important, d'abord, de proposer une définition du risque à travers une lecture pluridisciplinaire, afin de répondre aux défis posés par les nouveaux risques[1] issus des technologies récentes[2] (ondes électromagnétiques, nanotechnologies) et les nouvelles formes de mobilisations[3] (communautés d'intérêt, collectifs de citoyens, etc.). De ce fait, le détour ontologique et méthodologique vers les fondamentaux parait utile à la compréhension des enjeux induits par l'incertitude. En effet, si l'approche traditionnelle – la science normale[4] – a largement contribué à l'analyse de certains risques, il n'en demeure pas moins qu'aujourd'hui, « *ce grand récit* »[5] semble inadapté[6]. L'introduction (ou la redécouverte) de variables plus qualitatives (la vulnérabilité, la résilience) invite déjà à une

---

[1] Par exemple, la pollution des nappes ou des rivières est le fait de micropolluants (métaux lourds, pesticides, etc.). Le défi porte à la fois sur leur identification, leur mesure et leurs éventuelles interactions afin d'étudier leurs effets sur la faune, la flore et les hommes. En outre, le caractère persistant interroge sur la dépollution possible. Ici, ce n'est pas tant une question de toxicité aigüe que d'effets à long terme de très faibles doses. Erne-Heintz V., « Que nous apprennent les nouveaux risques ? Vers la construction d'un nouveau paradigme oui comment l'effet critique adverse s'impose ! », JAC n° 143, avril 2014, http://www.jac.cerdacc.uha.fr/.

[2] D. Bard. Principes de l'évaluation des risques pour la santé publique liés aux expositions environnementales. Rev Epidémiol Santé Publ 1995; 45:423-31.

[3] Akrich M., Barthe Y., Remy C., « Les enquêtes profanes et la dynamique des controverses en santé environnementale » in Akrich M., Barthe Y., Remy C., *Sur la piste environnementale. Menaces sanitaires et mobilisations profanes.*, Presses des Mines, 2010, p. 18-19.

[4] En référence à Kuhn T.S. (1962), *La structure des révolutions scientifiques*, trad. Meyer L., (2008), coll. Poche.

[5] Bourg D., Joly P.-B., Kaufmann A. (2013), *Du risque à la menace. Penser la catastrophe*, Presses Universitaires de France.

[6] Erne-Heintz V. et Vergnaud J.-C., « Quelle quantification pour identifier un niveau de toxicité ? », Revue *Vertigo*, 2016, https://vertigo.revues.org

démarche de reconstruction à partir du local, à une reterritorialisation du risque, notamment en remobilisant la mémoire.

De ce fait, cet article reprend d'abord la notion de risque, des concepts à la difficulté de l'opérationnalité, avant de s'intéresser à l'évolution des instruments mis en place, en particulier face à la notion de risque exceptionnel.

I. De l'atténuation à l'adaptation

Si le danger est une source de nuisances ou de dommages, le risque exprime la probabilité d'occurrence d'un événement dommageable. « *On parle de risque lorsque l'on est en mesure de distinguer un ensemble d'issues possibles de la situation, de leur attribuer des degrés de vraisemblance et d'estimer l'ampleur des conséquences.* »[7].

A. PREVENIR DU DANGER : CONNAITRE L'ALEA POUR ATTENUER LE RISQUE

La directive SEVESO[8] identifie le risque comme « *une probabilité qu'un effet spécifique se produise dans une période donnée ou dans des circonstances données* », avec des conséquences potentiellement dommageables sur des enjeux vulnérables. Elle précise la notion de danger à travers une *« propriété intrinsèque d'une substance ou d'une situation ».* Un risque est avéré lorsque le danger est confirmé par les faits ; si je saute dans une flaque d'eau, j'aurai les pieds mouillés. Trois stratégies sont possibles : assumer, s'abstenir, mettre des bottes. Ainsi, très rapidement l'homme a cherché à se protéger par le biais de moyens matériels et financiers. *Ita est,* le risque est assimilé à une épreuve à surmonter.

Cette approche traditionnelle cherche à produire de la connaissance. Ainsi, l'Observatoire National des Risques Naturels (ONRN) vise à partager les savoirs sur les risques naturels dans l'objectif de les réduire. Les informations sur les aléas sont le plus souvent issues de données occurrentielles *a posteriori,* contextualisées dans la période actuelle et le territoire pertinent. Par exemple, pour la sûreté d'un site nucléaire face au risque sismique, l'IRSN[9] définit une magnitude de référence à partir des

---

[7] Comité de la Prévention et de la Précaution (2010). La décision publique face à l'incertitude. Clarifier les règles, améliorer les outils. Ministère de l'Écologie et du Développement Durable, Paris.

[8] Directive 2012/18/UE.

[9] IRSN (2007), *Examen de la méthode d'analyse coût-bénéfice pour la sûreté,* rapport DSR, n° 157.

mesures actuelles et, surtout, des données historiques qui vont nous renseigner sur la localisation, l'extension et l'intensité des phénomènes, voire la récurrence de cet aléa répétitif. Et l'aléa, connu, possible mais imprévisible à une échelle fine (temps et espace), devient risque s'il est source de danger. Cela se rapporte à un phénomène naturel (éruptions volcaniques, cyclones, incendies, tempêtes, inondations, etc.), anthropique (pollutions, incendies, rayonnement, etc.), voire mixte. Mais, à aléa équivalent, son potentiel de danger et donc le risque, vont varier en fonction des enjeux exposés. L'étude de l'aléa permet d'identifier et quantifier le risque, de le rendre prévisible et de définir une gestion rationnelle et objective, afin que *tout* puisse être mis en œuvre pour l'éviter.

L'approche par l'aléa suppose une action contre une menace dite extérieure à l'homme, liée à une exposition non choisie. Dans le cas du réchauffement climatique, les anomalies de températures par rapport à la normale permettent de fixer un seuil d'action : « *L'aléa de référence est le niveau d'aléa choisi pour la gestion du risque.* »[10], caractérisé par sa fréquence, son intensité, son extension, etc. Ce seuil est défini à partir d'un traitement statistique des données relatives aux aléas et rend l'aléa planifiable ; le caractère itératif assure l'homogénéité spatiale de la procédure.

B. DE L'ALEA A LA VULNERABILITE CONJUGUEE AVEC LE TERRITOIRE

Le risque associe un facteur externe, l'aléa[11] (source de dommages potentiels) à un facteur interne, les enjeux[12] caractérisés par une vulnérabilité[13] (dommage potentiel), même si les enjeux peuvent eux-mêmes être cause résiduelle de l'aléa. Ainsi, par exemple, pour le Ministère de la transition écologique et solidaire, « *Le risque d'inondation est la combinaison de la probabilité d'occurrence d'un phénomène d'inondation sur un territoire donné ("l'aléa" inondation), et de la présence sur ce territoire d'enjeux qui peuvent en subir les conséquences (population, enjeux économiques, patrimoine culturel et environnemental). Le risque d'inondation est donc lié à la présence humaine en zone inondable. En raison de l'implantation progressive de différents types de constructions, d'équipements et d'activités dans l'espace alluvial façonné par les cours*

---

[10] http://www.georisques.gouv.fr/glossaire/alea-de-reference-0.

[11] Etymologiquement, alea signifie « jeu de dés ». D'ailleurs, ne dit-on pas *alea jacta est* ?

[12] Humains, matériels, immatériels, fonctionnels, etc.

[13] Barroca B., Dinardo M., Mboumoua I., « De la vulnérabilité à la résilience : mutation ou bouleversement ? », *EchoGéo (2013)* consulté le 24 juillet 2017, http://echogeo.revues.org/13439

d'eau ou par la mer, l'Homme s'est exposé aux inondations.»[14]. Le risque est donc spatialisé et varie en fonction des territoires générant des inégalités environnementales, voire des réactions en chaine. Pour Philippe Blancher, *« L'élément victime d'un sinistre (une usine soumise à un tremblement de terre, par exemple) devient à son tour agresseur pour son environnement. [...] Il faut plus qu'un aléa pour faire un risque.»*[15].

Traditionnellement, l'analyse du risque débute par la caractérisation de l'aléa, pour ensuite évaluer la vulnérabilité des enjeux exposés, dans l'espace et dans le temps. Béatrice Quenault concède : « *Lorsque l'accent est mis sur l'aléa comme facteur (externe) principal du risque (causalité linéaire), prédomine une vision 'exceptionnaliste' de la catastrophe comme étant représentative d'une 'rupture de normalité' du système (territoire ou communauté) supposer fonctionner 'normalement'. [...] Avec le déplacement de la focale sur la seconde composante du risque, la vulnérabilité, appréhendée non pas tant dans sa dimension biophysique que sociale, largement aléa-indépendante, s'opère un renversement de perspective quant à la 'nature' de la catastrophe : endogénéisée et 'dénaturalisée', celle-ci devient un phénomène 'ordinaire', une 'normalité de rupture' dans la trajectoire*»[16]. Une remarque qui légitimise l'approche systémique, non sectorielle et territorialisée du risque, privilégiée par les géographes, notamment en géohistoire des risques où sont étudiées conjointement les trajectoires spatiales et temporelles du système risque[17].

Dans cette approche géographique du risque, la vulnérabilité peut être biophysique et/ou sociale, construite à partir de l'exposition des enjeux qui met en lumière la capacité à anticiper, s'adapter et se reconstruire, avant, pendant ou après un événement. Définir la vulnérabilité facilite la gestion territoriale et la prévention, notamment grâce à la cartographie : ainsi, un Plan de Prévention des Risques Technologiques (PPRT) identifie les enjeux

---

[14] http://www.georisques.gouv.fr/dossier-thematique.

[15] Blancher P. (1995), « Risque et densité », *Les annales de la recherche urbaine*, n° 67, page 110.

[16] Quenault B. (2016), « La réthorique de la résilience, une lueur d'espoir à l'ère de l'anthropocène ? Vers un changement de paradigme fondé sur l'acceptation de la catastrophe », in *Les villes à la croisées des stratégies globales et lcales des enjeux climatiques*, ouvrage coll. sous la direction de Rudolf F. (2016), Presses Universitaires de Laval, pp. 59-60.

[17] Martin B. et al (2017), « La variabilité spatio-temporelle des inondations dans le Fossé rhénan à la lumière de l'évolution de la vulnérabilité », *VertigO - la revue électronique en sciences de l'environnement* [En ligne], Volume 17 Numéro 1 | mai 2017

menacés[18], limite leur extension et fixe des règles de protection en fonction des localisations et du niveau de risque (gravité) issue du croisement de l'aléa et de la vulnérabilité, pondéré par la probabilité d'occurrence et la fréquence. *« Pour le risque technologique, la gravité est définie dans un arrêté, qui donne également une échelle d'appréciation. Dans cette échelle, le niveau de gravité est classé en modéré, sérieux, important, catastrophique, désastreux. Il est fonction du nombre de personnes exposées dans trois types de zones : zone des effets irréversibles sur la santé humaine, zone des effets létaux, zone des effets létaux significatifs. »*[19]

La quantification a largement contribué à créer des normes, interdictions, restrictions, obligations, etc. Comprendre le risque nous autorise à le situer dans un cadre prévisible à travers des liens de causalités où les maîtres-mots sont anticiper, prévenir[20], agir, protéger, réparer, voire corriger. Le récit d'après la catastrophe s'articule ainsi autour de possibles négligences, de conduites condamnables : « *Dans la nouvelle société de risque, la quête et l'énonciation, à tout prix, d'un ou des coupables est la condition même de la reconnaissance de la victime et donc de la régulation sociale et du retour à l'ordre.* »[21]. Développer la connaissance du risque permet de s'y soustraire ou du moins de savoir comment s'en protéger.

Donc, tout est question de connaissances disponibles. La réalisation d'un risque est alors le résultat d'une combinaison de facteurs prévisibles sur lesquels il est possible d'agir. La statistique passe d'outil de connaissance à outil de gouvernement, permettant de déterminer les facteurs susceptibles de « produire du risque »[22]. L'approche dissocie le risque de la notion de danger, mais en fait une affaire de spécialistes qui « privatisent » la connaissance. Pour Claude Gilbert, « *Ce que l'on appelle spontanément risques n'est autre que la projection spatiale de ces aléas et accidents donnant figure à des ennemis potentiels dont il convient de mesurer l'impact et par rapport auxquels des lignes de défense doivent être organisées. Dans cette conception toute militaire, l'effort de connaissance, les modalités*

[18] http://www.georisques.gouv.fr/articles/maitriser-lurbanisation-dans-les-secteurs-risques-technologiques. Erné-Heintz V. (2009), « Les enjeux économiques de la planification des risques industriels », *Planifier le risque industriel*, ouvrage collectif, collection Environnement, Victoires Editions, Presses universitaires de France, Lavoisier, p. 107.

[19] http://www.georisques.gouv.fr/glossaire/gravite-3.

[20] Erné-Heintz V. (2010), *Les risques : subir ou prévenir ?*, collection Transversale Débats, Ellipses, mai, 154 p.

[21] Marchand A. (2007), « Le risque, nouveau paradigme et analyseur sociétal », *Journal des anthropologues*, 108-109, page 211.

[22] Castel R. (1983), « De la dangerosité au risque », *Actes de la recherche en sciences sociales,* Vol. 47-48, juin, Education et philosophie, p. 119.

d'actions se concentrent sur la nature même des phénomènes naturels, des accidents, sur leur intensité, leur probabilité de survenue, l'ampleur de leur impact. [...] Mais cette approche introduit une série de biais. En confondant aléa et risque, accident et risque, elle situe d'emblée le risque comme un phénomène extérieur dont la compréhension revient aux organismes scientifiques et techniques. »[23].

II. Évaluer la vulnérabilité pour s'adapter au risque

La simple lutte contre un aléa pour atténuer un risque ne suffit pas toujours à éviter des dommages. Il y a donc un double défi dans les stratégies d'atténuation et d'adaptation au risque dépendantes de la vulnérabilité[24], elle-même liée aux caractéristiques d'un territoire, à son histoire, aux représentations matérielles et symboliques qui s'y rapportent. Le risque est un construit social variable dans le temps et dans l'espace. Pour Claude Gilbert « *le risque apparaît soudain comme largement endogène, comme étant donc de fait 'la propriété' de ceux qui ont la charge des collectivités locales.* »[25]. En outre, la vulnérabilité crée une dimension fondamentalement locale dans la caractérisation du risque et sa gestion : risque, décision et territoire se conjuguent ensemble et définissent une vulnérabilité sociale et/ou sociétale, autour de la capacité à s'adapter. Plus cette capacité est forte, moins la société est vulnérable.

A. DE LA RESISTANCE A LA RESILIENCE

L'approche basée sur la vulnérabilité renvoie directement à la notion de résilience, dont l'objectif est de réduire la vulnérabilité en agissant collectivement et individuellement, à toutes les échelles, sur la résistance du corps social et/ou du système face à un aléa sur lequel ne s'exercera pas forcément d'action directe. Une gestion par la résilience signifie que l'homme accepte la possibilité d'une catastrophe et développe des processus d'adaptation. En matière de réchauffement climatique, à défaut d'agir sur les causes, on peut s'adapter aux conséquences en ajustant l'organisation sociale : restaurer des zones humides, faciliter l'infiltration des eaux de pluie pour limiter les inondations et la sécheresse, développer des activités moins consommatrices d'eau et des activités nécessitant moins d'intrants fertilisants dans et hors agriculture etc. Pour Didier Taverne : « *C'est toute la différence entre des politiques de mitigation telles qu'un usage raisonné des ressources qui permettrait de limiter les émissions de gaz à effet de serre et*

---

[23] Gilbert C., op. cité, p.50.

[24] Martin B et al., *op.cit.*

[25] Gilbert C., (2003), « Limites et ambiguïtés de la territorialisation des risques », *Pouvoirs Locaux*, n° 56, p.52.

donc de garder la maîtrise de l'avenir, et des politiques d'adaptation où les êtres humains sont sommés de modifier leurs pratiques s'ils veulent réduire leur vulnérabilité, leur exposition aux risques.»[26].

La résilience, construite sur l'expérience, rend les procédures de gestion plus participatives, le risque se partage collectivement : le vécu d'une catastrophe[27], ou la cohabitation sur un site industriel créent une culture commune, des intérêts et des valeurs partagés. Ainsi, en prenant l'exemple du réchauffement climatique, une faible recharge des nappes phréatiques peut révéler des situations de tensions avec d'éventuels conflits d'usage entre les besoins d'irrigation dans l'agriculture, les demandes en eau potable de qualité pour la population, les besoins pour l'économie locale (tourisme, énergie, infrastructures ...), comme l'ont montré les travaux réalisés dans le cadre du programme Interreg Clim'ability dans le bassin de la Lauch[28]. Cela nécessite de s'adapter mais aussi de discuter des modalités de répartition et d'accès à la ressource.

En somme, l'approche par la résilience montre les limites de l'approche par l'aléa, et propose une autre analyse du système risque construite sur un nouveau paradigme : « *la résilience y est vue comme la capacité d'un système à absorber le changement et à persister au-delà d'une perturbation* »[29], en se rétablissant ou en se transformant. Elle s'appuie sur l'acceptation du risque. En matière d'inondations, la résilience complète les protections physiques (digues, barrages, etc.) luttant contre l'aléa, à travers l'information et la communication préalable, l'anticipation des secours et de l'enlèvement des déchets, la continuité des services via d'un plan communal de sauvegarde opérationnel, etc. Ainsi, Paris, du fait de sa situation à la confluence de la Seine et de la Marne, est « *une des métropoles d'Europe les plus exposées au risque d'inondation. [...] Les autorités ont récemment reconnu à ce sujet que l'organisation existante ne permettrait pas de les [les habitants sinistrés de certaines communes comme Alfortville et Gennevilliers qui seraient à 98 % inondées] répartir, de les accueillir et de leur fournir des services minimums pendant plusieurs semaines. [...] La conscience du*

[26] Taverne D. (2016), « Les outils de la planification urbaine à l'épreuve des changements climatiques », in *Les villes à la croisées des stratégies globales et locales des enjeux climatiques*, ouvrage coll. sous la direction de Rudolf F. (2016), Presses Universitaires de Laval, p. 194.

[27] Le site internet participatif ORRION (Observatoire Régional des Risques d'Inondation en Alsace, www.orrion.fr) a été créé pour partager la mémoire et l'expérience des inondations en Alsace, dans une région où la culture du risque d'inondation est notoirement déficiente.

[28] http://www.clim-ability.eu/

[29] Barroca B. et al. (2013), *op. cit.*

risque s'est toutefois estompée en l'absence de crue majeure depuis 1955 et, que les murettes anti-crue dont l'entretien est couteux donnent le sentiment aux riverains d'être protégés [...] Rares sont les projets qui ont pris le parti de s'appuyer sur la réduction de la vulnérabilité pour engager un processus de transformation urbaine. »[30]

B. A PROPOS DU CYGNE NOIR : LE RISQUE EXCEPTIONNEL

Nassim Taleb explique dans sa théorie du cygne noir[31] que la particularité d'un événement extrême réside dans son potentiel catastrophique et l'incapacité à prendre en charge l'ensemble des dommages et des victimes. Le risque exceptionnel renvoie à l'incapacité à concevoir l'impossible. Ainsi, concernant l'ouragan Harvey en août 2017, un article titrait « *Un cygne noir dans le ciel du Texas* » : « *Il s'est installé au lieu de passer son chemin et a déversé des déluges d'eau jamais vus dans l'histoire, noyant au-delà des côtes, jusqu'à la métropole de Houston. On pensait que le danger viendrait du vent, il est venu de l'eau. Un évènement imprévisible, puisqu'il ne s'était jamais produit dans ces proportions. [...] Un cygne noir. Un évènement improbable aux conséquences d'autant plus désastreuses que l'on ne s'y est pas préparé. [...] L'improbable qui survient et détruit tous les systèmes de pensée. Ce fut le cas avec la crise financière de 2008, les attentats du 11 septembre 2001, Internet, la première guerre mondiale. [...] Maléfique, le cygne noir a suivi le couloir de la chimie américaine.* »[32].

Le caractère apocalyptique des dommages positionne l'aléa exceptionnel dans un registre hors-norme, hors cadre, échappant au paradigme traditionnel qui, au contraire de l'ignorer, sous-estime sa probabilité d'occurrence, jusqu'à parfois le nier.

Certaines mesures de protection créent l'illusion d'une maîtrise de l'aléa. Les phénomènes dommageables deviennent moins fréquents, l'expérience et la mémoire se perdent[33] et on en vient à négliger l'aléa exceptionnel potentiellement catastrophique. Les travaux du programme TRANSRISK

---

30 Brun A. et Gache F. (2013), « Risque inondation dans le Grand Paris : la résilience est-elle un concept opératoire ? », *VertigO - la revue électronique en sciences de l'environnement*, consulté le 25 juillet 2017. http://vertigo.revues.org/14339, pp.3-10.

31 Taleb N. (2008), *Le cygne noir, La puissance de l'imprévisible,* Ed. Les Belles Lettres.

32 Extrait du quotidien *Le Monde,* « Un cygne noir dans le ciel du Texas », 2 septembre 2017.

33 Martin, B., et al. (2015), « Les évènements extrêmes dans le fossé rhénan entre 1480 et 2012. Quels apports pour la prévention des inondations ? », *La Houille Blanche*, 2, pp. 82-93

ont montré à quel point les principales communes du Fossé Rhénan, Strasbourg, Mulhouse, Freiburg, se caractérisaient par une sur-vulnérabilité aux inondations extrêmes du fait de l'illusion apportée par l'efficacité des protections face aux événements d'ampleur moyenne à forte[34]. Cette situation extrême, difficilement envisageable remet en cause le fonctionnement du corps social. Où placer l'improbable cygne noir dans le schéma d'analyse du risque ? Faut-il prévoir le pire pour gérer le quotidien, sans attendre d'être convaincu du risque par la réalisation de la catastrophe ? La catastrophe exige une autre règle pour anticiper le risque et c'est le caractère « anormal » qu'il convient d'interroger. Celui-ci relève d'une construction sociale variable dans le temps et dans l'espace, associant les limites de la science, les choix des gestionnaires, la culture du risque et tous les facteurs conditionnant sa conservation, son partage et sa transmission, etc.

Le catastrophisme peut-il être éclairé[35] ? Assurément pour Jean-Pierre Dupuy, le fait de savoir ne suffit pas pour croire : « *La catastrophe a ceci de terrible que non seulement on ne croit pas qu'elle va se produire alors même qu'on a toutes les raisons de savoir qu'elle va se produire, mais qu'une fois qu'elle s'est produite elle apparaît comme relevant de l'ordre normal des choses. Elle n'était pas jugée possible avant qu'elle ne se produise.* »[36].

Autrement dit, le catastrophisme pose la question des aléas extrêmes en même temps que des événements inconnus, impensables ou oubliés. Mais qu'appelle-t-on catastrophisme ? S'agit-il d'une vision apocalyptique de militants opposés à la mythologie techniciste[37], d'une perspective présentée par des « *collapsologues pessimistes* »[38] ou d'une réalité que l'on ne veut pas voir ? En fait, la possibilité du pire invite à agir. Penser la catastrophe réinsère la prudence dans l'analyse du risque en rappelant que la précaution n'est qu'une traduction de l'éthique de responsabilité chère à Hans Jonas[39]. Elle réaffirme la distinction entre risque avéré et risque potentiel : si le risque avéré ne peut pas être nul, ce n'est pas le cas d'un risque potentiel

---

[34] Martin et al., *op. cit.*

[35] Dupuy J.-P.(2002), *Pour un catastrophisme éclairé. Quand l'impossible est certain.*, La couleur des idées, éd. Seuil, Paris.

[36] Dupuy J.-P.(2002), *op. cit*, pp.82-83.

[37] Comme J. Bernanos, I. Illich, J. Ellul, R.B. Gregg.

[38] Alexandre L. (2018), « Stop aux écologistes apocalyptiques », *Le Figaro*, 7 septembre 2018, page 16.

[39] Jonas H. (1979), *Das Prinzip Verantwortung traduction de Greisch J. Le principe responsabilité, une éthique pour la civilisation technologique*, (1990), Éditions du Cerf, Paris ; Jonas H. (1998), *Pour une éthique du futur,* Éditions Payot et Rivages, Paris.

dont la probabilité est incertaine[40]. Autrement dit, le catastrophisme concerne tout autant un risque avéré dont la probabilité est très faible (risque sismique, terrorisme, catastrophe nucléaire, crue millénale) qu'un risque potentiel dont le scénario reste à construire (phtalates, perturbateurs endocriniens, effets transgénérationnels).

Le problème posé par le risque potentiel est celui de sa définition : est-il un risque en devenir encore immature ? À la différence d'un risque avéré, la probabilité d'occurrence d'un risque potentiel peut être nulle[41] : « *le risque potentiel est un risque qui n'est pas scientifiquement établi ; l'observation empirique n'aboutit pas à une corrélation statistique ou une distribution de probabilité d'occurrence car corrélation n'est pas causalité…et le jugement de causalité ne peut se satisfaire d'une distribution de probabilités d'occurrence….* »[42]. La principale différence entre le risque potentiel étayé et plausible réside dans la capacité à prendre une décision qui est plus délicate dans le second cas car la discussion porte sur les scénarios les plus plausibles.

---

[40] Cette probabilité peut être nulle ou très élevée. Dans le cas d'un risque avéré, la probabilité porte sur la réalisation d'un accident.

[41] On n'arrête pas le vent ou la mer ! Autrement dit, quelles que soient les mesures de protection contre une tempête ou un séisme, on ne peut agir sur la probabilité d'occurrence de l'aléa. Celle d'un risque potentiel peut être nulle car il se peut que le scénario ne se réalise jamais.

[42] Erne-Heintz V.et Bard D., « Un expert précautionneux », in : *L'expert dans tous ses états*, Markus J.-P. et Favro K. (dir.), Dalloz, coll. Thèmes et commentaires, 2016, p.197-215.

Tableau des différents types de risque

Risque	Réel (avéré)	Potentiel
Mesures	Prévention Protection	Précaution Mesures révisables
Savoir	Connaissances stabilisées et consensuelles Les occurrences sont fiables, les corrélations statistiquement établies	Discussion, connaissances en construction parfois controversées Complexité des cas et outils de mesure inadaptés
Probabilité	Strictement positive Hypothèse d'un accident déjà validée Calcul d'une espérance mathématique	Peut être positive ou nulle Hypothèse d'un accident peut être erronée Calcul d'une espérance d'utilité[43]
Contexte	Certitude scientifique	Incertitude : il est possible de se tromper
Exemples	Inondations, avalanches, nucléaire, industrie	Perturbateurs endocriniens, résidus de pesticides, OGM, ondes électromagnétiques

Conclusions

Au final, cette contribution est le fruit d'une dynamique collective de travail et le résultat d'une concordance interdisciplinaire ; elles insistent sur la convergence de certaines conclusions autour d'une même question (inondations, coulées de boue, réchauffement climatique). Le risque révèle une incontournable consilience et nécessité de dépasser les clivages pour mettre en œuvre des mesures adaptées au niveau local.

[43] L'espérance mathématique est le résultat d'un calcul entre plusieurs issues et leurs probabilités d'occurrence. Si je joue 200 euros au dé pour obtenir un « 6 », mon espérance est égale à 200*1/6. L'espérance d'utilité se réfère à la perception et au jugement d'une situation donnée (goût ou peur du risque).

19

Testament pour l'inconnu

Patrick LAGADEC

Comme d'autres pionniers des décennies 1970-1980 qui ont mis toute leur énergie à explorer le continent des risques pour mieux construire les règles qu'appelaient sa maîtrise comme ses effets problématiques, Claude Lienhard va maintenant laisser vigie et gouvernail à de nouveaux équipages. Le passage de témoin peut certes offrir l'occasion de revenir sur les avancées réalisées et sur le travail qui reste à accomplir pour prolonger les routes déjà ouvertes. Mais les temps présents exigent bien davantage.

Le tableau des risques et des crises qui nous assaillent n'est plus du tout, en effet, celui des années 1970-2000. Nous sommes confrontés à des KO climatiques majeurs, des effets systèmes dans tous les domaines, des menaces terroristes multiformes qui sapent nos modèles de risques, des déstructurations profondes de nos contrats sociaux, etc. L'accident spécifique laisse place à des dynamiques d'engloutissement pour lesquelles nos cadres de référence sont inopérants. Même les risques connus et jusqu'ici contenus se trouvent désormais pris dans des contextes de haute instabilité et sensibilité qui en transforment la substance, la dimension, et la dynamique.

Le Droit lui-même, domaine où Claude Lienhard a excellé, est exposé – comme tous les domaines de la connaissance et de l'action – à des menaces existentielles, aussi bien sous l'effet de chocs frontaux que de « dissolution par le bas » avec l'effritement accéléré, voire la dislocation, de ses ancrages primordiaux.
C'est dire si le passage de témoin mérite réflexion.

De leurs anciens, les plus jeunes doivent obtenir bien autre chose qu'une célébration des acquis : un certain nombre de convictions, d'interrogations, de perspectives aussi ouvertes que fondamentales. Qui soient des appuis, non pour prolonger, mais pour dépasser les frontières déjà atteintes. Car il va bien s'agir d'inventer si l'on veut se mettre en capacité de relever les défis, de plus en plus complexes, brutaux et sauvages, du monde contemporain. Un monde où l'incertitude laisse place à l'inconnu.

L'interrogation la plus forte qui pourrait être adressée à ceux qui laissent la main est sans doute la suivante : *« Si de votre parcours vous oubliez les 95% d'accessoire et ne retenez que les 5% d'essentiel, qu'auriez-vous à nous dire qui pourrait nous être capital alors que nous allons devoir nous engager sur ces terrains inédits ?* ».

Je ne répondrai pas pour Claude Lienhard. Le plus honnête est de tenter de répondre moi-même à l'interrogation. En fournissant moins un bloc bien construit que des *Mélanges*, là aussi – le plus important étant d'ouvrir de nouveaux fonds de carte pour la connaissance et l'action.

Nous avons tellement l'habitude de n'avancer qu'en terrain balisé qu'il faut insister lourdement sur l'ampleur de la tâche. Je reprendrai ici la remarque que me fit un jour Mike Granatt, fondateur et premier responsable du *Civil Contingencies Secretariat* au *Cabinet Office* (Premier ministre à Londres). Comme je lui mentionnais l'expression rituelle désormais dans toutes les instances : « *Think out of the box* », il me répondit instantanément : « *There is no box anymore* ». Il ne s'agit plus de rester à l'abri de ses niches et de pencher la tête un peu au dehors, au cas par cas, pour élargir à la marge la vision ; il n'y a plus de niche de départ. Les grands vents de l'inconnu balayent nos plus sûrs repères. Et c'est bien dans cet univers qu'il va désormais falloir chercher, échanger, agir, et transmettre.

Il nous faut en quelque sorte reprendre, pour l'élargir considérablement – pour aborder non plus seulement le singulier mais l'inconnu –, ce qu'Edgar Morin écrivait dans le recueil visionnaire sur la question des crises - en 1976 : « *La science classique avait rejeté l'accident, l'événement, l'aléa, l'individuel. Toute tentative de les réintégrer ne pouvait sembler qu'anti-scientifique dans le cadre de l'ancien paradigme. Mais rien de plus difficile que de modifier le concept angulaire, l'idée massive et élémentaire qui soutient tout l'édifice intellectuel. Car c'est évidemment toute la structure du système de pensée qui se trouve bouleversée, transformée, c'est toute une énorme superstructure d'idées qui s'effondre. Voilà à quoi il faut s'apprêter* »[1].

Ma propre trajectoire – risques majeurs, crises, ruptures, chaotique – me conduit à partager quelques têtes de ponts que je crois utiles pour affronter les temps qui viennent[2]. En partant des expériences et rencontres qui, justement, peuvent constituer une part de ces 5% d'essentiel sur lesquels s'appuyer. Je reprends ici la perspective particulièrement stimulante de Xavier Guilhou que j'interrogeais pour mon ouvrage « *Ruptures*

---

[1] E. Morin, « Le retour de l'événement », *Communications*, n° 18, 1972, p. 6.

[2] P. Lagadec, *Le Temps de l'invention – Femmes et Hommes d'État aux prises avec les crises et ruptures en univers chaotique,* Préventique.org, juillet 2019 ; *Le Continent des imprévus – Journal de bord des temps chaotiques*, Manitoba-Les Belles Lettres, Paris, 2015.

créatrices » : « *Ce sont les moments forts que vous avez eus dans votre existence qui vont vous servir de socle pour bâtir les cheminements sur lesquels vous allez accrocher des solutions – ou plutôt : des dynamiques qui feront émerger les solutions* »[3].

Avec en dernier point pour chaque entrée, une proposition pour l'action.

Questions

Je pense à cette rencontre avec Laurence de la Ferrière, exploratrice de l'Antarctique qui, avant son grand saut dans l'inconnu – la traversée du continent à pied –, interrogea ses anciens[4]. Elle me livra une remarque qui s'impose ici : « *J'ai bien entendu relu les écrits de mes prédécesseurs – Amundsen, Scott, Boyd, Shakleton... Non pour y trouver leurs réponses, mais surtout connaître les* questions *qu'ils s'étaient posées* ».

À ceux qui vont prendre les commandes, je leur dirai que le plus décisif est d'aller quérir les questions que se sont posées leurs anciens quand ils ont dû aborder leurs défis les plus sévères. Aujourd'hui comme hier, mais avec désormais des exigences encore plus fortes, il faut aller à la recherche des questions qui n'ont pas été ouvertes, qui restent enfouies sous les couches de convenu, et plus encore : qui n'ont pas été soulevées car masquées, taboues, trop inquiétantes. C'est là le plus souvent que se trouve le vrai défi, la véritable piste d'exploration à suivre. Toute question non posée n'est pas pertinente, mais toute question pertinente est d'abord une question non posée, le plus souvent interdite.

Cela suppose deux ruptures. La première, culturelle : notre formation a le plus souvent consisté à recevoir et transmettre les réponses connues, avec des contrôles très sélectifs visant à vérifier l'acquisition de ces réponses établies. Cela ne prépare pas directement, et même parfois se révèle comme un handicap profond, quand le défi premier est l'aptitude à formuler des questions à haute valeur ajoutée. La seconde, personnelle : tout questionnement exige courage intellectuel et prise de risque – ce ne sont pas obligatoirement les critères les plus immédiats de la réussite académique et professionnelle.

Quand on bascule comme désormais dans un monde de plus en plus traversé et modelé par l'inconnu, cette faculté de questionnement avancé

---

[3] *In* P. Lagadec, *Ruptures créatrices*, Éditions d'Organisation - Les Échos éditions, Paris, 2000, p. 147.

[4] L. de La Ferrière, « Avec l'extrême », film pédagogique, 2000, site de P.L. www.patricklagadec.net.

constitue le facteur primordial de l'intelligence, de l'action, et de la responsabilité.

La *question* n'est pas simplement le point de départ d'une investigation nécessaire ; elle devient même le moteur d'une dynamique d'action exigée par un monde marqué par le complexe et le chaotique.

Comme le dit si lumineusement le philosophe et théologien Maurice Bellet, « *Nous entrons dans un nouvel âge critique et la grande affaire ce ne sera pas d'avoir les solutions, ce sera le courage de porter les questions de telle manière que ce courage de porter les questions engendre quelque chose qui ne soit pas stérile* »[5].

Proposition n°1 : Plutôt que de passer votre temps à compiler les réponses apportées par le passé – et même s'il vous faudra les connaître, car toute fragilité dans la connaissance ouvrira de graves vulnérabilités –, n'oubliez jamais que le plus décisif sera de discerner et de construire les questions décisives qu'il convient de considérer de façon prioritaire et urgente.

Nouvelle donne

Un rapport m'avait particulièrement frappé quand j'ai commencé mes travaux. L'auteur en était Lord Robens, en Grande-Bretagne, qui avait présidé un groupe de réflexion sur les risques industriels[6]. Le cœur de son message : en raison de l'accroissement des quantités de produits traités dans nos usines, et de la complexité tout autre des installations, il nous faut repenser de fond en comble le dossier des risques technologiques.

Certes, il est utile de connaître les typologies et références convenues en matière de risques, mais les véritables déterminants des risques et des crises actuels se jouent de ces cartographies élémentaires ; des dynamiques autrement plus profondes sont à l'œuvre qui obligent à ouvrir la page blanche.

À l'instar de ce qui dût être fait au temps des grandes Découvertes : « *Les cartographes travaillant pour Henri le Navigateur (1394-1460) mirent du blanc partout où il y avait du faux, du mythe et du sacré* »[7].

Le temps des Découvertes, où l'on devait de même franchir des caps menaçants, montre le courage et l'énergie qu'il faut déployer pour faire advenir d'autres visions et repères : « *Tout au long du seizième siècle, les calculs et théories des mathématiciens et astronomes, de la Grèce antique et d'Égypte, continuèrent à servir de fondement et de cosmologie alors même*

---

[5] M. Bellet, entretien avec l'auteur, vidéo pédagogique, www.patricklagadec.net

[6] Lord Robens, *Safety and health at work*, London, HMSO, 1972.

[7] D. Boorstin, *Les Découvreurs*, Robert Laffont, Paris, 1983, p. 135.

que les nouvelles découvertes mettaient en question les hypothèses consacrées »[8].

Proposition n°2 : Plutôt que de songer à ajouter des chapitres complémentaires aux traités existants, n'hésitez pas à prendre du recul et à vous demander : « *Ne serait-il pas nécessaire de reprendre les traités de référence, les hypothèses sous-jacentes qui seraient devenues obsolètes, voire des pièges, pour construire de nouvelles cartographies et par là de nouveaux repères d'ensemble pour comprendre et traiter les territoires du risque tels qu'ils mutent désormais ?* ».

Maginot

Mon parcours a été marqué par une constante : l'hostilité, qui peut se faire extrême, que l'on rencontre dès que l'on montre un intérêt pour ce qui sort des épures convenues. Les nouveaux explorateurs doivent être instruits de ce fil rouge qui marquera leur route aussi longtemps qu'ils resteront fidèles à l'exigence de pertinence.

Certes, il est déjà éprouvant de tenter de cerner des réalités échappant aux cartographies de référence, car on se trouve d'emblée confronté, on l'a dit, à la page blanche. Et même à la conviction qu'il faut trouver, mais que cela reste hors de portée immédiate et va nécessiter un travail acharné. Mais si l'on passe cette première barrière on en découvre une série d'autres, bien plus sévères.

C'est tout d'abord le message de Thomas Kuhn sur la découverte scientifique. Il souligne que l'essentiel de cette culture est niché dans le connu, et limite l'intérêt aux « *anomalies résiduelles* ».

« *La science normale, activité au sein de laquelle les scientifiques passent inévitablement presque tout leur temps, est fondée sur la présomption que le groupe scientifique sait comment est constitué le monde. Une grande partie du succès de l'entreprise dépend de la volonté qu'a le groupe de défendre cette supposition, à un prix élevé s'il le faut. La science normale supprime par exemple souvent telle nouveauté fondamentale parce qu'elle est propre à ébranler ses convictions de base* »[9].

Les sorties de paradigme sont très peu prisées par le monde scientifique.

Mais un second obstacle, autrement plus imposant, est rapidement découvert. La lecture de Nicole Fabre dans son livre « L'inconscient de

---

[8] L. Bergreen, *Over the Edge of the World – Magellan's Terrifying Circumnavigation of the Globe*, Harper, New York, 2004, p. 10, 73.

[9] Th. Kuhn, *La Structure des révolutions scientifiques*, Champs Flammarion, 1983, p. 22.

Descartes » m'a apporté une clé qui explique bien plus fortement encore les réactions viscérales que déclenche la sortie du territoire de référence. « *Sa controverse sur le vide, notamment avec Pascal à l'occasion des "expériences du vif-argent", son refus du vide, sont si surprenants chez un homme qui se référa tant à l'expérience chaque fois que cela lui était possible, que l'on ne peut pas ne pas y voir l'expression de sa personnalité ou de sa problématique. Si bien que c'est en termes de résistance que j'en parlerai. Si Descartes résiste à l'idée du vide, si le vide lui apparaît inconcevable et choquant à ce point, c'est parce que le vide est le symbole du néant, ou du chaos. Il est un risque de désordre. En rejetant si vigoureusement ce concept, Descartes manifeste sous des apparences rationnelles l'angoisse du néant (de la mort ?) et la crainte de perdre la solidité d'un système qui ne tient que parce qu'il n'y demeure aucune faille* »[10].

Quand tout un système ne tient qu'aussi longtemps qu'il n'y a aucune faille dans ce système, et plus encore aucune expression de la possibilité de faille, les réactions de ceux qui tiennent et vivent de ce système sont d'une violence inouïe.

Et même si l'ouverture pratiquée doit permettre des avancées remarquables. Le cas des grandes découvertes me vient à l'esprit : *« Que la découverte du Nouveau Monde, avec toutes ses richesses insoupçonnées, n'ait pas immédiatement soulevé l'enthousiasme en Europe, cela ne saurait étonner* [...]. *Le continent imprévu continuait d'être perçu moins comme une source d'espoirs nouveaux que comme un obstacle aux anciens.* [...] *Libraires et cartographes trouvaient leur intérêt dans la pseudo-précision des ouvrages et documents dont ils vivaient, ainsi que dans les planches servant à leur fabrication. Les cartes, globes et planisphères servant de référence ne laissaient aucune place pour un quatrième continent »*[11].

On imagine aisément que la découverte de territoires plus inquiétants que prometteurs de richesse soulève encore plus de rejets pavloviens.

Proposition numéro 3 : Il vous faudra une énergie stupéfiante pour vous arracher aux évidences de l'heure. Mais il vous faudra une capacité de résilience autrement plus importante encore quand vous devrez tenter de convaincre. Toute avancée vient mettre en question des Lignes Maginot dont la fonction centrale est de rassurer ceux qui les servent. N'escomptez pas être bien accueilli. Cela ne veut pas dire que toute proposition iconoclaste soit pertinente, mais seulement que toute proposition vraiment pertinente sera combattue de la façon la plus farouche.

---

[10] N. Fabre, *L'Inconscient de Descartes*, Bayard, Paris, 2004, p. 91.
[11] D. Boorstin, *Les Découvreurs*, Robert Laffont, Paris, 1983, p. 218-219.

Enseignement

C'est un autre message que je voudrais livrer et il a trait à ce qu'appelle la préparation des générations nouvelles à ce monde de haute turbulence, aux repères délogés. En matière de transmission du savoir, il faut certes acquérir des « bases » solides – tout amateurisme sera vite facteur de déroute –, mais il faut surtout être préparé à la confrontation à l'ignorance, à la bataille pour avancer la connaissance en terrain inconnu.

Il s'agit d'emmener les étudiants directement sur les lignes de front, là où foisonnent les questions. Si je suis avec eux, c'est pour leur communiquer bien autre chose que les certitudes acquises. Pour les réponses déjà fixées, je peux les renvoyer à ce qui est déjà publié. Ce qui compte, c'est le contact avec la question, aiguillon des départs à prendre, des routes à ouvrir. Et c'est d'ailleurs, pour le plus grand nombre d'entre eux, ce qu'ils attendent vraiment d'un enseignement : qu'on les prépare à trouver leurs voies, et non qu'on les embaume dans les acquis fossilisés.

Ce que dit lumineusement François Jacob : « *Je découvris à quel point un enseignement peut devenir passionnant, voire provocant, lorsqu'il porte, non sur des connaissances acquises depuis longtemps et déjà fossilisées, mais sur une science encore incertaine, inachevée, en voie de se faire. Le plus souvent, un cours ne devenait excitant, ne donnait vraiment envie d'en savoir plus, ou même de travailler dans ce domaine, que dans la mesure où le professeur était en personne engagé dans la recherche. Dans la mesure où ce qu'il racontait, c'était sa vie, sa passion, sa lutte de tous les jours. Situation hélas trop rare. Les physiologistes, par exemple, exhalaient un ennui si profond qu'il ne semblait pas les épargner eux-mêmes. De toute évidence, ils répétaient, sans la modifier, une histoire apprise de longue date, une histoire qui ne les concernait pas directement. Ils parlaient sans plaisir. On les écoutait sans intérêt* »[12].

Proposition n°4 : La transmission du savoir sera aussi la transmission de la confrontation aux difficultés les plus ardues, aux « trous noirs », car ce sera bien les défis les plus constants et les plus déroutants auxquels les nouvelles générations devront s'attaquer.

---

[12] F. Jacob, *La Statue intérieure*, Éditions Odile Jacob, Paris, 1987, p. 267.

Droit

Comme tout autre domaine ou discipline, le Droit est appelé à s'interroger sur les risques que son objet sorte de son « domaine de vol », comme on dit dans l'aviation lorsqu'un aéronef se retrouve dans des conditions qui ne sont pas compatibles avec ses spécifications techniques. Dans un monde en mutation accélérée, pareille exigence devient impérative.

Un excellent exemple m'avait été fourni lors d'un colloque de l'IIASA à Vienne où un haut dirigeant de Münich Ré avait justement, sur un mode visionnaire, appliqué cette exigence à son groupe, premier réassureur mondial, donc fortement exposé aux méga-chocs de toutes natures. Ses propos se retrouvent dans un document de son groupe :

« *La prévoyance, les mesures préventives contre les dommages ne sont que trop souvent rattrapées et dépassées par des périls encore plus considérables [...]. L'institution des assurances résulte de la raison humaine. Dans une large mesure, elle permet la réparation matérielle des conséquences des défaillances humaines. Mais elle trouverait logiquement ses limites dès l'instant où l'humanité ne disposerait plus de la capacité de régler les problèmes de son existence raisonnablement* »[13].

Et pour le Droit aujourd'hui ? Je m'en tiendrai à deux défis majeurs qui se présentent à lui.

Le premier : la confrontation à des « problèmes diaboliques ». Rittel et Webber avaient souligné alors, déjà en 1973, les « trous noirs » suivants quand il s'agit de se saisir, d'analyser, de traiter un problème : il n'y a aucun accord sur la définition de ce problème ; plus radicalement, l'idée même de « définition » du problème ne tient plus ; il n'est plus question de pouvoir cerner les causes, les composantes du problème ; il n'y a pas de solution technique au problème : tout apport de solution fait muter le problème ; il n'y a pas de « bonne » ou « mauvaise » réponse, mais amélioration ou aggravation de la situation ; toute intervention devra être fondée sur le jugement, les considérations techniques ne suffiront pas. L'incertitude est globale, sur toutes les composantes du problème comme sur les résultats possibles de toute intervention. Les valeurs de référence font elles aussi partie de la construction du problème. La pensée probabiliste devient inopérante. Dans la mesure où toute action transforme globalement l'état du système et de son environnement, les stratégies « essai-erreur » ne sont plus praticables : chaque action est à un coup[14].

---

[13] Munich Ré, 1980, p. 36.

[14] H. Rittel and M. Webber, « Dilemmas in a General Theory of Planning », *Policy Sciences*, Elsevier, 4, 1973.

Les deux auteurs avaient à l'esprit les problèmes les plus complexes qui commençaient à émerger ; la difficulté désormais est qu'il ne s'agit plus de quelques cas difficiles, mais spécifiques. Le tableau se généralise et devient le fond de carte commun.

Comme l'a dit aussi Todd LaPorte (Berkeley), nous voici donc jetés dans des processus de développement et de décision qui tiennent plus du torrent de montagne que du canal bien régulé : « *En raison de l'accroissement de la complexité, nous devons agir alors que nous ne pouvons connaître toutes les conséquences, nous devons planifier alors que nous ne pouvons savoir, nous devons organiser alors que nous ne pouvons maîtriser. Se combinant, ces incertitudes changent le contexte du politique, de la planification, et du design organisationnel* »[15].

J'ajouterai : et donc du Droit. Comment, dans un tel univers, parvenir à « qualifier » avec précision et de façon convaincante les responsabilités, les écarts coupables avec une norme qui pourrait être consacrée comme sûre et pouvant faire l'objet d'un contrat collectif ?

Je mesure les changements à opérer dans les visions et les pratiques à chaque séminaire réunissant des responsables. La remarque constante, qui vient des profondeurs, est en effet la suivante : « *Si j'applique avec rigueur les normes établies, je ne serai pas inquiété par la Justice. Au moindre écart, si ça tourne mal, je serai le coupable* ». Dans les conditions actuelles des risques, pareil ancrage – qu'il soit fondé ou non (puisque du côté des juristes on m'assure que ce type de conviction n'est pas fondé) – devient collectivement suicidaire.

On pourrait arguer que c'est là un « mauvais moment à passer » et que l'on va bientôt réduire les fractures qui se sont faites jour, restabiliser les normes, et pouvoir à nouveau faire fonctionner le Droit comme au temps des univers stabilisés. Todd LaPorte souligne que c'est bien le contraire qui prévaut, et nous impose une forte créativité pour naviguer dans ce monde pétri d'inconnu. « *Même si nous nous battons pour connaître davantage, nous connaissons moins de ce que nous avons besoin de connaître ; c'est le défi de l'ignorance relative en expansion* »[16].

---

[15] T. R. LaPorte, *Organizational social complexity – Challenge to politics and Policy*, Princeton University Press, 1975, p. 345.
[16] T. R. LaPorte, « A State of the Field : Increasing Relative Ignorance », *Journal of Public Administration Research and Theory : J-PART*, Vol. 4, No. 1, The Berkeley Symposium on Public Management (Jan., 1994), pp. 5-15.

Le second : la destruction du contrat social.

C'est le déferlement du terrorisme, négation de toute valeur commune, à commencer par celle du respect de la vie, subvertie en « accomplissement » dans le sacrificiel. Pareille dynamique toxique pose de redoutables problèmes au Droit[17].

C'est aussi, comme en écho aux engloutissements sur trop de fronts (pauvreté, méga-chocs climatiques, captation de richesse, tricheries systémiques des plus puissants), la plongée collective qui tend à se répandre, dans le non-sens, le refus de toute vérité, la glorification du mensonge, et finalement le choix du mortifère ressenti comme préférable à tout espoir et tout combat organisé.

Comment le Droit peut-il conserver sa place, ses fondements et ses valeurs, si l'on passe ainsi par-dessus bord, avec une voracité aussi irrépressible, le langage, la rationalité, la vérité ? S'il ne reste que la Force il n'y a plus guère de place pour le Droit.

Proposition n°5 : L'ardente obligation est claire : réaffirmer la force du Droit, ne rien céder au droit toxique de la Force.

Mais aucune de ces perspectives ne pourra s'affirmer dans le réel sans un travail et un investissement acharnés. Comme le dit si bien Shakespeare : « *On ne peut attendre le progrès comme on attend une pluie miraculeuse qui tomberait soudain du Ciel* » (*Le Marchand de Venise*).

Ce que firent quelques pionniers américains à la fin du XIXe siècle en matière de santé publique quand ils mesurèrent à quel point le pays était mal préparé aux défis qui allaient venir, peut stimuler notre intelligence et notre détermination : « *Ils créèrent un système capable de produire des personnalités qui seraient en mesure de penser de façon nouvelle* »[18].

---

[17] S.O.S. Attentats, *Terrorisme, victimes et responsabilité pénale internationale*, Paris, Calmann-Lévy, 2003.

[18] J. M. Barry, *The Great Influenza – The Epic Story of the Deadliest Plague in History*, NewYork Penguin Books, 2004, p. 7.

RÈGLE DE DROIT ET JUSTICE

20

La parole de l'enfant en justice

Josiane BIGOT

La place de l'enfant dans le système judiciaire est tributaire de sa parole. Il a fallu 20 siècles pour parvenir à dépasser l'étymologie d'*infans* : celui qui ne parle pas. Une justice spécifique pour les mineurs n'est pas apparue comme une évidence pendant de longues années. Si l'émergence des idées et la réflexion datent du 19e siècle, la concrétisation ne s'est faite qu'au 20e siècle.

Sous l'ancien régime, l'assimilation entre le pouvoir royal et le pouvoir paternel était si forte que les mêmes peines étaient prévues pour punir le parricide et le régicide. Le roi avait la faculté d'intervenir dans la sphère privée pour consacrer l'autorité paternelle, qui, rappelons-le, était absolue : un père pouvait obtenir l'incarcération de tout enfant âgé de moins de vingt-cinq ans pour mauvaise conduite ou désobéissance.

En matière de délinquance, l'ancien régime laissait au juge une liberté totale pour apprécier la sanction, reconnaissait l'impunité des enfants de moins de sept ans et permettait une modulation des peines pour les autres, selon l'importance de ce qu'on appelait leur « malice ».

Le climat social, alors très marqué par la violence, explique la cruauté des châtiments appliqués aux enfants comme aux adultes. L'ordonnance criminelle de 1670, premier essai de codification en matière pénale, ne réserve aucun traitement spécifique aux mineurs.

Cette société de l'ancien régime qui ne donne aucune place spécifique à l'enfant, lui enlève aussi toute possibilité de parole en justice. Elle le met *de facto* dans une position de soumission et le regard social posé sur lui ne lui accorde pas grande crédibilité.

Pendant la parenthèse révolutionnaire, l'enfant appartient à la Nation. L'idée qui prévaut alors est que la Nation ne peut pas circonscrire la famille dans le seul champ privé. La correction paternelle disparaît de la législation.
Les principes répressifs dominent ensuite le Code criminel de 1791, lequel fait disparaître la notion de malice au profit de celle de discernement, soit la capacité de distinguer ce qui est permis de ce qui est interdit. Il fixe la majorité pénale à seize ans et prévoit des mesures de rééducation, ainsi que

la création de maisons de correction qui ne verront jamais le jour.

L'éducation de l'enfant devient une préoccupation majeure puisqu'il est l'avenir de la République mais le modèle familial patriarcal sera réaffirmé sous le règne de Napoléon. Le Code Napoléon de 1804 confie en effet à nouveau l'autorité absolue au père de famille, seul réel sujet de droit, autonome, souverain et libre. Il rétablit le droit de correction et instaure le contrôle du magistrat après seize ans. Avant cet âge, un père peut faire incarcérer son enfant pour une durée d'un mois (renouvelable) lorsqu'il a des sujets de mécontentement graves à son égard. De par l'effet de la jurisprudence, ce droit de correction va progressivement passer sous le contrôle du juge car l'on constate qu'il est surtout un recours des familles défavorisées.

Le Code pénal de 1810 reprend la notion de discernement pour les mineurs de seize ans, institue l'excuse de minorité et fait coexister les peines avec des mesures de rééducation.

Au cours du XIXe siècle, le regard s'est aiguisé sur l'existence d'un statut spécifique à l'enfance et sur la nécessité de contrôler l'aspect privé. Ainsi, le travail des enfants devient-il progressivement réglementé. En 1813, une première loi interdit leur travail dans les mines ; en 1841, la durée du travail est limitée à huit heures par jour pour les enfants de huit à douze ans et à douze heures pour ceux de douze à seize ans. Enfin, l'enfant a droit à une éducation comme l'affirme la loi *Jules Ferry* de 1882 sur l'enseignement primaire obligatoire.

C'est la loi de 1889 qui porte un violent coup de boutoir à la toute-puissance paternelle : elle instaure sa déchéance, affirmant ainsi que le pouvoir du père sur l'enfant n'est plus intouchable. Celui-ci devient soumis à son tour à des critères d'ordre public.

En 1898 intervient la première loi de répression spécifique des violences à enfant qui, jusqu'alors, relevaient du droit commun. Cette loi porte en elle les prémices d'une assistance éducative puisque l'enfant victime peut être placé en institution ou chez des tiers.

Au pénal, s'instaure pendant le 19e siècle la coexistence de prisons pour jeunes détenus et de maisons de correction, au régime extrêmement dur, et sur initiative privée, des colonies agricoles puis industrielles avec une volonté de réinsertion. Une grande partie de la presse et de l'opinion s'insurge contre ces initiatives philanthropiques, estimant « *que l'on en fait beaucoup plus pour les voyous que pour les honnêtes gens* ».

Les projets ambitieux de rééducation cèdent bien vite devant le manque de moyens et de formation du personnel. Des désordres extrêmes (émeutes et révoltes) surgissent. L'expression « bagne d'enfants » pour désigner tous ces établissements devient courante. On relève dans les conclusions d'un congrès de criminologie en 1890 qu'« *il faut soumettre l'enfant ; s'il continue à fauter, c'est que la discipline n'est pas assez forte* ».

Dans le débat qui occupe le début du 20e siècle, l'opinion publique s'indigne de la montée de la délinquance juvénile. On évoque les « *apaches* », âgés de seize ans, des bandes dénommées « *les tout-petits de Belleville* » et les « *bébés de Popincourt* » qui comptent des enfants n'ayant pas atteint leur douzième anniversaire. Cette opinion s'oppose à un courant philanthropique que l'on commence à appeler l'enfance inadaptée. C'est à cette époque aussi que la notion de prévention apparaît.

La majorité pénale est fixée à dix-huit ans en 1906. En 1912, intervient une importante réforme qui porte en germe l'ordonnance de 1945 : la notion d'amendement apparaît au détriment de celle du discernement, une formation spécifique du tribunal correctionnel devient tribunal pour enfants et siège à huis clos et des délégués à la liberté surveillée sont créés.
La parole de l'enfant s'est dorénavant introduite dans l'espace judiciaire.

En 1935 est supprimée l'incarcération dans le cadre de la correction paternelle issue du Code Napoléon. Elle est remplacée par un placement en institution auprès de tiers sur décision du président civil.

Le 2 février 1945 est promulguée l'ordonnance du général de Gaulle, au regard d'une réflexion importante sur la condition de la jeunesse. Selon son préambule, « *il est peu de problèmes aussi graves que ceux qui concernent la protection de l'enfance et parmi eux ceux qui ont trait au sort de l'enfance traduite en justice. La France n'est pas assez riche d'enfants pour qu'elle ait le droit de négliger tout ce qui peut en faire des êtres sains* » ... « *la question de l'enfance est l'une des plus urgentes de l'époque. Le projet d'ordonnance ci-joint atteste que le gouvernement entend protéger efficacement les mineurs, et plus particulièrement les mineurs délinquants* ».

Protéger les mineurs délinquants, telle est la clé de la législation généreuse que met en place l'après-guerre. Elle signe l'acte de naissance du juge des enfants et instaure un principe fondateur : la primauté de l'éducatif sur le répressif. La notion d'éducabilité l'emporte sur celle du discernement.

En 1958 est créée l'assistance éducative sur le modèle de la justice pénale. Celle-ci donne compétence au juge des enfants en matière de protection de l'enfance, et situe son intervention à la place de la correction paternelle qui disparaît. La loi a délibérément opté pour l'amalgame entre l'enfant en danger et l'enfant délinquant dans le traitement éducatif.

En se fondant sur la notion de l'intérêt de l'enfant, la justice va interférer de plus en plus largement sur la sphère familiale. On n'aurait pas tort de considérer que l'enfant est passé de la tutelle parentale à celle de l'État, et plus particulièrement à celle du juge.

Deux réformes méritent d'être mentionnées avant de clore ce parcours historique : l'avènement de l'autorité parentale, notion qui se substitue à celle de la puissance paternelle en 1970, et l'apparition du droit des enfants, en particulier lors de l'adoption de la Convention internationale des droits de l'enfant en 1989.

La Convention internationale des droits de l'enfant de 1989 a fait suite à une Charte sur les droits de l'enfant adoptée en 1924 à Genève et surtout à la Déclaration des droits de l'enfant du 20 novembre 1959 adoptée à l'unanimité par les soixante-dix-huit États alors membres de l'ONU. Sa philosophie s'articulait principalement autour de la nécessité de créer une protection spéciale de l'enfant dans son intérêt supérieur, dans son droit à grandir sous la responsabilité de ses parents et de recevoir une éducation gratuite.

La Convention internationale des droits de l'enfant résulte d'un mouvement d'opinion mondiale, fruit d'une sensibilisation progressive à la personne de l'enfant. Elle établit un équilibre entre les droits vitaux de l'enfant et la reconnaissance de ses droits civiques. Si cette convention accorde à l'enfant les droits de tout être humain (intégrité, liberté), elle vient en octroyer d'autres aussi, renforcés et spécifiques. Ainsi, plus particulièrement dans la sphère judiciaire, dans son article 12, elle accorde à l'enfant le droit d'être entendu dans toute procédure qui le concerne.

Il n'existe nul antagonisme, nulle opposition entre les droits des enfants et ceux des parents : les uns sont la garantie des autres. En tout cas, leur respect réciproque devrait empêcher que n'advienne « *un monde de droits pour des enfants sans loi* » selon la belle expression de Denis Salas. L'ambition de la justice des enfants pourrait être d'ouvrir un espace de droit pour des enfants sans loi.

Si la Convention internationale des droits de l'enfant est une référence pour toutes les législations, la France a dû attendre un arrêt de revirement de la Cour de cassation en 2005 pour rendre ce droit directement applicable devant une juridiction interne.

J'examinerai successivement la parole de l'enfant en conflit avec la loi, celle de l'enfant victime et, enfin, de l'enfant dans le cadre de la séparation parentale.

I. L'enfant en conflit avec la loi

Sa parole est certes entendue, et des garanties procédurales particulières lui sont accordées, mais certains débats législatifs et l'évolution des textes dans les dernières années ont pu laisser craindre que le statut de délinquant prime dorénavant sur celui d'enfant.

Un glissement progressif s'est effectué entre la justice des mineurs et celle des majeurs, y compris pour les moins de seize ans. Le juge des enfants connaît une réelle mise sous tutelle par la volonté du législateur, afin de le contraindre à plus de célérité (alors que l'éducation a besoin de temps) et de sévérité.

Le recueil de la parole de l'enfant pendant l'enquête est primordial ; il peut se faire pendant une garde à vue ou une mesure de retenue judiciaire selon son âge, et le mineur bénéficie alors dès la première heure de l'assistance d'un avocat ; en outre, les interrogatoires pendant une garde à vue font l'objet d'un enregistrement audiovisuel obligatoire, et l'irrespect de cette obligation entraîne la nullité de la mesure. L'exigence de cet enregistrement est issue des accusations portées ultérieurement sur les enquêteurs de pressions intolérables, voire de violences.

La phase judiciaire illustre de manière emblématique le conflit entre le souci de respecter l'enfant en tant que sujet de droit et lui assurer une protection due à son âge.

Ainsi, si l'audition du mineur sur ce qui lui est reproché est incontournable, en présence de son avocat, le juge peut, lorsqu'il l'estime nécessaire et afin de le protéger, l'exclure des débats, ceux-ci ayant lieu, rappelons-le, en publicité restreinte.

Si d'une manière générale la parole de l'auteur d'infraction est complexe à entendre et surtout à appréhender, la difficulté est d'autant plus grande face à un enfant et l'expression européenne rappelant qu'il est en conflit avec la loi lui donne toute sa singularité. Il s'agira de décrypter la part de provocation, ou au contraire de disculpation ou dissimulation, voire d'inféodation à autrui.

Il s'agira aussi et surtout pour le juge de faire en sorte que sa parole en tant que représentant de la loi puisse être comprise et entendue par l'enfant à la hauteur de son message, symbolique d'une autorité qui énonce et rappelle l'interdit, et sanctionne avec le souci prioritaire de l'éducation.

Cette nécessité pour le juge dans l'accomplissement de la mission que lui a confiée la loi justifie, si l'on pouvait encore réellement en douter, qu'il conserve sa double compétence, de protection de l'enfance et de traitement de la délinquance des mineurs.

II. L'enfant victime

La question de la parole de l'enfant est portée emblématiquement par celle de l'enfant victime, nécessitant qu'elle soit accueillie de manière sécurisée afin d'éviter un effet traumatisant sans omettre pour autant sa portée accusatrice, et par conséquent d'élément de preuve.

L'affaire *Dutroux* en Belgique, en 1996, est une véritable secousse pour l'opinion publique et un premier congrès mondial contre l'exploitation sexuelle des enfants se réunit à Stockholm en 96, qui aura pour conséquence des initiatives législatives en faveur des enfants victimes dans de nombreux pays.

Ainsi, la France s'engage à protéger les mineurs des infractions sexuelles par la loi du 17 juin 1998 qui instaure l'enregistrement audiovisuel de l'audition de l'enfant victime avec son consentement, celui de son représentant légal s'il n'est pas en mesure de le donner lui-même, et l'autorisation du magistrat chargé de l'enquête.

Différentes circulaires viennent préciser les conditions de l'enregistrement et, en particulier, après le procès d'Outreau, où seuls sept enregistrements ont été réalisés sur une centaine et aucun dans le cadre judiciaire, la loi du 5 mars 2007 supprime le consentement du mineur à cette modalité réservant au procureur de la République ou au juge d'instruction la possibilité de dire qu'il serait exclusivement sonore si l'intérêt du mineur le justifie (C. pr. pén., art. 706–52). Aucune sanction n'est cependant prévue en cas d'absence d'enregistrement.

Il est certain que l'enregistrement audiovisuel est venu apporter une réponse satisfaisante à la répétition trop systématique des auditions de l'enfant par les enquêteurs successifs, évitant ainsi à l'enfant de revivre sur demande les scènes dont il a été victime. Cependant si cet enregistrement n'est pas suivi d'autres déclarations, sa parole sera figée, alors qu'elle a forcément besoin d'évoluer, ne serait-ce que pour lui permettre de révéler progressivement certains éléments qu'il a tus par pudeur ou culpabilité. Cet enregistrement permet également de connaître les questions posées par l'enquêteur, son attitude, sa force de neutralité ou au contraire de suggestion.

Il est indispensable que l'on songe à utiliser rationnellement ces enregistrements. Ils permettent évidemment de visionner l'apparence physique des enfants au moment de la commission des faits et qui lors du procès apparaissent comme des adolescents. Toutefois l'attitude et les propos des enfants sont aussi des éléments extrêmement probants. J'ai personnellement pu constater, lors de procès devant la cour d'assises que je présidais, qu'après le visionnage des déclarations liminaires de l'enfant, l'auteur qui jusque-là niait farouchement, a reconnu les faits, tant les accents de sincérité de l'enfant ne pouvaient plus lui permettre de faire illusion quant à son innocence…

La convention de Lanzarote du Conseil de l'Europe sur la protection des enfants contre l'exploitation et les abus sexuels du 25 octobre 2007, ratifiée par quarante-quatre États dont la France en 2011, prévoit en ce qui concerne l'audition de l'enfant victime qu'elle s'effectue :

- sans délai,
- dans des locaux adaptés (la référence idéale étant l'Islande qui a créé une « *maison des enfants* » pour que les professionnels viennent y rencontrer l'enfant et que celui-ci n'ait plus à se déplacer),
- par des professionnels formés,
- par une même personne si possible.

Ces mêmes préconisations ont été reprises par les lignes directrices adoptées par le comité des ministres du Conseil de l'Europe en novembre 2010 et se retrouvent également dans la directive européenne du 13 décembre 2011, exigeant en particulier que l'audition de l'enfant se fasse dans des locaux adaptés, par des professionnels dûment formés, en présence d'un avocat et d'un tiers si l'enfant le souhaite.

Le guide relatif à la prise en charge des mineurs victimes de septembre 2015, réalisé par la direction des affaires criminelles et des grâces, affirme notamment que l'audition de l'enfant victime d'agressions sexuelles doit s'effectuer dans des lieux spécifiquement adaptés, rappelle que de nombreuses salles d'audition ont été installées dans les services de gendarmerie et de police, que des unités d'accueil médico- judiciaires offrent une pluridisciplinarité, et permettent à la fois le recueil de la parole, les examens médicaux associés à une prise en charge psychologique si nécessaire. Il fait enfin état de l'exigence des textes internationaux ratifiés par la France de la nécessité de formation de tout interlocuteur de l'enfant, enquêteur ou magistrat.

En application de l'article 706-53 du Code de procédure pénale, la présence d'un tiers (représentant légal, administrateur *ad hoc*, personne majeure de son choix, représentant d'une association d'aide aux victimes) lors de l'audition du mineur est possible à sa demande, sauf opposition de l'autorité judiciaire.

La présence de ce tiers doit avoir pour objectif de rassurer le mineur et d'améliorer ainsi le recueil de sa parole. Cette présence lors de l'audition, surtout s'il ne s'agit pas d'un professionnel, doit néanmoins être silencieuse. La Cour de cassation, dans un arrêt du 3 octobre 2011, a ainsi jugé que le tiers, admis à assister à l'audition, n'intervient nullement dans le déroulement de cet acte de procédure.

L'article 706–51-1 du Code de procédure pénale, issu de la loi du 5 mars 2007, prévoit l'assistance par un avocat pour tout mineur victime, entendu par le juge d'instruction, choisi par les représentants légaux du mineur, son administrateur *ad hoc*, et à défaut commis d'office par le bâtonnier. Il est regrettable que cette assistance ne soit pas obligatoire dès la phase d'enquête. Pourtant, la majorité des barreaux recèle des avocats spécialisés pour la cause des enfants, ayant bénéficié d'une formation.

Il convient de conserver à l'esprit que cette audition est avant tout un acte de recueil d'éléments de preuve permettant de diligenter une enquête pénale, et que l'enfant victime, ou plus largement en danger, bénéficie d'un juge spécialisé chargé de lui apporter les moyens de sa protection.

Il est la seule instance judiciaire (outre la Cour européenne des droits de l'homme) que peut saisir un mineur, en conséquence de son statut d'incapacité juridique.

Dans toute procédure d'assistance éducative le concernant, le juge des enfants doit recevoir le mineur, et lui indiquer les motifs de sa saisine (C. pr. civ., art 1189).

Le mineur doit en principe être présent à l'audience mais la loi donne au juge des enfants la possibilité de le dispenser ou d'ordonner qu'il se retire pendant tout ou partie des débats, sans en indiquer les raisons. La Cour de cassation dans un arrêt du 14 février 2006 a indiqué que l'audition du mineur à l'audience n'est que facultative et que l'absence de mention à ce sujet ne fait pas grief.

La pratique usuelle des juges des enfants est une audition du mineur seul sans ses parents, puis en leur présence ainsi qu'avec les travailleurs sociaux.

Le mineur peut être assisté par un avocat choisi ou désigné par le bâtonnier.

Dans la procédure d'assistance éducative, dont l'enfant est le centre, sa parole a toute son importance, et le juge s'entretient avec lui non seulement pour l'instauration de la mesure mais aussi lors de chaque échéance ou demande de modification. Le juge a pour mission d'assurer sa protection et le mineur n'en aura souvent pas la même interprétation. Néanmoins il appartient au juge de la lui expliciter et de l'amener à l'accepter. C'est ce dialogue qui peut initier le travail éducatif qui permettra l'évolution positive de la situation initiale de danger.

III. L'enfant dans la séparation parentale

La France, en 1975, a créé une petite révolution juridique en permettant au juge de tenir compte des sentiments exprimés par mineur et de l'entendre le cas échéant. S'en sont suivis de nombreux tâtonnements législatifs, avec par exemple la loi de 1987 qui obligeait les juges à l'audition de tous les enfants âgés de plus de treize ans.

Actuellement, la loi du 4 mars 2007 précise que le mineur peut être entendu dans toute procédure qui le concerne et que son audition est de droit lorsqu'il en fait la demande (C. civ., art. 388-1).

Deux conditions préalables sont posées à l'audition de l'enfant : que la question le concerne et qu'il ait le discernement suffisant.

A la première exigence, certains domaines sont d'évidence concernés, tel que l'exercice de l'autorité parentale mais d'autres questions peuvent avoir des répercussions sur la vie des enfants et certains ont demandé à être entendus par le juge d'instance en matière d'expulsion du domicile.

Quant à la seconde, comment le juge va-t-il déterminer la capacité de discernement d'un enfant qu'il ne connaît pas et qu'il n'a jamais rencontré et apprécier s'il fait preuve d'un discernement suffisant ? Se référera-t-il à des notions théoriques, purement mathématiques ? Nous savons que la réponse diffère selon le juge.

Le juge ne peut pas refuser l'audition de l'enfant si la demande a été formulée par l'enfant lui-même quand les deux conditions mentionnées ci-dessus sont réunies ; si la demande est faite par les parents il a plus de latitude, pouvant écarter l'audition s'il estime qu'elle n'est pas nécessaire à la solution du litige et est contraire à l'intérêt du mineur. Le juge peut dans tous les cas ordonner d'office l'audition de l'enfant comme aide à sa décision.

Se pose la question de l'information de l'enfant à ce droit. Le décret du 20 mai 2009 en met la charge aux titulaires de l'autorité parentale, au tuteur ou la personne ou service à qui l'enfant est confié et le juge garde la mission de vérifier.

Le formalisme est réduit à son minimum. Ainsi, la demande d'audition peut être formulée à tout stade de la procédure sans aucune exigence de présentation.

Le mineur est informé dans le cadre de sa convocation de son droit d'être assisté par un avocat ou une personne de son choix.

Le juge conserve la possibilité de déléguer l'audition à un tiers qui doit exercer ou avoir exercé une activité dans le domaine social, psychologique ou médico psychologique. Seule indication qui s'impose au juge, que l'intérêt de l'enfant commande cette délégation.

J'opte personnellement pour la rencontre avec le juge. Il me paraît fondamental que celui-ci explique à l'enfant la place qu'aura sa parole dans la décision à prendre. Surtout, il lui signifie que la décision lui appartient, qu'il en prend l'entière responsabilité, en tenant compte de tous les éléments qui lui sont soumis, y compris sa parole mais en recherchant ce qu'il estimera être de son meilleur intérêt.

Ne perdons pas de vue que le recours au juge est rendu nécessaire par l'impossible dialogue parental et surtout le déni de consentir à une perte du partage du quotidien aux côtés de l'enfant.

Nombre de parents se montrent incapables de comprendre le drame de l'enfant qui voit le monde idéal de son enfance se fragmenter et qui rêve d'un retour à l'unité du couple ; ceci explique vraisemblablement l'incapacité pour ses parents de recevoir la parole de l'enfant lorsqu'il ne le désigne pas comme celui auprès de qui il souhaite vivre.

Le juge est au cœur du dilemme du respect du principe de la procédure contradictoire qui le nourrit, dans son exercice professionnel, et la nécessaire protection de l'enfant. Le décret pris en application de l'article 388-1 du Code civil issu de la loi de 2007 est facilitateur, puisqu'il rappelle le principe et institue un compte-rendu. Surtout la Cour de cassation a franchi un pas décisif en affirmant que le juge est tenu de prendre en considération les sentiments exprimés par l'enfant au cours de son audition sans devoir pour autant en préciser la teneur.

Comment ne pas évoquer alors la question cruciale de l'instrumentalisation de la parole de l'enfant par ses parents ?

Comment le juge sera-t-il en mesure de décrypter le processus subtil de l'influence de celui qui suscite la demande de l'enfant, le conduit auprès du juge ? L'enfant, en pénétrant dans le bureau du juge, a en tête un certain nombre d'éléments qu'il veut lui transmettre. Bien trop souvent, ils sont le fruit d'une préparation parentale. S'il est assez aisé de repérer dans la formulation de l'enfant les griefs du parent lorsqu'il évoque des problèmes financiers ou les conditions de la rupture, il est beaucoup plus complexe d'évaluer ce qui appartient véritablement à l'enfant lorsqu'il se plaint d'un manque d'attention, de soins, de présence.

Un autre écueil guette le juge : ses propres projections, et tout particulièrement croire que l'enfant est attaché de manière égale à ses deux parents et que les griefs qu'il verbalise sont forcément ceux de l'autre parent qu'il reprend à son compte. Il est important de donner à l'enfant le droit d'exprimer ses réticences personnelles, par rapport à un parent dont il ressent peu d'intérêt réel à sa vie personnelle mais il sera bien plus difficile pour le juge de mesurer toute la prise à son compte personnel de la souffrance parentale par l'enfant.

Par son intervention, un juge peut restituer les places de chacun. Toutefois quel en sera l'impact sur la vie quotidienne qui suivra ? Comment le juge peut-il réellement protéger l'enfant des répercussions qu'aura sa parole dans ses relations avec ses parents ?

Je ne ferai pas l'impasse sur les situations inextricables, où l'on constate qu'une véritable emprise a été exercée sur l'enfant, en incapacité de se défaire d'un discours parental de rejet de l'autre. La parole du juge n'y peut rien dans l'immédiat, car il apparaît rapidement du côté du « mauvais parent » et il reste simplement l'espoir que le temps et les aléas de la vie introduiront une fissure dans le discours.

Deux droits procéduraux devraient être accordés aux enfants :
- celui de saisir directement le juge aux affaires familiales, lorsque la procédure est close, afin de faire évoluer une situation qui ne leur convient pas, s'agissant des modalités de mise en œuvre de l'exercice de l'autorité parentale ;
- celui de bénéficier de la présence d'un avocat spécialisé, désigné par le bâtonnier, pour toute audition en justice, ce qui sécurisera l'enfant dans l'expression de sa parole tant à l'égard du juge que de ses parents.

Pour conclure, je dirais que, pour être soutenue en justice, il faut que la parole l'enfant ait été accueillie au préalable. Il faut en conséquence une conscientisation nécessaire de l'opinion publique pour qu'elle se montre plus bienveillante et plus respectueuse envers tous les enfants.

21

L'article 10-1 du Code de procédure pénale français à l'aune des textes internationaux et européens relatifs à la justice restaurative

Robert CARIO

La justice restaurative a été redécouverte au milieu des années 1970 principalement dans les pays anglosaxons, de *common law*. Les mesures qu'elle promeut offrent un espace, inédit jusqu'alors, de parole, de dialogue, d'échanges entre auteur(s) et victime(s) d'une infraction ainsi, selon les cas, qu'à leurs proches et aux membres de leur(s) communauté(s) d'appartenance. Complémentaire du procès pénal (ayant en charge exclusive le traitement des conséquences du crime : sanction de l'un et indemnisation de l'autre) et de celui de l'exécution des peines, elle prend en compte les répercussions du crime (de nature personnelle, familiale, professionnelle, sociale et culturelle au sens large). Bien plus que de s'intéresser au seul passé de la faute pénale, les mesures restauratives se penchent sur l'avenir des personnes impliquées en vue de les accompagner vers un horizon d'apaisement[1].

La philosophie de la justice restaurative englobe en ce sens les fonctions classiques de la peine qui se sont succédées et se superposent encore aujourd'hui (rétribution, utilité sociale, réhabilitation, voire « victimaire » ces dernières années) en soulignant, certes avec vigueur, le caractère inacceptable de l'acte infractionnel, mais aussi et surtout l'impérieuse nécessité de la réintégration des personnes au sein de nos communautés humaines[2].

Deux raisons principales mesures ont justifié ce retour aux sources[3] : la crise patente et profonde que traversent tous les systèmes de justice pénale contemporains (quelle que soit leur nature : *common law, civil law, islamic law* principalement) et la reconsidération de la personne victime et/ou de ses proches dans le procès pénal[4]. D'origine ancestrale, deux séries de mesures ont reémergé au sein des pays possédant encore de fortes minorités

---

[1] V. P. Mbanzoulou, Les rencontres détenus-victimes. Une expérience française de justice restaurative, *In Cahiers de la sécurité*, 2013-23, p. 83.

[2] V. J. Braithwaite, *Crime, shame and reintegration*, Cambridge Univ. Press, 1989.

[3] R. Ross, *Returning to the teachings : exploring aboriginal justice*, Penguin books, 1996.

[4] V. R. Cario, *La justice restaurative. Principes et promesses*, 2é Ed., L'Harmattan, 2010.

autochtones, malgré les désastres provoqués par la colonisation. Les cercles de sentence ou *sentencing circles* (à ne pas confondre avec les cercles de guérison ou *healing circles* [5]) à l'œuvre au sein des premières Nations d'Amérique du nord, qui symbolisent tout à la fois l'égalité, la globalité, la terre et le cycle de vie, visent à apaiser les parties au conflit (victime, infracteur, leurs familles et proches et, surtout, la communauté). Aussi longtemps qu'il n'y aura pas de consensus sur les conséquences de l'infraction (sanction et indemnisation) et ses répercussions (concernant l'avenir des personnes impactées), le juge n'est qu'un participant comme les autres. Lorsque le cercle aboutit à des propositions consensuelles, le juge les récapitule dans une authentique décision de justice. À défaut il décide seul des réponses à donner.

La conférence du groupe familial (*family group conferencing*), inspirée des pratiques de « Whanau » des Maoris de Wagga en Australie, de Nouvelle-Zélande et des Polynésiens des îles du Pacifique, qui attachent une très grande importance à la famille élargie, est destinée à la prise en charge des infractions commises par les mineurs. Officiellement intégrée dans la législation pénale de Nouvelle Zélande en 1989, elle doit être systématiquement proposée avant toutes poursuites pénales à leur égard et se développe aujourd'hui dans de nombreux pays au monde. Étendue aux membres de la famille de l'infracteur et de la victime, elles s'adressent dorénavant aux mineurs comme aux adultes, dans le cadre de contentieux familiaux ou d'infractions impliquant de nombreux protagonistes. Se joignent à eux toutes les personnes ou institutions ayant intérêt à la régulation du conflit (de dix à vingt personnes) : proches, personnes de confiance, référents de l'une ou l'autre des personnes, représentants d'institutions judiciaires, sanitaires ou sociales, le cas échéant[6].

---

[5] V. M. Jaccoud, 1999, Les cercles de guérison et de sentence autochtones au Canada, *In Criminologie*, 1999-32-1, p. 79.

[6] V. H. Blagg, A just measure of shame ? Aboriginal youth and conferencing in Australia, *In The British Journal of Criminology*, 1997-37-4, p. 481-501 ; A. MacRae, H. Zehr, *The little book of family group conferences. New Zealand style : a hopeful approach when youth cause harm*, 2004, Good books publ. ; D. Moore, T. O'Connell, Family group conferencing in Wagga Wagga : a communitarian model of justice, *In* G. Johnstone [Ed.], *A restorative justice reader*, 2003, Willan ; D. O'Mahony, Restorative justice and youth justice in Nothern Ireland, *In* F. Dunkel and al. (Dir.), *Restorative Justice and mediation in penal matters in Europe*, 2015, Forum Verlag Godesberg ; M. Suzuki, W.R. Wood, Restorative justice conferencing as a "holistic" process : Convenor perspectives, *In Current issues in criminal justice*, 2017-28-3-277 ; C. Trotter, *Le suivi des usagers involontaires*, L'Harmattan, 2018 ; M. Suzuki, W.R. Wood, Is restorative justice conferencing appropriate for youth offender ?, *In Criminology and criminal justice*, 2018-4, pp. 450-457 ; C. Nettleton, H. Strang, Face-to-face conferences for intimate

Au cours des mêmes années 1970, la pratique traditionnelle de régulation des conflits en face à face, entre infracteur et victimes liés par la même affaire, a été opérationnalisée sous la forme de médiations victime-infracteur (*victim-offender mediation*), plus particulièrement au travers de l'expérience de Kitchener (Ontario) au Canada [7]. Cette mesure a été généralisée aux États-Unis puis un peu partout dans le monde et en Europe sous le vocable de médiation pénale, de médiation restaurative en France (restorativejustice.org).

Au regard des bienfaits évalués des programmes de justice restaurative[8], d'autres dispositifs ont été créés par des praticiens et/ou des chercheurs afin de répondre de manière globale et plus humaine aux attentes des personnes ayant eu à souffrir – et souffrant encore – directement, ou non, du crime. Tous sont empreints de la philosophie restaurative consistant prioritairement à instaurer un espace de dialogue participatif et respectueux de la dignité de chacun, d'échanges, une « conversation » [9] confidentielle entre les protagonistes du crime et/ou leurs proches, en y associant, parfois, des personnes de leurs communautés d'appartenance. Les rencontres entre des condamnés détenus et des victimes (RDV), « *face to face* » de groupes, ont été expérimentées en Angleterre en 1983. Elles furent ensuite introduites au Canada en 1987 et sont mises en œuvre aujourd'hui au Québec, notamment, par le Centre de services de justice réparatrice[10]. Il s'agit ici de rencontres de groupes anonymes d'infracteurs incarcérés et de victimes. Ces RDV connaissent un réel succès. Les praticiens français, sous l'impulsion de l'Institut français pour la justice restaurative (IFJR), ont étendu ces rencontres au milieu ouvert, auprès de condamnés exécutant leur sanction au sein de la communauté (RCV)[11].

À la marge des autres mesures que promeut la justice restaurative, les *cercles de soutien et de responsabilisation* (*Circle of support and*

---

partner abuse : an explanatory study of victim and offender, *In Cambridge journal of evidence-based policing*, 2018-2, pp. 125-138.

[7] V. Peachey, *In* M. Wright, B. Galaway, *Mediation and criminal justice : victims, offenders and community*, 1989, Sage.

[8] V. C. Rossi, R. Cario, Restorative justice. Acknowledged benefits versus emerging issues, *In Int. Journal on Criminology*, 2017-4-2, p. 131 et réf. citées.

[9] P. Wallis, *Understanding restorative justice. How empathy can close the gap created by crime*, 2014.

[10] www.csjr.ca ; T. De Villette, *Faire justice autrement*, Médiaspaul, 2009.

[11] V. not. R. Cario, Les rencontres restauratives en matière pénale. De la théorie à l'expérimentation des RDV, *in AJ pénal* 2011-6, p. 294 ; *Les rencontres détenus-victimes. L'humanité retrouvée*, 2014, coll. Controverses, L'Harmattan ; P. Mbanzoulou, Les rencontres détenus-victimes : une expérience française de justice restaurative, *in Cahiers de la sécurité*, 2013-23.

accountability, très maladroitement traduits par Cercles de soutien et de responsabilité, (CSR) puisent néanmoins incontestablement leurs racines dans sa philosophie. En 1994, le psychologue d'un établissement pénitentiaire d'Hamilton (Ontario, Canada) fait part à un pasteur de la communauté qui visite la prison de la sortie prochaine d'un détenu agresseur sexuel (pédophile) considéré comme à haut risque de récidive et ne bénéficiant d'aucune relation personnelle ou sociale à l'extérieur. Le pasteur de la ville où compte se rendre l'infracteur organise, avec quelques paroissiens, un comité pour favoriser sa réinsertion et assurer la sécurité des enfants. Ils rencontrent le sortant de prison à son arrivée et lui font part de l'accompagnement qu'ils vont mettre en place pour l'aider. Petit à petit, ils découvrent l'humanité de l'intéressé mais aussi son besoin d'être responsabilisé. C'est ainsi que vont se développer, à grande échelle, les cercles de soutien et de responsabilisation. Adaptation française des CSR, les *cercles d'accompagnement et de ressources* (CAR) concernent les condamnés pour toute infraction autre que de nature sexuelle, présentant les mêmes caractéristiques.

Des *Cercles restauratifs* extra judiciaire ont été imaginés par l'IFJR pour le cas où l'action publique ne peut être introduite ou ne peut plus prospérer. C'est le cas typique du suicide de l'infracteur durant la garde à vue. Ou encore d'une infraction insuffisamment caractérisée ; du prononcé d'un non-lieu pour troubles psychiques ayant aboli le discernement de l'auteur durant l'instruction ou lors de l'audience de jugement ; ou au cas de relaxe ou d'acquittement, de prescription, notamment. Aucune réponse n'est alors donnée aux personnes impactées par le crime : proches de l'auteur, victimes et/ou à leurs proches, pas davantage aux membres de leurs communautés d'appartenance. Il paraît alors pertinent d'offrir un espace de parole aux personnes qui le souhaitent, relativement aux seules répercussions de l'acte, évidemment[12].

Restaurative, réparatrice, restauratrice pour les autres, ce nouveau et complémentaire modèle de justice repose sur les principes fondamentaux relatifs aux droits humains et au droit criminel. De surcroît, des dispositions spécifiques, plus ou moins contraignantes, sont réservées à la mise en œuvre des mesures de justice restaurative elles-mêmes. En cours d'épanouissement un peu partout dans le monde, la justice restaurative repose désormais sur un arsenal juridique important, tant international, régional que national. En ce sens, de nombreux textes officiels ont très vite été adoptés pour en définir les contours et en réguler la mise en œuvre.

---

[12] Sur ces diverses mesures de justice restaurative, V. not. R. Cario, Justice restaurative, *In Encyclopédie juridique Dalloz*, Droit pénal et procédure pénale, Ed. Dalloz, 2018.

I. Les contours internationaux de la justice restaurative

Simplement incitatifs (*soft law*) ou plus pertinemment de nature impérative (*hard law*), les Résolutions internationales, tout comme les Recommandations et Directives régionales devraient permettre l'épanouissement des mesures de justice restaurative dans le respect d'une protection juridique appropriée pour chacune des parties impliquées.

A. AU NIVEAU INTERNATIONAL

Dès une Résolution du 20 juillet 1999 (26), relative à l'élaboration et application des mesures de médiation et de justice réparatrice, le Conseil économique et social (CES/ECOSOC) priait la Commission pour la prévention du crime et la Justice pénale d'examiner l'opportunité d'élaborer des normes onusiennes en ces domaines[13]. En 2002, le Conseil établit des principes fondamentaux relatifs au recours à des programmes de justice réparatrice en matière pénale. Il constate, à cet effet, que les initiatives en matière de justice réparatrice s'inspirent souvent des formes de justice traditionnelles et autochtones qui considèrent la criminalité comme fondamentalement dommageable pour les personnes. Il insiste encore sur le fait que la justice réparatrice constitue, face à la criminalité, une dynamique qui respecte la dignité de chacun et l'égalité entre tous, favorise la compréhension et contribue à l'harmonie sociale, en veillant à la guérison des victimes, des délinquants et des communautés. Le CES définit alors un « programme de justice réparatrice » comme tout programme faisant appel à un « processus de réparation », dans lequel « *la victime et le délinquant et, lorsqu'il y a lieu, toute autre personne ou tout autre membre de la communauté, subissant les conséquences d'une infraction, participent ensemble activement à la résolution des problèmes découlant de cette infraction, généralement avec l'aide d'un facilitateur* ».

La Déclaration de l'ONU, adoptée en avril 2005, invite en ce sens, les États membres (193 au 1er janvier 2019) à établir des *guidelines* et standards, par voie législative si nécessaire, que les programmes de justice restaurative devront respecter quant : aux cas éligibles à de tels programmes ; au traitement des affaires retenues ; à la qualification, la formation et la désignation des animateurs (*facilitators*) ; à la gestion administrative des programmes ; aux standards de compétence et aux règles de conduite les gouvernant, principalement. Le respect des droits fondamentaux des parties est rappelé : droit à être assisté par un conseil, à un interprète, à l'accompagnement d'un parent ou d'un responsable légal pour les mineurs ;

[13] V. également Résolutions 2000/14 du 27 juillet 2000 et 2002/12 du 24 juillet 2002.

droit à recevoir des informations sur la nature de la modalité envisagée et sur ses conséquences ; droit au huis clos, notamment. Les mesures restauratives entreprises doivent naturellement offrir des garanties d'équité, de loyauté et d'impartialité.

La Déclaration souligne encore fort pertinemment qu'en cas d'impossible accord ou d'échec dans sa mise en place, l'affaire devrait être renvoyée devant les juridictions traditionnelles, sans que cela ne puisse être utilisé pour le prononcé d'une sanction plus sévère. Enfin et pour l'essentiel, les États-membres sont invités à favoriser les rencontres entre les autorités judiciaires et les administrateurs des programmes de justice restaurative, s'ils diffèrent, afin de développer une compréhension mutuelle des programmes, favoriser leur rapprochement et améliorer leur efficacité. L'évaluation scientifique régulière de telles stratégies, le cas échéant complémentaires, doit être dans le même sens fortement encouragée.

De nombreuses résolutions vont suivre, renvoyant toutes explicitement aux précédentes dispositions, comme notamment : la Résolution 61/295 de l'Assemblée générale, en date du 13 septembre 2007 sur les peuples autochtones ; la Résolution A.G. 65/230 du 21 décembre 2010, sur la nécessité de renforcer les mesures de substitution à l'emprisonnement qui peuvent comprendre la justice réparatrice ; la Résolution 69/194 du 18 décembre 2014 sur les stratégies concrètes types des Nations Unies relatives à l'élimination de la violence à l'encontre des enfants dans le contexte de la prévention et de la justice pénale ; la Résolution du CES 2016/17 du 26 juillet 2016 sur la justice réparatrice en matière pénale.

Dans cette même veine, le *Manuel sur les programmes de justice réparatrice*, publié par l'Office des Nations Unies sur la drogue et le crime (Vienne, 2006) part de la définition de 1999 pour ensuite présenter, de manière très pertinente, les principes de base, les programmes de justice réparatrice et leur mise en œuvre[14].

Comme suite à la résolution 2016/17, un Comité d'experts s'est réuni à Ottawa en novembre 2017, chargé d'examiner l'utilisation et l'application des principes fondamentaux concernant le recours à des programmes de justice réparatrice en matière pénale ainsi que l'évolution de la situation et les approches novatrices qui sont suivies en la matière. Les conclusions de cette réunion seront très prochainement publiées. Quoique simplement incitatifs, tous ces documents onusiens sont de nature à permettre l'épanouissement des mesures de justice restaurative dans le respect d'une protection juridique appropriée pour chacune des parties impliquées.

---

[14] V. également, I. Aertsen (Dir.), *Renouer les liens sociaux. Médiation et justice en Europe*, Pub. Cons. Europe, 2004.

B. AU NIVEAU DU CONSEIL DE L'EUROPE

Les Recommandations du Conseil de l'Europe n'ont également qu'une valeur incitative auprès des 47 États membres qui le composent. La Recommandation 99(19) sur la médiation en matière pénale ne fait que renvoyer à ces recommandations antérieures[15]. Elle ne renferme cependant aucune allusion explicite à la justice restaurative. Pour autant, les dispositions qu'elle contient se rapprochent de ses fondamentaux. La médiation en matière pénale est conçue, en effet, pour permettre une participation personnelle active à la procédure pénale de la victime, du délinquant et de tous ceux qui sont concernés en tant que parties, y compris la communauté. La médiation en matière pénale se caractérise ainsi par tout processus permettant à la victime et au délinquant de participer activement, s'ils y consentent librement, à la solution des difficultés résultant du délit, avec l'aide d'un tiers indépendant facilitateur (I. Définition ; art. 10).

Cette absence, assez étonnante, de renvoi aux programmes de justice restaurative est finalement comblée, encore timidement certes, par la 26ème Conférence des ministres européens de la justice des États membres du Conseil de l'Europe (Helsinki, avril 2005), laquelle a adopté une résolution « relative à la mission sociale du système de justice pénale – justice réparatrice ». Elle considère que le recours à des sanctions et à des mesures appliquées dans la communauté, ainsi qu'à des mesures de justice restaurative, peut avoir un impact positif sur les coûts sociaux de la criminalité et de la lutte contre le crime.

La très récente Recommandation (2018)8 du Comité des Ministres aux États membres relative à la justice restaurative en matière pénale est sans aucun doute le texte officiel le plus abouti, quand bien même son application demeure à la seule appréciation des États. La justice restaurative – et non plus réparatrice – est envisagée comme un « ... *processus permettant aux personnes qui ont subi un préjudice résultant d'une infraction et aux responsables de ces préjudices de participer activement, s'ils y consentent librement, au règlement des problèmes résultant de l'infraction, avec l'aide d'un tiers qualifié et impartial* ». Les mesures de justice restaurative prennent, en ce sens, souvent la forme d'un « dialogue, direct ou indirect » entre auteurs et victimes, voire toute personne affectée par le crime, à tous les stades de la procédure. La Rec (2018)8 renvoie également expressément aux instruments onusiens précités. Le choix du terme justice « restaurative » est pertinent, en France pour le moins, dans la mesure où la notion de justice

---

[15] V. not. les Recommandations R(85)11, R(87)18 ; R(87)21 ; R(87)20 ; R(88)6 ; R(92)16 ; R. (95)12 ; R(98)16 ; R.(2006)2 ; R(06)8 ; R(10)1 ; R(17)3, principalement.

« réparatrice » renvoie encore trop souvent à l'indemnisation des victimes et/ou de leurs proches, d'autant plus que l'expression « personnes ayant subi un préjudice résultant de l'infraction » (de connotation strictement juridique) est, de manière inadéquate, préférée à celle utilisée dans la version anglaise : « [...] *those harmed by crime* » (art. 3). La Recommandation invite les États-membres, de manière très audacieuse [16], à considérer la possibilité d'intégrer la mesure de justice restaurative mise en œuvre « comme partie de la sanction infligée » voire être appliquée après que la peine ait été prononcée ou exécutée. Elle suggère que la réussite d'une mesure restaurative peut conduire les magistrats compétents soit à intégrer dans la décision sur les conséquences du crime, l'accord conclu par les parties quant au traitement des répercussions du crime sur leur avenir (art. 6) ; soit à en tenir compte lors de l'application des peines (art. 58 ; art. 30-35, 50-53). La Rec. (2018) 8 souligne encore la nécessité de créer des Services de justice restaurative, autonomes, à tous les stades du procès pénal ainsi que devant les juridictions de l'application des peines (art. 9, 12, 19, 28, 36-47), d'où l'importante corrélative d'un soutien financier étatique au bénéfice de ces structures (art. 54). De manière attendue, la Rec. (18)8 rappelle les principes fondamentaux de la justice restaurative : « principe de participation active des « parties prenantes » ; principe de « réparation » du préjudice, à entendre au sens large de « *repairing harms* » [17]. Sont ainsi déclinés, principalement, le caractère volontaire de la démarche (libre consentement), la reconnaissance des faits principaux de la cause (art. 30-35), l'information complète des participants, la préparation des parties (art. 47-48), la participation active dans le cadre d'un dialogue équilibré et respectueux de chacun, l'impartialité et la formation spécifique des animateurs en général (*facilitators* ; art. 42), la confidentialité des échanges en des lieux sûrs et confortables, les règles spécifiques concernant les enfants (victimes et auteurs), le contrôle de l'autorité judiciaire, l'évaluation et, pour l'essentiel, l'accord délibératif et consensuel le cas échéant, selon le stade de la procédure. La Recommandation insiste encore sur la nécessité de la mise en place d'un partenariat local effectif et opérationnel, favorisé par la nomination, auprès des autorités judiciaires et des organismes de justice pénale, de postes de « Référents en justice restaurative » (art. 62, 63). Une large publicité sur les mesures de justice restauratives et les conditions pour y accéder doit absolument être offerte dans tous les lieux recevant du public, pas seulement auprès des populations judiciarisées (art. 65)[18].

---

[16] V. également en ce sens l'article 12-d de la Directive de 2012.

[17] Et non pas au sens juridique exclusif de réparation des préjudices (*compensation for damages*), trop souvent sous la forme pécuniaire (au sens large).

[18] V. sur tous ces points, R. Cario, *In Ajpen*, 2019-2, pp. ; Justicia restaurativa en Francia, *In Revista de victimologia*, 2018-8, p. 127, dialnet.unirioja.es ; J. Filippi, Restorative justice for young offenders : an analysis of the french circular

C. AU NIVEAU DE L'UNION EUROPEENNE[19]

La Décision-cadre du 15 mars 2001, relative au Statut des victimes dans le cadre de procédures pénales ne fait aucune allusion aux textes onusiens. Elle évoque simplement en son article premier, e) la définition de la médiation dans les affaires considérées comme « *la recherche, avant ou pendant la procédure pénale, d'une solution négociée entre la victime et l'auteur de l'infraction, par la médiation d'une personne compétente* ».

Très imparfaitement transposée dans les pays membres, elle a été remplacée par la Directive 2012/29 du 15 octobre 2012 (29) établissant des normes minimales concernant les droits, le soutien et la protection des victimes de la criminalité, devant entrer en vigueur au plus tard le 16 novembre 2015 dans les 28 États membres, elle apparaît plus explicite quant à la mise en œuvre de la justice restaurative. Pour inviter les États membres à faciliter l'accès à l'information (art. 4) des mesures qu'elle promeut et à procéder à la création de Services de justice « réparatrice » (art. 12), cette Directive n'est cependant pas sans ambiguïté quant aux bénéfices escomptés pour les protagonistes, dans la mesure où elle doit être envisagée dans le seul « intérêt de la victime » (art. 12, a). Ce qui est pour le moins paradoxal en matière de Justice restaurative : quid de l'intérêt de l'infracteur, de ses proches et communautés d'appartenance ? Si le droit d'accéder à la justice restaurative doit être affirmé pour la victime, un même droit doit être consacré pour l'auteur. Les mesures de Justice restaurative ne sauraient se développer au détriment des attentes de l'auteur, au seul bénéfice des victimes et/ou de leurs proches. De la même manière, quelques commentateurs regrettent que la Directive ait été davantage pensée comme un outil destiné à protéger les droits de la victime plutôt que comme un formidable instrument destiné à l'investir dans une authentique posture d'empowerment pour jouir de leur exercice [20]. Néanmoins, la Directive, reprenant les termes de la recommandation de 1999 du Conseil économique et social, entend par justice restaurative/réparatrice « tout processus permettant à la victime et à l'auteur de l'infraction de participer activement, s'ils y consentent librement, à la résolution des difficultés résultant de l'infraction pénale, avec l'aide d'un tiers indépendant » (art. 2,1, d)[21].

---

confronting at european and national legal perspective, *In Journal of law and jurisprudence*, 2018-7-1, p. 142-162.

[19] 28 membres au 1er janvier 2019.

[20] V. en ce sens, EFRJ, *Practice guide for restorative justice services. The victim's directive : challenges and opportunities for restorative justice*, multigraph., 2017, 47 p., euroforumrj.org

[21] Comp. EFRJ, *Practice guide for restorative justice services. The victim's directive : challenges and opportunities for restorative justice*, multigraph., 2017,

D. AU NIVEAU NATIONAL

À la demande du ministère de la Justice, le Conseil national de l'aide aux victimes (CNAV) avait mis en place en 2006 un groupe de travail (Dir. R. Cario) chargé de formuler des propositions relativement à l'intégration des mesures de justice restaurative dans notre système de justice pénale. Inspirées des pratiques étrangères et des très rares travaux de la doctrine française, elles se sont organisées autour des principaux points suivants : la première proposition visait à développer ou intégrer les mesures suivantes : création d'un texte général dans le Code pénal permettant le recours à ces mesures de justice restaurative, à l'initiative des magistrats concernés ou sur demande des parties, à tous les stades de la procédure pour répondre aux attentes de tous ceux que concerne la survenance de l'infraction : victime, auteur, proches et communautés d'appartenance (propositions n°s 2 et 3) ; formation adéquate d'animateurs (au sens large) ; mise en place d'un partenariat abouti, afin de diffuser une véritable culture restaurative dans le système judiciaire français (propositions n°s 6 et 7) ; évaluation systématique des mesures de justice restaurative et dissémination des bonnes pratiques [22].

Après plusieurs expérimentations menées depuis 2010[23], ce n'est que par la Loi du 15 août 2014 relative à l'individualisation des peines et renforçant l'efficacité des sanctions pénales que la justice restaurative a été introduite dans le code de procédure pénale. Elle ne la définit pas mais énonce les conditions relatives à son recours et sa mise en œuvre (V. *Infra*). La Circulaire d'application du 15 mars 2017 relative à la mise en œuvre de la justice restaurative, applicable immédiatement, est plus explicite en ce qu'elle précise que la justice restaurative se définit comme « *un modèle de justice complémentaire du procès pénal, qui consiste à restaurer le lien social endommagé par l'infraction, à travers la mise en œuvre de différentes mesures associant la victime, l'auteur et la société* ». Elle est en ce sens conçue pour « appréhender l'ensemble des répercussions personnelles, familiales et sociales liées à la commission des faits et participe, ainsi, par l'écoute et l'instauration d'un dialogue entre les participants, à la reconstruction de la victime, à la responsabilisation de l'auteur et à l'apaisement, avec un objectif plus large de rétablissement de la paix sociale ».

---

47 p. ; *Restorative justice in the victim's directive. Survey and results*, multigraph., 2017, 8 p., euroforumrj.org.

[22] V. www.justicerestaurative.org/ressources ; R. Cario, P. Mbanzoulou (dir.), *La justice restaurative. Une utopie qui marche ?*, 2010, coll. Controverses, L'Harmattan.

[23] V. R. Cario, Répertoire Dalloz, 2018, n° 154 et s.

En conclusion, deux textes officiels apparaissent essentiels : la Résolution Ecosoc de 1999 (adoptée par les Nations Unies en 1985) et la Recommandation du Conseil de l'Europe de 2018. Quant à la doctrine dominante, la définition de Tony Marshall a longtemps fait consensus : « *processus par lequel les parties concernées par une infraction donnée décident en commun de la manière de réagir aux conséquences de l'infraction ainsi qu'à ses répercussions futures* » [24]. Précédemment, dans un ouvrage fondateur[25], Howard Zehr, pionnier incontesté du mouvement contemporain de justice restaurative, la définit comme « *un processus destiné à impliquer, le plus possible, ceux qui sont concernés par la commission d'une infraction particulière, à identifier et répondre collectivement à tous les torts, besoins et obligations dans le but de réparer les préjudices et de rétablir l'harmonie sociale la meilleure possible* ». Plus généralement, la confrontation des définitions disponibles aux expériences de terrain devrait conduire, au-delà de la recherche d'une définition universelle (toujours sclérosante), à vérifier la présence des éléments suivants lors de la mise en œuvre (ou de l'évaluation) des mesures s'affichant comme restauratives. Inscrites dans un processus dynamique, elles supposent la participation volontaire de la victime et de l'infracteur ainsi que de tou.te.s celles et ceux qui s'estiment concerné(e)s par le conflit de nature infractionnelle afin d'envisager, ensemble, par une participation active, en la présence et sous le contrôle du « tiers justice » et avec l'accompagnement éventuel d'un « tiers psychologique et social », les réponses et solutions les meilleures pour chacun, de nature à conduire, par leur responsabilisation, à la réparation de tous en vue de restaurer, plus globalement, l'harmonie et la justice sociales [26].

II. Les conditions de mise en œuvre des mesures de justice restaurative

Les conditions de mise en œuvre des mesures de justice supposent que leur statut juridique soit clairement défini. Les textes internationaux, incitatifs ou impératifs, posent de manière plus ou moins précise et complète les conditions du recours à ces mesures ainsi que celles de leur mise en œuvre.

---

[24] V. *Restorative justice. An overview*, 1999, Home Office : « the restorative justice is a process whereby parties with a stake in a specific offence collectively resolve how to deal with the aftermath of the offence and its implications for the future ».

[25] V. *Changing lenses : a new focus for crime and justice*, 1990-2015, Herald Press ; *The little book of restorative justice*, 2002-2015, Good books publ) : « Restorative justice is a process to involve, to the extent possible, those who have a stake in a specific offense and to collectively identify and address harms, needs and obligations, in order to heal and put things as right as possible ».

[26] V. www.justicerestaurative.org ; R. Cario, C. Rossi, *Justice restaurative. Principes et promesses*, 3 éd., 2019, en préparation ; Rec. (18)8.

Cependant, aucun de ces textes n'envisage concrètement le protocole qu'il importe de suivre, afin d'éviter toute revictimisation. Quant au contenu des accords et à leur transmission aux autorités compétentes, des divergences importantes s'observent, tant au niveau international et régional, qu'au niveau du droit processuel pénal français.

A. LE STATUT JURIDIQUE DES MESURES DE JUSTICE RESTAURATIVE

Ce statut est laissé à l'appréciation des États membres dans toutes les documents internationaux et européens. Il évolue entre autonomie et complémentarité. En France, la Circulaire d'application du 15 mars 2017 de la loi du 15 août 2014, instituant l'article 10-1 du code procédure pénale, souligne nettement l'autonomie entre procès pénal et justice restaurative. La circulaire indique en ce sens que la justice restaurative est un « modèle de justice complémentaire » et que les mesures « ad hoc » qu'elle promeut ne sont pas des actes de procédure. Partant, elles échappent aux principes directeurs de la procédure pénale énoncés à l'article préliminaire du code de procédure pénale. En ce qu'il est libre de quitter le dispositif à tout moment, aucun reproche ne pourra être adressé au participant qui souhaite se retirer de la mesure restaurative. Aucun document relatant la rencontre restaurative ne sera versé à son dossier (art. 3.1).

Cela est logique car la justice restaurative s'intéresse uniquement aux répercussions éventuelles de l'acte infractionnel. Ce dont il s'agit, c'est d'offrir à chacun, un espace de dialogue inédit, sécurisé à tous les plans. Le procès ne peut pas, ou n'a pas pu, tout régler, sinon le passé de la faute. Demeurent néanmoins indispensables, pour l'avenir des personnes, les réponses aux questions cruciales du « pourquoi » c'est arrivé, du « comment » se réintégrer le plus harmonieusement dans la communauté (entendue au sens large). Les nombreuses mesures mises en place depuis quelques années (en métropole et en outre-mer) attestent ce possible cheminement, certes différentiel selon les personnes.

L'autonomie provient encore de la formation spécialisée dont bénéficient aujourd'hui les futurs animateurs et membres de la communauté dans le cadre d'une convention de formation continue tripartite Ecole Nationale d'Administration Pénitentiaire/ France victimes/ Institut Français pour la Justice Restaurative (art. 4.4, 5.1 c et 5.2 b)[27].

[27] V. justicerestaurative.org ; R. Cario, La justice restaurative : vers un inévitable consensus, *In Rec. Dalloz*, 2013. Point de vue 16, p. 1077 ; Justice pénale et justice restaurative : entre complémentarité et autonomie assumées, À propos de la circulaire du 15 mars 2017, *In AJ pénal* 2017-6, p. 252 ; O. Hielle, Justice

Cependant, la complémentarité entre procès pénal et justice restaurative est rappelée tout aussi clairement. La mise en place des programmes, quelles que soient les mesures (en face-à-face ou en groupes anonymes) est placée sous le contrôle de l'autorité judiciaire ou, à la demande de celle-ci, de l'administration pénitentiaire (art. 5.3). Ce contrôle de légalité des conditions posées à l'article 10-1 du code de procédure pénale s'exerce ainsi à tous les stades de la procédure, y compris lors de l'exécution des peines. Il ne peut s'agir, en aucun cas, d'un contrôle en opportunité. Si les conditions requises par le législateur sont remplies (V. *Infra*, II), le renvoi vers les animateurs spécialement formés s'impose. À défaut, ce serait contredire le sens même de l'article 10-1 dont le contenu est précis : dans toute procédure pénale, à tous les stades de la procédure pénale et de l'exécution des peines, quelle que soit la nature de l'infraction. Il n'appartient qu'à l'animateur spécialement formé, vers qui les potentiels ont été orientés, d'évaluer lors des entretiens préparatoires, l'opportunité, ou non, de mettre en œuvre la mesure la plus adéquate [28]. La Circulaire du 15 mars 2017 introduit une réelle ambiguïté, voire une confusion, de ces points de vue-là en ce qu'elle renvoie à l'opportunité des magistrats, dans le présentiel, invités à exercer une vigilance particulière à l'égard d'infractions « sensibles », en milieu familial ou à caractère sexuel. Pour autant, le contrôle de légalité, légitime et nécessaire, par l'autorité judiciaire ne saurait être remis en question par une simple circulaire interprétative, qui n'a pas, en droit français, de valeur juridique. Il est enfin à craindre que si les magistrats exercent un contrôle « en opportunité » quant à la nature des infractions éligibles à une mesure de justice restaurative – ce que l'article 10-1 C. pr. pén. n'envisage nullement –, l'essentiel du contentieux criminel, au sens juridique de l'expression, risque d'être exclu du champ d'intervention de la justice restaurative. En effet, ce contentieux regroupe, très massivement, les agressions sexuelles, les violences conjugales et plus largement les violences intra-familiales. Or les évaluations scientifiques disponibles soulignent, très clairement, que plus le crime est grave et sérieux, plus le cheminent vers un horizon d'apaisement des participants, personnes auteurs et personnes victimes, est important.

Aucun recours n'a, dans ce même esprit, été envisagé au cas de refus opposé, de la part d'un magistrat, à l'une ou l'autre des parties remplissant les conditions légales. Dans le cas contraire, l'absence d'une ces conditions

---

restaurative. Une nouvelle méthode pour panser toutes les plaies, *In ASH*, 2017-3038, p. 20).

[28] V. en ce sens, EFRJ, *Practice guide for restorative justice services. The victim's directive : challenges and opportunities for restorative justice*, multigraph., 2017, 47 p., euroforumrj.org, pp. 15-16, soulignant que l'opportunité de participer à une mesure restaurative est « appropriée » si les parties, et elles seules, y consentent ; Comp. Art. 12-2 Directive de 2012.

justifiera pleinement un tel éventuel refus. Un tel constat est dicté par le statut même de la mesure de justice restaurative qui n'est pas un acte de procédure (Circulaire du 15 mars 2017).

De surcroît, les mesures de justice restaurative sont mises en œuvre dans le cadre d'un partenariat élargi (Copil), comprenant l'Autorité judiciaire, l'Administration pénitentiaire, la Protection judiciaire de la jeunesse et les Services d'aide aux victimes, notamment. La professionnalisation des animateurs (issus de ces institutions), reconnue par tous les partenaires à la convention de partenariat, est une garantie suffisante pour que les potentiels participants ne soient à nouveau exposés à des victimisations lors du déroulement de la mesure.

Il n'y pas davantage lieu de réserver la justice restaurative aux faits les moins graves. Bien au contraire, les évaluations scientifiques internationales soulignent que plus les faits sont graves plus importante est la restauration des participants aux mesures restauratives. Si les crimes et délits graves (commis avec violences, effraction ou abus divers de vulnérabilité notamment), une instrumentalisation de la justice restaurative est à craindre lors de leur application comme mesures alternatives aux poursuites. Les rencontres restauratives ne sauraient en aucun cas constituer un ajout punitif, comme c'est le cas pour la plupart de ces mesures alternatives, dont la fonction aujourd'hui est davantage de mordre sur les classements sans suite plutôt que sur les poursuites.

Il n'est pas discutable que l'article 10-1 est applicable aux majeurs comme aux mineurs, au regard de son insertion dans le Titre préliminaire (« Dispositions générales ») du code de procédure pénale. Des particularismes propres au droit pénal des mineurs devront être respectés (autorité parentale notamment). Il demeure que des mesures telles que la conférence restaurative, voire la médiation restaurative, sont très positivement évaluées comme facteur puissant de responsabilisation et de réduction de la récidive.

Si la victime doit, lors d'un dépôt de plainte auprès d'un officier ou agent de police judiciaire, être informée, par tous moyens, sur ses droits, notamment, à se voir proposer une mesure de justice restaurative (art. 10-2 C. pr. pén.), aucun texte consacrant ce même droit à l'information n'a été consacré pour l'auteur de l'infraction. Or, comme le précise nettement l'article 10-1, conformément aux dispositions internationales et régionales, les mesures de justice restaurative concernent bien la victime et l'auteur d'une infraction, obligatoirement associés la mesure restaurative retenue, du début à la fin du programme. En tout état de cause, il importe d'ajouter que la demande à se voir proposer une mesure de justice restaurative appartient à quiconque estime la mesure pertinente dans une situation infractionnelle particulière : acteurs de la chaîne pénale, victimes, infracteurs, proches, notamment (V. art. 4.3, 5.2 Circulaire du 15 mars 2017).

Dans quelques mesures, il est fait appel à des « membres de la communauté »[29]. « Monsieur ou Madame tout le monde », formés spécialement, leur rôle consiste à écouter, entendre, accompagner, encourager les participants dans leur démarche courageuse, chaque fois que le besoin s'en fait sentir. Sans interférence avec le rôle des animateurs, ils ne sont pas considérés comme « participants » au sens propre, mais appartiennent à l'équipe d'animation. En ce sens, il convient de souligner que l'espace de dialogue est prioritairement réservé aux personnes auteurs et aux personnes victimes.

Le rôle des « bénévoles de la communauté », actifs au sein des Cercles de soutien et de responsabilisation ou des Cercles d'accompagnement et de ressources, participe davantage du soutien et de l'accompagnement de l'infracteur concerné, dans une stratégie d'*empowerment*, afin de l'aider à reconquérir une autonomie personnelle, professionnelle et sociale durable, principalement. Intégré en France comme mesure potentielle par la Circulaire du 15 mars 2017, le caractère restauratif des cercles est discuté car il n'inclut que très exceptionnellement des victimes.

B. LES CONDITIONS DU RECOURS A DES MESURES DE JUSTICE RESTAURATIVE

Dans la lignée des textes internationaux précités, des propositions formulées par le Conseil National de l'Aide aux Victimes, et conformément à la transposition impérative des dispositions de la Directive de 2012, l'art. 10-1 du C.pr.pén. précise qu'à « *l'occasion de toute procédure pénale et à tous les stades de la procédure, y compris lors de l'exécution de la peine, la*

---

[29] V. Circ. 15 mars 2017, 1.1 ; Parfois improprement dénommés « représentants de la communauté » ou « représentants de la société civile », les membres de la communauté ne représentent qu'eux-mêmes dans les dispositifs restauratifs concernés. Ils ne reçoivent en ce sens aucune délégation de la communauté ou de la société civile. Le terme même de « communauté » pose question en France. Il est pour autant parfaitement légitime, une communauté rassemblant des personnes partageant un intérêt commun, quel qu'il soit. Par contre la société civile est généralement désigne la composante non politique de l'ordre social, un intermédiaire entre la sphère privée et la sphère politique et étatique comme les associations, les mouvements religieux, les courants de pensée philosophiques ou culturels, notamment. La société civile formule des idées, des critiques et des propositions de nature à alimenter la réflexion et les prises de position des responsables politiques, démocratiquement élus pour promouvoir l'intérêt général

victime et l'auteur d'une infraction, sous réserve que les faits aient été reconnus, peuvent se voir proposer une mesure de justice restaurative. Constitue une mesure de justice restaurative toute mesure permettant à une victime ainsi qu'à l'auteur d'une infraction de participer activement à la résolution des difficultés résultant de l'infraction, et notamment à la réparation des préjudices de toute nature résultant de sa commission. Cette mesure ne peut intervenir qu'après que la victime et l'auteur de l'infraction ont reçu une information complète à son sujet et ont consenti expressément à y participer. Elle est mise en œuvre par un tiers indépendant formé à cet effet, sous le contrôle de l'autorité judiciaire ou, à la demande de celle-ci, de l'administration pénitentiaire. Elle est confidentielle, sauf accord contraire des parties et excepté les cas où un intérêt supérieur lié à la nécessité de prévenir ou de réprimer des infractions justifie que des informations relatives au déroulement de la mesure soient portées à la connaissance du procureur de la République ».

Par voie de conséquence, toute institution pénale ou tout service accueillant un public victime doit être en mesure d'offrir une information complète sur la justice restaurative et les mesures mises en place dans leur ressort. Par ricochet, il doit en aller de même pour les institutions ou services accueillant un public auteur.

L'information complète des potentiels participants. Logiquement, une information complète sur la mesure envisagée doit être donnée aux participants éventuels : déroulement du processus et garanties dont ils disposent ; suites envisageables ; bienfaits susceptibles d'en être retirés et limites de leur participation. Cette information est due à toute personne souhaitant se voir proposer une mesure de justice, à sa demande ou à la demande d'un tiers professionnel ou non. Elle consiste en un exposé sommaire sur les principes organisateurs généraux d'une rencontre restaurative. Au cours de cette information l'existence, la prévision de sa mise en place prochaine ou l'absence de programme restauratif sur son territoire est signifiée à l'intéressé(e). Si la personne (auteur ou victime) souhaite y participer, elle est dirigée vers le/les animateur/s de la mesure en vue des entretiens préparatoires qu'eux seuls peuvent mener. Les textes officiels prévoient la création de services de justice restaurative (Textes onusiens, Dir. UE 2012, Rec. CE (18)8. La Circulaire de 2017 invite en ce sens à désigner, au sein de chaque juridiction, un magistrat référent pour la justice restaurative, au parquet et/ou au siège. Il est fortement recommandé, par ailleurs, qu'au sein des principaux services départementaux susceptibles d'accueillir un public justice soit nommé un « référent justice restaurative » : Police judiciaire, Service Pénitentiaire d'Insertion et de Probation, Protection Judiciaire de la Jeunesse, Service d'aide aux victimes, Services de soins, notamment. Dans cet esprit, l'IFR a suscité la création de services régionaux de justice restaurative (SRJR). L'institut met en place depuis peu des antennes couvrant plusieurs Cours d'appel à des fins d'information, d'accompagnement, de supervision et d'évaluation des dispositifs de justice restaurative, sur tout le territoire national (métropole et Outre-mer).

Le consentement des potentiels participants. Le consentement exprès des participants à la mesure restaurative choisie, indispensable à son bon déroulement, est le gage de leur participation active. Constant tout au long de la mesure, il est révocable à tout moment. S'il s'agit d'un mineur, le consentement de ses parents ou du représentant légal est requis. Tout comme l'efficience restaurative du seul « processus », indépendamment du « résultat » (la rencontre, pour autant qu'elle soit souhaitée), les participants ayant toujours la possibilité d'y mettre fin. Assez étonnement, la Directive de 2012 considère que « les services de justice réparatrice ne sont utilisés que dans l'intérêt de la victime » [30]. Or et par définition, le consentement de la personne victime et celle de la personne infracteur sont absolument nécessaires.

La participation des personnes est libre et volontaire, ouverte à tou.te.s celles et ceux qui sont affectés par le crime, selon les formes particulières aux mesures restauratives : victime, infracteur naturellement mais aussi leur famille respective, leurs proches, les représentants des communautés (ou collectivités) victimisées, voire les professionnels des institutions concernées (école, police, justice, barreau...), notamment. Chacun des protagonistes (auteur, victime) peut décider de sortir du processus restauratif quand il le souhaite.

Libre et entier, présent tout au long du programme, le consentement des parties exclut, par conséquent, qu'une mesure de contrainte soit le support d'une mesure restaurative comme, notamment, dans le cadre d'un contrôle judiciaire (parfois socio-éducatif), d'un sursis avec mise à l'épreuve, d'un travail d'intérêt général, d'une mesure de réparation à l'égard des mineurs.

---

[30] C'est précisément le défaut qu'encourt aujourd'hui la médiation pénale engagée au titre d'alternative aux poursuites car, depuis une loi du 9 juillet 2010, à « l'accord des parties » est substituée la condition de « à la demande ou avec l'accord de la victime », ce qui lui enlève toute la coloration restaurative qu'elle possédait lors de son introduction à l'art. 41-1 par la Loi du 4 janvier 1993. De surcroît, ordonnée comme mesure alternative aux poursuites, elle ne respecte pas des principes fondamentaux de la procédure pénale comme, principalement, la séparation des pouvoirs judiciaires, le procureur n'ayant aucune compétence juridictionnelle. La réparation pénale à l'égard des mineurs (introduite à par la même Loi à l'article 12-1 de l'Ordonnance du 2 février 1945) n'encourt pas ces critiques dans la mesure où elle peut également être prononcée après poursuites et lors de l'audience de jugement.

L'absence de choix pour l'infracteur, à défaut de se voir proposer une mesure plus contraignante encore, de même que pour la victime qui risque de ne se voir proposer aucune autre mesure, n'est pas sans effet sur leur investissement dans l'espace de dialogue. De surcroît, si la mesure restaurative n'aboutit pas, quelles incidences elle est susceptible d'entraîner sur la sanction pénale prononcée à titre principal ? Une telle confusion entre réponse pénale et réponse restaurative conduit à confondre conséquences et répercussions du crime (au sens large).

La reconnaissance des faits par les participants potentiels. Pour que l'œuvre de justice s'accomplisse dans le respect des droits humains et des principes de droit criminel, l'article 10-1 du code de procédure pénale impose une série de garanties conditionnant le recours à une mesure de justice restaurative. L'exigence de la reconnaissance « des faits essentiels de la cause » (Dir. 2012/29, art. 12) par tous est formelle. Elle ne doit toutefois pas être assimilée à un aveu judiciaire ou extrajudiciaire ou à une auto-incrimination mais à une absence de dénégation. La généralisation de la césure du procès pénal, conduisant au prononcé rapide d'une décision sur la culpabilité de la personne poursuivie, réclamée de longue date par les pénalistes, aurait permis de lever toutes les résistances relatives au respect de la présomption d'innocence dès le stade de l'instruction.

La mise en œuvre d'une mesure restaurative suppose que des charges indiscutables existent et qu'elles soient reconnues (en tout cas non expressément contestées) par l'infracteur. Pour autant, et conformément aux principes généraux de l'ONU, sa participation n'est pas une preuve de culpabilité susceptible d'être invoquée dans une procédure judiciaire ultérieure (§ 8).

C. CONDITION DE LA MISE EN ŒUVRE DES MESURES DE JUSTICE RESTAURATIVE

Un Animateur spécialement formé. Le respect de telles conditions, non négociables, exige que leur recueil soit effectué par un tiers indépendant et impartial (V. art. 25-5 Directive 2012) spécialement formé à cet effet. Une telle formation ne s'improvise pas. Pour devoir posséder de solides connaissances disciplinaires propres, professionnel(le)s et bénévoles de la rencontre restaurative devront encore compléter leur formation de base par l'acquisition de connaissances spécifiques au processus restauratif. Il va de soi que l'animateur ne peut en aucun cas être le professionnel en charge du suivi de l'un des participants (art. 4.4 Circulaire de 2017)[31].

[31] V. justicerestaurative.org.

La confidentialité du programme restauratif. Tous ceux qui participent à la dynamique restaurative prennent la parole, en toute confidentialité, livrent leur point de vue sur la compréhension de l'émergence et de la réalisation des faits, sur les sur leurs conséquences et répercussions et sur les réponses à y apporter au regard de leur expérience personnelle, chacun à leur tour, dans le respect mutuel de la parole de l'autre, sans risque de domination. Les particularités éventuelles de la situation et des personnes concernées (culturelles, sociales notamment) sont ainsi vraiment prises en considération, en totale complémentarité avec la réponse pénale que le juge réservera finalement à la sanction de l'acte lui-même.

Le partage d'information à caractère confidentiel entre les professionnels impliqués doit avoir lieu chaque fois qu'il participe de l'intérêt supérieur des personnes concernées, avec leur accord. La signature d'une Convention de partenariat entre tous les services impliqués par la mise en œuvre d'une rencontre restaurative est en ce sens primordiale pour éviter toutes dérives relativement à la confidentialité des échanges[32].

D. LES MESURES DE JUSTICE RESTAURATIVE DOIVENT SUIVRE UN PROTOCOLE RIGOUREUX

Aucun texte officiel ne prévoit de protocole précis de mise en œuvre des programmes de justice restaurative et le déroulement des mesures qu'ils retiennent. Or les risques de revictimisation sont, d'une part, réels et totalement inacceptables. Le développement de « pratiques restauratives » ne remplissant pas, d'autre part, les conditions posées par les textes officiels pour entrer en rencontre restaurative est à l'œuvre et très problématique [33].

Concrètement éprouvés et scientifiquement validés, le protocole restauratif se décline en trois phases successives : une phase préalable, consistant en l'établissement du cadre propice à la rencontre restaurative ; une phase préparatoire, permettant à chaque participant et intervenant d'être prêt à la rencontre ; une phase opérationnelle, conduisant à la ou les rencontres restauratives proprement dites[34].

1) La phase préalable

Tout programme de justice restaurative suppose, tout d'abord, que l'ensemble des partenaires locaux (justice, administration pénitentiaire,

[32] V. également art. 10-1 C.pr.pén. *in fine*.
[33] V. not. R. Cario, La justice restaurative, *In* Rép. Dalloz, *op. cit.*, 145 et s.
[34] V. sur ces différents points, les « Cahiers des charges » rédigés par l'IFJR, justicerestaurative.org.

protection judiciaire de la jeunesse, associations d'aide aux victimes, associations socio-judiciaires, principalement) signent une convention de partenariat. Ce « comité de pilotage » désigne un « groupe projet » composé de professionnels des services spécialement en charge de rédiger le cahier des charges, en nombre restreint pour être très concrètement opérationnel. Il doit respecter les rubriques suivantes quant à l'information, la proposition de participation et l'orientation vers la mesure de justice restaurative des personnes concernées par la commission d'une infraction.

Selon les mesures et le stade de la procédure pénale, l'information complète est donnée par tout professionnel du service accueillant : généralités sur les rencontres restauratives ; état des programmes dans le ressort concerné, notamment. Lorsque les services de police et de gendarmerie informent les personnes victimes de leur droit à se voir proposer une mesure de justice restaurative, en application de l'article 10-2 du code de procédure pénale, ils veillent à indiquer aux personnes intéressées les coordonnées de l'association d'aide aux victimes compétente. Mais il demeure que cette demande d'information est également laissée à l'initiative des intéressés eux-mêmes et des services (institutionnels ou associatifs) qui les accueillent.

Dès lors que la personne accueillie souhaite bénéficier d'une mesure de justice restaurative et que les conditions énumérées à l'article 10-1 sont remplies, une proposition d'orientation lui est faite. Dans l'affirmative, l'orientation des personnes victimes ou des personnes auteurs vers les animateurs (au sens large) des rencontres restauratives disponibles est effectuée par le magistrat concerné, l'association d'aide aux victimes ou tout autre partenaire signataire de la convention de partenariat. Les professionnels de ces institutions ou organismes doivent être formés ou, pour le moins, sensibilisés aux principes de base de la justice restaurative, de manière à présenter correctement la philosophie de ces rencontres aux participants potentiels et à leur délivrer des informations complètes et correctes sur le déroulement du processus des mesures de justice restaurative envisageables. Ils doivent également être tenus au secret professionnel ou, *a minima*, signer un accord de confidentialité.

2) La phase préparatoire

Une fois les personnes intéressées orientées, les animateur(e)s des rencontres organisent au moins trois entretiens individuels avec chaque personne orientée. Ils visent essentiellement à identifier ses motivations et ses attentes ; à vérifier et garantir le caractère volontaire de la démarche de la personne et lui rappeler la possibilité qui en découle de quitter le programme à tout moment ; à s'assurer de l'aptitude à écouter le(s) autre(s) participant(s) ; à la préparer à se projeter dans la rencontre, à l'aider à se construire des compétences personnelles pour poursuivre, plus avant, le processus et à envisager une possible rencontre avec l'autre partie ; à indiquer que les participants ne sont pas là pour créer des liens, encore moins des amitiés durant la session, mais pour cheminer à titre personnel vers un possible horizon d'apaisement.

Plus formellement, de tels entretiens individuels visent à expliquer le programme et répondre à toutes les questions sur les objectifs, le cadre du programme retenu et les règles de conduite lors de la rencontre. La garantie de la confidentialité de la démarche est rappelée. De la même manière, les participants potentiels sont informés de la gratuité du programme. Dans cet esprit, un accompagnement social leur est proposé. Il consiste à organiser les conditions matérielles de déplacement et d'accueil des personnes orientées vers les animateurs dès avant le premier entretien préparatoire (en lien avec les animateurs) et jusqu'à la clôture du programme. De surcroît, un accompagnement psychologique, en aucun cas clinique, leur est proposé. Il consiste en une proposition d'écoute téléphonique faite à chaque participant qui en exprimerait le besoin, tout au long du programme restauratif.

En tant que garants du cadre sécurisé aux plans psychique, physique et matériel des rencontres restauratives, les animateurs apprécient si une personne peut ou non prendre part à celles-ci. Ils ne peuvent cependant procéder à la rencontre qu'à la condition que l'ensemble des participants se choisissent comme prêts à celle-ci. Les entretiens préparatoires individuels visent précisément à leur permettre d'adopter une posture d'acteur et de décideur à l'égard de leur propre participation. Chacun vient aux rencontres pour lui-même, dans une posture d'*empowerment*.

3) La phase opérationnelle

Elle consiste généralement en la rencontre effective entre les participants, dont les modalités concrètes varient selon la mesure restaurative choisie. Néanmoins, plusieurs principes méthodologiques invariables sont à respecter. Le lieu des rencontres doit être propice à l'échange entre les participants, de nature à garantir la confidentialité des échanges, neutre dans la mesure du possible, aussi bien à l'égard des participants que d'un point de vue institutionnel. Il doit être adapté à leurs attentes spécifiques : place de chacun, configuration de la salle, équipement adapté notamment, car, à défaut, un espace inapproprié peut être potentiellement générateur de facteurs d'agressivité. Lors de chaque temps de rencontre plénière, les animateurs veillent, notamment, à rappeler le cadre de la rencontre, en particulier les principes de respect mutuel et d'écoute de la parole de chacun ; à garantir un temps de parole équitable entre tous les participants, permettant à chacun de s'exprimer pleinement et librement ; à garantir la sécurité et le confort de l'ensemble des participants.

Lors de chacune de ces phases, des formulaires particuliers sont remis aux personnes intéressées qui, après en avoir pris connaissance, y apposent leur signature. Loin d'être une simple formalité, l'acceptation ainsi formulée place ces personnes au cœur de la mesure restaurative envisagée, leur redonne un réel pouvoir de décision. Ces formulaires sont divers et variés et comportent des caractéristiques précises quant à l'acceptation d'une orientation vers les animateurs, l'acceptation de participer effectivement à la rencontre après les entretiens préparatoires, le respect de la confidentialité des échanges. Les personnes bénévoles de la communauté s'engagent également, au travers d'un code de conduite portant sur leurs droits et obligations et leur engagement à respecter la confidentialité des échanges. Si une telle opportunité se présente, les participants sont invités à remettre un formulaire spécifique à l'un de leur proche pour les informer de leur participation, avec les coordonnées des animateurs. Le cas échéant, un document est remis par les intéressés au thérapeute qui les suit habituellement, libre de contacter les animateurs de la mesure.

Durant toutes ces phases, plus précisément préparatoire et davantage encore opérationnelle en milieu fermé, il est indispensable de sensibiliser tous les personnels pénitentiaires qui seront d'une manière ou d'une autre investis dans le programme : conseillers pénitentiaires d'insertion et de probation (CPIP référent des participants détenus), professionnels du soin, mais encore personnels de surveillance (notamment relativement aux mouvements en détention et à la présence de personnes victimes dans l'établissement).

La communication avec les média autour de ces dispositifs restauratifs (protocoles, résultats) est certes légitime mais extrêmement délicate, notamment au regard de la confidentialité qui les entoure. Fondamentalement posée à l'article 10-1 du code de procédure pénale, elle ne saurait être bafouée pour quoi que ce soit, par qui que soit, sauf les cas prévus par la loi. Cette garantie de confidentialité s'impose à tous, y compris aux intervenants, animateurs ou personnes bénévoles de la communauté. La communication doit alors être assurée par un professionnel spécialement désigné par le « groupe projet ».

Tout au long de ces trois phases distinctes, l'Institut français pour la justice restaurative (IFJR) est susceptible d'intervenir, à la demande du « comité de pilotage » et/ou du « groupe projet » pour accompagner la mise en œuvre du programme retenu. Une supervision technique (et non clinique) peut également être envisagée. Plus essentiel encore, afin d'assurer la dissémination des bonnes pratiques en justice restaurative, une évaluation s'impose : satisfaction des participants, performances des protocoles, impacts sur les pratiques des professionnels concernés[35].

E. NATURE ET CONTENU DES EVENTUELS ACCORDS RESTAURATIF

D'une manière générale, les accords éventuellement conclus entre les parties doivent être consensuels et les propositions formulées équitables, proportionnées et réalisables. Une simple déclaration de satisfaction relativement à leurs attentes et intérêts respectifs peut également suffire. Les dispositions françaises sont très restrictives quant à la portée de l'accord restauratif éventuel conclu entre les participants à une rencontre restaurative, quelle que soit sa nature. La Directive de 2012 (reprise par la Rec. (18)8) prévoit que « *tout accord est conclu librement et peut être pris en considération dans le cadre d'une procédure pénale ultérieure* ». Dès lors que ces accords sont « équilibrés, justes et concertés », une telle possibilité est légitime non seulement au regard de la courageuse démarche ainsi entreprise par les participants mais encore de la nécessaire implication des justifiables dans la régulation de leur conflit de nature infractionnelle. Elle semble néanmoins se heurter, selon certains professionnels ou commentateurs, à la « gratuité » de la participation qui ne saurait influer sur la détermination de la peine, l'indemnisation des victimes et l'exécution de la sanction. Les évaluations scientifiques disponibles invalident un tel positionnement dans la mesure où les participants tirent d'incontestables bénéfices de la rencontre restaurative, en termes de responsabilisation au regard des souffrances portées aux victimes et/ou à leur proche, d'acceptation de la sanction finalement prononcée et de sa mise en œuvre. La plupart des participants déclarent avoir cheminer vers un mieux être de nature à rendre plus probable et harmonieux leur retour dans la communauté.

Aucun écrit ni sur le déroulement de la mesure, ni sur la teneur des échanges ne peut être transmis à l'Autorité judiciaire sauf accord des deux parties ; pas davantage inclut dans le dossier des intéressés. Un Rapport global sur le dispositif peut être transmis aux magistrats, selon le stade le procédure concerné, destiné à lui permettre d'évaluer la qualité de la mesure réalisée et le respect des dispositions de la convention de partenariat. Un tel rapport ne doit en aucun cas figurer dans le dossier des participants à la rencontre restaurative, quelle que soit la phase de la procédure ou lors de l'exécution de la peine.

---

[35] Sur les variantes propres à chacune des mesures de Justice restaurative, V. R. Cario, Répertoire Dalloz, n° 71 et s.

Pour conclure sommairement, tous les textes officiels commentés rappellent très clairement la complémentarité entre procès pénal et justice restaurative. L'article 10-1 du Code de procédure pénale français s'y inscrit pleinement, soulignant, plus particulièrement, que les mesures de justice restaurative ne sont pas des actes de procédure. La plupart des préconisations internationales et régionales ont été intégrées à la fois par la Loi du 15 août 2014 et par la Circulaire du 15 mars 2017. Le droit d'accéder à une mesure de justice restaurative doit être offert et devenir effectif pour tous : infracteur, victimes, proches et communautés d'appartenance.

Convaincus des bienfaits des mesures de Justice restaurative[36], validés par des évaluations scientifiques internationales, le législateur français et les Institutions concernées doivent cependant offrir aux professionnels, investis de manière remarquable, en très peu d'années, dans les programmes restauratifs [37], les moyens humains et financiers nécessaires, afin de leur permettre de mener à bien cette nouvelle mission, qu'ils considèrent comme étant au cœur leur métier auprès des personnes toujours en souffrance à la suite d'une infraction, dont les répercussions perdurent, pour beaucoup d'entre elles, après le procès pénal. L'information et la sensibilisation, sous toutes les formes de communication disponibles aujourd'hui, sont également impératives dans tous les lieux recevant du public, judiciarisés ou non. Alors les personnes auteurs et les personnes victimes et/ou leurs proches peuvent espérer, de manière certes différentielle, cheminer vers un horizon d'apaisement.

---

[36] V. not. EFRJ, *Practice guide for restorative justice services. The victim's directive : challenges and opportunities for restorative justice*, multigraph., 2017, 47 p., euroforumrj.org ;.C. Rossi, R. Cario, *op. cit.*, Int. Journ. on Criminology, 2017-4-2.

[37] V. not. R. Cario, *Ibid.*, n° 145 et s. ; Les chiffres clés de l'IFJR, justicerestaurative.org ; *Evaluation nationale des programmes de justice restaurative*, multigraph., IFJR, mars 2019.

22

Les multiples enseignements juridiques fondamentaux tirés des procès consécutifs au naufrage de l'*Erika*

Éric DESFOUGERES

« *Le droit et la loi sont les deux forces :*
de leur accord naît l'ordre,
de leur antagonisme naissent les catastrophes »
(V. Hugo, « Actes et paroles – Avant l'exil » publié en 1875)

L'hommage qui nous tenions absolument à rendre au Professeur Claude Lienhard - initiateur direct du cadre et de l'orientation de nos thématiques de recherches, comme de celles de nombre d'autres enseignants-chercheurs de notre centre - méritait, assurément, de prendre un peu de recul[1] pour s'efforcer de synthétiser[2] et de théoriser ce qui demeurera, en France, sans conteste, comme l'une des sagas judiciaires de tous les records.

Le naufrage navire citerne *Erika*, construit en 1975, battant pavillon maltais appartenait à l'armateur *TEVERE SHIPPING COMPANY LIMITED*, avec pour ayant-droit économique *M. Giuseppe X.* et gestionnaire technique la société *PANSHIP MANAGEMENT*, localisée aux Bermudes et dirigée par *M. Antonio Y.* Son certificat de navigabilité avait été délivré par la société de classification italienne *RINA*. La société *TOTAL TRANSPORT CORPORATION (TTC)*, filiale de l'affréteur *TOTAL SA*, immatriculée au Panama, avait signé un contrat d'affrètement au voyage avec la société *SELMONT* chargée de la gestion commerciale. *TOTAL INTERNATIONAL Ltd*, autre filiale de *TOTAL SA*, propriétaire de la cargaison, avait conclu un contrat de vente « à l'arrivée » à destination de l'*ENEL* italienne. Il assurait la liaison Dunkerque/Livourne avec 31.000 tonnes de fuel lourd n° 2, et a sombré, lors d'une tempête, le 12 décembre 1999, au large de la pointe de

---

[1] À comparer pour une appréciation portée en plein cœur de la procédure judiciaire, avec notre intervention « Le Droit des transports à l'épreuve des catastrophes », Actes du colloque Les sciences juridiques à l'épreuve des catastrophes organisé à Colmar, à l'occasion du 15ème anniversaire de la création du CERDACC les 31 mars et 1er avril 2011, *RISEO* 2011-3, 91.

[2] À rapprocher d'une autre étude poursuivant des objectifs similaires : M. Ndende, « Les enseignements de la jurisprudence *Erika* sur le traitement juridique des catastrophes pétrolières », *Annuaire de Droit Maritime et Océanique* 2014. 317 soulignant à l'occasion que « *le Droit maritime demeure un véritable droit des catastrophes* ».

Penmarc'h (Finistère), souillant plus de 300 kilomètres de côtes du Sud Bretagne à l'île de Ré.

De cet enchevêtrement - quasi inextricable - d'acteurs, aux nationalités diverses, allait pourtant résulter, au terme de presque treize années, après plusieurs arrêts de la chambre criminelle de la Cour de cassation sur des questions de procédure, des décisions de justice fleuves (320 pages pour l'Assemblée plénière de la Cour de Cassation[3], près de 500 pour la cour d'appel[4], 278 pour le jugement de première instance[5]... !) hyper médiatisées ayant condamné *TOTAL* à payer 200 millions d'euros[6]. Sans compter des dizaines d'autres instances[7] engagées, aussi bien devant le juge pénal avec constitution de partie civile, devant les juges civils et administratifs, sur le fondement de l'article L. 142-4 du Code de l'environnement, issu de la loi n° 2008-757 du 1er août 2008 relative à la responsabilité environnementale, déclaré fort opportunément applicable aux instances pénales en cours[8], que devant le Fonds international d'indemnisation des dommages dus aux pollutions par hydrocarbures (FIPOL) ; auxquelles il convient encore d'ajouter les dispositions spécifiques adoptées par le Gouvernement, à travers quatre circulaires des 2 et 11 février, 31 mars et 15 avril 2000 pour compléter et anticiper les mécanismes habituels d'indemnisation. L'ensemble ayant, très naturellement, suscité de la part de la doctrine d'innombrables études et commentaires[9].

---

[3] S. Miribel, « Éditorial », (Dossier spécial *Erika*) *DMF*, nov. 2010.

[4] Sur les innombrables difficultés techniques rencontrées lors de l'organisation du procès en appel, V. le récit du Président de la cour J. Valantin, « Le procès en appel *Erika* » in « Les enjeux d'une loi sur le préjudice écologique », Actes du colloque organisé à Ajaccio le 23 juin 2014, *Environnement*, oct. 2014, dossier 6.

[5] B. Parance, « Reconnaissance du délit de pollution maritime et droit à réparation pour atteinte à l'environnement », *JCP G* 2008.II.10053 parlant de jugement historique dont le traitement médiatique fut symptomatique du caractère politique de la solution des impacts économiques sous-jacents ; K. Le Couviour, « Catastrophe de l'*Erika :* premiers commentaires d'un jugement déjà exemplaire, à propos du jugement du tribunal correctionnel de Paris du 16 janvier 2008 », *JCP G* 2008, act. 88.

[6] L. Bloch, « Ma très « cher » *Erika* », *RCA* déc. 2012, focus 3.

[7] Pour une tentative de synthèse V. M. Ndende, « Regard sur les procédures d'indemnisation des victimes de la catastrophe de l'*Erika* », *Annuaire de Droit Maritime et Océanique* 2003, 89 ou déjà Y. Tassel, « Propriétaires et affréteurs de navires : droits et devoirs », *Annuaire de Droit Maritime et Océanique* 2002, 139-148.

[8] S. Mabile, « Premières considérations sur le préjudice écologique : la décision d'appel dans l'affaire de l'*Erika* », *Droit de l'environnement*, mai 2010, 168.

[9] Sans prétendre aucunement à l'exhaustivité, nous nous sommes efforcés de répertorier dans la présente contribution seulement les références essentielles directement en lien avec l'*Erika.*

Comme l'avait synthétisé le dédicataire[10], le naufrage de l'*Erika* a d'abord fort opportunément fourni l'occasion de toute une série d'initiatives en référé. A commencer, en préalable, face aux difficultés d'administration de la preuve lors des marées noires, par l'activation avec succès de la procédure du constat d'urgence[11] suite à la saisine conjointe, dès le 21 décembre 1999, des tribunaux administratifs de Nantes et de Poitiers, de plusieurs requêtes, sur le fondement de l'article R. 136 du Code des tribunaux administratifs et des cours administratives d'appel. Cela se traduisit, par plusieurs ordonnances rendues en termes identiques et désignant le même expert aux fins de constater 1° que les plages concernées n'étaient pas initialement souillées et 2° que la pollution provenait bien des cuves du pétrolier. Parallèlement, une ordonnance en référé fut rendue le 24 décembre 1999 par le tribunal de grande instance des Sables d'Olonne, mandatant trois experts et une dernière le 8 mars 2000 par le premier juge d'instruction du tribunal de grande instance de Paris confiant la tâche au même expert que les juridictions administratives. On peut encore mentionner plusieurs ordonnances d'heure à heure, rendues les 17, 22 et 31 décembre 1999 par le tribunal de commerce de Dunkerque.

Cependant, l'originalité majeure du processus juridictionnel suivi réside en ce qu'à l'image parfaite des enseignements interdisciplinaires du bénéficiaire de ce recueil, il se situe à la croisée des chemins de différentes branches juridiques[12] et illustre idéalement l'œuvre prétorienne des juges,

---

[10] C. Lienhard, « La catastrophe de l'*Erika* : droit processuel, urgence et long cours », *JAC* n° 2, mars 2000.

[11] A. Guérin, « Les procédures d'urgence au banc d'essai de l'*Erika* » (Actes de la conférence nationale des Présidents de juridictions tenue à Poitiers le 15 septembre 2000), *LPA* n° 52 du 14 mars 2001, 23-25.

[12] « *Grand arrêt* (Cass. crim. 25 sept. 2012) *de Droit de l'environnement manifestant la discipline dans toute sa mixité : Droit maritime, Droit pénal et Droit civil...* » ; M. Boutonnet, « L'*Erika* : une vraie-fausse reconnaissance du préjudice écologique », *Environnement*, janv. 2013, Étude 2 - « *Forte interpénétration des disciplines, Droit maritime, de la mer, de l'environnement, des sources nationales et internationales, des responsabilités civiles et pénales, des branches du droit privé et public, spécial et commun...* » : K. Le Couviour, « *Erika* : décryptage d'un arrêt peu conventionnel », *JCP G* 2010 com. 432 ; « *L'arrêt* (CA Paris 30 mars 2010) *démontre toute l'épaisseur et la transversalité du Droit de l'environnement. Il illustre la complexité du contentieux en la matière qui nous entraîne dans les méandres de la responsabilité pénale, de la responsabilité civile, de l'articulation entre les deux, en passant par la responsabilité sociale des entreprises, le Droit maritime ou encore le Droit international public. [...] a également partie liée avec la hiérarchie des normes ou avec la force normative de la doctrine...* : L. Neyret, « L'affaire *Erika* : moteur dévolution des responsabilités civiles et pénales », *D.* 2010, 2238 ; « *L'arrêt* (Cass. crim. 25 sept. 2012) *apporte des éclaircissements à la fois en Droit international, en Droit pénal, en Droit civil et en Droit*

indépendamment des textes. Outre toutes les modifications réglementaires nationales[13] et européennes[14], voire même l'influence internationale[15] induites, se traduisant par un renforcement des normes et des sanctions[16], la postérité de ces jurisprudences tient au fait qu'elles marquent une étape si importante[17] pour la responsabilisation[18] des opérateurs économiques (I) dans la protection de la nature que la ministre de l'Écologie, Delphine Batho, a pu aussitôt qualifier à l'Assemblée nationale, le 25 septembre 2012 (jour de la décision des juges suprêmes) de grand jour pour le droit de l'environnement (II).

---

maritime... », M. Bary, « L'arrêt *Erika* : un arrêt novateur à plus d'un titre », *Rev. Lamy Droit civil*, mars 2013, 19 ; *« ... une des grandes décisions du Droit maritime français, une grande décision du Droit de la mer...l'arrêt Erika a aussi permis à la Cour de cassation de faire progresser le Droit de l'environnement... »* : P. Bonassies, « Trente ans d'annales – Trente ans de Droit maritime », *Rev. de Droit commercial, maritime, aérien et des transports* juil. 2014, 153.

[13] J.-H. Robert, « Pollution par les rejets polluants des navires », *Environnement*, mai 2004, comm. 45 relatif à la loi n° 2004-204 du 9 mars 2004 (*JO* 10 mars 2004, 4567) ; Décret n° 2014-348 du 18 mars 2014 (*JO* 20 mars 2018, 5561) relatif à la responsabilité civile des propriétaires de navires pour les dommages résultant de la pollution par les hydrocarbures permettant la création d'un fonds de limitation ; A.-H. Mesnard, « Les évaluations des suites du naufrage de l'*Erika*. L'impact de l'*Erika*, la décentralisation et la modernisation de l'État », *Annuaire de Droit Maritime et Océanique* 2002, 125 revenant sur les difficultés de mise en œuvre du plan POLMAR et l'instruction du 2 avril 2001 relative à l'intervention des pouvoirs publics en cas d'accidents maritimes majeurs.

[14] E. Desfougères, « La nouvelle offensive du paquet *Erika* III sur le Droit Maritime français », *JAC* n° 122, mars 2012 ; « L'abordage du Code des Transports par le paquet *Erika* III », *JAC* n° 116, juillet 2011 ; « Le Droit des transports à l'épreuve des catastrophes », *op. cit.* ; M. Ndende, « L'ordonnance n0 2011-635 du 9 juin 2011 ou l'enrichissement du Code des transports par le paquet *Erika* III », *Rev. de Droit des transports* sept. 2011 com. 131 ; V. Heintz, « *Erika* : la sécurité maritime améliorée ? », *JAC* n° 10, janv. 2001 ; L. Grard, « Panorama des apports du paquet *Erika* III à la sécurité maritime européenne », *Rev. de Droit des transports* oct. 2009, étude 13 ; P. Boisson, « L'adoption du 3ème Paquet ne vient pas modifier les équilibres fondamentaux du système de sécurité maritime », *DMF*, juil. 2009, 579.

[15] J.O'Connor, « L'effet *Erika* au Canada », *DMF*, nov. 2009 ; V. Rebeyrol, « La marée noire dans le Golfe du Mexique : le temps du droit », *JCP G* 2011I157.

[16] Pour un panorama précis du cadre légal au moment de la survenance de la catastrophe et des premières mesures envisagées : V. Y. Dagorne, « Sécurité maritime : état des lieux et dernières avancées de la réglementation européenne », *LPA* n° 238, 30 nov. 2000, 4.

[17] J.-P. Beurier, « L'affaire de l'*Erika*, une avancée sensible du droit », *Neptunus,* juin 2015, 1.

[18] K. Le Couviour, « Responsabilités pour pollutions majeures résultant du transport maritime d'hydrocarbures, après l'*Erika*, le *Prestige*... l'impératif de responsabilisation », *JCP G* 2002.I1.89.

I. Une pollution maritime générant l'opportunité de nouvelles perspectives répressives

Initialement, les poursuites pénales reposaient selon l'information judiciaire ouverte par le procureur de la République près le tribunal de grande instance de Paris, sur deux infractions délictuelles : la pollution maritime et la mise en danger d'autrui[19]. Après un réquisitoire supplétif du 17 avril 2000, consécutif à un pré-rapport d'experts maritimes, s'est rajoutée l'abstention de combattre le sinistre[20]. Événement rarissime, consacrant à merveille le titre judicieusement retenu pour les présents mélanges, une mission d'expertise fut également confiée à un professeur, spécialiste de droit maritime, Martine Rémond-Gouilloud, en vue de déterminer la nature et l'étendue des responsabilités. Procédure confirmée par un arrêt de la chambre criminelle de la Cour de cassation du 9 juillet 2003[21]. Ce n'est qu'une fois levés des obstacles procéduraux qui auraient pu s'avérer insurmontables (A) qu'ont pu être retenues des incriminations permettant d'impliquer de tous les protagonistes (B).

A. L'APPRÉCIATION LOUABLE DE LA COMPÉTENCE DU JUGE FRANÇAIS DU FAIT DE LA CONVENTIONNALITÉ DES DISPOSITIONS INTERNES

Les juges du fond ont été amenés, à la demande de requérants qui se prévalaient du sacro-saint principe de la hiérarchie des normes énoncé à l'article 55 de la constitution française de 1958, à se prononcer sur le fait de savoir si l'article 8 de la loi n° 83-583 du 5 juillet 1983 - désormais intégrée aux articles L. 218-10 et suivants du Code de l'environnement – était bien compatible avec la Convention pour la prévention de la pollution par les navires dite MARPOL du 2 novembre 1973, qu'elle était censée transposer. Le tribunal de grande instance de Paris par jugement du 16 janvier 2008[22], comme la cour d'appel de Paris par arrêt du 30 mars 2010 ont alors estimé qu'une loi interne pouvait bien prévoir des dispositions plus sévères qu'une Convention internationale[23]. Ainsi, la définition retenue de l'infraction de

---

[19] P. Lebas, « Évolution judiciaire, l'aspect répressif de l'affaire *Erika* », *JAC* n° 2, mars 2000.

[20] L. Neyret, « Retour sur la dimension pénale du jugement prononcé dans l'affaire de L'*Erika* » *Environnement*, juil. 2008, comm. 109.

[21] B. Bouloc, « Contestation de certains actes de procédure dans l'affaire *Erika :* A propos des mises en examen et de la mesure d'expertise », *DMF* fév. 2004, 128 critiquant l'arrêt au regard des articles 174-2 et 206 du Code de procédure pénale.

[22] I. Corbier, « De la compétence pénale en matière de pollution causée par les navires », *Neptunus*, janv. 2008, 1.

[23] K. Le Couviour, « *Erika* : décryptage d'un arrêt peu conventionnel », *JCP G* 2010 com. 432.

pollution consécutive à un accident de mer provoqué par une faute d'imprudence ou de négligence a permis d'aller au-delà du seul rejet illicite d'hydrocarbures dans la mer visés par la Convention.

L'avis de l'Avocat général Didier Boccon-Gibod, rendu le 24 mai 2012[24], qui concluait à la cassation, sans renvoi de l'arrêt d'appel, du fait notamment de la soi-disant incompétence des juridictions françaises[25] et de l'inapplication de l'article 8 de la loi de 1983 n'a, fort heureusement[26], contrairement aux habitudes, pas été suivi. Le risque réel d'une question prioritaire de constitutionnalité[27] sur cet aspect ne s'est pas non plus concrétisé. La Cour de cassation, a donc pu, tout en affirmant le caractère spécial du régime instauré par la Convention conclue à Bruxelles le 29 novembre 1969, modifiée par le protocole du 27 novembre 1992 sur la responsabilité civile pour les dommages dus à la pollution par les hydrocarbures (dite CLC 69/92), en se fondant sur son article IX, point 2 reconnaître la compétence du juge pénal pour statuer sur la réparation des pollutions[28]. Elle se fonde sur une application combinée des articles 220 § 6 et 228 de la Convention des Nations Unies sur le droit de la mer signée en

---

[24] Parmi les réactions juridiques : l'entretien avec V. Rebeyrol « *Erika* : l'inéluctable cassation ? », *D.* 2012, 1112.

[25] L'argumentaire semblait en partie ressusciter un vieil arrêt *Lotus* rendu le 7 septembre 1927 par lequel la Cour Permanente Internationale de Justice avait reconnu la compétence de l'État turc au sujet d'une infraction commise en haute mer par un officier de marine français et reposer sur l'article 97 de la Convention sur le Droit de la mer signée le 10 décembre 1982 à Montego Bay.

[26] J.-H. Robert, « L'épave de l'*Erika* est juridiquement stabilisée », *Rev. des sociétés* 2013, 110 et « Le parquet de la Cour de cassation illustre avec honneur son indépendance », *Droit pénal* janv. 2013, comm. 10 et pour des mises en garde préventives contre une cassation : P. Bonassies, « Sur l'*Erika*, ou avant qu'il ne soit trop tard... », *DMF* mai 2012, 403 ; E. Desfougères, « *Erik*a : la Cour de Cassation refixe le bon cap vers l'indemnisation », *JAC* n° 127, oct. 2012.

[27] T. Soleilhac, « *Erika* : CLC, QPC une exonération de responsabilité civile inconstitutionnelle ? », *BDEI,* mai 2010.

[28] M. Bary, « L'arrêt *Erika* : un arrêt novateur à plus d'un titre », *Revue Lamy Droit civil* mars 2013, 19 ; M.-P. Camproux-Duffrène, V. Jaworski et J. Sohnle, « La loi française *versus* le Droit maritime international dans l'arrêt *Erika :* la victoire du Droit de l'environnement », *Droit de l'environnement* déc. 2012, 371 ; P. Bonassies, « Compatibilité de la loi de la loi du 5 juillet 1983 avec la convention MARPOL » (Dossier spécial *Erika*), *DMF* nov. 2010, 892. *A contrario*, pour des doutes sur la compatibilité entre les décisions rendues et la Convention CLC V. l'avis d'un ancien administrateur du FIPOL M. Jacobsson, « L'indemnisation des dommages résultant des atteintes à l'environnement dans la cadre du régime international CLC/FIPOL », *DMF* juin 2010, 463.

1982 à Montego Bay[29] et retient que « *l'infraction de pollution involontaire a entraîné des rejets qui ont causé des dommages graves à l'État côtier* ». Ce qui permet aux États côtiers de réprimer des infractions au-delà de la mer territoriale, dans sa Zone Économique Exclusive (ZEE)[30], en soulignant l'absence de poursuite émanant de l'État du pavillon à savoir Malte. La chambre criminelle de la Cour de cassation avait déjà, par un arrêt du 23 novembre 2004, apporté une pierre supplémentaire à la définition du champ d'application du principe d'immunité en y incluant de manière inédite une personne morale[31]. De leur côté, sur le fondement de la convention de Bruxelles du 27 septembre 1968, les juges italiens avaient écarté l'exception de litispendance soulevée par la société de classification *RINA*[32].

Une fois qu'elles avaient admis être territorialement en mesure de sanctionner les responsables, les juridictions saisies devaient encore redoubler d'inventivité pour trouver l'incrimination la plus appropriée.

B. L'APPRÉCIATION REMARQUABLE DE LA DÉFINITION *IN CONCRETO* DE LA FAUTE DE TÉMÉRITÉ

La cour d'appel de Paris dans son arrêt du 30 mars 2010 ne reconnaît pas la faute inexcusable de *TOTAL*, mais simplement une « *faute d'imprudence en relation de causalité avec le naufrage* », constituant un délit, lors du *vetting*[33], liée au fait que l'affréteur *TOTAL* n'avait « *pas disposé des*

---

[29] V. Boré-Eveno, « L'affaire *Erika* : quelques réflexions autour de la compétence pénale des juridictions françaises », *Neptunus* 2013/1, déplorant que la motivation ne soit pas plus explicite.

[30] S. Cuendet, « Les compétences de l'État en matière de répression des rejets polluants dans sa zone économique exclusive : quelles leçons après l'affaire de l'*Erika* ? », *Environnement* janv. 2013, étude 1 ; P. Bonassies, « L'arrêt *Erika* et la compétence des juridictions françaises », *DMF* déc. 2012, 995 et « Après la décision *Erika*. Observations sur la compétence des juridictions pénales françaises après abordage en haute mer », *DMF*, mars 2013, 195 ; B. Bouloc, « Quelques réflexions sur l'aspect pénal de l'arrêt *Erika* » (Dossier spécial *Erika*), *DMF* nov. 2010, 886 ; P. Delebecque, « Aspects civils de la décision *Erika* » (Dossier spécial *Erika*), *DMF* nov. 2010, 1000.

[31] J.-L. Renard, « Affaire *Erika* : la chambre criminelle reconnaît l'immunité de juridiction de l'État maltais », *DMF* avril 2005, 302.

[32] R. Achard, « Naufrage de l'*Erika* : le juge italien - premier saisi - se déclare définitivement incompétent », *DMF* mai 2006, 432 citant le jugement du tribunal de Syracuse du 19 septembre 2005 et précédemment l'ordonnance de la Cour de cassation italienne du 17 octobre 2002.

[33] « *Opération d'initiative privée par laquelle un affréteur s'assure qu'un navire pétrolier, gazier ou chimiquier, proposé à l'affrètement, satisfait aux normes*

éléments d'information suffisants pour s'opposer à l'appareillage du navire avant son naufrage ».

Tandis qu'au départ, selon la Convention CLC, la responsabilité aurait dû demeurer canalisée sur l'armateur[34], en l'espèce difficilement solvable - sans compter l'indemnisation via le FIPOL[35] dont l'inefficacité a une fois encore en l'espèce été mise en évidence[36] - l'arrêt de la Chambre criminelle de la Cour de cassation du 25 septembre 2012 en cassant partiellement l'arrêt d'appel fournit un parfait exemple de la manière dont peuvent, à l'instar de ce qui avait été amorcé dès la première instance[37], être sanctionnés pénalement d'autres intervenants de la chaîne[38] qu'il s'agisse de l'affréteur

---

officielles et aux exigences définies par la profession en matière de sécurité ou de protection de l'environnement », Vocabulaire de l'équipement et des transports, Commission générale de terminologie et de néologie, *JO* 6 juin 2009, 9296.

[34] P. Delebecque, « Responsabilité et indemnisation des dommages dus à la pollution par les hydrocarbures, à propos de la catastrophe de l'*Erika* », *JCP G* 26 janv. 2000, 125.

[35] M. Ndende, « La politique d'indemnisation des victimes des marées noires devant le FIPOL », *Rev. de Droit des transports*, fév. 2008, dossier 3 ; A. Guegan-Lecuyer, « Regards du civiliste sur la responsabilité à l'aune de la catastrophe », actes du colloque Les sciences juridiques à l'épreuve des catastrophes organisé à Colmar les 31 mars et 1er avril 2011, *RISEO* 2011-3, 104 pour qui le FIPOL vient épauler la responsabilité civile.

[36] K. Le Couviour, « Après l'*Erika :* réformer d'urgence le régime international de responsabilité et d'indemnisation des dommages de pollution par hydrocarbures », *JCP G* 2008.I1.26.

[37] E. Desfougères, « *Erika* : la répartition des responsabilités pénales », JAC n° 81, fév. 2008 ; M. Nnendé, « Les enseignements du jugement pénal de Paris sur les responsabilités des acteurs mis en cause dans la catastrophe de l'*Erika* », *Annuaire de Droit Maritime et Océanique*, 2008, 253 et « Le jugement de l'*Erika* sur les responsabilités pénales et la réparation des dommages en matière de pollution des mers (Et voici venu… le Cap de bonne espérance !) », *Rev. de Droit des transports* mai 2008, étude 6 et « Responsabilités pénales pour pollution marines par hydrocarbures », *Rev. de Droit des transports* mars 2008, com. 36 ; D. Guihal, « L'affaire de l'*Erika* devant le juge pénal », *Rev. juridique de l'économie publique*, avril 2008, étude 5 ; R. Romi, « Retour sur l'*Erika :* premières analyses » (Dossier spécial *Erika*), *Dr. de l'environnement* mars 2008, 15, réclamant néanmoins certaines limites.

[38] F.-G. Trebulle, « Arrêt *Erika* : illustration de la responsabilité du fait de négligences », *Bull. Joly Sociétés* janvier 2013, 69 ; M.-C. Camproux-Duffrène et D. Guihal, « Préjudice écologique », *RJ.E* 3/2013, 467 illustrant par un schéma les cercles de responsables en cas de dommages de pollution par hydrocarbures ; C. Courtaigne-Deslandes, « La responsabilité pénale pour pollution aux hydrocarbures depuis l'arrêt *Erika* », *BDEI* nov. 2012, 31.

ou des sociétés de classification[39]. Cette évolution[40] n'a été rendue envisageable que par le biais de notions-clef, telles que la « *faute de témérité* »[41], toujours au sens de la Convention, commise lors du *vetting* ou la faute de prévention, à travers l'article 121-3 du Code pénal relatif à la mise en danger délibérée d'autrui[42]. Alors que la cour d'appel, tout en l'ayant dispensé de l'obligation civile d'indemniser les victimes[43], avait retenu, à l'encontre de l'affréteur *TOTAL SA* une « *faute d'imprudence, de négligence ou le manquement à une obligation de prudence ou de sécurité prévue par la loi ou le règlement* ». Cela semble correspondre, en réalité, à ce que l'on dénommait jusqu'alors, la faute inexcusable[44], bien connue en droit des transports[45] et généralement appréciée *in abstracto*, notamment en matière d'accident du travail et de maladie professionnelle et s'inscrit dans la promotion d'une obligation de sécurité maritime de résultat[46]. Le fait de retenir une telle faute de témérité avec conscience du risque de dommage

---

[39] F. Berlingieri, « Les sociétés de classification peuvent-elles bénéficier de la canalisation prévue à l'article III.2 de la LCL 1992 ? », *DMF* déc. 2012, 1015 et déjà en appel P. Boisson, « La responsabilité de la société de classification dans l'arrêt *Erika* », (Dossier spécial *Erika*), *DMF*, nov. 2010, 897 et en 1ère instance « La société de classification bénéficie-t-elle de l'exclusion prévue par l'article III (4) de la Convention CLC ? », *DMF* sept. 2008, 696 et P. Bonassies, « Sociétés de classification et Convention de 1969/1992 sur la responsabilité pour les dommages dus à la pollution par les hydrocarbures », *DMF Ibid.*, 691.

[40] D. Guihal, « *Erika*, suite… », *Rev. juridique de l'économie publique*, juil. 2010, comm. 39 parlant de la témérité comme correcteur de la canalisation de responsabilité sur le seul propriétaire ; P. Delebecque, « Aspects civils de l'arrêt *Erika* », (Dossier spécial *Erika*), *DMF*, nov. 2010, 878. À l'inverse, A. Vialard, « La limitation de responsabilité, clé de doute pour le Droit maritime du 21ème siècle », *DMF*, janv. 2009, 21, redoutant un contournement mortifère du Droit maritime international

[41] M.-H. Gozzi, « Lutte contre les pollutions marines la témérité, le dommage et le juge pénal français », *Lamy Droit des affaires,* janv. 2013, 59-60.

[42] Pour une critique sur l'interprétation extensive : B. Bouloc, « Décision *Erika :* Quelques réflexions d'un juriste pénaliste », *DMF* déc. 2011, 1007.

[43] E. Desfougères, « *Erika : Total* pénalement coupable, mais civilement irresponsable », *JAC* n° 103, avril 2010 ; B. Rajot, « Coupable, mais pas responsable : telle est la décision rendue par la Cour d'appel de Paris le 30 mars 2010 dans l'affaire de l'*Erika :* satisfaction en demi-teinte des victimes ? », *RCA* juin 2010, alerte 11.

[44] I. Corbier, « La notion de faute inexcusable et le principe de la limitation de responsabilité » in *Études de Droit maritime à l'aube du XXIème siècle – Mélanges Pierre Bonassies*, Moreux, Paris, 2001, 103.

[45] A. Montas et G. Roussel, « Les principaux apports de la décision de la Cour de cassation dans l'affaire de l'*Erika* », *AJ Pénal* 2012, 574.

[46] K. Le Couviour, « *Erika* : l'arrêt salvateur de la Cour de cassation », *JCP G* 2012, comm. 1243.

permettait en droit français de caractériser le comportement fautif exigé par l'ex article1382 du Code civil et d'engager leur responsabilité civile et symboliquement pour la première fois d'inverser l'échelle de gravité entre les fautes civiles et pénales[47].

L'arrêt de la Cour de cassation du 25 septembre 2012 prend en compte la Responsabilité Sociale Environnementale pour apprécier la faute[48]. Sans s'arrêter à l'article L. 121-1 du Code pénal[49], elle considère que la responsabilité pénale de la société-mère *TOTAL* SA doit être retenue plutôt que celle de sa filiale établie au Panama du fait qu'il y avait bien un contrôle et puisque l'accord volontaire résultant de la charte-partie conclue entre sa filiale ayant affrété l'*Erika* et la société *PANSHIP* pouvait être assimilé à un engagement RSE[50]. Ce que renforce encore la pratique du *vetting*. La violation d'un code éthique, engagement volontaire de bonne conduite environnementale étant pour l'occasion érigé en norme de comportement, peut donc constituer une faute grave, susceptible d'entraîner la mise en œuvre d'un régime spécial de responsabilité[51].

La Cour de cassation confirme majoritairement les solutions retenues par la cour d'appel en refusant la constitution de partie civile des associations, tel *Robin des bois*, non agréées au moment des faits, n'ayant pas transmis leurs statuts et l'autorisation du conseil d'administration.

Si elles s'en étaient tenues là, les différentes sentences relatives à ce naufrage n'auraient sans doute guère dépassé le cercle très fermé des maritimes et celui tout de même beaucoup plus élargi des pénalistes. Ce qui aurait déjà été salutaire du fait des multiples innovations et clarifications qu'elles apportaient. Toutefois, ce qui devait les faire entrer dans quasiment toutes les mémoires juridiques, parmi les décisions fondamentales du début du millénaire, comme une révolution marquant un avant et un après, relève bien du changement de paradigme des possibilités d'indemnisation des victimes de tels drames.

---

[47] L. Neyret, « De l'approche extensive de la responsabilité pénale dans l'affaire *Erika* », (Dossier spécial *Erika*), *Environnement* nov. 2010 étude 29.
[48] P. Abadie, « Le juge et la responsabilité sociale de l'entreprise », *D.* 2018, 302.
[49] « *Nul n'est responsable pénalement que de son propre fait.* »
[50] E. Daoud et J. Ferrari, « RSE et Droit pénal » Dossier spécial le Droit pénal et la RSE, *Lamy Droit des affaires*, janv. 2015, 69.
[51] M.-P. Blin-Franchome, « Code de conduite : attention à l'écart de conduite ! », *Lamy Droit des affaires*, janv. 2013, 60.

II. Une pollution maritime générant l'opportunité de nouvelles perspectives réparatrices

Le retentissement médiatique considérable suscité par la consécration expresse d'une nouvelle forme réparable d'atteinte à l'environnement (A) ne saurait totalement occulter certains aspects à la moindre portée des décisions rendues (B)

A. LA CONCEPTUALISATION MÉMORABLE DU PRÉJUDICE ÉCOLOGIQUE PUR ET DE SA RÉPARATION APPLIQUÉ AU LITTORAL SOUILLÉ

Défini au départ comme *« tout dommage au milieu naturel qui n'ouvre pas droit à réparation »*[52] et même si on peut bien déjà recenser quelques décisions antérieures de juges du fond judiciaires[53] isolant la réparation du préjudice résultant de l'atteinte à l'environnement des autres postes du préjudice[54] par les montants accordés, le jugement du tribunal correctionnel de Paris du 16 janvier 2008 demeure indiscutablement une première[55] qui pose bien la distinction avec le préjudice matériel et moral[56] des associations de protection de l'environnement[57] et admet également le préjudice de réputation et d'image de marque des collectivités territoriales[58].

---

[52] M. Despax, *La pollution des eaux et ses problèmes juridiques*, Librairie techniques, Paris, 1968, n° 43.

[53] C. Huglo, « À propos de l'affaire de l'*Erika* et des précédents existants sur la question du dommage écologique », *Environnement*, fév. 2008, repère 2 citant notamment TGI Bastia 4 juil. 1985 dans l'affaire Boues rouges de la Montédison et CA Rouen 31 août 1984 à propos de la pollution de la Baie de la Seine ; M. Rémond-Gouilloud, « Sur le préjudice écologique », *DMF* déc. 2012, 1020 et surtout L. Neyret, « Le préjudice écologique : hier, aujourd'hui et demain », in « Les enjeux d'une loi sur le préjudice écologique », Actes du colloque organisé à Ajaccio le 23 juin 2014, *Environnement*, oct. 2014, dossier 4.

[54] Notamment CA Bordeaux 13 janvier 2006, n° 05-00567, parlant de *« préjudice subi par la flore et les invertébrés du milieu aquatique »* ou TGI Narbonne 4 octobre 2007 cité par P. Savin et Y. Martinet, « commentaire du jugement du 16 janvier 2008 dans l'affaire de l'*Erika* » *Lexbase Hebdo* n° 294.

[55] F. Rome, « On ne badine pas avec la mer ! », éditorial *D.* 2008, 273 ; A. Van Lang, « Affaire de l'*Erika* : la consécration du préjudice écologique par le juge judiciaire », *AJDA* 2008, 934.

[56] M. Boutonnet, « Préjudice moral et atteintes à l'environnement », *D.* 2010, 912.

[57] C. Calfayan, « Préjudice environnemental et moral d'une association de protection de l'environnement », *Lamy Droit civil,* sept. 2009, 17-22 ; F.-X. Kelidjian, « L'indemnisation du préjudice écologique à la suite du jugement de l'*Erika :* le cas de la LPO », *DMF* sept. 2008, 780 ; G. Bouchon, « Une timide reconnaissance du préjudice écologique : état des lieux », (Dossier spécial *Erika*), *Droit de l'environnement*, mars 2008, 16, regrettant certains critères choisis ; B. Steinmetz,

L'arrêt de la cour d'appel du 30 mars 2010 consacre encore plus officiellement la reconnaissance, de manière objective, du préjudice écologique pur[59] et élargit le périmètre à de nouvelles parties civiles en reconnaissant « *toute atteinte non négligeable à l'environnement naturel... sans répercussion sur un intérêt humain particulier, mais qui affecte un intérêt collectif légitime* ». Les juges parisiens ont également, au passage, enrichi la classification traditionnelle entre préjudices patrimonial et extrapatrimonial, en invitant à distinguer les atteintes aux intérêts individuels de celles aux intérêts collectifs[60].

La Cour de cassation, réunie en formation plénière, le 25 septembre 2012, s'inscrit dans la même logique quasi unanimement saluée par les commentateurs[61], en admettant le caractère réparable du préjudice écologique. Certains analystes ont néanmoins émis des réserves quant aux modalités de l'indemnisation[62], déplorant en particulier la seule allocation de dommages et intérêts plutôt que d'une obligation en nature[63].

« Préjudice écologique et réparation des atteintes à l'environnement. Plaidoyer pour une catégorie nouvelle de préjudice », *Rev. Européenne de Droit de l'Environnement*, 4/2008, 407.

[58] J. Girard, « L'image engluée des collectivités territoriales... », (dossier spécial *Erika*), *Droit de l'environnement* mars 2008, 20.

[59] K. Le Couviour, « *Erika* : décryptage d'un arrêt peu conventionnel », *JCP G* 2010 comm. 432 ; C. Huglo, « La question du dommage écologique en voie de solution », *Environnement et développement durable*, juin 2010, repère 6, relevant la conjonction d'un heureux mariage entre disciplines juridique, scientifiques et économiques ; M. Boutonnet, « L'arrêt *Erika*, vers la réparation intégrale des préjudices résultant des atteintes à l'environnement ? », *Environnement et développement durable*, juil. 2010, étude 14 ; M. Rémond-Gouilloud, « Le préjudice écologique, version française », (Dossier spécial *Erika*), *DMF*, nov. 2010, 903, saluant le travail de pionnier des magistrats ; L. Neyret, « Dieu nous garde de l'écologie des Parlements », D. 2010, 1008 ; B. Steinmetz, « Le procès de l'*Erika*, chant du cygne du préjudice écologique pur devant les juridictions judiciaires ? », *Droit de l'environnement*, juin 2010, 1996, redoutant que du fait de l'ambivalence du dommage écologique pur à la fois sanction judiciaire et réparation civiliste, il ne survive pas à la responsabilité environnementale issue de la loi du 1er août 2008.

[60] M. Boutonnet, « La classification des catégories de préjudices à l'épreuve de l'arrêt *Erika* », *Lamy Droit civil*, juil. 2010, 18-24.

[61] C. Huglo, « Affaire de l'*Erika*... encore et au-delà... », *Environnement et développement durable*, juin 2012, Repère 6, mettant en garde, par avance, contre une remise en cause de la conception de la cour d'appel par la Cour de cassation.

[62] M. Boutonnet, « L'*Erika* : une vraie-fausse reconnaissance du préjudice écologique », *Environnement et développement durable* 2013, étude 2, estimant que si le préjudice écologique est bien consacré, il n'est pas réellement réparé ; M. Bacache, « Quelle réparation pour le préjudice écologique ? », *Environnement et développement durable*, mars 2013, études 10 ; D. Tsiaklagkanou, « Le préjudice

Entre le jugement de 1ère instance et l'arrêt de la cour d'appel est intervenue la directive européenne 2004/35 du 21 avril 2004[64] relative à la responsabilité environnementale, qui a posé le principe d'une prise en compte des dommages environnementaux les plus graves, indépendamment des répercussions personnelles causées aux sujets de droit[65]. Depuis l'arrêt de cassation, non seulement d'autres décisions de jurisprudence sont venues confirmer la faculté de la responsabilité civile[66] à réparer le préjudice écologique, défini comme l'atteinte directe ou indirecte à l'environnement[67], mais surtout un large mouvement de la doctrine[68], s'exprimant entre autres à l'occasion d'un très important colloque tenu à Ajaccio le 23 juin 2014[69], et des associations[70] - à l'encontre des assureurs[71] et, dans une moindre mesure,

---

écologique après l'arrêt *Erika* », *DMF*, fév. 2017, 162 ; M. Memlouk, « L'indemnisation du préjudice écologique à la suite du jugement *Erika* », *DMF* sept. 2008, 270 ; T. Dumont, « Le jugement *Erika* et le préjudice écologique », *DMF* juin 2008, 574.

[63] B. Parance, « Quand la Cour de cassation vient donner ses lettres de noblesse au préjudice écologique, tout en restant très prudente sur sa définition », *Gaz. Pal.* 25 oct. 2012, 8 ; J. Hay, « L'apport de l'économie à l'évaluation du préjudice écologique », in « Les enjeux d'une loi sur le préjudice écologique », *op. cit.*, dossier 9 ou déjà à propos de l'arrêt de la cour d'appel : V. Rebeyrol, « Où en est la réparation du préjudice écologique ? », *D.* 2010, 1804.

[64] *JOUE* n° L 143 du 30 avril 2004, 56.

[65] L. Neyret, « Pour l'entrée du préjudice écologique dans le Code civil », Éditorial in *RISEO* 2012-2.

[66] Sur la réticence traditionnelle du juge administratif : C. Huglo, « L'inéluctable prise en compte du dommage écologique par le juge administratif, les suites de l'arrêt *Erika* de la Cour de cassation », *AJDA* 2013, 667.

[67] F. Nési, « État de la jurisprudence après l'*Erika* », *Environnement*, juil. 2012, dossier 3 ; Crim. 22 mars 2016 note M. Bacache, « Préjudice écologique et responsabilité civile », *JCP G* 2016 com. 647, à propos d'une pollution au fuel de l'estuaire de la Loire par la raffinerie de Donges, exploitée par *Total* ou CA Nouméa 25 février 2014 note M. Boutonnet, « L'après *Erika* devant les juges du fond », *JCP G* 2014 com. 557, suite au déversement d'acide sulfurique par un exploitant d'extraction de minerai et de production de nickel et cobalt.

[68] F.-G. Trébulle, « Et si le Code civil consacrait (enfin) la prise en compte du dommage environnemental ? », *Environnement et développement durable*, juil. 2012, repère 7 et déjà C. Huglo, « Le dommage écologique : un sujet de forte actualité », *Environnement* juil. 2007, repère 7.

[69] « Les enjeux d'une loi sur le préjudice écologique » et F. Quétier, « Que peut-on attendre de la restauration écologique dans la réparation du préjudice écologique ? », in « Les enjeux d'une loi sur le préjudice écologique », *Environnement* oct. 2014, dossier 1 et 11.

[70] A. Faro, « Inscrire le droit à réparation du préjudice écologique dans le Code civil, pourquoi faire ? », in Les enjeux d'une loi sur le préjudice écologique, *op. cit.*, dossier 18.

des armateurs[72] - s'est alors engagé, en vue de l'instauration d'un régime spécial d'indemnisation du préjudice environnemental au sein du Code civil, illustré notamment par le rapport rendu à la Garde des Sceaux, le 17 septembre 2013, par le Professeur Y. Jegouzo[73]. Cette volonté s'inscrivant même, alors dans le mouvement plus général de refonte de l'ensemble de la responsabilité civile[74]. Dans l'attente d'une éventuelle perspective européenne[75], la loi n° 2016-1097 du 8 août 2016 relative à la biodiversité a fini par consacrer l'inscription dans un chapitre III du livre III (articles 1246 à 1252) du Code civil la réparation du préjudice écologique et ses modalités de réparation, prioritairement en nature. L'article 2226-1 fixe quant à lui, à dix ans, le délai de prescription de l'action propre au préjudice écologique[76]. Celui-ci se définit désormais comme : « *toute atteinte non négligeable aux éléments ou aux fonctions des écosystèmes ou aux bénéfices collectifs tirés par l'homme de l'environnement* ». On peut également relever, que l'arrêt de la juridiction suprême s'inscrit dans la droite ligne de toutes les réflexions, menée en particulier par les professeurs G.-J. Martin et L. Neyret[77] relatives à l'instauration d'une Eco-nomenclature des préjudices environnementaux, à l'instar de la Nomenclature Dintilhac sur les dommages corporels[78].

---

[71] S. Penet, « Inscription du préjudice écologique dans le Code civil : les réserves de la FFSA », *Ibid.*, dossier 17.

[72] E. Banel et C. Bellord, « La reconnaissance légale du préjudice écologique », *Ibid.*, dossier 16 préconisant la création d'un fonds alimenté par les industriels et les consommateurs.

[73] B. Parance, « Du rapport Jégouzo relatif à la réparation du préjudice écologique », *Gaz. Pal.* 31 oct. 2013, 5 ; M. Hautereau-Boutonnet, « Les répercussions sur la nature : le préjudice écologique », *Rev. juridique de l'environnement*, 2/2015, 244 et « Rapport Jegouzo – Les enjeux majeurs d'une loi sur le préjudice écologique, l'enseignement des droits étrangers », in « Les enjeux d'une loi sur le préjudice écologique », *op. cit.*, dossier 8.

[74] L. Neyret, « Le préjudice écologique : un levier pour la réforme du Droit des obligations », *D.* 2012, 2673 ; F.-G. Trébulle, « Quelle prise en compte pour le préjudice écologique après l'*Erika* ? », contribution présentée dans le cadre de la Table-Ronde Le préjudice écologique après l'*Erika* organisée au Sénat le 31 octobre 2012, *Environnement et développement durable*, mars 2013, étude 9.

[75] F. Alfonsi, « Les enjeux d'une directive sur le préjudice écologique », in Les enjeux d'une loi sur le préjudice écologique, *op. cit.*, dossier 21.

[76] L. Neyret, « La consécration du préjudice écologique dans le Code civil », *D.* 2017, 924.

[77] Entretien in *Gaz. Pal.* 19 avril 2012, 8 et déjà la proposition *in* « Naufrage de l'*Erika* vers un droit commun de la réparation des atteintes à l'environnement », *D.* 2008, 2688 ; V. également la proposition de M.-C. Camproux-Duffrène et D. Guihal, *op. cit.*, 473.

[78] M.-P. Blin-Franchome, « Le préjudice environnemental dans tous ses états », *Lamy Droit des affaires* janv. 2013.

Le contentieux de l'*Erika* a également montré que les personnes physiques telles que les pêcheurs à pied ou commerçants pouvaient obtenir réparation de leur préjudice d'affection suite à la perturbation de leur cadre de vie, de leur relation avec la nature ayant provoqué leur souffrance morale[79].

Hormis les grandes décisions de justice ayant défrayé la chronique, depuis la première instance jusqu'à la cassation, en passant par l'appel, plusieurs recours, beaucoup moins relayés dans l'opinion publique, intéressant le droit de l'environnement ont visé à obtenir des compensations suite à différents dommages causés par la marée noire.

B. L'APPRECIATION FAVORABLE DE CERTAINS CONCEPTS TRADITIONNELS POUR LES MODALITES DE REPARATION DES AUTRES PREJUDICES

Ainsi, l'arrêt rendu le 17 décembre 2008[80] par la 3ème chambre civile de la Cour de cassation, après une question préjudicielle posée par un arrêt du 28 mars 2007[81] à la Cour de Justice des Communautés Européennes avec réponse, sous forme d'une interprétation téléologique[82], par l'arrêt du 24 juin 2008[83], a partiellement cassé l'arrêt de la cour d'appel de Rennes du

---

[79] *Ibid.*

[80] Commentaire J.-P. Beurier in *Neptunus* 2009/1 ; « Nouveau cas de responsabilité civile », *Environnement*, mars 2009, comm. 27 ; B. Parance, « Affaire *Erika* : la Cour de cassation prend parti sur l'application de la législation relative aux déchets », *Lamy droit civil*, juin 2009, 15 ; I. Corbier, « Affaire *Erika :* la Cour de cassation suit le juge européen », *DMF* février 2009, 143 ; C. Lepage, « Affaire *Erika* : la suite », *BDEI* janv. 2009, 25.

[81] Note P. Trouilly in *Environnement* 2007, comm. 240.

[82] Note F. Chaltiel, « L'affaire de l'*Erika* devant la Cour de cassation. Le droit communautaire bienfaiteur de l'environnement », *LPA* n° 256-259 des 25-26 décembre 2008, 7-12, saluant en l'occurrence le dialogue des juges nationaux et européens. Terme repris par A. Chaminade, « Notion de déchet et mise en œuvre du principe pollueur-payeur », *JCP G* 2009 comm. 10079.

[83] Note P. Billet, « Qualification et disqualification du pétrole échappé de l'*Erika* et application du principe pollueur-payeur », *Environnement,* nov. 2008 comm. 154 ; C. London, « La marée noire de l'*Erika* : le déchet et son détenteur face au juge communautaire », *BDEI* sept. 2008, 15 ; L. Grard, « L'affaire *Erika* sous l'angle des déchets », *Rev. de Droit des transports* sept. 2008, 42 ; N. De Sadeleer, « Arrêt *Erika* : le principe pollueur payeur et la responsabilité pour l'élimination des déchets engendrés par le naufrage d'un navire pétrolier », *Journal de droit européen* oct. 2008, 239 ; O. Cachard, « Un demandeur peut-il obtenir du Droit communautaire ce que le Droit maritime lui interdit de demander ? », *DMF* sept. 2008, 704 et déjà F. Nési, « La marée noire consécutive au naufrage de l'*Erika* relève-t-elle de la législation sur les déchets ? » et B. Steinmetz, « De la responsabilité du propriétaire

13 février 2002[84], ayant confirmé le jugement du tribunal de commerce de Saint-Nazaire du 6 décembre 2000[85], en précisant qu'une marchandise, en l'occurrence le fuel lourd, pouvait devenir un déchet, suite à son déversement en mer[86]. Le vendeur et l'affréteur pouvaient, dès lors en être considérés comme producteur, charge à la cour d'appel de renvoi de Bordeaux de déterminer leur responsabilité engagée sur le fondement du principe pollueur-payeur. Ce qui permettait bien à la commune de Mesquer (Loire-Atlantique) qui invoquait, principalement trois fondements : la responsabilité du fait des choses, la responsabilité du fait des produits défectueux et l'obligation de dépollution, d'obtenir une indemnisation complémentaire à celle du FIPOL en invoquant l'article L. 541-2 du Code de l'environnement ayant transposé la directive 75/442/CEE du 15 juillet 1975 sur les déchets.

En revanche, le Conseil d'État a, par un arrêt du 10 avril 2009 *Commune de Batz-sur-Mer*[87] (Loire-Atlantique), annulé un arrêté municipal ayant enjoint à *TOTAL* de nettoyer son littoral en estimant que le groupe pouvait seulement être tenu d'une obligation subsidiaire de prise en charge financière et non de procéder aux opérations matérielles de dépollution. La même haute juridiction administrative avait également par son arrêt du 30 septembre 2005 *Cacheux*[88], confirmant celui de la cour administrative

---

et du producteur de fioul lourd en cas de catastrophe maritime » (dossier spécial *Erika*), *Droit de l'environnement*, mars 2008, 18 et 23.

[84] Note P. Trouilly, *Environnement* 2002, comm. 51 ; C. Robin, « La réparation des dommages causés par le naufrage de l'*Erika* : un nouvel échec à l'application du principe pollueur-payeur », *RJ.E* 1/2003, 31.

[85] Obs. P. Billet, « Du résidu non déchet issu d'une épave : à propos de la qualification juridique des produits échappés de l'*Erika* », *Droit de l'environnement*, 2001, 240 ; C. Robin, « *Erika* : l'impossible recherche de responsabilité », *JAC* n° 10, janv. 2001.

[86] B. Rolland, « Responsabilité environnementale : le fioul lourd est-il un déchet ? », *BJS* avril 2009, 366, explicitant parfaitement le changement de qualification juridique de la marchandise transportée.

[87] Concl. I. Da Silva, « Naufrage de l'*Erika* et droit des déchets », *LPA* n° 127 du 26 juin 2009, 10-20 ; J.-P. Bugnicourt, « Affaire *Erika* : le Conseil d'État recadre les prétentions des victimes », *Lamy droit civil,* juin 2009 ; M.-C. Rouault, « La société *Total* ne pouvait être mise en demeure d'éliminer les résidus d'hydrocarbure provenant de l'*Erika »*, *JCP G* 2009 comm. 10080 ; D. Fonseca, « *Total* n'était pas tenu de procéder à la dépollution des déchets provenant de l'*Erika* », *AJDA* 28 décembre 2009 p. 2464 ; L. Grard, « L'affaire de l'*Erika* sous l'angle de la directive déchet : le Conseil d'État après la Cour de justice et la Cour de cassation », *Revue de droit des transports* juin 2009 p. 38.

[88] C. Roche et M. Touezeil-Divina, « Sur la plage abandonnée… Cabanage et pétrolier ! », *LPA* 5-6 juin 2006, 12 ; P. Trouilly, « Naufrage de l'*Erika* et contraventions de grande voirie », *Environnement* nov. 2006 com. 74 ;

d'appel de Nantes du 14 octobre 2003[89] refusé de faire droit à un surfeur ayant demandé à plusieurs préfets des départements concernés de dresser un procès-verbal de contravention de grande voirie à l'encontre des responsables de la pollution. La décision de refus se trouvant justifiée par un motif d'intérêt général.

L'arrêt de la troisième chambre civile de la Cour de cassation du 17 mars 2010[90] a rejeté, en raison de l'existence de stocks, la demande d'indemnisation du préjudice économique de la coopérative agricole *les Salines de Guérande* qui avait dû arrêter sa production et l'atteinte à l'image de marque, mais a accepté de réparer les surcoûts dus à la pollution.

Plus méconnu, est le jugement du tribunal administratif de Paris en date du 12 juillet 2013 *Société « France pélagique », Société Prins Bernhard, Société Sandettie*[91] ayant rejeté les requêtes de plusieurs sociétés fondées sur la méconnaissance des principes de confiance légitime et de sécurité juridique, pour contester la décision 2008/936/CE du 20 mai 2008 de la Commission européenne ayant déclaré incompatibles certaines aides accordées suite au naufrage et ayant pour conséquence de fausser la concurrence.

Gageons qu'en dépit de sa modestie légendaire, le dédicataire ne saurait réprimer une certaine fierté légitime en constatant - qu'à l'instar de l'exemple que nous avons retenu à dessein - dans tant d'autres drames qui lui ont tristement fourni l'opportunité de s'illustrer dans les prétoires, les victimes[92] se sont, par un réflexe désormais quasi inné, spontanément

---

P. TERNEYRE, note in *RFDA* 2005, 1217 ; « L'application du régime des contraventions de voiries aux pollutions marines » in *Droit administratif* nov. 2005, 22 ; C. Huglo, « Marées noires : application du droit commun ou du droit spécial ? », *Environnement*, fév. 2006, repère 2.

[89] S. Le Briero, « Regard associatif sur la catastrophe de l'*Erika* : le naufrage de la contravention de grande voirie », *Revue Juridique de droit de l'environnemen*t oct. 2004, 185 et dans le même sens CAA Bordeaux 30 déc. 2004, note D. Deharbe et E. Podraza « La pollution de l'*Erika* n'est pas justiciable d'une contravention de grande voirie ! », *Environnement* juin 2005, chron. 5.

[90] Note G. J. Martin, in *Revue Juridique de l'Environnement* 1/2011, 133.

[91] N° 1115953, 1204350, 1204351, V. concl. A. Fort-Besnard, « La récupération, par l'État, des aides versées aux entreprises de pêche après le naufrage de l'*Erika* et la tempête de 1999 : le juge administratif, juge communautaire », *JCP A* 2013, comm. 2346.

[92] V. sur ce point le témoignage édifiant de la Présidente de l'association amis des collectifs marée noire, M. Colin, « Des citoyens dans un grand procès pénal : l'*Erika* », *Annuaire de Droit Maritime et Océanique* 2014, 273 relatant le rôle

tournées vers le juge répressif[93], contribuant à l'émergence d'un véritable Droit pénal des catastrophes[94] dont la postérité retiendra, à jamais, qu'il fut le concepteur[95].

déterminant de photos du pont du navire avant le naufrage fourni par son association.

[93] P. Bonassies, « Affaire *Erika* : et si les victimes avaient agi devant les juridictions civiles ? », *DMF* fév. 2014, 103 ; P. Simon, « Le jugement *Erika* met-il à mal le droit maritime ? », (synthèse des XVIème Journée Ripert organisée par l'Association Française du Droit Maritime), *DMF*, sept. 2008, 748 et pour un semblant d'incompréhension et de désapprobation : P. Delebecque, « L'arrêt *Erika :* un grand arrêt de Droit pénal, de Droit maritime ou de Droit civil ? », *D.* 2012, 2711.

[94] S. Grunwald et C. Saas, « Regards croisés sur les catastrophes pétrolières : de l'*Amoco Cadiz* à l'*Erika*, le regard du pénaliste », *Annuaire de Droit Maritime et Océanique*, 2009, 380, dressant une analogie avec l'explosion de l'usine *AZF* à Toulouse, l'incendie du tunnel du Mont-Blanc ou le crash du Mont Saint-Odile.

[95] C. Lienhard, « Pour un droit des catastrophes », *D.* 1995, 91.

23

Des robots et des pénalistes

Camille K*UREK*

Droit des obligations, droit des personnes, droit des biens, propriété intellectuelle ou encore droit de la consommation, l'intelligence artificielle (IA) envahit peu à peu toutes les branches du droit ou presque[1]. Précisons-le d'emblée, il n'est pas pertinent d'aborder ici l'ensemble des robots, tels que les drones, les objets connectés, les voitures autonomes ou encore les robots médicaux car l'ampleur de la question mérite bien plus qu'une étude concise. Le robot sera alors défini comme *« un dispositif mécanique permettant de réaliser des tâches, en autonomie de décision sur tout ou partie des actions élémentaires qui la composent »*[2] et sera cantonné aux robots sociaux, ou « robots compagnons ». Si certains d'entre eux, dits robots « déterministes », sont entièrement programmés par l'humain qui le fabrique, d'autres, dits « robots cognitifs »[3] et sur lesquels notre intérêt portera, sont totalement autonomes. La robotique trouve sa force dans l'IA qui permet le développement de capacités de type humain telles que la perception, l'utilisation du langage, l'apprentissage ou encore la créativité. Ces robots cognitifs interagissent avec leur environnement, développent pour certains leur propre algorithme et sont alors susceptibles de prendre des décisions imprévisibles car reposant sur un processus stochastique. La personnification de ces robots, poussée à son maximum lorsque le robot est un humanoïde[4], est troublante et interroge alors quant à la signification réelle du terme de « personne ». La personne est-elle une notion évolutive, qui pourrait alors inclure ces robots à qui l'on prête des émotions et une conscience ? Faut-il à l'inverse considérer que cette notion est immuable et refuser toute personnification à ces êtres semi-humains ? Cette autonomie doublée d'une personnification brouille les frontières avec l'humain et vient alors frapper à la porte des juristes.

---

[1] Pour une réflexion d'ensemble, voir A. Bensamoun et G. Loiseau, « L'intégration de l'intelligence artificielle dans certains droits spéciaux », *Dalloz IP/IT* 2017, 295.

[2] www.symop.com, cité par A. Mendoza-Caminade, « Le droit confronté à l'intelligence artificielle des robots : vers l'émergence de nouveaux concepts juridiques ? », *D.* 2016. 445.

[3] Voir par exemple l'entreprise française Haapie qui développe actuellement des robots sociaux cognitifs.

[4] Soit un robot dont la structure se rapproche de celle d'un corps humain.

De nombreux civilistes se sont interrogés sur la pertinence d'un statut juridique du robot[5] et le pénaliste ne saurait lui non plus ignorer la question. Les IA jouent désormais au football (et ce dans l'objectif de battre une équipe humaine à terme), conduisent des véhicules, assistent leur propriétaire dans son quotidien et peuvent se déplacer en totale indépendance[6]. Du fait de cette intelligence inégalable, ou à tout le moins à cause d'un dysfonctionnement, nous pouvons tout à fait envisager de façon prospective que certains robots commettent un jour des actes attentatoires à des valeurs sociales protégées. Peut-être cette autonomie et cette mobilité conduiront-elle un jour, pourquoi pas, à devoir donner une réponse pénale à un acte commis par un robot. Bien que l'idée puisse faire sourire, il faut reconnaître que le robot devient peu à peu un être complètement autonome et susceptible d'être à terme hors de contrôle. Le droit pénal doit-il intervenir s'il blesse un individu ? Faut-il envisager une responsabilité pénale des robots ?

À peine cette pensée vient-elle animer le chercheur qu'il est coupé dans son élan. À l'instar des obstacles auxquels les civilistes doivent faire face par exemple en matière de responsabilité délictuelle, le pénaliste (pourquoi serait-il en reste de difficultés après tout) doit faire face à la question de la traçabilité du comportement de ces machines. De plus en plus immaîtrisables, ces intelligences artificielles mettent à mal l'un des socles de la qualification de l'infraction, le lien de causalité. Comment concilier responsabilité pénale du fait personnel et autonomie du robot ? Comment

[5] Sur le plan du droit civil, voir la Résolution du Parlement européen du 16 février 2017 contenant des recommandations à la Commission concernant des règles de droit civil sur la robotique, n° 2015/2103, qui préconise la création d'une personnalité juridique spécifique aux robots. Parmi les nombreux écrits doctrinaux en la matière, voir notamment, pour une position défavorable à l'octroi de la personnalité juridique ou autre fiction juridique à un robot : A. Bensamoun et G. Loiseau, « L'intelligence artificielle : faut-il légiférer ? », *D.* 2017. 581 ; G. Loiseau, « La personnalité juridique des robots : une monstruosité juridique », *JCP G* 2018. 597 ; A. Mendoza-Caminade, « Le droit confronté à l'intelligence artificielle des robots : vers l'émergence de nouveaux concepts juridiques ? », art. préc. *Contra*, voir notamment A. Bensoussan, « La personne robot », *D.* 2017. 2044, comme le titre l'indique l'auteur est favorable à une nouvelle organisation juridique, la personne robot, qui constituerait une extension de la personnalité juridique particulière dont sont dotées les personnes morales. Pour une position plus nuancée, qui reconnaît que bien qu'il comporte certaines limites, l'octroi de la personnalité juridique aux robots ne serait pas dénué d'intérêt, voir TH. Daups, « Le robot, bien ou personne ? Un enjeu de civilisation ? », *LPA*, 11 mai 2017, n° 126, 7.
[6] Exemples empruntés à O. Vix, « Rencontre du troisième type », *Defrénois*, 21 juin 2018, n° 137, 7.

concilier les incertitudes relatives à la traçabilité avec la certitude du lien de causalité, indispensable à la répression ?

Pire encore, cette humanisation croissante impose au pénaliste d'envisager un bouleversement de l'une des raisons d'être du droit pénal, la notion de personne humaine. Le droit pénal s'attache en effet à sanctionner les atteintes commises par et sur « autrui », ce qui suppose que pour être pénalement responsable le robot doit revêtir cette qualification. Faut-il inclure les robots dans cette catégorie, transposant ainsi en droit pénal le raisonnement civiliste consistant à leur octroyer la personnalité juridique ? Dans cette lignée, doit-on considérer, le cas échéant, que le robot peut être victime d'une infraction ?

Il faut se rendre à l'évidence et s'atteler à la tâche. Le droit pénal sera un jour rattrapé par cette intelligence artificielle et confronté à la question de la responsabilité pénale des robots. Au vu de leurs capacités qui se rapprochent dangereusement de celles d'un humain, une tentative de personnification mérite d'être échafaudée. Le robot pourrait alors être pénalement responsable (I). Toutefois, cette conception n'étant pas particulièrement satisfaisante, il faudra l'envisager comme un déclencheur de la responsabilité pénale (II).

I. Le robot pénalement responsable

De plus en plus réalistes, de plus en plus intelligents et de plus en plus autonomes, les robots sociaux, et notamment les humanoïdes, nous renvoient inévitablement à l'idée d'une personne. Le raisonnement pourrait alors être poussé jusqu'à imaginer que le droit pénal les considère en tant que telles et donc en tant qu'auteurs (A) et victimes (B) d'une infraction. Toutefois, les interrogations que ces deux hypothèses soulèvent risquent fort de se heurter à un échec de la personnification du robot (C).

A. LE ROBOT AUTEUR D'UNE INFRACTION

Nul n'étant responsable que de son propre fait[7], l'autonomie dont ils disposent permet, avec un peu d'imagination, d'envisager qu'un comportement délictueux puisse être commis par ces machines. Cette hypothèse se cantonnera à quelques infractions seulement et particulièrement aux atteintes à l'intégrité physique de la personne ou encore à ses biens. Un humanoïde domestique qui porte un coup à son propriétaire se rend-il auteur d'une infraction de violences ? *Quid* de sa responsabilité s'il porte atteinte aux biens de son propriétaire en détruisant certains de ses objets, peut-on

---

[7] C. pén., art. 121-1.

qualifier cet acte de destruction du bien d'autrui ?[8] Si un robot qui conduit un véhicule commet un excès de vitesse, se rend-il coupable d'une infraction au Code de la route ?

Pour répondre à cette question, il faut déterminer dans quelle mesure l'infraction serait constituée, autrement dit si l'on décèle la présence d'un élément matériel et, surtout, d'un élément moral. Si le premier ne pose pas de difficultés car une atteinte à l'intégrité physique, à un bien ou encore à la législation routière a été commise, le second reste très incertain. Peut-on admettre que le robot soit doté d'une conscience suffisamment développée pour avoir porté un coup à sa victime en toute connaissance de cause et en souhaitant le résultat obtenu ? Peut-on avoir la certitude qu'il s'agissait de « l'accomplissement délibéré de l'acte matériel constitutif de l'infraction »[9] ? Si nous partons du postulat selon lequel ces machines ont une autonomie et une intelligence particulièrement développées, l'hypothèse n'est pas dénuée de sens. En revanche, il faudrait admettre qu'ils disposent d'un libre arbitre, autrement dit qu'ils sont capables de faire des choix en toute âme et conscience dans le but d'atteindre ce résultat. Des difficultés identiques se retrouvent en matière d'infractions involontaires. Si l'intention n'est pas exigée, il faudrait toutefois admettre que le robot ait commis une imprudence ou une négligence. Si cette hypothèse est en soi envisageable, encore faut-il admettre que l'on puisse exiger d'un robot qu'il se comporte en individu raisonnable. En outre, bien qu'il n'ait pas voulu le résultat, cela suppose tout de même que le robot ait voulu l'acte, si bien que les interrogations quant au libre arbitre de cette machine restent identiques. Ces premières considérations, bien que cantonnées à certaines hypothèses précises, ne sont guère encourageantes et envisager qu'un robot puisse être victime d'une infraction ne semble pas satisfaisant non plus.

B. LE ROBOT VICTIME D'UNE INFRACTION

Il faut ici imaginer que porter atteinte à un robot constitue un trouble à l'ordre public, non pas en ce qu'un bien est atteint mais parce qu'il est une victime en tant que telle. Cette configuration emporte certaines conséquences, qui trouvent une illustration récente car une maison close composée uniquement de robots sexuels a récemment ouvert ses portes à Paris[10]. Ces machines étant décrites par leur constructeur et les utilisateurs comme de véritables compagnes, dotées d'une personnalité, capables également d'entretenir une conversation et d'avoir (du moins se plaisent-ils

---

[8] C. pén., art. 322-1 s.

[9] X. Pin, *Droit pénal général*, Dalloz, Paris, 2019, 191.

[10] https://xdolls.fr. Cette tendance est déjà ancrée notamment aux États-Unis et au Japon mais la France n'avait pas encore connu une entreprise de ce genre.

à le croire), des sentiments, leur personnification est déroutante. Or, si celle-ci doit primer et que les robots peuvent être victimes d'une infraction ce comportement doit être qualifié de proxénétisme, ni plus ni moins, car cette activité délictueuse se caractérise entre autres par le fait de tirer profit de la prostitution d'autrui[11]. De la même manière, le viol du robot sera admis si toutefois l'on considère que ses capacités lui permettent de consentir, ou non, à un acte sexuel, ce qui nous renvoie aux considérations précédentes sur le libre arbitre d'une machine. Allons plus loin, un acte de dégradation à l'encontre de la machine sera qualifié de violences (et nécessitera la mise en place d'un barème particulier pour calculer l'interruption totale de travail), s'emparer de ce robot sera constitutif d'une détention et séquestration arbitraire et l'on peut même imaginer que des atteintes soient portées à sa vie privée ! Par ailleurs, le propriétaire (pourrait-on encore parler de propriétaire ?) de la machine serait également responsable de ses actes envers le robot.

En admettant qu'il puisse être victime d'une infraction le robot pourra donc déposer plainte, bénéficier de tous les droits afférents à ce statut et il pourra même déclencher l'action publique en se constituant partie civile. Si ces problématiques peuvent être contournées, notamment car les associations pourraient par exemple se constituer partie civile pour lui[12], il n'en reste pas moins qu'il faut que celui-ci ait personnellement souffert de l'infraction[13]. À nouveau, nous sommes confrontés à la notion de personne, dont l'étude, bien que loin d'être exhaustive, ne permettra pas de qualifier ces robots comme tels.

C. L'ÉCHEC D'UNE PERSONNIFICATION DU ROBOT

Notion insaisissable, la personne invite à une pluralité de définitions. Chaque branche du droit revêt des spécificités et s'approprie les notions qui en font l'objet. Ainsi le droit civil s'intéresse-t-il à la personne juridique, fiction à laquelle n'adhère pas le droit pénal, lequel s'articule autour des atteintes portées à la personne *humaine*[14]. Il est acquis que le cadavre n'est plus une personne et, à l'étude de la jurisprudence, le fœtus n'est pas

---

[11] C. pén., art. 225-5.

[12] Il faut d'ores et déjà souligner l'existence de l'association du droit des robots présidée par A. Bensoussan et dont l'un des principaux objectifs consiste à soutenir la création d'un cadre juridique propre à la robotique, voir https://www.association-droit-robot.fr/.

[13] C. proc. pén., art. 2.

[14] Pour une appréhension dissociée de la personne humaine et de la personne juridique, voir notamment F. Zenati-Castaing et T. Revet, *Manuel de droit des personnes*, PUF, Paris, 2006.

« autrui » au sens du droit pénal[15]. Pour déterminer si ces intelligences artificielles, aussi autonomes soient-elles, peuvent revêtir la qualification d'« autrui », il faut alors se référer à un être né et vivant. La personne peut se définir comme un être humain individualisé, résultat d'une fusion entre le corps et l'esprit[16]. Elle est dotée d'une conscience de soi qui lui confère un libre arbitre et une autonomie propre à l'homme, qui le distingue de l'animal. Il est clair que les robots ne sauraient prétendre à cette qualification. Forts de *capacités* humaines certes, les robots cognitifs sont dénués de *nature* humaine. Or, c'est la nature humaine qui octroie des capacités humaines et non l'inverse.

Dès lors, cette humanisation ne justifie pas en soi l'adoption de règles spéciales au profit des robots et, au surplus, chaque acte commis par le robot serait inévitablement qualifié d'infraction impossible, faute d'« autrui » pour en être auteur ou victime. Nous pourrions alors envisager que le robot soit responsable de ses actes en sa seule qualité de robot et envisager la création d'une entité spécifique. Toutefois, et à présent l'hypothèse fait sourire, si le robot se rend coupable d'une infraction il encourra une peine. Quelle sanction prononcer à l'encontre d'une machine ? Pour s'en tenir aux peines principales, l'amende est peu envisageable en l'absence de patrimoine (sauf à lui reconnaitre une personnalité juridique… ce qui semble tout aussi dénué de sens[17]). La détention semble grotesque, sauf à imaginer une société parallèle avec des prisons pour robots (!) ou tout simplement, comme ironise un auteur, les éteindre et les confiner dans un placard en espérant qu'ils se conduisent mieux à leur sortie[18]. Que reste-t-il alors ? Doit-on désactiver définitivement le robot délinquant ? D'aucuns argueraient qu'il s'agirait-là d'une forme de peine de mort, qui plus est prononcée à l'encontre d'une entité considérée par le droit pénal sinon comme une personne, comme une entité élevée au-dessus du rang des simples machines.

---

[15] Crim. 30 juin 1999, n° 97-82.351 ; Y. Mayaud, « Entre vie et mort, la protection pénale du fœtus », *RSC* 1999, 813 ; M. Véron, « L'atteinte à la vie d'un enfant à naître », *Droit pénal*, janvier 2000, comm. n° 3. Dans le même sens, Ass. plén. 29 juin 2001, n° 99-85.973 ; A. Bertrand-Mirkovic, « Atteinte involontaire à la vie du fœtus : le débat n'est pas clos ! » *LPA* 14 juin 2002, n° 119, 4. Dans le même sens, Crim. 25 juin 2002, n° 00-81.359 ; D. Vigneau, « Même un enfant sur le point de naître n'est pas assez vieux pour mourir en homme ! (À propos d'un arrêt de la chambre criminelle de la Cour de cassation du 25 juin 2002) », *Droit de la famille*, novembre 2002, chron. n° 25.

[16] Sur ces points, voir notamment J.-P. Doucet, *La protection de la personne humaine*, Gazette du Palais, Paris, 4ème édition, 2010.

[17] En ce sens, voir art. préc., note n° 5.

[18] O. Vix, « Rencontre du troisième type », art. préc.

Il faut alors se tourner vers une forme de responsabilité qui serait portée par l'humain qui gravite autour des robots, en l'occurrence ici par le propriétaire du robot compagnon. La technologie permet de doter ces derniers d'une autonomie donc peut-être qu'« autrui » peut être responsable des actes de la machine, même s'il ne maîtrise pas le processus décisionnel du robot[19].

II. Le robot déclencheur de la responsabilité pénale

S'il n'est pas envisageable de répondre à ces problématiques par le mécanisme de la personnification ou, plus largement, tout autre mécanisme qui rendrait le robot responsable de ses actes, il est nécessaire de pallier les difficultés issues de ce statut. Le droit pénal n'est pas avare de mécanismes déclencheurs de responsabilité, aussi la personne humaine peut être responsable du fait d'une faute qui lui serait imputable (A) mais également du fait d'une responsabilité par le fait du robot (B).

A. LA FAUTE DE LA PERSONNE

En présence d'un dommage causé par un robot, à défaut de responsabilité pénale personnelle de celui-ci, il faut envisager la responsabilité pénale des acteurs ayant contribué notamment à la construction et à l'utilisation de la machine, ainsi que celle de son propriétaire. Par définition, s'agissant des intermédiaires, au vu de la multitude de responsables potentiels, le dommage résultera la plupart du temps d'un lien de causalité indirect ne serait-ce que du fait d'une dilution de la faute. Si toutefois l'auteur est identifié, il faudra démontrer qu'il a, soit commis une violation manifestement délibérée d'une obligation particulière de prudence ou de sécurité prévue par la loi ou le règlement, soit commis une faute caractérisée et qui exposait autrui à un risque d'une particulière gravité qu'il ne pouvait ignorer[20]. Si ces hypothèses sont envisageables, l'auteur ayant par exemple délibérément violé une norme de sécurité, engager la responsabilité pénale de celui qui serait le constructeur, le fabricant ou tout autre protagoniste de la chaîne de fabrication semble sévère au regard de l'aspect imprévisible et intraçable d'une intelligence artificielle.

Le lien de causalité peut aussi être direct (le dommage peut par exemple provenir directement d'une faute de l'utilisateur du robot qui aurait manipulé la machine et contribué ainsi à la réalisation du dommage). Dans cette configuration, essentiellement cantonnée aux fautes non intentionnelles,

---

[19] A. Mendoza-Caminade, « La santé et la robotique », *RLDI*, octobre 2014, suppl. au n° 108, n° 3603, 19.
[20] C. pén., art. 121-3 al. 4.

l'auteur du dommage verra sa responsabilité engagée s'il a commis une faute d'imprudence, de négligence ou de manquement à une obligation de prudence ou de sécurité prévue par la loi ou le règlement[21]. Il faudra établir qu'il n'a pas accompli les diligences normales compte tenu de la nature de ses missions ou de ses fonctions, de ses compétences ainsi que du pouvoir et des moyens dont il disposait. Quand bien même cette exigence serait remplie, encore faudra-t-il démontrer que le lien de causalité est certain ce qui, au vu de la multitude d'acteurs entrant dans la chaîne causale, semble difficile. L'on se confronte aux mêmes difficultés que les civilistes qui doivent faire face au problème de la traçabilité du dommage et le critère de la certitude du lien de causalité risque de ne pas être satisfait.

Néanmoins, le droit pénal répond parfois aux difficultés liées à la pluralité de participants par la théorie des fautes conjuguées. Dans cette conception, tous les participants à une action commune sont censés avoir eu un rôle causal dans les dommages survenus. La Cour de cassation considère en effet que « *les imprudences, négligences et inobservations des règlements, imputables à plusieurs prévenus, bien que distinctes les unes des autres, peuvent par leurs effets conjugués, être la cause directe ou indirecte d'un homicide ou de blessures involontaires, et suffisent à fonder la responsabilité pénale de chacun des prévenus* »[22]. Dans cet arrêt les prévenus se voyaient reprocher d'avoir mis en circulation de la viande avariée. Transposée à la mise en circulation d'un robot défectueux, cette théorie permettrait d'engager la responsabilité de chacun des participants si ceux-ci pouvaient donc se douter des dommages qui allaient survenir. Cette théorie, qui a le mérite d'assouplir les conditions relatives au lien de causalité, comporte malgré tout ses limites, à nouveau liées à l'imprévisibilité et à l'absence de traçabilité d'une l'intelligence artificielle. Comment être certain que, même s'il y a plusieurs participants au dommage, ceux-ci en soient à l'origine ? Comment parler d'imprudence lorsqu'il s'agit d'une entité incontrôlable comme une IA, sauf à considérer que par définition tout acte est imprudent ? Surtout, comment envisager d'engager leur responsabilité si aucun acte particulier n'a été commis et que la cause de l'acte délictueux reste inconnue ? *Quid* des robots cognitifs dont les actes sont totalement gouvernés par le hasard ?

Pour autant, même si la responsabilité personnelle du robot et la faute de la personne semblent vouées à l'échec, il n'est pas envisageable de laisser une atteinte à une valeur sociale protégée impunie. Les théories précédentes n'emportant pas satisfaction essentiellement du fait de l'imprévisibilité et de la traçabilité du processus, il faut rechercher un mécanisme qui permettrait

---

[21] C. pén., art. 121-3 al. 3.

[22] Crim. 14 décembre 1967, *Bull. crim.* n° 326.

de réprimer celui qui doit répondre des actes d'une entité autonome et imprévisible.

B. LA RESPONSABILITÉ PAR LE FAIT DU ROBOT

Il est des situations dans lesquelles une personne doit répondre de son propre fait mais également du fait d'autrui. Tel est le cas de la responsabilité pénale des personnes morales, déclenchée par les actions de l'organe ou le représentant qui les représente[23]. Cela suppose toutefois une faute commise par cet organe ou représentant, au nom et pour le compte de la personne morale. Faire un décalque de cette configuration à la question qui nous occupe implique de considérer que la personne humaine représente le robot. Certes, celui-ci existe alors en droit pénal mais par le truchement de l'humain. Cette proposition doit donc être écartée d'emblée car les difficultés liées à ces intelligences artificielles ne proviennent pas d'une dépendance à un être matériel pour exister mais, à l'inverse, de leur autonomie.

Nous pourrions envisager de transposer, sur le principe, le régime de la responsabilité des dirigeants du fait de leur préposé lorsque le robot est sous la garde de son propriétaire. La Cour de cassation admet en effet, par exception au principe de la responsabilité du fait personnel, que « *la responsabilité pénale peut naître du fait d'autrui dans les cas exceptionnels, où certaines obligations légales imposent le devoir d'exercer une action directe sur les faits d'un auxiliaire ou d'un subordonné* »[24]. Autrement dit, à chaque fois que le propriétaire du robot, ou à tout le moins celui qui l'a sous sa garde, n'empêche pas la réalisation d'une infraction il serait considéré comme ayant manqué à un devoir de surveillance. Cette faute personnelle justifierait qu'il soit tenu pour responsable du fait de son robot ou plus exactement, pour reprendre les mots du Professeur Larguier, « *par le fait d'autrui* », cette expression permettant de ne pas déroger au principe de la responsabilité personnelle[25]. Aussi séduisante soit-elle, cette théorie emporte les mêmes inconvénients que les précédentes car la responsabilité par le fait du robot reposerait essentiellement sur une faute non intentionnelle de la part du propriétaire. Or, il a été démontré que la certitude du lien de causalité était loin d'être affirmée. Au surplus, le devoir d'exercer une action directe sur les faits du robot ne saurait être fondé sur un lien de subordination. Néanmoins, malgré ces tempéraments, la structure de ce schéma de responsabilité se rapproche de notre problématique. Il faudrait considérer que le propriétaire a une responsabilité de principe par le fait de

---

[23] C. pén., art. 121-2.
[24] Crim. 28 février 1956.
[25] En ce sens, voir X. Pin, *Droit pénal général*, Dalloz, Paris, 2019, 317.

son robot et du seul fait qu'il dispose de cette machine, quand bien même il n'aurait pas commis de négligence ou imprudence. Le propriétaire accepterait les risques inhérents à l'intelligence artificielle à savoir l'imprévisibilité. Or, le droit pénal apporte une réponse aux actes commis par un être autonome et potentiellement imprévisible au travers de la responsabilité du fait des animaux, qui mérite que l'on s'y attarde.

La transposition de ce régime, adapté à l'objet qui nous occupe, aurait pour mérite de répondre aux problématiques soulevées, que le robot soit auteur ou victime de ce qui deviendrait une infraction. Il ne s'agirait pas de traiter celui-ci comme un animal mais de s'inspirer de certaines dispositions pénales. À l'instar du droit civil qui consacre la responsabilité du fait des animaux[26] le droit pénal pourrait envisager de consacrer la responsabilité pénale du propriétaire ou du détenteur du « robot délinquant »[27]. Un exemple parmi d'autres peut illustrer ce raisonnement, pour ce qui est des violences, l'article 222-19-2 du Code pénal dispose que « *Lorsque l'atteinte involontaire à l'intégrité de la personne ayant entraîné une incapacité totale de travail de plus de trois mois prévus par l'article 222-19 résulte de l'agression commise par un chien, le propriétaire ou celui qui détient le chien au moment des faits est puni de trois ans d'emprisonnement et de 45 000 euros d'amende* »[28]. Transposé au robot, un texte à la structure identique pourrait être envisagé, l'atteinte à l'intégrité physique ne serait alors plus le fait d'un chien mais d'une machine autonome. Plus encore, le propriétaire pourrait également voir sa responsabilité engagée s'il reste passif face à un acte délictueux de celle-ci, sur le modèle de l'article R. 623-3 du Code pénal[29]. L'IA pourrait également subir des atteintes puisque les animaux

---

[26] C. civ., art. 1243 : « *le propriétaire d'un animal, ou celui qui s'en sert, pendant qu'il est à son usage, est responsable du dommage que l'animal a causé, soit que l'animal fût sous sa garde, soit qu'il fût égaré ou échappé* ».

[27] Pour une application en droit civil, voir A. Mendoza-Caminade, « Le droit confronté à l'intelligence artificielle de robots : vers l'émergence de nouveaux concepts juridiques ? », *D.* 2016. 445. L'auteur propose la création d'un régime juridique spécial fondé sur la responsabilité du fait des animaux, de sorte que « *par une responsabilité objective résultant du seul fait du robot, le gardien du robot deviendrait responsable de l'accident ou des dommages causés par le robot, la notion de faute étant indifférente* ».

[28] Voir également C. pén., art. 222-20-2 : « *Lorsque l'atteinte involontaire à l'intégrité de la personne ayant entraîné une incapacité totale de travail de moins de trois mois prévue par l'article 222-20 résulte de l'agression commise par un chien, le propriétaire ou celui qui détient le chien au moment des faits est puni de deux ans d'emprisonnement et de 30 000 euros d'amende* ».

[29] Le fait, par le gardien d'un animal susceptible de présenter un danger pour les personnes, de laisser divaguer cet animal est puni de l'amende prévue pour les contraventions de la 2e classe. Avec beaucoup d'imagination on peut envisager la

peuvent être victimes de sévices et d'actes de cruauté[30], de mauvais traitements[31] ou encore d'atteintes volontaires[32] et involontaires[33] à leur vie.

Cette solution impose toutefois de se résigner, la responsabilité des intermédiaires ne peut être engagée par ce biais. Deux conclusions s'imposent alors. D'une part, il est vain, à notre sens, d'envisager une responsabilité autonome d'une IA aussi humanisée soit-elle. D'autre part, le fonctionnement même de cette technologie, fondée sur le hasard, empêche toute idée de responsabilité des intermédiaires. Dès lors, une responsabilité par le fait du robot s'impose, calquée sur le régime applicable aux animaux. Malgré les imperfections qu'il comporte, il semble être le plus à même de contourner les obstacles inhérents à l'IA, ce qui démontre par ailleurs que le droit pénal peut faire preuve de souplesse face à cette future forme de délinquance qui ne nécessite donc pas de reconsidérer les fondements de cette discipline.

---

transposition de l'article 312-12-1 aux termes duquel *« le fait, en réunion et de manière agressive, ou sous la menace d'un animal dangereux, de solliciter, sur la voie publique, la remise de fonds, de valeurs ou d'un bien est puni de six mois d'emprisonnement et de 3 750 euros d'amende »*.

[30] C. pén., art. 521-1 à 521-2 et R. 511-1.

[31] C. pén., R. 654-1.

[32] C. pén., art. R. 665-1.

[33] C. pén., art. R. 653-1.

24

Sexe et apparence physique de la personne juridique

Julie Mattiussi

La personne est au cœur de l'œuvre de Claude Lienhard, que l'on parle de l'universitaire ou de l'avocat. Ayant la délicate mission de lui succéder dans le Diplôme Universitaire Technologique Carrières Juridiques de Colmar, j'ai l'honneur d'illustrer cette filiation par la présente contribution, en droit des personnes.

La personne en droit est une notion juridique abstraite, susceptible de désigner aussi bien un individu – personne physique –, qu'une entité collective – personne morale. Toutefois, dans le cas de la personne physique, la notion juridique et la réalité factuelle se confondent. La catégorie juridique « personne physique » renvoie à l'être humain né et vivant, un être de chair et de sang, sexué, tangible, visible, qui existe en tant que fait et s'impose au monde du droit[1]... Et le monde du droit croit ce qu'il voit : les personnes humaines sont semblables (elles appartiennent toutes à l'humanité) mais différentes. Ces différences, rendues visibles au premier coup d'œil par la singularité de l'apparence de chacun, invitent à l'individualisation. Pour distinguer les personnes entre elles, le droit retient une série de marqueurs : nom, prénom, parenté... qui figurent sur les actes d'état civil et en particulier sur le premier d'entre eux, l'acte de naissance[2]. Parmi ces marqueurs, il en est un qui constitue un trait d'union entre le fait (apparence physique des personnes) et le droit (individualisation juridique de chaque personne) : c'est le sexe.

---

[1] P. Amselek, *Cheminements philosophiques dans le monde du droit et des règles en général*, Le temps des idées, Armand Colin, Paris, 2012.

[2] Les actes d'état civil sont au nombre de trois : acte de naissance, de mariage et de décès, C. civ., art. 34 et s. Ils ne doivent pas être confondus avec les documents officiels d'identité, qui ne font que reprendre les informations de l'état civil à des fins d'identification.

Aujourd'hui encore, on détermine le sexe des enfants à la naissance *de visu :* le décret des 20-25 septembre 1792 instituant l'état civil des français[3] disposait que tout nouveau-né devait être présenté à l'officier d'état civil afin que ce dernier puisse vérifier le sexe de l'enfant[4]. L'exigence a ensuite été reprise par l'article 55 du Code civil de 1804[5]. L'apparence des organes génitaux était alors, sans équivoque, le critère de détermination du sexe juridique[6]. Bien que la présentation de l'enfant à l'officier d'état civil soit tombée en désuétude puis supprimée par une loi du 20 septembre 1919[7], elle a été remplacée en pratique par la production de certificats médicaux[8] par lesquels les médecins continuent aujourd'hui de déterminer le sexe de l'enfant par la seule référence à l'apparence externe des organes sexuels[9].

« *Foi est due à l'apparence* »[10], donc, en ce qui concerne le sexe des personnes. Le sexe juridique – marqueur de l'individualité, de l'identité de la personne – est intimement lié à l'apparence du sexe physique. Dès lors, le droit ne peut ignorer les relations entre les deux. Le droit permet d'abord aux

---

[3] Décret 20-25 septembre 1792 qui détermine le mode de constater l'état civil des citoyens, *Recueil général annoté des lois, décrets, ordonnances, etc., etc., depuis le mois de juin 1789 jusqu'au mois d'août 1830*, tome 3, Paris, 1834, p. 337.

[4] M. Bruggeman, « Le rôle de l'état civil », *in* C. Neirinck (dir.), *L'État civil dans tous ses états*, Droit et société, LGDJ, Paris, 2008, p. 23, spéc. p. 32 ; M.-X. Catto, « La mention du sexe à l'état civil », *in* S. Hennette-Vauchez, M. Pichard et D. Roman (dir.), *La loi & le genre – Études critiques de droit français*, CNRS éditions, Paris, 2014, p. 29, spéc. p. 31.

[5] J.-P. Branlard, *Le sexe et l'état des personnes – Aspects historique, sociologique et juridique*, LGDJ, Paris, 1993, n° 1365, p. 457.

[6] Civ. 6 avr. 1903, *D.* 1904. I. 395, concl. Baudouin ; *S.* 1904. I. 273, note A. Whal. Statuant sur la validité du mariage conclu entre un homme et une femme présentant les caractéristiques externes de son sexe mais non les caractéristiques internes, la Cour de cassation casse l'arrêt d'appel au motif qu'elle ne pouvait, alors qu'elle « *constate expressément qu'elle présente toutes les apparences extérieures du sexe féminin* », considérer qu'il ne s'agissait pas d'une femme.

[7] M.-X. Catto, « La mention du sexe à l'état civil », art. cit., spéc. p. 31.

[8] A. Ponsard, « Sur quelques aspects de l'évolution du droit des actes de l'état civil », in *Mélanges offerts à René Savatier*, Dalloz, Paris, 1965, p. 779, spéc. p. 785.

[9] J. Penneau, *JCP G* 1984. II. 20222, note sous Civ. 1re 30 nov. 1983, n° 82-13808 ; M. Maymon-Goutaloy, « De la conformité du droit français des personnes et de la famille aux instruments internationaux protecteurs des droits de l'homme », *D.* 1985. chron. 211, spéc. p. 216 ; G. Goubeaux, *Traité de droit civil – Les personnes*, LGDJ, Paris, 1989, n° 262, p. 232 ; J. Carbonnier, *Droit civil – Introduction – Les personnes – La famille, l'enfant, le couple*, vol. 1, Quadrige Manuels, PUF, Paris, 2004, n° 268, p. 497.

[10] A. Rabagny, *L'image juridique du monde*, Droit, éthique, société, PUF, Paris, 2003.

personnes d'agir directement sur leur corps pour transformer l'apparence de leur sexe physique et ainsi la rapprocher de ce qu'elles ressentent comme étant leur identité sexuée véritable. Le droit laisse ensuite aux personnes la possibilité de conformer leur sexe juridique à leur apparence physique par le changement de sexe à l'état civil. Ces deux mouvements sont bien sûr interdépendants. Ainsi, en permettant aux personnes d'agir sur l'apparence de leur sexe physique, le droit crée lui-même les situations de discordances qu'il pallie en permettant la modification de l'état civil. Il n'en est pas moins nécessaire de les étudier l'un après l'autre car ils ne convoquent pas les mêmes droits – droit au respect du corps humain pour l'apparence du sexe physique et droit au respect de la vie privée pour le sexe juridique. Aussi, faut-il examiner, dans un premier temps, la possibilité laissée aux personnes de transformer l'apparence de leur sexe physique (I) et, dans un second temps, la faculté de conformer leur sexe juridique à leur apparence physique (II).

I. Transformer l'apparence de son sexe physique

Les personnes ont divers moyens d'agir sur leur apparence physique pour la rapprocher de ce qu'ils souhaitent exprimer de leur identité par le maquillage, les vêtements, la coiffure. L'apparence physique est, à cet égard, au cœur de la question identitaire qui se pose à chacun : l'apparence dit quelque chose de soi, qu'on le veuille ou non. L'affirmation est vraie pour tous les aspects de l'identité (profession, religion, âge, personnalité...) et particulièrement pour l'identité sexuée, qui est, au surplus, un marqueur juridique de l'individualité des personnes. Les actes réalisés par la personne sur sa propre apparence physique ne font généralement pas difficulté au plan juridique. C'est lorsqu'une tierce personne, comme un médecin, est amenée à agir sur le corps d'autrui que les questions surgissent. Il s'agit de l'hypothèse dans laquelle se trouve la personne qui souhaite transformer l'apparence de son sexe physique. La possibilité de solliciter la médecine pour transformer son sexe physique est reconnue par le droit dans un cadre très strict pour les personnes transsexuées (A). De façon paradoxale, toutefois, elle est quasiment un passage obligé pour les personnes intersexuées (B).

A. TRANSFORMER L'APPARENCE DU SEXE : UNE POSSIBILITÉ POUR LES PERSONNES TRANSSEXUÉES

Par le terme de personnes transsexuées, nous désignons les individus qui, nés avec un sexe masculin ou féminin, ressentent un décalage entre cette catégorie et leur identité véritable. Elles expriment le sentiment d'appartenir à l'autre catégorie de sexe, ce qu'elles souhaitent traduire dans leur corps par la prise de traitements hormonaux et la réalisation d'interventions chirurgicales[11]. Un tel parcours médical de transition est autorisé, mais rigoureusement conditionné.

Nées de la pratique médicale dans les années 1970, les réassignations sexuelles ont rapidement été conçues et présentées comme le traitement possible d'une pathologie : le transsexualisme[12]. Les parcours de transition ont été formalisés dans un protocole de 1989, qui exigeait un suivi médical d'au moins deux ans par une équipe pluridisciplinaire composée d'un psychiatre, d'un endocrinologue et d'un médecin plasticien[13]. Aujourd'hui, les protocoles de soin répondent toujours à ces exigences. Ils ont néanmoins été précisés à la marge, notamment avec l'instauration des tests en vie réelle, consistant à placer la personne en situation de se présenter socialement dans son sexe vécu (sexe « souhaité ») avant la chirurgie[14].

L'assignation sexuelle est donc possible, mais dans un cadre limité. En premier lieu, les modalités de la procédure sont de nature à dissuader certaines demandes. Ce caractère intrinsèquement « limitant » du protocole à suivre n'est pas sans intérêt. Il permet aux personnes de s'assurer de leur décision en rencontrant des professionnels de divers domaines, en bénéficiant d'une information complète, en prenant le temps de la réflexion. Il permet également au corps médical de détecter les demandes qui seraient le symptôme d'une maladie psychiatrique telle que la schizophrénie et de

---

[11] Il est important de faire la précision car le vocabulaire employé en la matière est une question parfois sensible pour les personnes concernées. Dans l'absolu, il conviendrait simplement de parler de « transgenre », par opposition aux cisgenre dont l'identité et le sexe déclarés à la naissance sont parfaitement alignés. Mais « transgenre » est une catégorie plus générale qui englobe également les personnes qui ne souhaitent pas appartenir à la catégorie masculine ou féminine et affichent une identité en dehors de la binarité. Or nous souhaitons parler, dans ce A, des individus transgenres concernés par la problématique médicale visant à transformer l'apparence de leurs organes sexuels. Nous employons donc le terme plus restreint de « transsexué ».

[12] Transsexualisme, dysphorie de genre, non-congruence de genre… Ici encore, les termes font l'objet de débats nourris, notamment au sein de la communauté médicale (A. Alessandrin, « Du "transsexualisme" à la "dysphorie de genre" : ce que le DSM fait des variances de genre », *Socio-logos* [en ligne], 9 | 2014, mis en ligne le 29 avril 2014, consulté le 14 janvier 2016 [http://socio-logos.revues.org/2837]). N'ayant pas les compétences suffisantes dans le domaine médical pour prendre position, nous les emploierons indistinctement pour qualifier la situation de la personne qui se sent appartenir à l'autre sexe.

[13] *Situation actuelle et perspectives d'évolution de la prise en charge médicale du transsexualisme en France*, HAS, novembre 2009, p. 70.

[14] H. Zeggar et M. Dahan, *Évaluation des conditions de prise en charge médicale et sociale des personnes trans et du transsexualisme*, IGAS, décembre 2011, n° 117 et s., p. 22.

proposer un traitement adapté[15]. Les modalités de la procédure peuvent toutefois être interrogées, particulièrement l'obligation de tests en vie réelle. Issus de recommandations internationales[16] et pratiqués dans de nombreux États, ces tests contraignent les personnes transsexuées à vivre dans ce que certaines pourraient ressentir comme un « entre-deux » qui, *in fine*, ne reflète pas la vie réelle et peut même être source d'exclusion. En ce sens, l'inspection générale des affaires sociales la qualifie « d'épreuve » et recommande son abandon[17]. En second lieu, l'intervention n'est possible que si un psychiatre a donné son aval en posant un diagnostic de transsexualisme[18]. Il s'agit là de s'assurer de la légalité des interventions, car, en principe, l'atteinte au corps d'autrui (ici par les médecins sur les patients) n'est possible qu'en cas de nécessité médicale[19]. C'est ainsi que le diagnostic psychiatrique de transsexualisme a été érigé en condition d'accès au parcours médical de transition[20] et au remboursement par la sécurité sociale[21]. La jurisprudence a depuis eu l'occasion de confirmer que « *le*

---

[15] Toutefois, sur la difficulté en pratique de distinguer le transsexualisme de la schizophrénie avec trouble de l'identité sexuelle, v. B. Ibrahim et V. Corman, « Schizophrénie et dysphorie de genre : est-ce juste une question de thalami ? », *Louvain Méd.* 2018. 137, p. 353

[16] World professional association for transgender health, *Standards de soins pour la santé des personnes transsexuelles, transgenres et de genre non-conforme* [en ligne], 7e version, 2012 : [https://www.wpath.org/media/cms/Documents/SOC%20v7/SOC%20V7_French.pdf].

[17] H. Zeggar et M. Dahan, rapp. cit., n° 122, p. 23.

[18] M.-L. Rassat, « Sexe, Médecine et Droit », in *Mélanges offerts à Pierre Raynaud*, Dalloz-Sirey, 1985, p. 651, spéc. p. 657 ; A. Debet, « Le sexe et la personne », *LPA* 2004, n° 131, p. 21 ; A. Marais, « L'apparence de la personne », in *Ruptures, mouvements et continuité du droit – Autour de Michelle Gobert*, Économica, Paris, 2004, p. 285, spéc. n° 14, p. 290 ; H. Zeggar et M. Dahan, rapp. cit., p. 4, n° 7 ; M.-X. Catto, *Le principe d'indisponibilité du corps humain : limite de l'usage économique du corps*, th. dactyl. Paris Ouest, vol. 1, 2014, n° 467, p. 457.

[19] Principe aujourd'hui formalisé à l'article 16-3 du Code civil, pas encore de droit écrit dans les années 1970, mais néanmoins présent à travers l'exigence d'un but thérapeutique (J. Penneau, « Corps Humain – Bioéthique », *Rép. civ.* sept. 2012, n° 312).

[20] M.-X. Catto, *op. cit.*, n° 455, p. 359 : « *La pathologisation de la demande a été la condition de la légalité de sa réponse, c'est-à-dire de l'accès à l'opération* » ; de façon moins explicite, F. Vialla, « Prolégomènes sur l'approche juridique de la transidentité », *Dr. fam.* 2013. 13, spéc. n° 12.

[21] Remboursement octroyé dès lors que le protocole de 1989 a été respecté, v. Haute Autorité de Santé dans son rapport *Situation actuelle et perspectives d'évolution de la prise en charge médicale du transsexualisme en France*, préc., p. 70. À noter que si le transsexualisme a été soustrait de la liste des affections psychiatriques de longue durée par le décret du 8 février 2010 (décret n° 2010-125 du 8 février 2010

médecin jouit [...] *d'une impunité légale dans la mesure où son intervention est justifiée par un intérêt thérapeutique* »[22]. L'exigence d'un diagnostic psychiatrique peut toutefois être questionnée, en particulier si l'on fait le parallèle avec la chirurgie esthétique. En cette matière, nul besoin de diagnostic pour accéder aux interventions : il suffit que la balance entre les bénéfices et les risques penche du côté des bénéfices[23]. Il serait possible d'objecter que la réassignation sexuelle s'éloigne de la médecine esthétique à plusieurs égards. D'abord, il s'agit d'un processus plus lourd, qui s'étale dans le temps, supposant traitements hormonaux et opérations chirurgicales diverses, à l'inverse de l'opération de chirurgie esthétique qui est, le plus souvent, ponctuelle. Ensuite, elle vise à modifier l'image corporelle de la personne dans son intégralité, contrairement à la chirurgie esthétique qui cible généralement une partie de l'anatomie seulement. Enfin, et surtout, l'assignation sexuelle dans sa forme la plus complète atteint les capacités fonctionnelles du corps, puisqu'elle conduit à une stérilisation du sujet. Ces trois éléments ne paraissent néanmoins pas suffisants pour justifier une telle limite à la réassignation. Les deux premiers sont davantage le signe d'une différence de degré plutôt que de nature, qui ne permet pas de considérer aussi distinctement chirurgie plastique et chirurgie de réassignation. Le troisième argument interpelle davantage, mais n'emporte pas l'adhésion dans un contexte juridique favorable à la liberté procréative[24]. La stérilisation volontaire est admise et encadrée par le Code de la santé publique[25], sans qu'un diagnostic psychiatrique soit nécessaire[26].

---

portant modification de l'annexe figurant à l'article D322-1 du Code de la sécurité sociale relative aux critères médicaux utilisés pour la définition de l'affection de longue durée « affections psychiatriques de longue durée », *JORF* 10 février 2010, p. 2398), il n'en demeure pas moins une « affection hors liste ».

[22] CA Aix-en-Provence 23 avr. 1990, *Gaz. Pal.* 1990. 2. 577, note J.-P. Doucet ; *JCP G* 1991. II. 21720, note G. Mémeteau ; *D.* 1991. 221, note D. Thouvenin ; *RDSS* 1991. 32, obs. L. Dubouis.

[23] C. sant. publ., art. R. 4127-40.

[24] Pour une étude approfondie de la question de la liberté procréative, v. M.-X. Catto, *op. cit.*, n° 552, p. 417.

[25] C. sant. publ., art. L. 2123-1.

[26] Notons que l'absence d'exigence d'un diagnostic n'empêche pas le remboursement par l'assurance maladie (*Classification commune des actes médicaux* v. 56, [en ligne], [https://www.ameli.fr/fileadmin/user_upload/documents/CCAM_V56.pdf], p. 246 (pour la ligature des trompes utérines), p. 243 (pour la ligature des canaux déférents). Il pourrait en être de même pour les réassignations sexuelles, v. H. Zeggar et M. Dahan, rapp. préc., n° 268, p. 41 : « *que l'on considère ou non qu'il s'agisse d'une pathologie ou que la prise en charge de la dysphorie de genre soit assimilée à celle de la grossesse, de l'infertilité ou de la contraception, le transsexualisme doit impérativement continuer de relever d'une prise en charge par l'assurance maladie, en tant qu'affection de longue durée* ».

Le caractère limité de l'accès à la transformation du sexe physique surprend d'autant plus que les personnes intersexuées mènent, au contraire, un combat contre l'assignation sexuelle systématique.

B. TRANSFORMER L'APPARENCE DU SEXE : UN PASSAGE OBLIGÉ POUR LES PERSONNES INTERSEXUÉES ?

Les personnes « intersexuées » ou « intersexes » sont celles qui présentent des variations des caractéristiques sexuelles[27]. Ces variations sont majoritairement perçues par le corps médical comme relevant de la pathologie, ce qui autorise les interventions chirurgicales d'assignation, qui relèvent des mêmes techniques que la chirurgie du transsexualisme. Pourtant, l'approche pratique de ces questions est très différente. Alors que la demande de la personne transsexuée suscite une forme de méfiance du fait que la personne a initialement un corps sexué « normal » selon la norme de référence de binarité des sexes, la demande de la personne intersexuée bénéficie d'une plus grande bienveillance. Ainsi, lorsque l'ambiguïté sexuelle apparaît dès la naissance, les parents, agissant en qualité de représentants légaux de leur enfant mineur, peuvent solliciter une assignation sexuelle afin que l'apparence du sexe de l'enfant épouse les critères de la catégorie masculine ou de la catégorie féminine. Le corps médical accompagne alors les parents dans la démarche sans remettre en question la légitimité de leur attente pour leur enfant[28].

Les interventions chirurgicales sur les personnes intersexuées sont pourtant particulièrement graves. Ainsi, lorsqu'elles sont réalisées sur de très jeunes enfants, elles posent la question de la nécessité de l'intervention pour ces derniers. Pour reprendre la comparaison avec les personnes transsexuées, il

---

[27] V. les nombreux travaux de B. Moron-Puech, depuis *Les intersexuels et le droit*, Mémoire Paris II, 2010.

[28] A.-M. Rajon, « L'épreuve corporelle : l'intersexualité à la naissance », *in* C. Neirinck (dir.), *L'État civil dans tous ses états*, Droit et société, LGDJ, Paris, 2008, p. 71, spéc. p. 75 : « *Lorsqu'à la naissance, l'aspect des organes génitaux externes fait apparaître une ambiguïté, les investigations médicales commencent immédiatement* » ; C. Nihoul-Fekete, « Abord médico-chirurgical des désordres de la différenciation sexuelle », *in* J. Mateu, M. Reynier et F. Vialla (dir.), *Les assises du corps transformé – Regards croisés sur le genre*, Les études hospitalières, Bordeaux, 2010, p. 57, spéc. p. 61 : « *Si la chirurgie est pratiquée par des chirurgiens qui ont l'expérience de la chirurgie périnéale et génitale, si la chirurgie est bien considérée comme faisant partie d'une prise en charge médicale qui se concentre sur le management global de l'enfant et de sa famille, alors cette chirurgie devrait être faite le plus tôt possible après un diagnostic exact et à la lumière du pronostic à long terme que l'on peut établir dans 85% des cas de D.S.D* ».

est certain que ces dernières expriment une souffrance parce qu'elles sont en âge de porter leur propre voix. Pour ce qui concerne les enfants intersexués, parfois nourrissons, nul ne sait s'ils auraient ou non souffert de leur condition en grandissant[29]. Par ailleurs, outre les souffrances physiques et psychologiques que peuvent générer ces opérations (exposition des organes génitaux à une pluralité de professionnels, utilisation de prothèse pour élargir le néo-vagin le cas échéant…)[30], elles posent une question insoluble qui est celle du choix du sexe vers lequel il faut orienter l'enfant. Quand bien même on admettrait que l'enfant grandira mieux en s'inscrivant dans la norme sociale la plus courante, c'est-à-dire dans l'une des deux catégories de sexe, encore faudrait-il *choisir* vers quel sexe se tourner. Un tel choix est impossible à réaliser face à un très jeune enfant. Ces éléments expliquent peut-être que, progressivement, les interventions médicales font l'objet de plus de réticences. De nombreuses instances internationales recommandent de laisser l'enfant grandir avant de lui proposer une intervention chirurgicale. Ainsi le Conseil de l'Europe préconise-t-il d'entreprendre « *des recherches complémentaires afin d'augmenter les connaissances de la situation spécifique des personnes intersexuées, s'assurer que personne n'est soumis pendant l'enfance à des traitements médicaux ou chirurgicaux esthétiques et non cruciaux pour la santé, garantir l'intégrité corporelle, l'autonomie et l'autodétermination aux personnes concernées, et fournir des conseils et un soutien adéquats aux familles ayant des enfants intersexués* »[31]. Le changement de paradigme au sein du corps médical n'est toutefois pas achevé[32], en témoignent les recommandations du 10 janvier 2018 de la HAS à destination des médecins sur la prise en charge de certains patients intersexués, à savoir les personnes insensibles complètement ou partiellement aux androgènes (ICA ou IPA). Ainsi peut-on lire, page 11 que

---

[29] B. Moron-Puech, « Le respect des droits des personnes intersexuées, chantiers à venir ? 2e partie », *HAL*, 2016, n° 42, p. 19.

[30] A. Gogos-Gintrand, « Intersexualité : binarité des sexes, médecine et droit », *RDSS* 2016. 920.

[31] Conseil de l'Europe, Assemblée parlementaire, 2013, Résolution 1952, *Le droit des enfants à l'intégrité physique*, n° 7.5.3 ; v. aussi Committee on the Rights of the Child, United Nations, *Concluding observations on the fifth periodic report of France*, CRC/C/FRA/CO/5, 29 janv. 2016, n° 48 b) ; Comité contre la torture, Nations Unies, *Observations finales concernant le septième rapport périodique de la France*, CAT/C/FRN7, 4 mai 2016, n° 33 a) ; Comité des droits économiques et sociaux, Nations Unies, *Observations générales n° 22 sur le droit à la santé sexuelle et procréative*, E/C.12/GC/22, 2 mai 2016, n° 59, p. 15 ; Commissaire aux droits de l'Homme, *Droits de l'Homme et personnes intersexes*, Conseil de l'Europe, juin 2015, spéc. p. 26.

[32] Sur le changement de paradigme au sein de la pratique médicale, v. C. WIESEMANN, « Ethical guidelines for the clinical management of intersex », *Sex. Dev.* [en ligne], 10 juillet 2010, [http://www.aisia.org/txt/pdf/Etical%20.pdf].

« chez l'enfant IPA, l'évaluation clinique et les possibilités chirurgicales seront évaluées. Tant que l'enfant ne peut pas participer à la décision thérapeutique, aucune action médicale ou chirurgicale potentiellement irréversible ne doit être pratiquée », mais ensuite, p. 13 : *« chez la fille IPA, lorsque le choix de sexe à la naissance a été féminin, l'opportunité d'une chirurgie (clitoris, vulve, vagin) doit être discutée en RCP. Elle peut parfois être différée jusqu'à l'âge où l'enfant pourra participer aux questions et décisions concernant son corps »*.

En résumé, une évolution semble à l'œuvre mais elle s'opère lentement. Le simple fait, dans ces recommandations, de distinguer les « filles » et les « garçons » ICA ou IPA montre bien que la question de l'assignation est présente dans les esprits dès la naissance, même si le moment de l'assignation est reculé. La liberté véritable ne serait-elle pas d'admettre la possibilité d'apparences physiques sorties de la binarité ? La question se pose également en ce qui concerne les conditions de changement de sexe juridique.

II. Conformer son sexe juridique à son apparence physique

Le droit permet aux individus de demander un changement de sexe juridique à l'état civil dans des conditions récemment assouplies. Si cette évolution apparaît cohérente au regard des possibilités laissées aux individus de changer l'apparence de leur sexe physique – pour les personnes transsexuées – ou de décider d'orienter leur apparence vers tel ou tel sexe à un âge avancé – pour les personnes intersexuées – (A), elle n'en est pas moins insuffisante à plusieurs égards (B).

A. CONFORMER LE SEXE À L'APPARENCE : UNE ÉVOLUTION COHÉRENTE

Dès lors que les personnes ont été autorisées à agir sur leur corps pour transformer l'apparence de leurs organes génitaux, il était cohérent d'admettre le changement de sexe juridique dans le sens d'un alignement avec leur nouvel aspect visible. Le sexe juridique, rappelons-le, est défini par l'apparence extérieure des organes génitaux. Si l'apparence extérieure des organes génitaux change, alors il semble logique de permettre le changement de sexe à l'état civil. Le lien entre apparence du sexe biologique et sexe juridique est alors préservé.

La transformation médicale de l'apparence physique était ainsi posée comme condition du changement de sexe à l'état civil par l'Assemblée plénière de la Cour de cassation le 11 décembre 1992[33], puis reprise sous le terme de « *transformation irréversible de l'apparence* » dans des arrêts plus récents[34]. Le fondement juridique pour justifier ces solutions était le droit au respect de la vie privée[35], ce qui atteste du lien étroit entre sexe juridique et apparence physique. Ce que l'on cherchait à éviter ici était une discordance entre les actes d'état civil (identité juridique) et la personne visible (identité physique) qui serait de nature à violer le droit au respect de la vie privée à deux titres. Premièrement une telle situation obligerait les personnes à dévoiler leur parcours identitaire au moindre contrôle d'identité pour expliquer la discordance. Secondement, l'impossibilité de conformer son sexe juridique à son apparence ne permettrait pas à la personne d'exprimer son identité personnelle de façon complète, puisque l'aspect juridique de cette identité ne serait pas conforme à son aspect physique. En somme, pour préserver le droit au respect de la vie privée, la jurisprudence a permis de réinstaurer le lien entre apparence physique et sexe juridique par la modification du sexe à l'état civil.

Cet état du droit laissait pourtant de côté des personnes placées dans une même situation au regard de leur vie privée. Il s'agit des personnes transgenres ayant adopté une apparence physique générale conforme à l'autre sexe – en termes de maquillage, coiffure, habillement, traitements hormonaux – sans souhaiter recourir à la chirurgie des organes sexuels[36]. Celles-ci ne pouvaient pas changer de sexe à l'état civil, alors même que leur apparence générale n'était pas conforme à leur sexe juridique, générant les mêmes inconvénients que pour les personnes transsexuées. Ainsi, du point de vue du droit de chacun au respect de sa vie privée, la mise en cohérence véritable consistait à assouplir les conditions de changement de sexe pour permettre à des personnes dont l'apparence générale, visible en société, est

---

33 Ass. plén. 11 déc. 1992, n° 91-11900, *Bull.* AP, n° 13, p. 27 ; *GAJC*, T1, 13e éd., n° 26-27 ; *JCP G* 1993. II. 21991, concl. M. Jéol, note G. Mémeteau ; *Defrénois* 1993, p. 431 et 414, note J. Massip ; *RTD civ.* 1993. 97, obs. J. Hauser.

34 Civ. 1re 7 juin 2012, n° 11-22490 et n° 10-26947, *Bull.* I, n° 124 et n° 123 ; *D.* 2012. 1648, note F. Vialla ; *AJ fam.* 2012. 405, obs. G. Vial ; *RDSS* 2012. 880, note S. Paricard ; *RTD civ.* 2012. 502, obs. J. Hauser ; *JCP G* 2012. 753, note P. Reigné ; *LPA* 2012, n° 192, p. 13, note S. Le Gac-Pech ; *Gaz. Pal.* 2012, n° 173, p. 8, note J.-D. Sarcelet ; *RJPF* 2012-7/7, note I. Corpart ; Civ. 1re 13 févr. 2013, n° 12-11949 et n° 11-14515 : *Bull.* I, n° 13 et n° 14 : *Dr. fam.* 2013. 48, note P. Reigné ; *D.* 2013. 499, obs. I. Gallmeister ; *D.* 2013. 1089, obs. J.-J. Lemouland et D. Vigneau ; *RTD civ.* 2013. 344, obs. J. Hauser.

35 CEDH 25 mars 1992, n° 13343/87, *aff. B. c. France, D.* 1993. 101, note J.-P. Marguénaud ; *JCP G* 1992. II. 21955, note T. Garé ; *RTD civ.* 1992. 540, obs. J. Hauser.

36 Pour conserver leurs facultés procréatrices ou pour d'autres raisons.

transformée de changer de sexe à l'état civil, sans qu'il soit question d'aller regarder l'apparence de leurs organes génitaux.

Le législateur, avec la loi de modernisation de la justice au XXIe siècle du 28 novembre 2016 s'est orienté dans cette voie. Le changement de sexe juridique est désormais accessible aux personnes ayant une apparence générale non conforme à leur état civil mais n'étant pas passées par le parcours médical de réassignation sexuelle. L'article 61-5 du Code civil dispose ainsi que « *Toute personne majeure ou mineure émancipée qui démontre par une réunion suffisante de faits que la mention relative à son sexe dans les actes de l'état civil ne correspond pas à celui dans lequel elle se présente et dans lequel elle est connue peut en obtenir la modification* » et donne des exemples des principaux faits, qui sont « *1°) Qu'elle se présente publiquement comme appartenant au sexe revendiqué ; 2°) Qu'elle est connue sous le sexe revendiqué de son entourage familial, amical ou professionnel ; 3°) Qu'elle a obtenu le changement de son prénom afin qu'il corresponde au sexe revendiqué* ». Nul doute que l'apparence physique générale jouera ici un grand rôle, en particulier dans l'appréciation du premier de ces faits.

Si l'évolution est cohérente avec la conception du sexe juridique comme intrinsèquement liée à l'apparence physique, elle ne permet pas de répondre à toutes les situations de discordance entre sexe et apparence. Elle laisse ainsi toujours de côté une partie de la population : celle dont l'apparence n'est ni masculine, ni féminine.

B. CONFORMER LE SEXE À L'APPARENCE : UNE ÉVOLUTION INSUFFISANTE

L'évolution est insuffisante en ce qu'elle conduit à laisser subsister des situations de discordance entre sexe et apparence auxquelles la personne ne peut pas remédier par un changement de sexe juridique. Il s'agit des personnes intersexuées, mais aussi des personnes transgenres qui ne souhaitent pas être dans un sexe ou dans un autre. Ces personnes sont nécessairement dans une situation de discordance entre sexe et apparence, puisqu'elles se sont obligatoirement vu attribuer un sexe juridique masculin ou féminin dans l'enfance. En principe, toute personne doit être déclarée à l'état civil dans un délai de cinq jours après sa naissance[37]. L'acte de naissance dressé sur la base de cette déclaration mentionne le sexe de l'enfant : masculin ou féminin[38]. Une exception existe pour les nouveau-nés dont l'intersexuation est constatée à la naissance. Les parents peuvent alors

[37] C. civ., art. 55.
[38] C. civ., art. 57.

demander à différer l'inscription de la mention du sexe à l'état civil pendant deux ans maximum[39], le temps pour eux de savoir vers quel sexe s'orientera leur enfant. Après deux ans toutefois, il leur faut faire une déclaration de sexe masculin ou féminin : les mentions « neutre » ou « indéterminé » ne sont pas possibles.

L'interdiction du sexe neutre a récemment été posée par la Cour de cassation dans un arrêt du 4 mai 2017[40]. La Cour de cassation y affirme, en des termes généraux, que « *la loi française ne permet pas de faire figurer, dans les actes de l'état civil, l'indication d'un sexe autre que masculin ou féminin* ». Pas de « sexe neutre » sur l'état civil, donc. Si la solution de la Cour de cassation peut se comprendre au plan politique, tant il serait préférable que la représentation nationale se prononce sur une telle question de société, ses conséquences étonnent au regard du droit au respect de la vie privée. L'interdiction du sexe neutre laisse ainsi subsister des cas de discordance entre identité juridique et physique, avec les désagréments connus qui y sont associés, pour les personnes dont l'apparence physique ne permet pas de les catégoriser comme homme ou femme. Ces individus devront, en dépit d'une apparence « neutre », être catégorisés homme ou femme sur leurs documents d'identité. Dans un contexte où des discordances similaires ont été prises en considération par la loi de modernisation de la justice en 2016[41], la solution retenue ici surprend.

Notons toutefois qu'en l'espèce, la demande de sexe neutre était portée par une personne qui ne se trouvait pas dans cette situation de discordance. Le requérant était en effet une personne intersexuée dont l'apparence physique était masculine, ce que relève la Cour de cassation. Son apparence physique générale (masculine) et son sexe à l'état civil (masculin) étaient donc concordants. Si cela ne remet pas en cause la portée générale de l'arrêt et les développements qui précèdent, il n'est pas inintéressant de noter qu'en l'espèce, sa demande aurait créé, pour son cas particulier, une discordance entre identité physique (masculine) et juridique (sexe neutre). Ses papiers d'identité auraient, de ce fait, révélé son intersexualité. Or ici, la Cour de

---

[39] Circulaire du 28 octobre 2011 relative aux règles particulières à divers actes de l'état civil relatifs à la naissance et à la filiation.

[40] Civ. 1re 4 mai 2017, n° 16-17189, *JCP G* 2017. 716, note M. Gobert ; *JCP G* 2017. 696, note P. Ingall-Montagnier ; *D.* 2017. 1404, note B. Moron-Puech ; *D.* 2017. 1399, note J.-P. Vauthier ; *D.* 2018. 919, obs. M.-X. Catto ; *AJ fam.* 2017. 354, obs. J. Houssier ; *RTD civ.* 2017. 607, obs. J. Hauser ; *LPA* 2017, n° 120, p. 18, note M. Péron ; *Gaz. pal.* 2017, n° 19, p. 20, note P. Le Maigat ; *Gaz. Pal.* 2017, n° 25, p. 91, note B. Bloquel ; *Dr. fam.* 2017, étude 9, note J.-R. Binet ; *RJPF* 2017, n° 6, note S. Mauclair.

[41] *Supra.*

cassation statue dans un sens qui pourchasse la discordance. Cela pourrait sembler cohérent, si la chasse aux discordances n'était pas portée par le droit au respect de la vie privée. En l'espèce, le droit au respect de la vie privée du demandeur ne serait pas atteint par la discordance entre son sexe physique et son sexe juridique dans la mesure où il l'aurait choisi. Il serait même respecté, puisqu'il s'agirait de lui donner la possibilité de définir comme il l'entend son identité personnelle. La Cour européenne des droits de l'Homme aura l'occasion de se prononcer sur ces questions, le requérant l'ayant saisie d'un recours.

La question des relations entre sexe et apparence physique a, on le voit, encore de beaux jours devant elle[42]. Dans un tel contexte, nous ne pouvons qu'espérer des évolutions à venir dans le sens de plus d'égalité, de tolérance et de respect des personnes.

[42] R. Libchaber, « Les incertitudes du sexe », *D.* 2016. 20.

25

Victime de la séduction du médecin, question de droit, de déontologie ou de morale ?

Bruno PY

Relation de soin et victime. Depuis Louis JOUVET incarnant le Docteur KNOCK au cinéma en 1951, chacun sait qu'un médecin peut porter sous une blouse blanche une âme bien noire[1]. La publication en septembre 2016 de l'ouvrage : « Les brutes en blanc », par Martin WINCKLER, lui-même médecin, soulève une vague de réactions tant de ses partisans que de ses détracteurs[2]. Les débats dans la presse et les réseaux sociaux[3] confinent rapidement au manichéisme. Certains patients dénoncent des brutalités dont ils auraient été l'objet de la part de médecins. De nombreux médecins se sentent salis, bafoués, insultés. Les premiers stigmatisent des relents de paternalisme[4], les seconds évoquent un quasi-sacerdoce[5]. Deux ans plus tard, c'est l'emprise sexuelle qui est dénoncée, certains prétendant faire explicitement prohiber toute forme de sexualité au sein de la relation de soin, au nom de la protection de la partie faible – le patient.

Relation de soins et rapport au corps. Il est un temps que les moins de vingt ans ne peuvent pas connaître, où les ouvrages médicaux et leurs planches anatomiques étaient les seules sources illustrées présentant des images de nudité. Tout professionnel de santé est culturellement un spécialiste du rapport au corps de l'autre. Depuis ses premiers

---

[1] Jules ROMAINS, Knock ou le triomphe de la médecine, 1924. Bruno PY, Le médecin, la brute et le truand, *in* Légalité, légitimité, licéité, Mélanges Jean-François SEUVIC, PUN 2018, p.475.

[2] Martin WINCKLER (Dr Marc ZAFFRAN), Les brutes en blanc, Flammarion 2016, bandeau : pourquoi y a-t-il tant de médecins maltraitants ? ; « L'Ordre des médecins regrette que Martin Winckler ait fait le choix de la caricature et de l'amalgame pour assurer la publicité de ses écrits. » Prise de position de l'Ordre des médecins sur le livre de M. Winckler 07/10/2016, https://www.conseil-national.medecin.fr/node/1891 ; Stéphane LONG, Les brutes en blanc : des médecins écœurés répliquent à Winckler, Le quotidien du médecin 15 oct. 2016.

[3] Cf. par ex. le blog du Dr Baptiste BEAULIEU, médecin généraliste très connecté, en passe de devenir une star du web. http://www.alorsvoila.com/2016/04/12/une-banale-histoire-de-maltraitance/

4 Martin WINCKLER, Les médecins ne doivent pas être des cadors, Le Monde 16 oct. 2016.

[5] https://jesuisjeunegeneraliste.reagjir.fr/index.php/2016/06/28/une-vocation-pas-un-sacerdoce/

enseignements, le futur soignant apprend à regarder, à palper, à lire le corps humain. La médecine est consubstantielle du corps dénudé, et donc de la pudeur dévoilée[6].

Relation de soins et séduction : la réalité des faits. Séduire, c'est, selon le petit Robert, l'action de détourner du bien, (*se ducere :* conduire à soi), de faire tomber en faute. Le piège de la séduction est l'un des plus connus des médecins. Et l'un des plus unanimement réprouvés[7]. Les quelques études menées sur la question des relations amoureuses entre soignant et soigné ont montré que de telles idylles n'étaient pas rares[8]. Il se noue donc parfois des relations intimes, y compris sexuelles, entre soignants et soignés. Aphrodite[9] peut rencontrer Hippocrate[10]. L'incidence de ces écarts est difficile à évaluer. Elle est en augmentation apparente, entraînant des sanctions ordinales aggravées, probablement en raison d'une évolution vers une moindre tolérance à la fois des victimes, du public et du corps médical[11].

---

[6] Bruno PY, La pudeur et le soin, 2ème éd. PUN édulor 2019.

[7] Paul BENSOUSSAN, Pratique médicale et sexualité : éthique et déontologie, Sexologies 2003, - VOL.XII, N° 43. Paul Bensoussan est psychiatre, expert près la Cour d'Appel de Versailles. Il est également sexologue.

[8] 10% des psychiatres américains selon l'*American Psychiatric Association* en 1986 ; 3 à 11% des médecins Danois, AFP 24-02-2004.

[9] Aphrodite (en grec ancien Ἀφροδίτη / *Aphrodítê*) est la déesse grecque de la germination, de l'amour, des plaisirs et de la beauté. Elle a pour équivalent Vénus dans la mythologie romaine. On peut distinguer deux conceptions différentes d'Aphrodite : celle du plaisir de la chair, plus « terrienne » en quelque sorte, et celle de l'amour spirituel, pure et chaste dans sa beauté. (Symbole la pomme) Déesse de l'amour, (Vénus en latin) elle s'ingénie à faire naître dans le cœur des dieux - et particulièrement celui de Zeus - le désir de s'unir à des mortelles. Pour éviter qu'elle ne se vante d'être à l'origine de ces aventures, Zeus lui fait rencontrer un beau prince troyen, Anchise, dont elle tombe immédiatement amoureuse : de cette liaison naîtra Énée, l'ancêtre des Romains (Homère, Hymne à Aphrodite). Elle trompe son époux Héphaïstos avec Arès (Homère, Odyssée) ; de cette union naît Éros (Cupidon en latin), dieu du désir amoureux ; avec Hermès, elle engendre Hermaphrodite.

[10] Hippocrate « le Grand » ou Hippocrate de Cos (en grec: Ἱπποκράτης *Hippokratês*) (vers 460 av. J.-C., île de Cos - vers 370 av. J.-C., Larissa) était un médecin grec de l'âge de Périclès considéré comme une des grandes figures de l'histoire de la médecine.

[11] En France, la Section Disciplinaire du Conseil national de l'Ordre des médecins a eu à connaître une quarantaine d'affaires de ce type au cours des dix dernières années. Aux États-Unis sur 1 % des praticiens sanctionnés chaque année, 10 % des sanctions sont motivées par une conduite sexuelle inappropriée. Psychiatres et gynécologues seraient plus exposés que d'autres. Conseil National de l'Ordre des médecins, Pratique médicale et sexualité, Rapport adopté lors de la session de déc. 2000, Pr. Bernard HOERNI. « En 2016, 35 sanctions ont été prononcées par les chambres disciplinaires de première instance pour des manquements déontologiques

Relation de soins et séduction : un interdit implicite. L'altruisme bienveillant du professionnel de santé le conduit à consacrer son énergie à faire du bien au soigné. Cette « vocation » altruiste est-elle forcément platonique ? La relation de soin a longtemps été fondée sur une asymétrie de savoir et de pouvoir. Le médecin, savant, était décidant. Le patient, soigné, ignorant était passif et obéissant. Ce schéma était constitutif d'un modèle paternaliste dans lequel le médecin jouait le rôle du père et le malade celui de l'enfant comme en témoigne la conception du Professeur Louis Portes en 1954 : « *Face au patient, inerte et passif, le médecin n'a en aucune manière le sentiment d'avoir à faire à un être libre, à un égal, à un pair, qu'il puisse instruire véritablement. Tout patient est et doit être pour lui comme un enfant à apprivoiser* »[12]. Partant d'une telle posture paternaliste, il était assez logique que la question de la séduction et des éventuels prolongements sexuels soit régie par un régime fortement prohibitionniste. Le « père » ne saurait « corrompre » l'enfant. Après être parti à la recherche de l'origine de l'interdit, nous nous demanderons quelle portée celui-ci peut avoir au 21ème siècle.

I. À la recherche de l'origine de l'interdit

Le curieux qui part à la recherche des sources de la prohibition de toute relation de séduction entre soignant et soigné se tourne intuitivement vers les textes régissant la déontologie professionnelle des médecins (A). Dans un second temps, il explore les sources législatives et réglementaires (B). Dans les deux cas, il découvre avec gêne que la prohibition est seulement implicite et qu'elle est fondée sur des préceptes fragiles.

A. LA SEDUCTION ET LES REGLES DEONTOLOGIQUES

Relation de soins et séduction : une prohibition « évidente » ? En France, bien que le Code de déontologie soit muet sur ce point, il apparaît que bon nombre d'auteurs affirment que ce silence est dû à l'évidence de l'interdiction… « *La pratique médicale expose à des contacts intimes susceptibles de dégénérer en relation sexuelle. Or, celle-ci correspond à un interdit absolu, si évident sans doute qu'il n'est pas précisément identifié dans le Code de déontologie médicale* »[13]. Ils s'en réfèrent généralement au

---

liés à des actes à connotation sexuelle, dont six radiations. Au niveau de la chambre disciplinaire nationale, qui traite les appels, 15 sanctions ont été prononcées en 2016 pour ce motif, dont quatre radiations. » (François BEGUIN, Le Monde 27 mars 2018).

[12] Louis PORTES, À la recherche d'une éthique médicale, Masson 1954, p.163.

[13] « Principe : L'interdit de relations sexuelles entre médecin et patient relève de la même logique inhérente à " l'exception médicale " que l'interdiction de donner la

serment d'Hippocrate pourtant sans valeur juridique[14], qui prévoit pour le médecin entrant dans la carrière : « *Dans quelque maison que j'entre, j'y entrerai pour l'utilité des malades, me préservant de tout méfait, et de tout acte volontaire et corrupteur, et surtout de la séduction des femmes et des garçons libres ou esclaves* »[15].

Relation de soins et séduction : le silence du Code de déontologie. Quatre articles du code de déontologie professionnelle sont parfois invoqués à l'appui de la prohibition. Aucun n'est réellement pertinent. L'article 2 prône le respect de la personne et de sa dignité ; l'article 3 rappelle le nécessaire respect des principes de moralité ; l'article 31 impose de s'abstenir, même en dehors de l'exercice de sa profession, de tout acte de nature à déconsidérer celle-ci ; l'article 51 interdit toute immixtion sans raison professionnelle dans la sphère privée des patients[16]. Seule une conception particulièrement extensive des notions de dignité ou de moralité

---

mort, le secret médical ou l'interdiction de faux certificats ». Conseil National de l'Ordre des médecins, Pratique médicale et sexualité, Rapport adopté lors de la session de déc. 2000, Pr. Bernard HOERNI.

[14] Joel MORET-BAILLY, *Essai sur les déontologies en droit positif*, Thèse droit, Saint-Étienne, 1996.

[15] Extrait des œuvres complètes d'Hippocrate, traduites par Emile Littré, Paris, Baillière 1819-1861. « *Si je remplis ce serment sans l'enfreindre, qu'il me soit donné de jouir heureusement de la vie et de ma profession, honoré à jamais des hommes. Et si je le viole et que je me parjure, puissè-je avoir un sort contraire* ». Hippocrate rappelle en passant que, dans la Grèce antique, on pouvait séduire indifféremment les filles ou les garçons, et que le statut du médecin pouvait l'amener à avoir un comportement séducteur - et d'user de son autorité pour obtenir les faveurs sexuelles des personnes dont il s'occupait. C'est bien entendu toujours le cas aujourd'hui. (...) En relisant le « serment d'Hippocrate » U*n commentaire en trois mouvement, par Martin WINCKLER* Article mis en ligne le 29 septembre 2007 Ce texte est extrait de *J'ai mal là*. Je le publie ici pour servir de contrepoint au *Décalogue de la relation de soins*.

[16] Code de la santé publique, Article R.4127-2 : Le médecin, au service de l'individu et de la santé publique, exerce sa mission dans le respect de la vie humaine, de la personne et de sa dignité. Le respect dû à la personne ne cesse pas de s'imposer après la mort. Article R.4127-3 : Le médecin doit, en toutes circonstances, respecter les principes de moralité, de probité et de dévouement indispensables à l'exercice de la médecine. Article R.4127-31 : Tout médecin doit s'abstenir, même en dehors de l'exercice de sa profession, de tout acte de nature à déconsidérer celle-ci. Article R.4127-51 : Le médecin ne doit pas s'immiscer sans raison professionnelle dans les affaires de famille ni dans la vie privée de ses patients.

pourrait fonder l'interdiction de tout rapprochement amoureux et/ou sexuel. Le Code de déontologie ne parle ni de sexe, ni de sentiments[17].

Relation de soins et séduction : un obstacle moral. La déontologie tendrait-elle à devenir une nouvelle police des mœurs ?[18] La lecture de la presse spécialisée montre parfois les signes d'une posture morale particulièrement restrictive. « *La relation sexuelle avec son patient est interdite. Même sincère, une relation sexuelle avec un -ou une- patient(e) peut être sévèrement réprimée par l'Ordre. A moins de rompre au préalable toute relation médicale. (…) Si le médecin en question a perdu le Nord, il faut rappeler que la relation sexuelle consentie avec un patient n'est pas non plus autorisée par la déontologie. S'il ne s'agit pas d'une faute pénale, ni civile, l'ordre est toujours susceptible de sévir. Peu importe le degré de sincérité de la liaison...* »[19]. Sans doute faut-il déceler derrière ces affirmations la crainte d'un abus de pouvoir médical, lequel n'est pas en soi une infraction mais une circonstance aggravante des infractions sexuelles[20].

Relation de soins et séduction : un obstacle ordinal d'ordre purement moral. La jurisprudence disciplinaire relate un cas de sanction ordinale d'un psychiatre ayant eu avec sa patiente des relations intimes : « *ce comportement, même de courte durée et avec le consentement de la patiente, a méconnu les principes généraux qui s'imposent aux médecins dans leurs rapports avec leurs patients* »[21]. Pour notre part, nous considérons que cette décision n'a aucun fondement textuel précis, vu le silence du code de

---

[17] Patrick MISTRETTA, L'odyssée des mœurs en droit pénal et médical, *in* Bruno PY et Frédéric STASIAK, Légalité, légitimité, licéité, Mélanges Jean-François SEUVIC, PUN 2018, p.191.

[18] Déontologie : « *Ensemble des devoirs inhérents à l'exercice d'une activité professionnelle libérale et le plus souvent définis par un ordre professionnel* » G. CORNU, *Vocabulaire juridique*, P.U.F. 2004.

[19] Impact Médecin, 5 nov. 2004.

[20] « Un interdit connu de tous et dont on ne parle pas, c'est bien d'un tabou qu'il s'agit ; un sujet sur lequel on fait silence, par crainte ou par pudeur. Le tabou, c'est ici l'indicible social, qui ne peut ni se dire, ni se voir, et génère, par essence, le secret. Or, la transgression d'un interdit – d'un tabou – par une autorité aussi symbolique que celle du médecin ne peut revêtir qu'un caractère pervers. Non au sens d'une perversion sexuelle, mais bien dans celui d'une perversité de caractère, c'est-à-dire d'une volonté de manipulation, de chosification, de réification de l'autre. L'autre, qui se sentira, parfois rétrospectivement, abusé, au sens réel de ce terme. » Paul BENSOUSSAN, Pratique médicale et sexualité : éthique et déontologie, Sexologies 2003, - VOL.XII, N° 43.

[21] CE, 8 déc. 2000, n° 196204.

déontologie et relève plus d'un jugement moral que d'une décision disciplinaire[22].

Une pétition pour faire modifier le code de déontologie. Le 27 mars 2018, plusieurs personnalités adressent au Ministre de la Santé, Madame Agnès Buzyn une pétition[23] par laquelle *« Les signataires de cette pétition demandent l'ajout au Code de Déontologie Médicale d'un article interdisant explicitement aux médecins toute relation sexuelle avec les patient(e)s dont ils assurent le suivi »*. L'argumentation principale vise à faire cesser les agissements des « prédateurs sexuels » en « blouse blanche » ou « sur divan »[24]. Se fondant sur les théories de Freud, du transfert et du contre transfert, la pétition prétend que toute relation sexuelle entre médecin et patient devrait être prohibée. L'argumentation renvoie aux notions très à la mode d'emprise psychologique et implicitement de système agresseur[25]. L'inspiration canadienne est évidente, quand on étudie le code des professions loi-cadre qui régit l'ensemble du système professionnel québécois[26], lequel prévoit explicitement un interdit dans son article 59-1 : « *Constitue un acte dérogatoire à la dignité de sa profession le fait pour un professionnel, pendant la durée de la relation professionnelle qui s'établit avec la personne à qui il fournit des services, d'abuser de cette relation pour avoir avec elle des relations sexuelles* ». Heureusement, en France, le Conseil National de l'Ordre des Médecins (CNOM) a clairement réagi en revenant aux principes fondamentaux. « *L'Ordre estime cependant qu'une telle disposition, et son inscription dans un texte réglementaire, serait une intrusion dans la vie privée des personnes libres et consentantes. Cela lui parait en outre inutile, dès lors que les textes actuellement applicables et appliqués permettent de réprimer en droit disciplinaire tous les abus de faiblesse sur personne en situation de vulnérabilité, y compris en matière sexuelle. L'interdiction, par voie réglementaire, de relations sexuelles librement consenties entre un médecin et son patient contreviendrait selon l'Ordre des médecins aux principes de la liberté des personnes* »[27].

---

[22] « On fait une toilette morale pour son confesseur, on n'en fait pas pour son médecin. » Marie VALYERE, *Nuances Morales*, in La Revue hebdomadaire, septembre 1901, p. 256.

[23] http://www.atoute.org/n/article366.html

[24] Bruno PY, Faut-il interdire les relations sexuelles entre médecins et patients ? Quand une pétition rappelle que l'enfer est pavé de bonnes intentions, RDS n° 83, mai 2018, pp.441-445.

[25] Marlène SCHIAPPA, La culture du viol, L'aube, 2018.

[26] http://gpp.oiq.qc.ca/le_code_des_professions.htm

[27] CNOM communiqué de presse 27 mars 2018, en ligne.

Une affirmation médiatique de révolution déontologique. Au printemps 2019, la presse grand public l'a claironné à grand bruit, les médias l'ont diffusé largement et les réseaux sociaux l'ont répandu à l'envi, l'Ordre des médecins aurait explicitement prohibé toute forme de relation sexuelle entre un médecin et un patient[28]. Certains journalistes évoquent une modification de l'article 2 du code de déontologie médicale. Cet article 2 n'a pourtant pas changé depuis le Décret n° 95-1000 du 6 septembre 1995 portant code de déontologie médicale[29]. Un communiqué du Conseil national de l'ordre des médecins (CNOM), publié le 8 mars 2019 à l'occasion de la journée internationale des droits des femmes, rappelle les multiples prises de positions de l'ordre au sujet du harcèlement sexuel, des infractions sexuelles et du sexisme en général. Le juriste sait l'importance des mots quand il est question de sexualité[30]. Une information extraite de ce communiqué du CNOM doit retenir notre attention : « En décembre 2018, le Conseil national a modifié le **commentaire** de l'article 2 du Code de déontologie médicale, consacré au respect de la vie et de la dignité de la personne, afin d'y introduire plusieurs paragraphes sur les inconduites à caractère sexuel ».

Un commentaire et des conseils. La lecture des commentaires du Code de déontologie[31] permet effectivement d'identifier un nouveau paragraphe 6-2 : Inconduites à caractère sexuel. Il y est indiqué que « *La relation médicale implique l'obligation éthique du respect de la personne humaine et de sa dignité. Tous les actes d'atteinte à la personne humaine, pénalement condamnables, notamment s'agissant des agressions sexuelles, du harcèlement et de la discrimination, sont interdits pour le médecin, comme*

---

[28] L'Ordre des médecins interdit les relations sexuelles avec les patients, Barbara KRIEF et Bérénice ROCFORT-GIOVANNI, L'obs 12 mars 2019 ; L'Ordre formalise l'interdit des relations sexuelles entre médecin et patient, Elsa BELLANGER, Le quotidien du médecin, 12 mars 2019 ; Les relations sexuelles entre médecins et patients désormais interdites, Maud LE REST, francetvinfo.fr/sante, 13 mars 2019 ; L'Ordre des médecins interdit les relations sexuelles entre médecins et patients, Anissa BOUMEDIENE, 20mn.fr 14 mars 2019.

[29] La partie législative du code de la santé publique a été établie par l'ordonnance n° 2000-548 du 15 juin 2000 (J.O du 22 juin 2000) ratifiée par l'article 92 de la loi du 4 mars 2002 relative aux droits des malades et à la qualité du système de santé. La partie réglementaire relative à la quatrième partie a été codifiée par le décret n° 2004-802 du 29 juillet 2004 (J.O. du 8 août 2004) ; Valérie CABROL, La codification de la déontologie médicale : l'exemple de l'introduction du Code de déontologie médicale dans le Code de la santé publique, Revue générale de droit médical, juillet 2005, n° 16.

[30] Bruno PY, Les mots du sexe dans la loi pénale, in La loi pénale et le sexe, PUN, Dir. Audrey DARSONVILLE et Julie LEONHARD 2015, pp.45-62.

[31] https://www.conseil-national.medecin.fr

pour tout citoyen. Par ailleurs, le médecin ne doit pas abuser de sa position notamment du fait du caractère asymétrique de la relation médicale, de la vulnérabilité potentielle du patient, et doit s'abstenir de tout comportement ambigu en particulier à connotation sexuelle (relation intime, parole, geste, attitude, familiarité inadaptée…)- ». Autrement dit, le CNOM rappelle que le droit commun s'applique jusque et y compris au sein de la relation de soin. Force doit rester à la loi, fut-ce dans un cabinet médical.

Des préconisations préventives. Dans ses commentaires de l'article 2 du Code de déontologie, le CNOM donne désormais ses préconisations préventives sous forme d'une liste de 10 conseils qu'aucun lecteur prudent ne qualifiera de dix commandements...[32]

« *Pour se prémunir de toute inconduite, notamment à caractère sexuel, le médecin respectera les 10 conseils suivants :*

1. Ne pas abuser de l'ascendant de la fonction de médecin notamment sur des patients vulnérables, du fait de leur état pathologique ou de leur situation, pour transformer la relation médicale en relation sexualisée.

2. Toujours, par une attitude de réserve consciente et de bonne tenue, sans familiarité, respecter la personne humaine et sa dignité. Garder en toutes circonstances la bonne distance qui sied à toute relation patient-médecin.

3. Réserver le cabinet médical, lieu de la pratique médicale, uniquement à celle-ci (prévention, soins, investigations para-cliniques, expertise)

4. Expliquer toujours le déroulement de l'examen au patient, en annonçant les gestes et en précisant leurs modalités et finalité, pour en recueillir son consentement.

5. Assurer l'intimité du déshabillage (box, paravent…) en le limitant à ce qui est nécessaire.

6. Envisager l'opportunité, en accord avec le patient, de la nécessité de la présence d'un tiers (proche du patient, étudiant, autre collaborateur tenu au secret professionnel).

7. S'abstenir d'un comportement ambigu (palpation, commentaires…) et de séduction.

8. Détecter les personnes à risques comme les séducteurs et érotomanes, clarifier la situation avec les patients et, si nécessaire, appliquer les dispositions de l'article 47 du Code de déontologie médicale qui permet « au médecin, hors le cas d'urgence et le respect de ses devoirs d'humanité, de refuser ses soins ».

9. Analyser la situation en étant à l'écoute de ses émotions pour les canaliser entre ce qui peut ou ne peut pas, être vécu.

---

[32] « *Le conseil de l'Ordre des médecins, chargé du maintien de l'ordre public de la santé nationale, donne des conseils, mais n'en reçoit pas, sauf sur rendez-vous.* » Pierre DAC 1893-1975, Les pensées, 1ère éd. 1972, le cherche midi 1985, p. 59.

10. S'interroger sur ses actes, ses attitudes et, en cas de situation difficile, identifier la personne ressource comme un confrère, avec laquelle on peut, en confiance, en parler et bénéficier de l'écoute et de conseils, pour clarifier la situation. »

Les mots du Droit sont simples, le Code de déontologie n'a pas été modifié[33]. Les mots du commentaire du Code de déontologie sont des conseils, lesquels ne sont pas nouveaux puisque déjà exprimés quasiment à l'identique dans le rapport Hoerni en 2000[34].

B. LA SEDUCTION ET LES REGLES JURIDIQUES

Relation de soins et séduction : une absence de prohibition juridique. Sur le plan strictement juridique, une relation amoureuse et/ou sexuelle entre un médecin et un patient majeur ne constitue en rien une infraction pénale. En vertu du principe de la légalité criminelle, la répression ne peut frapper qu'un médecin imposant à la volonté du patient un acte de nature sexuel par violence, menace, contrainte ou surprise. « *En droit pénal, ce que l'on appelle vide juridique n'est que l'espace de liberté* »[35]. Une relation sincère – *i.e.* consentie - entre adultes ne tombe pas sous le coup de la loi.

Qualité de patient et consentement libre à une relation sexuelle. Il est intéressant de constater que la notion, de « consentement » est commune au domaine de l'intégrité corporelle et au domaine de la liberté sexuelle. Sans doute faut-il y voir deux prolongements du principe d'inviolabilité du corps humain. Dans les deux cas, un individu majeur est supposé bénéficier d'une autonomie de sa volonté lui permettant de choisir librement ce qu'il accepte et ce qu'il refuse[36]. L'évolution de notre société et donc des règles juridiques qui régulent les rapports sociaux, permet d'affirmer que le patient n'est plus désormais infantilisé et que son autonomie est considérée comme un droit du patient[37]. Peut-on affirmer en même temps que le patient est aujourd'hui co-décideur de la relation de soin par un consentement libre et éclairé, mais

---

[33] Bruno PY, Le médecin et le sexe : les mots et la chose, RDS n° 89, mai 2019, pp.397-401.

[34] Pr. Bernard HOERNI, Conseil National de l'Ordre des médecins, Pratique médicale et sexualité, Rapport adopté lors de la session de déc. 2000.

[35] Jean CARBONNIER, Introduction, droit civil, PUF Thémis 25e éd° 1997, n° 63, p. 106.

[36] Romain PORCHER, Le consentement en droit médical, Médecine et Droit 2018, 10.1016/j.meddro.2018.08.002.

[37] Loi n° 2002-303 du 4 mars 2002 relative aux droits des malades et à la qualité du système de santé. Sur le consentement du patient à participer à la formation des étudiants cf. Bruno PY, Le patient : objet pédagogique, in Mélanges Claire NEYRINCK, LexisNexis 2015, pp.119-132.

qu'il lui serait interdit d'être co-décideur d'un acte sexuel ? Toute accusation de viol ou d'agression sexuelle nécessite la preuve que le suspect a imposé à la volonté de la victime un acte à connotation sexuelle par violence, contrainte, menace ou surprise. À défaut de cette preuve, toute promiscuité sexuelle est présumée volontaire, donc licite[38].

Qualité de patient et refus d'une relation sexuelle. Il faut insister sur le fait que la qualité de personne malade ou de personne en situation de handicap n'est pas en soi suffisante pour qualifier de viol une relation sexuelle avec un médecin. Il a ainsi été jugé que le fait qu'un trisomique 21 affirme que son médecin lui demandait de « faire la fille » ne suffisait pas à prouver la commission d'une infraction[39]. Justifie un non-lieu le fait pour un soignant d'avoir une relation sexuelle avec une patiente souffrant d'un grave handicap physique (hémiplégie droite, trouble cérébelleux), et d'une détérioration mentale, dès lors que celui-ci a pu légitimement croire au réel consentement de la jeune fille[40]. La Cour de cassation considère que la liberté ou l'absence de liberté de consentir s'apprécie ponctuellement dans chaque situation[41].

II. À la recherche de la portée de l'interdit

Dès lors que le patient est juridiquement autonome et qu'il peut décider des actes qui concernent son corps, la question de la liberté sexuelle redevient une question de Droit commun. « *Le consentement remplace la morale comme fondement de la bonne sexualité (...) le consentement devient la morale même de la sexualité* »[42]. S'il est fondamental de pouvoir réprimer les abus de pouvoir (A), il est tout aussi essentiel de rappeler la liberté des amours licites (B).

---

38 « La meilleure morale est de se rendre heureux. » Charles-Simon FAVARD, L'Anglais à Bordeaux, sc. 8 (La Marquise), 1763.

39 Crim. 12 mai 2004, n° 03-85.104.

40 Crim. 10 oct. 2000, n° 99-83.138.

41 « *Attendu que pour renvoyer L. devant la cour d'assises sous l'accusation de viol aggravé, l'arrêt attaqué, énonce que la contrainte qu'aurait exercé L. doit s'apprécier de manière concrète en fonction de la capacité de résistance de la victime laquelle, atteinte de psychonévrose dépressive et obsessionnelle grave, se trouvait isolée, en complet désarroi, dans une chambre d'hôpital où l'intéressé serait venu la réveiller en pleine nuit ; que les juges (...) observent enfin que les violences auraient été perpétrées par L., pendant son service, sur une patiente particulièrement vulnérable de l'hôpital dans lequel il était employé en qualité d'infirmier* » (Crim., 8 juin 1994, n° 94-81.376).

42 Jean-François CHASSAING, Le consentement, réflexions historiques sur une incertitude du droit pénal, in Daniel BORILLO, La liberté sexuelle, PUF 2005, p.76.

A. LA REPRESSION DE L'ABUS DE POUVOIR

Le soignant et le viol. Depuis la loi du 23 décembre 1980, le Code pénal connaît une définition précise du viol : « *Tout acte de pénétration sexuelle, de quelque nature qu'il soit, commis sur la personne d'autrui* ou sur la personne de l'auteur *par violence, contrainte, menace ou surprise est un viol* »[43]. L'infraction suppose d'une part, un acte de pénétration sexuelle[44], d'autre part, que cet acte soit réalisé à l'égard d'une personne non consentante et enfin qu'il soit réalisé consciemment par l'auteur. L'absence de consentement est un élément constitutif de l'infraction de viol. Or, en matière sexuelle comme dans d'autres domaines de la vie humaine, il est possible de surprendre le consentement de quelqu'un, c'est-à-dire d'obtenir sa coopération ou plutôt sa passivité par un artifice. Le médecin peut déraper et abuser de son pouvoir, comme un policier, un enseignant ou un prêtre[45].

Prise de médicament et consentement à une relation sexuelle. Chacun sait que certains médicaments perturbent la lucidité, la vigilance et la capacité de résister. Il existe même des molécules ayant un effet

---

[43] Art. 222-23 C. pén. ; Bruno PY, Le sexe et le Droit, PUF, Que-sais-je n° 3466, 1999, p.54 et s. ; La loi 2018-703 du 3 août 2018 a ajouté « Tout acte de pénétration sexuelle, (...), commis sur la personne d'autrui ou sur la personne de l'auteur ».

[44] La Cour de cassation a censuré l'arrêt de la Cour d'appel de Poitiers pour violation des articles 111-4 et 222-23 du code pénal dès lors que cette dernière a renvoyé devant la cour d'assises, sous l'accusation de viols aggravés, un médecin qui, agissant dans un contexte sexuel et animé par la volonté d'accomplir un acte sexuel, a contraint trois jeunes patientes à introduire dans leur bouche puis à sucer un objet de forme phallique alors que, pour être constitutive d'un viol, la fellation implique une pénétration par l'organe sexuel masculin de l'auteur de l'infraction et non par un objet le représentant. Crim., 21 février 2007, n° 06-89.543. - C.A. Poitiers, 24 février 2006.

[45] « *La chambre d'accusation a ordonné le renvoi devant la cour d'assises de A., du chef de viol aggravé ; aux motifs que Mme D. a toujours affirmé que, invitée par son médecin à se rendre dans une pièce sombre pour une séance de relaxation, et alors qu'elle était allongée sur ce qui lui avait semblé être un lit, il avait quitté la pièce pour réapparaître entièrement nu, s'était accroupi au bord du lit, lui avait massé les épaules puis, après lui avoir retiré rapidement le caleçon et le slip, s'était allongé sur elle et l'avait pénétrée, lui imposant un acte sexuel pendant lequel elle était restée sans réaction ; que Mme D. a ainsi été victime d'un viol par surprise (...) les experts qui l'ont examinée l'ont décrite comme non affabulatrice et ont exposé que sa passivité au moment des faits pouvait s'expliquer par l'anxiété et l'inhibition (...) Attendu que les juges ajoutent que ces éléments concordants sont à analyser à la lumière des circonstances très particulières dans lesquelles les faits se sont déroulés et notamment de l'état de grande vulnérabilité dans lequel se trouve placée une femme face à son médecin dans le cadre d'une consultation médicale* » (Crim., 25 oct. 1994, n° 94-83.726).

désinhibiteur susceptibles de transformer un individu timide en un libidineux outrancier. Deux situations différentes peuvent alors se présenter. D'une part, un auteur peu scrupuleux peut être tenté de faire absorber à sa future victime un produit dont il connaît les conséquences, dans le but de profiter d'elle. Certains parlent de soumission chimique. Si l'intensité des effets de la substance employée annihile le consentement de la victime, alors il y a viol par surprise[46]. D'autre part, certains professionnels de santé, sachant que tel ou tel traitement médical diminuent la lucidité d'un patient peuvent tirer parti d'un état de passivité causé par les produits absorbés[47]. La loi du 3 août 2018 a fait de la soumission chimique une circonstance aggravante du viol : « Lorsqu'une substance a été administrée à la victime, à son insu, afin d'altérer son discernement ou le contrôle de ses actes »[48].

Le viol sous anesthésie. S'il est bien une situation où il est évident qu'aucun consentement libre ne peut être exprimé, c'est l'hypothèse de l'anesthésie. Tout acte sexuel durant l'inconscience du patient est donc une agression ou un viol par surprise, que ce sommeil soit naturel, artificiel ou pathologique (coma). On trouve en jurisprudence le cas d'un gynécologue ayant commis de nombreux viols sur des patientes anesthésiées à l'occasion d'actes accomplis au cabinet médical[49]. Plus récemment, un étudiant en médecine a été condamné à 4 ans pour viol sous Rivotril[50]. Pour des caresses commises pendant la phase post-opératoire en salle de réveil, un infirmier anesthésiste a été condamné à trois ans d'emprisonnement pour agression sexuelle[51]. Il faut toutefois rassurer les hospitalisés, d'une part, parce qu'un patient endormi n'est d'ordinaire jamais laissé seul avec un soignant et d'autre part, en raison de la vigilance aiguë du personnel de surveillance, majoritairement féminin.

---

46 Pour le cas d'un médecin ayant administré un traitement inadapté (valium et calcibronat) afin d'affaiblir une jeune femme pour pratiquer sur elle des attouchements sexuels, Crim., 27 oct. 2004, n° 04-81.237.

47 Condamnation d'un médecin qui ne donne aucune explication plausible à la visite au cours de laquelle il a fait en sorte de se retrouver seul avec Vanessa Y... à un moment où les facultés d'attention et de résistance de la jeune femme étaient affaiblies par l'absorption d'un relaxant, pour pratiquer un examen qui comportait un toucher au niveau du sexe, Crim., 8 déc. 2004, n° 04-81.092.

48 C. Pén. art. 222-24-15°.

49 Crim., 21 avr. 1998, n° 98-80.582. Plus récemment un aide soignant a été condamné pour avoir violé deux femmes paralysées (Un aide-soignant condamné à dix ans de prison, Le Monde 8 février 2018). En Arizona, un infirmier, identifié par son ADN, est poursuivi pour viol, suite à l'accouchement d'une femme dans le coma depuis dix ans. France-Soir 24 janvier 2019.

50 Crim., 20 oct. 2015, n° 12-88264 et Lyon-mag 28 janvier 2018.

51 Crim., 24 nov. 2004, n° 04-83548.

La vulnérabilité du patient : circonstance aggravante. Le législateur sanctionne plus sévèrement les infractions de viol ou d'agression sexuelle commises sur « *une personne dont la particulière vulnérabilité due à son âge, à une maladie, à une infirmité, à une déficience physique ou psychique, ou à un état de grossesse, est apparente ou connue de son auteur* »[52]. Il va de soi que cette circonstance sera souvent vérifiée dans les hypothèses de poursuites contre les soignants. Il importe néanmoins que la juridiction saisie caractérise expressément cette vulnérabilité. La Cour de cassation insiste sur l'importance que la cause de vulnérabilité soit connue de l'auteur[53].

La qualité de soignant : circonstance aggravante. Il est très important de veiller à distinguer l'infraction et la circonstance aggravante. Pour qu'il y ait viol ou agression sexuelle, il faut prouver qu'un acte a été imposé par violence, menace, contrainte ou surprise. Ensuite de quoi, se posera la question de l'aggravation de la répression du fait de l'abus d'autorité conférée par la fonction. Autrement dit, toute relation sexuelle entre un soignant et son patient n'est pas présumée imposée. Tout professionnel de santé n'est pas considéré comme agresseur potentiel. Mais s'il est prouvé qu'un soignant a imposé un acte à dimension sexuelle à un de ses patients, alors cet acte est jugé plus sévèrement que s'il avait été commis par un non soignant[54].

B. LA LIBERTE DES AMOURS LICITES

Droit, Médecine et sexualité. Le droit pénal et le pénaliste savent bien que l'homo sapiens n'est pas forcément, comme le croient les économistes, un *homo-economicus* totalement rationnel. Ni le soignant, ni le soigné ne sont à 100% rationnels, et il peut y avoir entre eux échange de regards, d'odeurs, de fluides et pourquoi pas de sentiments, de rapprochements amoureux. Ce ne sont pas des êtres purement cérébraux. Si l'on admet que les pulsions sont animales mais que les comportements sont sociaux[55], que certains comportements sont inspirés par des ressorts inconscients et que les normes

---

[52] C. pén., art. 222-24-3° : viol ; C. pén., art. 222-29-2° : agressions sexuelles

[53] Ainsi au sujet d'un viol sur une jeune femme hémiplégique (Crim., 11 déc. 1996, n° 96-82.303).

[54] « *L'arrêt de la chambre de l'instruction ne caractérise pas l'usage par le docteur X... de la violence, la contrainte, la menace ou la surprise, élément constitutif du viol et des agressions sexuelles, qui ne peut se déduire ni de la qualité de personne abusant de l'autorité que lui confèrent ses fonctions ni de la qualité de personne particulièrement vulnérable des victimes, qui ne constituent que des circonstances aggravantes desdites infractions* », Crim., 13 oct. 2004, n° 04-84.553.

[55] « *Boire sans soif et faire l'amour en tout temps, Madame, il n'y a que ça qui nous distingue des autres bêtes* » Pierre Augustin Caron de BEAUMARCHAIS (1732-1799), *Le mariage de Figaro*, II, 21.

pénales fondent une hiérarchie des valeurs sociales, alors on doit admettre que l'activité de soin est une activité professionnelle humaine qui connaît des cas de passage à l'acte délinquant qui doivent être sanctionnés de manière aggravée (c'est ce que propose le Code pénal actuel), mais qu'il n'y a aucune raison de prohiber systématiquement le rapprochement. Ou alors, il faudrait demander au soignant, le jour où il entre dans la profession de faire vœux de chasteté, ce qui n'a pas été invoqué depuis fort longtemps…

Déontologie, Médecine et sexualité. A défaut de pouvoir écarter le risque de séduction, ou de pouvoir a-sexuer le soin, le Conseil National de l'Ordre des Médecins souhaiterait au moins éviter la confusion des genres. Le CNOM conclu son rapport sur la question sur une note optimiste : *« cependant une authentique relation amoureuse peut émerger entre un soignant et un soigné : le soigné doit alors être pris en charge par un autre soignant »*[56]. Il faut néanmoins relever que ce conseil confraternel n'est qu'indicatif. Si l'Ordre national des médecins craint réellement qu'une relation thérapeutique puisse « déraper » en une relation amoureuse au point de vouloir en faire un interdit absolu, il faudrait alors l'ériger en prohibition textuelle explicite. La cohérence voudrait alors que cette incompatibilité entre sexualité et soin soit symétrique. Le Code de déontologie pourrait prévoir qu'un médecin tombant « en amour » devrait cesser de soigner, mais la réciproque devrait être respectée. Il devrait être prohibé pour un médecin de commencer à soigner une personne avec qui il a déjà eu des relations sexuelles, une idylle, une relation amoureuse ou conjugale … Celui qui ne peut aimer celle qu'il soigne, ne peut soigner celle qu'il aime ! Ce serait alors un nouveau tabou déontologique[57]. Une nouvelle prohibition sexuelle serait difficile voire impossible à justifier[58].

Morale et séduction. Reste la question morale universelle de la séduction entre partenaires psychologiquement asymétriques. Le beau peut-il

---

[56] Rapport Bernard HOERNI, C.N.O.M., déc. 2000. Les commentaires 2019 du CNOM tendent à éviter les « inconduites à caractère sexuel » (sic).

[57] « Dans toute culture nous trouvons avant tout des systèmes tabous bien précis, destinés à rendre inaccessibles les uns aux autres certains individus de sexe opposés, à enlever à des catégories entières la possibilité de devenir éventuellement des partenaires. », Bronislaw MALINOWSKI, La sexualité et sa répression dans les sociétés primitives, Payot, 1969, p.163.

[58] En Afrique du sud, les relations sexuelles interraciales ont fait l'objet d'un encadrement législatif dès 1927, par l'*Immorality Act*, qui interdit tous rapports sexuels hors mariage entre Européens et *Bantou*. Par un amendement de 1950, le législateur étend l'interdiction à toutes les catégories de non-Blancs, l'*Immorality Act* de 1957 érige cette interdiction en délit passible de 7 ans de prison. Sur l'histoire tragique d'un médecin blanc épris d'une patiente noire, v. Damon GALGUT, *Un docteur irréprochable*, Éditions de l'Olivier, Paris, 2005.

moralement séduire le laid ? Le riche, le pauvre ? L'adulte mature, le jeune adulte écervelé ? Le valide, l'handicapé ? etc... La société américaine, dans le sillage du mouvement *me too*, tend à contractualiser toute relation sexuelle[59]. En France, en matière de sexualité, le droit pénal contemporain repose sur un principe de liberté sexuelle[60], avec deux limites : certains partenaires sont interdits[61] et pour les autres le consentement est le seul critère pour départager les actes licites et illicites[62].

Vers un délit de séduction dolosive ? On notera toutefois un courant actuel de victimophilie, cumulé à une demande croissante de pénalisation, lesquels montrent d'ores et déjà des signes inquiétants pour les partisans de l'autonomie personnelle[63]. L'enjeu est celui de la protection de la personne contre elle-même[64]. La loi doit-elle interdire à l'individu de consentir à certains actes impliquant son corps ?[65] Le débat fût intense au sujet du projet d'incrimination de la manipulation mentale, terme auquel fut finalement préféré celui d'abus d'une personne en état de sujétion psychologique ou physique[66]. D'autres initiatives souhaiteraient punir, toute forme d'ambiance sexuelle[67], voire la moindre forme de violence psychologique[68]. *« Le risque*

---

[59] Nicole BACHARAN, *Du sexe en Amérique. Une autre histoire des États-Unis*, Robert Laffont, 2016 ; « Ce minoritarisme tend à s'étendre à l'ensemble des rapports sociaux pour imposer, partout dans le monde, une conception des droits et de la liberté et de l'égalité qui correspond uniquement aux modèles culturels forgés par la société américaine. » Natacha POLONY et Jean-Michel QUATREPONT, Délivrez-nous du bien ! Halte aux nouveaux inquisiteurs, éd° de l'Observatoire, 2018, p.40.

[60] « La loi n'interdit nullement de se «débaucher». La nymphomanie, l'érotomanie, les rapports sexuels de groupe, la prostitution et autres formes de la débauche, au sens courant du terme, sont peut-être condamnables d'un point de vue moral ou éthique, elles ne le sont nullement sur le plan judiciaire. Le Commandeur entraînera peut-être Don Juan en enfer, il ne le traînera pas en prison. » Olivier De TISSOT, *La liberté sexuelle et la loi*, Balland 1984, p.119.

[61] En particulier les mineurs de moins de quinze ans, Emmanuel PIERRAT, Le sexe et la loi, Arléa 1996.

[62] Xavier PIN, *Le consentement en matière pénale*, LGDJ, 2002.

[63] Brigitte LAHAIE, Le bûcher des sexes, Albin-Michel, 2018, pp.37-46.

[64] Catherine LABRUSSE-RIOU, « L'intégrité du corps humain est protégée par le consentement et malgré le consentement », *in* L'homme, la nature et le droit, Christian Bourgois 1988, p.335.

[65] Marcella IACUB, La confusion du consentement, in Bêtes et victimes, Stock 2005, p.166 et s. ; Michela MARZANO, Je consens, donc je suis..., PUF, 2006.

[66] Loi n° 2001-504 du 12 juin 2001 tendant à renforcer la prévention et la répression des mouvements sectaires portant atteinte aux droits de l'homme et aux libertés fondamentales créant un article 223-15-2 du Code pénal.

[67] Proposition de loi relative à la création d'un délit global de harcèlement. Présentée par Mme Valérie PECRESSE, N° 1260, AN 27 novembre 2003. Bruno PY,

d'arbitraire est présent dans toute volonté de protection des individus contre eux-mêmes »[69]. Présumer un patient inapte à consentir aux actes qui touchent à son corps, de quelque nature qu'il soit, contreviendrait à 50 années d'émergence de son autonomie personnelle, alors même que le Droit pénal positif punit d'ores et déjà le médecin agresseur sexuel[70]. Enfin, si demain, quelque autorité prétendait interdire systématiquement une relation sexuelle entre deux individus, cela ne pourrait être envisagé que par la loi et non par la voie réglementaire d'une modification du Code de déontologie[71]. Une telle interdiction législative, ne passerait certainement ni le cap d'un examen de constitutionnalité puisque la liberté sexuelle est une liberté fondamentale[72] ni celui de conventionalité, puisque la Cour européenne des droits de l'homme y verrait à l'évidence un manquement à l'article 8 de la convention EDH[73].

« *Le respect pour nous-mêmes, voilà la morale :*
la déférence pour les autres, voilà les manières ».
Laurence Sterne 1713-1768)
(Pensées diverses in Oeuvres Complètes, éd° Salmon, 1825, p. 227)

Nancy le 30 avril 2019

Le harcèlement moral et la jurisprudence pénale, Semaine sociale Lamy, Juillet 2007, n° 1315, p.13 et s.

[68] Proposition de loi cadre contre les violences faites aux femmes, présentée par Mme Marie-Georges BUFFET, n° 525, AN 20 décembre 2007.

[69] Dominique BUSSEREAU, lors des débats parlementaires du 30 mai 2001 à l'Assemblée nationale, à propos du délit d'abus de faiblesse.

[70] « *Quiconque est prêt à sacrifier sa liberté pour un peu de sécurité provisoire ne mérite ni l'une ni l'autre et finira par perdre les deux* », Thomas JEFFERSON 1743-1828, 3ème Président des États-Unis.

[71] Bruno PY, L'interprétation du code de déontologie par le juge pénal, in Histoire et méthodes d'interprétation en droit criminel, Dir. F. STASIAk, Dalloz 2015, pp. 199-211.

[72] CAA Bordeaux 6 novembre 2012, N° 11BX01790.

[73] Alain GIAMI et Bruno PY, Droits de l'Homme et sexualité : vers la notion de droits sexuels ? EAC 2019.

26

Plaidoyer pour une interdiction explicite faite aux mineurs non émancipés d'être commerçants

Philippe SCHULTZ

L'article L. 121-2 du Code de commerce dans sa rédaction issue de la codification de 2000[1] disposait « *Le mineur, même émancipé, ne peut être commerçant.* ». De manière très explicite, cette rédaction ne faisait aucune distinction entre le mineur émancipé et celui qui ne l'était pas. Pourtant, cette incapacité d'être commerçant commune à tous les mineurs n'a pas toujours existé.

Dans l'ancien droit où l'émancipation n'existait pas, il était admis que les mineurs puissent être commerçants. En un temps où la majorité était fixée à 25 ans, le mineur âgé de vingt ans révolus pouvait, en application d'une ordonnance de Colbert de 1673, être « reçu marchand » en rapportant « le brevet et les certificats d'apprentissage et du service fait depuis »[2]. Encore faut-il ajouter que ces conditions textuelles n'étaient exigées qu'en des lieux où existaient des maîtrises – c'est-à-dire des corporations – si bien qu'ailleurs le commerce pouvait être exercé dès l'âge de quinze ans[3].

Le Code Napoléon tout en abaissant la majorité à vingt-et-un ans[4] mit en place un régime d'émancipation pour les mineurs[5]. Outre l'émancipation par mariage, le mineur de quinze ans révolus pouvait être émancipé sur déclaration de son père ou à défaut de sa mère reçue par le juge de paix[6]. Le mineur émancipé se vit reconnaître par le Code Napoléon la capacité commerciale sans autre condition[7]. Très vite, le Code de commerce de 1807 érigea des garde-fous en exigeant pour exercer le commerce que le mineur

[1] Ord. n° 2000-912, 18 sept. 2000 relative à la partie Législative du Code de commerce, JORF 21 sept. 2000, p. 14783.
[2] J.-F. Eschylle, « La capacité commerciale du mineur émancipé », *RTD com.* 2013, p. 203, spéc. n° 2.
[3] J. Bédarride, *Droit commercial, Commentaire du code de commerce, Livre Premier, Des commerçants*, Durand et Pédone-Lauriel, Paris, 1872, 2e éd., n° 68 ; A. Boistel, *Précis de droit commercial*, Ernest Thorin, Paris, 1878, 2e éd., n° 77.
[4] C. civ. (1804), art. 488.
[5] C. civ. (1804), art. 476 à 487.
[6] C. civ., (1804), art. 476 et 477.
[7] C. civ. (1804), art. 487 : « Le mineur émancipé qui fait un commerce est réputé majeur pour les faits relatifs à ce commerce ».

soit âgé de dix-huit ans révolus et soit muni d'une autorisation particulière donnant lieu à publication[8].

Si le Code Napoléon et le Code de commerce de 1807 se préoccupaient du mineur émancipé, rien n'était explicitement dit au sujet du mineur non émancipé. L'incapacité du mineur non émancipé d'être commerçant était admise par défaut. Ainsi, on faisait valoir que le Code de commerce ne se préoccupait que des cas où le mineur pouvait exercer le commerce – ce qui supposait notamment d'être émancipé – de telle sorte que si ces conditions n'étaient pas réunies, l'activité commerciale était fermée[9]. Thaller, quant à lui, justifiait le fait que le mineur ne pût exercer le commerce pour deux principales raisons. En premier lieu, comme « le commerce met en jeu les qualités personnelles de celui qui en recueille les effets », il est incompatible avec une représentation légale, l'incapable ne pouvant contrôler son mandataire. En second lieu, le commerce n'allant pas « sans une large indépendance pour accomplir les actes qu'il entraîne à sa suive », il s'accommode mal d'entraves juridiques[10].

C'est en 1974 avec l'abaissement de l'âge de la majorité à dix-huit ans que fut explicitement instituée dans l'article 2 de l'ancien Code de commerce une incapacité pour tous les mineurs, même émancipés, d'être commerçants[11]. Cette incapacité se retrouvait simultanément dans l'article 487 du Code civil[12].

Avec la refonte du Code de commerce, l'article 2 est devenu l'article L. 121-2. Celui-ci a ensuite été modifié par l'article 2 de la loi n° 2010-658 du 15 juin 2010 relative à l'entrepreneur individuel à responsabilité limitée[13].

---

[8] C. com. (1807), art. 2, « Tout mineur émancipé de l'un et de l'autre sexe, âgé de dix-huit ans accomplis qui voudra profiter de la faculté que lui offre l'article 487 du code civil, de faire le commerce, ne pourra en commencer les opérations, ni être réputé majeur, quant aux engagements par lui contractés pour faits de commerce, 1. s'il n'a été préalablement autorisé par son père, ou par sa mère en cas de décès, interdiction ou absence du père, ou, à défaut du père ou de la mère, par une délibération du conseil de famille, homologuée par le tribunal civil ; 2. si, et en outre, l'acte d'autorisation n'a été enregistré et affiché au tribunal de commerce du lieu où le mineur veut établir son domicile. »

[9] Ch. Lyon-Caen et L. Renault, *Traité de Droit commercial, Tome 1*, LGDJ, Paris, 1906, 4e éd., 1, n° 219 et note 3, p. 252.

[10] E. Thaller, *Traité élémentaire de droit commercial*, Arthur Rousseau, Paris, 1898, n° 88.

[11] L. n° 74-631, 5 juill. 1974 fixant à dix-huit ans l'âge de la majorité : JORF 7 juill. 1974, art. 7099, art. 10.

[12] L. n° 74-631, 5 juill. 1974, art. 9.

[13] JORF 16 juin 2010, p. 10984.

Dans sa rédaction actuelle, le texte est ainsi rédigé : « *Le mineur émancipé peut être commerçant sur autorisation du juge des tutelles au moment de la décision d'émancipation et du président du tribunal de grande instance s'il formule cette demande après avoir été émancipé.* » Cette réécriture de l'article L. 121-2 n'était pas contenue dans le projet de loi. Elle émane d'un amendement sénatorial adopté avec l'avis favorable du gouvernement, malgré les fortes réserves du rapporteur, le Sénateur Hyest[14].

Ce faisant, on retrouve une distinction entre le mineur émancipé et le mineur non émancipé qui a pu exister durant cent soixante-dix ans, même si les conditions d'exercice du commerce par un mineur émancipé sont assouplies par rapport au régime en vigueur avant 1974[15].

Dans le silence des textes, le mineur non émancipé ne risque-t-il pas d'être qualifié de commerçant ? Les premiers commentateurs de cette réécriture ont immédiatement reconnu que celle-ci était maladroite et qu'il aurait été plus clair d'interdire expressément au mineur non émancipé de revêtir la qualité de commerçant[16].

S'il est peu concevable que le mineur puisse être qualifié de commerçant de droit, il pourrait, en l'absence de texte, être considéré comme commerçant de fait (I). Or la qualité de commerçant de fait peut être invoquée par les tiers sans que le mineur ne puisse lui-même l'invoquer (II).

I. La commercialité du mineur non émancipé

La qualité de commerçant est d'abord attachée à l'accomplissement d'actes de commerce à titre de profession habituelle[17]. Néanmoins pour exercer le commerce, la personne physique a une obligation d'immatriculation au registre du commerce et des sociétés[18]. Celle-ci lui confère la qualité de commerçant de droit. S'il est improbable qu'un mineur puisse acquérir la qualité de commerçant de droit, au sens strict (A), il n'est pas impossible qu'un mineur soit reconnu commerçant de fait (B).

---

[14] Sénat, Compte-rendu analytique, séance 8 avril 2010, p. 43.

[15] Sur la capacité commerciale du mineur émancipé : V. J.-F. Eschylle, *op. cit.*

[16] B. Saintourens, « Mineur et activité commerciale : la réforme 2010 », *RTD Com.* 2010, p. 686.

[17] C. com., art. L. 121-1.

[18] C. com., art. L. 123-1.

A. L'IMPROBABLE COMMERCIALITÉ DE DROIT DU MINEUR

La notion de commerçant de droit. L'expression commerçant de droit, au sens strict, est utilisée par la doctrine commercialiste pour désigner le commerçant, personne physique, immatriculé au registre du commerce et des sociétés[19]. Cette obligation s'impose rapidement au commerçant qui débute son activité professionnelle, à peine de commettre le délit de travail dissimulé par dissimulation d'activité[20].

L'immatriculation d'une personne physique au registre du commerce et des sociétés joue un rôle probatoire important. La qualité de commerçant est présumée par l'immatriculation[21]. Il s'agit d'une présomption simple puisque les tiers peuvent en rapporter la preuve contraire. En revanche, cette immatriculation est essentielle pour le commerçant sur le plan probatoire. Tant qu'il ne s'est pas immatriculé, il ne peut se prévaloir de sa qualité de commerçant à l'égard des tiers[22]. C'est la raison pour laquelle le doctrine utilise l'expression de « commerçant de droit ». C'est grâce à son immatriculation qu'il peut se prévaloir des droits reconnus aux commerçants.

L'improbable immatriculation du mineur. Il n'est guère concevable qu'un mineur puisse se voir reconnaître la qualité de commerçant de droit telle que précédemment définie. L'immatriculation au registre du commerce et des sociétés suppose que le requérant déclare sa date de naissance[23]. S'il apparaît que le requérant est mineur, le greffier exigera de lui qu'il produise l'autorisation judiciaire d'être commerçant concomitante ou consécutive à son émancipation[24]. À défaut, le greffier chargé du contrôle de la requête refusera d'immatriculer le candidat mineur, même émancipé et *a fortiori* non émancipé[25].

On peut toutefois imaginer qu'un mineur mente sur son âge[26]. S'il vient à faire une fausse déclaration en vue d'obtenir une immatriculation, il se rend coupable d'un délit puni d'une amende de 4 500 euros d'amende et

---

[19] M. Pédamon et H. Kenfack, *Droit commercial*, Dalloz, Précis, Paris, 2015, 4e éd., n° 96.

[20] V. *infra*, I. B.

[21] C. com., art. L. 123-9.

[22] C. com., art. L. 123-10, *a contrario*.

[23] C. com., art. R. 123-37, 2°.

[24] C. com., art. R. 123-37, 9°.

[25] C. com., art. R. 123-95 et R. 123-97, al. 3.

[26] Le législateur l'envisage implicitement au sujet de la capacité contractuelle (C. civ., art. 1149, al. 2).

d'une peine d'emprisonnement de six mois[27]. Mais étant immatriculé, il serait présumé commerçant.

Les associés en nom et les commandités. Du commerçant immatriculé, on peut rapprocher la situation des associés en nom et des commandités. Ils ne sont pas des « commerçants de droit » puisqu'ils n'exercent pas d'actes de commerce à titre profession habituelle et ne sont pas personnellement immatriculés. Toutefois, la loi leur reconnaît de plein droit la qualité de commerçant[28]. De par la volonté du législateur, ils se rapprochent du « commerçant de droit »[29].

En raison de cette qualité reconnue par la loi, les mineurs n'ont pas la capacité d'être associés de sociétés en nom collectif ou commandité[30]. Dans ces sociétés, l'incapacité d'un associé est une cause de nullité de la société[31].

Cette incapacité sanctionnée par la nullité empêche-t-elle au moins temporairement un mineur de devenir associé en nom ? Même s'ils sont commerçants, les associés en nom n'ont pas l'obligation d'être personnellement immatriculés[32]. C'est la société en nom collectif qui doit être immatriculée pour acquérir la personnalité juridique[33]. Certes, dans la déclaration aux fins d'immatriculation de la société figure l'âge des associés[34]. Et le greffier doit vérifier que la constitution des sociétés commerciales est conforme aux dispositions législatives et réglementaires qui les régissent[35]. Mais ce contrôle ne lui permet pas de refuser l'immatriculation de la société elle-même lorsque celle-ci est affectée d'une cause de nullité relative. Ainsi, même si cela reste très théorique, un mineur pourrait devenir associé d'une société en nom collectif immatriculée et être commerçant.

---

[27] C. com., art. L. 123-5.

[28] C. com., art. L. 221-1 et L. 222-1.

[29] Étant commerçants, ils doivent s'immatriculer au R.C.S.

[30] M. Cozian, A. Viandier et F. Deboissy, *Droit des sociétés*, LexisNexis, 2018, 31e éd., n° 169 et 1566 ; Ph. Merle, *roit commercial, Sociétés commerciales*, Dalloz, Précis, 2018, 22e éd., n° 64.

[31] C. com., art. L. 235-1, al. 1er.

[32] Cl. com., fasc. 110 : Registre du commerce et des sociétés – Inscriptions, par J. Vallansan et H. Azarian, n° 11.

[33] C. com., art. L. 210-6.

[34] C. com., art. R. 123-54, 1°.

[35] C. com., art. R. 123-95, al. 2.

L'héritier mineur de l'associé en nom. La question rejaillit lorsqu'un associé en nom décède et laisse des héritiers mineurs[36]. En principe, le décès de l'associé emporte dissolution de la société : les héritiers ne peuvent donc pas devenir associés en nom[37]. Néanmoins, il est possible d'écarter cette dissolution par une clause statutaire. Aussi curieux que cela puisse paraître dans une société aussi fermée que la société en nom collectif, la transmission des parts sociales aux héritiers reste en principe libre si les statuts n'ont pas expressément prévu de clause d'agrément des héritiers[38]. L'héritier mineur devient ainsi associé en nom par transmission successorale des parts sociales. Certes, dans ce type de situation, la société doit dans l'année du décès se transformer en société en commandite simple dans laquelle le mineur sera commanditaire, à peine de dissolution de plein droit[39]. En devenant commanditaire, le mineur n'aura plus la qualité de commerçant. Mais, assez curieusement, si le législateur a réglé la situation du mineur au regard de l'obligation aux dettes sociales des associés en nom[40], il ne dit rien de sa qualité de commerçant, laquelle reste indépendante de cette obligation. Il faut donc en conclure que, en l'absence de texte contraire, durant la période qui précède la transformation, le mineur non émancipé, associé en nom, est bien commerçant.

B. LA POTENTIELLE COMMERCIALITÉ DE FAIT DU MINEUR

La notion de commerçant de fait. Si l'immatriculation créée une présomption de commercialité au sujet des personnes physiques, celles-ci peuvent être commerçantes sans être immatriculées. Dès lors qu'une personne physique accomplit des actes de commerce à titre de profession habituelle, elle est commerçante, en application de l'article L. 121-1 du Code de commerce. Ce commerçant non immatriculé est qualifié par la doctrine de commerçant de fait[41].

Pareille qualité a notamment été reconnue à une personne qui a vendu régulièrement sur un célèbre site marchand en ligne des choses acquises sur des marchés aux puces ou sur internet. En raison du volume des ventes, un

---

[36] La question se pose dans une moindre mesure au sujet des sociétés en commandite. Elle suppose que l'unique commandité qui décède laisse exclusivement des héritiers mineurs (C. com., art. L. 222-10).

[37] C. com., art. L. 221-15, al. 1er.

[38] Avec une clause d'agrément, les associés survivants pourraient faire obstacle à l'entrée d'un mineur.

[39] C. com., art. L. 221-15, al. 7.

[40] V. *infra* I.A.

[41] F. Dekeuwer-Défossez et E. Blary-Clément, Droit commercial, *Droit commercial,* LGDJ, Paris, 2015, 11e éd., n° 323 ; D. Houtcieff, *Droit commercial*, Sirey, Université, Paris, 2016, 4e éd., n° 221 ; M. Pédamon et H. Kenfack, *op. cit.*, n° 96.

tribunal a pu considérer qu'il effectuait à titre habituel des achats de meubles pour revendre et acquérait ainsi la qualité de commerçant l'obligeant à s'immatriculer au registre du commerce et des sociétés, à peine de se rendre coupable de travail dissimulé[42].

Les mésaventures de ce Haut-Rhinois, vraisemblablement majeur, ne pourraient-elles pas survenir à un mineur se livrant aux mêmes agissements ? Bien plus, les grands adolescents qui acquièrent une notoriété sur internet au point de placer des produits contre rémunération du fabricant – désignés par le néologisme d'influenceur ou influenceuse – ne sont-ils pas des agents d'affaires ou des courtiers, c'est-à-dire des commerçants[43] ?

Quels obstacles juridiques permettraient d'écarter la qualité de commerçant de fait pour un mineur accomplissant habituellement des actes de commerce ?

L'interprétation *a contrario* de l'article L. 121-2. La doctrine fonde l'interdiction du mineur non émancipé sur une interprétation *a contrario* de l'article L. 121-2 du Code commerce[44]. Il serait évidemment surprenant que le mineur non émancipé puisse exercer le commerce alors que le mineur émancipé doit être spécialement autorisé pour devenir commerçant. En réalité, cette interprétation *a contrario* est insuffisante pour faire obstacle à la reconnaissance de la qualité de commerçant de fait résultant de l'article L. 121-1 du Code de commerce. Le mineur émancipé peut valablement accomplir seul des actes de commerce. Et s'il en fait sa profession habituelle, il devient commerçant de fait. Néanmoins, sans autorisation judiciaire, il ne pourra pas s'immatriculer et devenir commerçant de droit. Une interprétation *a contrario* permet ainsi de déduire que le mineur non émancipé ne peut devenir commerçant de droit, ce qui a déjà été démontré[45]. Dans le silence du texte, elle ne l'empêche pas de devenir commerçant de fait.

Enfin, il est toujours aventureux de fonder une incapacité sur une interprétation *a contrario.* Une incapacité protectrice d'une personne est

---

[42] T. corr. Mulhouse, 12 janv. 2006 : Légalis (en ligne), consulté le 8 mai 2019, disponible au lien : https://www.legalis.net/jurisprudences/tribunal-de-grande-instance-de-mulhouse-jugement-correctionnel-du-12-janvier-2006/

[43] C. com., art. L. 110-1, 6° et 7°.

[44] M. Pédamon et H. Kenfack, *op. cit.*, n° 142 ; B. Saintourens, *op. cit., loc. cit.* ; D. Houtcieff, *op. cit.*, n° 220, qui considère, en se fondant sur l'article L. 121-2, que la qualité de commerçant de fait ne peut être reconnue qu'aux majeurs et aux mineurs émancipés.

[45] V. *supra*, I.A.

nécessairement exceptionnelle et doit être prévue expressément par la loi[46]. Un avis de la Cour de cassation l'a récemment rappelée au sujet des majeurs en curatelle[47]. Il devrait en être de même pour le mineur non émancipé.

L'interdiction d'exercer le commerce au nom du mineur. Toutefois, contrairement au mineur émancipé, le mineur non émancipé n'a pas la capacité d'accomplir valablement la plupart des actes juridiques sans la représentation de son administrateur légal ou de son tuteur[48]. Ainsi l'accomplissement régulier d'actes de commerce nécessiterait une représentation permanente. Thaller expliquait que cette représentation légale était incompatible avec le commerce[49]. Aujourd'hui, le Code civil interdit expressément au représentant d'un mineur d'exercer le commerce en son nom. L'interdiction a d'abord été posée pour les tuteurs par l'article 509[50], applicable aux administrateurs légaux par renvoi, puis spécialement pour les administrateurs légaux, par l'article 387-2[51]. Le risque de devenir commerçant ne peut donc provenir de la représentation du mineur.

L'interdiction légale faite aux représentants d'exercer le commerce au nom du mineur pourrait s'expliquer par l'incapacité de jouissance du mineur d'être commerçant[52]. Le représentant ne fait qu'exercer les droits du représenté. Il ne peut donc exercer des droits dont le représenté n'a pas la jouissance[53]. Si le mineur ne peut être commerçant, on comprend que le représentant ne puisse pas exercer le commerce en son nom.

---

[46] F. Terré et D. Fenouillet, *Droit civil, Les personnes*, Dalloz, Précis, Paris, 2012, 8e éd., n° 296.
[47] Civ. 1re, 6 déc. 2018, n° 18-70011, *JCP G* 2018, 1338, obs. D. Noguéro et 2019, 121, note G. Raoul-Cormeil ; *JCP N* 2019, act. 138 et 158, obs. N. Baillon-Wirtz et, 1114, obs. S. Moisdon-Chataignier ; *Dr. famille* 2019, comm. 64, obs. I. Maria ; *D.* 2019, p. 365 et p. 1412, obs. D. Noguéro ; *AJ Famille* 2019, p. 41 : « Aucun texte n'interdit à la personne en curatelle d'exercer le commerce, celle-ci devant toutefois être assistée de son curateur pour accomplir les actes de disposition que requiert l'exercice de cette activité ».
[48] C. civ., art. 388-1-1 et 496.
[49] V. *supra*, note 10.
[50] L. n° 2007-308, 5 mars 2007, portant réforme de la protection juridique des majeurs, JORF 7 mars 2007, p. 4325.
[51] Ord. n° 2015-1288, 15 oct. 2015 portant simplification et modernisation du droit de la famille, JORF 16 oct. 2015, p. 19304.
[52] Sur la nature de cette incapacité : Ph. Bonfils et A. Gouttenoire, *Droit des mineurs,* Dalloz, Précis, Paris, 2014, 2e éd., n° 1047 ; Ch. Lebel, Rép. Com. Dalloz, V° Commerçant, n° 87. Sur la critique de cette catégorie doctrinale : I. Maria, *Les incapacités de jouissance. Étude critique d'une catégorie doctrinale*, Defrénois, T. 44, Paris, 2010.
[53] I. Gallmeister, Rép. civ. Dalloz, V° État et capacité des personnes, n° 114.

Pour autant, le fondement de cette interdiction faite au représentant se trouve ailleurs. Il s'agit tout simplement de lui interdire d'effectuer des actes particulièrement risqués pour le patrimoine du mineur[54].

Au demeurant, les mêmes textes interdisent aux administrateurs légaux ou tuteurs d'exercer une profession libérale au nom du mineur, sans distinguer entre profession libérale réglementée et non réglementée. Or, l'exercice par un mineur d'une profession libérale n'a pas donné lieu à discussion puisque aucun texte général ne lui en a interdit directement l'accès. Il existe même un précédent célèbre. Le Président Edgar Faure aimait à dire – à une époque où la majorité était à vingt-et-un ans – qu'en tant que mineur, il pouvait déjà être avocat, comme mandataire de ses clients[55], alors qu'il ne pouvait administrer ses propres affaires[56]. L'abaissement de l'âge de la majorité combiné à l'exigence de diplômes conduisent à empêcher en pratique un mineur de pouvoir accéder à une profession libérale réglementée. Néanmoins, dès l'âge de seize ans, il pourrait parfaitement exercer une activité libérale non réglementée, notamment sous la forme d'une entreprise individuelle à responsabilité limitée[57].

L'accomplissement d'actes de commerce par le mineur. La reconnaissance de la qualité de commerçant de fait ne peut alors se réaliser que par l'accomplissement d'actes de commerce par le mineur lui-même. Peut-il valablement agir ? On sait que le mineur peut accomplir les actes que la loi et l'usage autorisent[58]. Mais, précisément, la loi n'a pas autorisé de manière explicite le mineur émancipé à accomplir des actes de commerce. Toutefois, il était admis – du moins, avant la réforme du droit des contrats et du régime général de la preuve et des obligations[59] – que le mineur pût accomplir des actes d'administration pourvu qu'ils ne fussent pas lésionnaires[60]. Or l'acquisition de meubles et leur mise en location sont légalement qualifiés d'actes d'administration[61]. Parallèlement, la location de meubles réalisée en entreprise, c'est-à-dire de manière répétée, constitue

---

[54] I. Corpart, Rép. civ. Dalloz, V° Administration légale des biens du mineur, n° 34.
[55] C. civ., art. 1990.
[56] Association Edgar Faute, Biographie : edgarfaure.fr (consulté le 8 mai 2019), disponible en ligne au lien http://www.edgarfaure.fr/2016-02-04-12-31-39
[57] C. civ., art. 388-1-2.
[58] C. civ., art. 388-1-1.
[59] Ord. n° 2016-131, 10 févr. 2016 portant réforme du droit des contrats, du régime général et de la preuve des obligations : JORF 11 févr. 2016.
[60] F. Terré et D. Fenouillet, *op.cit.*, n° 383 ; F. Terré, Ph. Simler, Y. Lequette et F. Chénedé, *Droit civil, Les obligations*, Dalloz, Précis, 2018, 12e éd., n° 152.
[61] D. n° 2008-1484 du 22 décembre 2008 relatif aux actes de gestion du patrimoine des personnes placées en curatelle ou en tutelle, et pris en application des articles 452, 496 et 502 du code civil : JORF 31 déc. 2008, p. 20631.

bien un acte de commerce[62]. Ainsi, un mineur pouvait valablement acheter des meubles pour se livrer à une activité de location, pourvu qu'elle lui fût profitable. Il devenait ainsi commerçant de fait.

Dès lors que le mineur peut être commerçant de fait, voire parfois commerçant de droit lorsqu'il est temporairement associé en nom ou commandité, quels risques encourt-il ?

II. Les risques encourus par le mineur commerçant

Une personne peut cumuler la qualité de mineur émancipé et celle de commerçant en l'absence de texte contraire. Ce cumul présente des risques dès lors qu'un tiers peut opposer au mineur sa qualité de commerçant (A). Ces risques sont atténués si, à son tour, le commerçant peut opposer au tiers sa minorité (B). Mais on conviendra immédiatement que ce jeu de miroirs n'est guère satisfaisant en termes de sécurité juridique.

A. L'OPPOSABILITÉ DE LA QUALITÉ DE COMMERÇANT PAR LES TIERS

L'intérêt de la question. Les tiers peuvent avoir intérêt à se prévaloir de la qualité de commerçant d'un mineur dans la mesure où certaines règles ne s'appliquent qu'aux commerçants. Sans vouloir être exhaustif, on citera d'abord la liberté de preuve en matière commerciale. La preuve des actes de commerce n'est libre que s'il s'agit de prouver contre un commerçant[63]. De même, la qualité de commerçant permet de donner compétence aux juridictions commerciales[64], mais aussi de valider les clauses de compétence territoriale[65]. Enfin, de manière plus générale, la qualité de commerçant conduit à qualifier de commerciales toutes les obligations liées à son activité par la théorie de la commercialité par accessoire[66]. Ce sont alors les règles de droit commercial applicables aux actes de commerce qui deviennent applicables[67]. On songe notamment à la présomption de solidarité en matière commerciale[68].

---

[62] C. com., art. L. 110-1, 4°.

[63] C. com., art. L. 110-3.

[64] C. com., art. L. 721-3.

[65] CPC, art. 48.

[66] F. Dekeuwer-Défossez et E. Blary-Clément, *op. cit.*, n° 100 ; D. Houtcieff, *op. cit.*, n° 165 ; S. Piédelièvre, *Droit commercial*, Dalloz, Cours, 11e éd., 2017, n° 78.

[67] outefois, un mineur ne peut souscrire aucune lettre de change, à peine de nullité (C. com., art. L. 511-5).

[68] Com., 23 avr. 1966, Bull. civ. III, n° 196.

L'absence d'opposabilité fondée sur l'immatriculation. En principe, lorsqu'un tiers cherche à établir la qualité de commerçant d'une personne physique, il bénéficie de la présomption liée à l'immatriculation[69]. S'agissant de prouver la commercialité d'un mineur, ce mode de preuve lui est néanmoins fermé puisque le mineur ne peut se faire immatriculer[70]. La question de l'opposabilité de la qualité de commerçant ne concerne alors que le cas du commerçant de fait et celui du mineur associé en nom.

Le mineur commerçant de fait. Le commerçant de fait ne peut se prévaloir de sa qualité à l'égard des tiers tant qu'il n'est pas immatriculé[71]. En revanche, les tiers peuvent établir positivement qu'une personne exerce des actes de commerce à titre de profession habituelle. Il ne peut en être autrement lorsqu'une personne exerce une activité commerciale et ne peut s'immatriculer au registre du commerce et des sociétés. Telle est la situation des associations qui, sauf cas particulier, ne peuvent exiger leur immatriculation au registre du commerce et des sociétés[72], et auxquelles certaines règles spécifiques aux commerçants s'appliquent dès lors qu'il est établi qu'elles exercent le commerce[73].

L'établissement de la commercialité du mineur n'est envisageable que s'il a lui-même agi. C'est inconcevable lorsque le mineur est représenté. Dans ce cas, les textes interdisant au représentant d'effectuer le commerce au nom du mineur sont un obstacle juridique pour celui qui a la charge de la preuve. Le tiers traitant avec un représentant ne peut ignorer que celui-ci agit pour le compte d'un mineur. Il ne peut donc ignorer que l'action du représentant ne saurait conduire le mineur à devenir commerçant. En revanche, lorsqu'une personne contracte directement avec une autre, la première peut ignorer la minorité de la seconde, notamment parce cette dernière prétend être majeure[74]. Si la première démontre qu'elle accomplit à titre de profession habituelle des actes de commerce, elle établit qu'elle est commerçante.

On peut même imaginer que cette qualité soit établie au sujet d'un mineur exerçant publiquement une profession indépendante. En effet, un mineur âgé de seize ans révolus peut être autorisé, par son ou ses administrateurs légaux, à accomplir seul les actes d'administration nécessaires à la création et à la

[69] C. com., art. L. 123-7.
[70] V. *supra,* I.A.
[71] C. com., art. L. 123-8.
[72] Com., 1er mars 1994, n° 92-13529, Bull. civ., IV, n° 90 ; Com., 15 nov. 1994, n° 93-10193, Bull. civ., IV, n° 339.
[73] Com., 14 févr. 2006, n° 05-13453, Bull. civ., IV, n° 35 ; *RTD Com.* 2006 p. 564, obs. B. Saintourens ; *Dr. sociétés* 2008, comm. 1, obs. J.-P. Legros.
[74] C. civ., art. 1149, al. 2.

gestion d'une entreprise individuelle à responsabilité limitée[75]. La doctrine considère majoritairement que cette forme d'exploitation ne permet pas pour autant au mineur d'exercer une activité commerciale[76]. Toutefois, si le mineur peut exercer une activité artisanale comme entrepreneur individuel à responsabilité limité, l'activité qu'il développe réellement peut le conduire à devenir commerçant, à l'instar d'autres artisans pour lesquels cette qualification a été retenue afin de les soumettre à la compétence des juridictions commerciales et à la liberté de preuve[77].

Lorsque le tiers a rapporté cette preuve, le mineur ne peut se fonder sur son absence d'immatriculation pour prétendre qu'il n'est pas commerçant[78]. Faute de texte mentionnant expressément que le mineur non émancipé ne peut être qualifié de commerçant, il ne peut donc échapper à la définition légale du commerçant dont les éléments ont été positivement établis.

Le mineur associé en nom. S'agissant du mineur associé en nom ou commandité, le tiers n'a d'autre preuve à rapporter que la qualité d'associé du mineur. La loi confère de plein droit la qualité de commerçant à ces associés, sans exception.

Toutefois, l'intérêt que peut avoir un tiers à retenir la commercialité de ces associés est quasiment inexistant. Si celui-là a un rapport avec eux, c'est parce qu'ils sont associés et non pas commerçants. C'est leur obligation de répondre des dettes sociales qui présente un intérêt pour ce tiers[79]. Or s'agissant d'une dette d'une société commerciale par la forme[80], le tiers peut la prouver par tout moyen. Dès lors qu'il a établi l'existence de la dette sociale, les associés en sont légalement tenus sans autre démonstration. Quant à la solidarité entre les associés, nul besoin de faire appel à la présomption existant en matière commerciale, puisqu'il existe, en ce domaine, une solidarité légale.

L'obligation de répondre des dettes sociales pèse bien sur les mineurs non émancipés associés. Le législateur l'a expressément envisagée au sujet des

---

[75] C. civ., art. 388-1-2.

[76] F. Dekeuwer et E. Blary-Clément, *op. cit.*, n° 233 ; M. Pédamon et H. Kenfack, *op. cit.*, n° 142 ; B. Saintourens, « L'entrepreneur individuel à responsabilité limitée », *Rev. Sociétés* 2010, p. 351, spéc. n° 9 et B. Saintourens, Mineur et activité commerciale : la réforme 2010 : RTD Com. 2010, p.686 ; *contra* : D. Houtcieff, *op. cit.*, n° 338.

[77] M. Pédamon et H. Kenfack, *Droit commercial*, Dalloz, Précis 4e éd. 2015, n° 113.

[78] C. com., art. L. 123-8, al. 1er.

[79] C. com., art. L. 221-1.

[80] C. com., art. L. 210-1, al. 2.

héritiers mineurs d'un associé en nom. Cependant, ils ne répondent des dettes sociales qu'à concurrence des forces de la succession de leur auteur[81]. Si les créanciers sociaux voient leur gage ainsi limité, en revanche, le texte ne fait aucune distinction entre les créanciers sociaux. Il peut donc s'agir tant de créanciers dont la créance est née avant le décès de l'associé en nom que de créanciers postérieurs. Tant que le mineur n'aura pas acquis la qualité de commanditaire à la suite de la transformation de la société en nom collectif, il est bien responsable du passif social né jusqu'à l'adoption de la nouvelle forme sociale. En ce domaine, il aurait donc été préférable que le mineur ne devienne associé qu'après la transformation. De la sorte, il ne serait responsable dans les limites des forces de la succession que du seul passif social existant au moment du décès de son auteur.

Si sa minorité ne permet pas à l'intéressé d'échapper à sa responsabilité d'associé en nom, peut-elle être opposée aux tiers pour échapper à d'autres engagements ou responsabilités ?

B. L'OPPOSABILITÉ DE LA QUALITÉ DE MINEUR PAR LE COMMERÇANT

L'engagement extracontractuel du mineur commerçant. Si un tiers est amené à établir la commercialité d'un mineur, c'est qu'il a à se plaindre de l'activité de celui-ci. En l'absence de contrat, le tiers peut engager la responsabilité extracontractuelle du mineur commerçant si celui-ci exerçait une concurrence déloyale. Or le mineur engage comme tout un chacun sa responsabilité civile[82]. Il ne saurait échapper à cette responsabilité en opposant au tiers sa minorité.

Un tiers singulier qui pourrait se plaindre de l'activité du mineur, lorsque celle-ci est exercée manière irrégulière, est l'État : dans certains cas, il peut engager des poursuites pénales[83]. Celui qui exerce une activité commerciale sans s'immatriculer au registre du commerce et des sociétés se rend coupable du délit de travail dissimulé par dissimulation d'activité[84]. Pour échapper à des poursuites pénales, le mineur pourrait-il prétendre que le greffier lui refuse le droit de s'immatriculer ? La réponse est négative puisque l'article L. 8221-3 du Code du travail vise également l'hypothèse

[81] C. com., art. L. 221-15, al. 7.
[82] P. Bonfils et A. Gouttenoire, *op. cit.*, 1304 et s.
[83] Sur la responsabilité pénale du mineur : B. Bouloc, *Droit pénal général*, Dalloz, Précis, Paris, 2017, 25e éd., n° 485 et s. ; Ph. Bonfils et A. Gouttenoire, *op. cit.*, 1362 et s.
[84] C. trav., art. L. 8221-1, L. 8221-3 et L. 8224-1.

dans laquelle une personne exerce une activité commerciale après un refus d'immatriculation.

L'engagement contractuel du mineur commerçant. Avant la réforme opérée par l'ordonnance n° 2016-131 du 10 février 2016, le mineur pouvait se prévaloir de son incapacité pour annuler les actes qu'il avait accomplis seul. Mais le régime de la nullité variait suivant la catégorie d'actes. Les actes de dispositions étaient nuls de plein droit, alors que les actes d'administration n'étaient que rescindables pour lésion[85]. Seuls les actes que la loi et l'usage autorisaient le mineur à accomplir étaient valables.

L'ordonnance n° 2016-131 a changé les lignes. Le Code civil frappe les mineurs non émancipés d'une incapacité de contracter sanctionnée par la nullité relative[86]. Aucune distinction n'est faite entre les actes de disposition et les actes d'administration. En revanche, le mineur peut accomplir seul les actes courants conclus à des conditions normales[87]. Ce n'est que si un acte courant est lésionnaire qu'il peut être rescindé[88]. L'incapacité du mineur se trouve donc renforcée[89].

Toutefois, s'agissant d'un mineur commerçant, cette protection est peu efficace. Si le tiers a cherché à établir la qualité de commerçant du mineur, c'est qu'il a vu en lui un professionnel. Au demeurant, le mineur ne s'en cache pas nécessairement puisqu'il peut exercer son activité comme entrepreneur individuel à responsabilité limitée. Or le mineur ne peut se soustraire aux engagements qu'il a pris dans le cadre de sa profession[90].

Légiférer pour interdire expressément au mineur non émancipé de se voir reconnaître la qualité de commerçant ne changerait rien sur la validité des contrats passés dans le cadre d'une profession. Pour autant, cela lui permettrait au moins d'échapper à la liberté de preuve de ses engagements contractuels ou à la solidarité présumée dont pourrait se prévaloir son adversaire.

L'opposabilité de la nullité de la société en nom pour incapacité. Si le mineur ne peut se soustraire à ses engagements contractuels nés dans sa profession, il peut en revanche se dégager des obligations liées à sa qualité d'associé en nom en invoquant la nullité de la société fondée sur son

---

85 F. Terré et D. Fenouillet, *op. cit.*, n° 390.
86 C. civ., art. 1146 et 1147.
87 C. civ., art. 1148.
88 C. civ., art. 1149, al. 1er.
89 En ce sens : F. Terré, Ph. Simler, Y. Lequette et F. Chénedé, *op. cit., loc. cit.*
90 C. civ., art. 1149, al. 3.

incapacité. La question se pose si lors de la constitution d'une société en nom collectif, cette société compte un mineur non émancipé parmi ses associés. L'incapacité d'un associé n'est pas une cause de nullité des sociétés à responsabilité limitée et des sociétés par actions, mais elle permet d'obtenir l'annulation d'une société en nom collectif[91]. Et la nullité fondée sur l'incapacité est toujours opposable[92]. Ainsi, à la suite de l'annulation de la société, le mineur peut opposer à ses coassociés son incapacité pour récupérer l'intégralité de son apport. Il n'a donc pas à contribuer aux pertes sociales. Il peut enfin opposer son incapacité aux créanciers sociaux qui, dans le cadre des opérations de liquidation consécutives à l'annulation, lui demanderaient de payer des dettes sociales.

Conclusion. Pour éviter que les tiers puissent se prévaloir de la qualité de commerçant de fait d'un mineur ou associé en nom et puisse en tirer des conséquences sur l'application de règles de droit commercial, il conviendrait d'insérer un alinéa à l'article L. 121-2 du code de commerce précédant les actuelles dispositions concernant le mineur émancipé. Ce texte serait simplement rédigé : « Le mineur non émancipé ne peut être commerçant ».

[91] C. com., art. L. 235-1.
[92] C. com., art. L. 235-12.

27

« Les lois sont faites pour les hommes et non les hommes pour les lois »

Yves Strickler

Le dédicataire des présents mélanges a été mon professeur de procédure civile dans ce qui, à l'époque, s'appelait encore un *Diplôme d'Études Approfondies* (DEA à finalité recherche), et qui aujourd'hui est devenu un master 2 indifférencié. Il m'avait alors dirigé, pour mon mémoire de recherche, vers le Doyen Georges Wiederkehr qui devait devenir mon directeur de thèse. Les liens construits à cette occasion et heureusement maintenus depuis font que, lorsqu'il a été question de contribuer à l'hommage ici révélé, les sages mots de Portalis me sont spontanément apparus, tant Claude Lienhard, par ses actions et ses convictions, illustre ce qu'un juriste peut et doit être.

L'extrait complet des propos inspirateurs de la plume de Portalis mérite une citation plus large, tant sa lecture est une constante régénération de l'esprit :

« *Les lois ne sont pas de purs actes de puissance ; ce sont des actes de sagesse, de justice et de raison. Le législateur exerce moins une autorité qu'un sacerdoce. Il ne doit point perdre de vue que les lois sont faites pour les hommes, et non les hommes pour les lois ; qu'elles doivent être adaptées au caractère, aux habitudes, à la situation du peuple pour lequel elles sont faites ; qu'il faut être sobre de nouveautés en matière de législation, parce que s'il est possible, dans une institution nouvelle, de calculer les avantages que la théorie nous offre, il ne l'est pas de connaître tous les inconvénients que la pratique seule peut découvrir ; qu'il faut laisser le bien, si on est en doute du mieux ; qu'en corrigeant un abus, il faut encore voir les dangers de la correction même, qu'il serait absurde de se livrer à des idées absolues de perfection, dans des choses qui ne sont susceptibles que d'une bonté relative ; qu'au lieu de changer les lois, il est presque toujours plus utile de présenter aux citoyens de nouveaux motifs de les aimer ; que l'histoire nous offre à peine la promulgation de deux ou droit bonnes lois dans l'espace de plusieurs siècles ; qu'enfin, il n'appartient de proposer des changements, qu'à ceux qui sont assez heureusement nés pour pénétrer, d'un coup de génie, et par une sorte d'illumination soudaine, toute la constitution d'un État.* »[1]

Quelques souvenirs et éléments de réflexion compléteront ces directives si sagaces, en suivant une distribution peu académique autour des trois axes majeurs de la question qui en réalité s'interpénètrent : la loi, la jurisprudence et la force des comportements humains.

Lorsque la norme est indigne, lorsque la norme est injuste, lorsqu'elle emporte des conséquences illégitimes, il faut savoir se lever et conserver alors, à côté de la solidarité qui lie les hommes (et les femmes, évidemment, mais l'on conservera, n'en déplaise aux pourfendeurs du genre, le respect du *neutre* conforme aux règles de base de la grammaire française), son nécessaire compagnon d'arme qui n'est autre que la résistance : « *Résistez. Résistez aux séductions moutonnières de la médiocrité, à l'ignominie des retournements intéressés, aux murmures de la lâcheté qui ne recule devant l'effort que pour se trouver tout à coup, mais trop tard, acculée à la tragédie. Résistez. Résistez. Gardez par dessus-tout l'amour de la liberté et votre sens critique. Combattez par l'ironie des indignations trop légitimes. Combattez par l'espérance un pessimisme trop justifié.* »[2]

La loi est le fruit, souvent si ce n'est toujours, des rapports de force présents dans la société. Quand elle peut créer un équilibre, c'est évidemment mieux que lorsqu'elle soutient un intérêt pour un motif de puissance. Il faut se souvenir de la (trop) belle (?) histoire du *meunier du « Sans Souci »*, poème d'Andrieux qui en 1797 a établi la réputation de Frédéric II dit *Frédéric le Grand*, roi de Prusse et philosophe, comme modèle de « despote éclairé » : Frédéric II désirait se construire un palais loin de la cour ; il souhaitait pouvoir s'y retirer pour y méditer avec son ami Voltaire qui d'ailleurs le surnommait le *Salomon du Nord*. Le lieu retenu par le souverain jouxtait un moulin à vent, le moulin de « Sans Souci ». Le roi s'y est installé en voisin mais, au bout de quelque temps, Frédéric a décidé d'agrandir son château. Le moulin devint alors un obstacle à ses projets. Il allât voir le meunier pour lui demander de lui céder la place. Le meunier refusât de le faire ;

---

[1] J.E.M. Portalis, *Discours préliminaire du premier projet de Code civil*, Discours prononcé le 21 janvier 1801, et le Code civil promulgué le 21 mars 1804, Préf. Michel Massenet, Bordeaux : Éditions Confluences, 2004, 78 pp : http://mafr.fr/IMG/pdf/discours_1er_code_civil.pdf, p. 14.

[2] Jean d'Ormesson, « Résistez », Figaro magazine, 4 juillet 1981.

échange entre les deux protagonistes :
« *Je suis bon de vouloir t'engager à le vendre !*
Sais-tu que sans payer je pourrais bien le prendre ?
Je suis le maître. — Vous !... de prendre mon moulin ?
Oui, si nous n'avions pas des juges à Berlin »[3].

L'élégance du verbe amena Frédéric à changer ses plans. L'intérêt général ne se fond pas dans celui du puissant, voilà la morale de ce beau poème. Au passage, la garantie de bonne justice que le chef de l'Etat se doit de personnifier est ici retracée par la démonstration qu'il n'est de droit sans confiance en l'indépendance de la Justice.

Toutefois, l'auteur de cette histoire relativise la force de la démonstration en fin de poème :
« *Ce même Frédéric, juste envers un meunier,*
Se permit maintes fois telle autre fantaisie :
Témoin ce certain jour qu'il prit la Silésie ;
Qu'à peine sur le trône, avide de lauriers,
Épris du vain renom qui séduit les guerriers,
Il mit l'Europe en feu. Ce sont là jeux de prince ;
On respecte un moulin, on vole une province ».

Ce poème, dans son intention initialement exprimée, trouve un écho dans la célèbre pensée de Blaise Pascal : « *Il est juste que ce qui est juste soit suivi. Il est nécessaire que ce qui est le plus fort soit suivi. La justice sans la force est impuissante. La force sans la justice est tyrannique. (...) Il faut donc mettre ensemble la justice et la force, et pour cela faire que ce qui est juste soit fort ou que ce qui est fort soit juste (...). Et ainsi ne pouvant faire que ce qui est juste fût fort, on a fait que ce qui est fort fût juste* »[4].

Ces divers éléments ont été une constante dans l'élaboration tant du projet qui est devenu le premier Code civil de la République de Djibouti, que du Code de procédure civile pour ce pays[5]. Un droit respectueux des traditions mais volontaire dans ses finalités et des principes fondamentaux qui doivent à tout instant être le guide de l'humanité, tant dans ses dimensions de protection de l'individu que d'efficacité de l'économie dans l'organisation des relations humaines.

---

[3] https://www.titifudorancea.org/z/francois_andrieux_le_meunier_sans_souci.htm
[4] *Pensées*, Le Livre de Poche, coll. Classiques, présentation et note de G. Ferreyrolles, n° 16069, Pensée n° 135.
[5] Élaborés par le soussigné, en qualité d'expert international, avec Me Alain et Marie-Paule Martinet, en qualité d'experts nationaux et d'avocats à Djibouti.
Ces codes sont entrés en vigueur le 12 avril 2018.

La réflexion touche aussi à la jurisprudence. Elle sera soutenue ici par l'affaire dite du *Médiator*, pour laquelle le dédicataire des présentes lignes n'a pas été le dernier au front. Plusieurs arrêts porteront l'idée[6]. Le premier, conforme à une jurisprudence prudente pour ne pas adopter un ton de reproche, a considéré que l'analyse technique nécessaire pour établir le lien entre le médicament et les soucis de santé subis par les patients, était par trop complexe pour pouvoir établir de manière suffisamment certaine un éventuel lien de causalité entre la prise du médicament et la pathologie développée, de sorte que ce constat a conduit à retenir le caractère sérieusement contestable de l'obligation d'indemnisation du fabricant. La conséquence juridique a été le rejet de la demande de provision formulée pour couvrir les frais d'instance[7] ceci alors même que, si la défense s'était retranchée derrière les avis des autorités de santé et de pharmacovigilance datés de la fin de l'année 2009, dès 1977, la revue *Pratiques ou les cahiers de la médecine utopique* du Syndicat de la médecine générale, attirait l'attention sur la nature amphétaminique et anorexigène du benfluorex, ce qu'il ne semblait pas présenté sur la notice du médicament[8]. L'arrêt de janvier ne pouvait donc raisonnablement éteindre la cause. En concluant notre commentaire de cette décision, nous avions laissé place à ces mots, puissants, de Victor Hugo : « *Pour que tout soit sauvé, il suffit que le droit surnage dans une conscience* ». Puisqu'il fallait une certitude, les demandeurs, partie faible dans ces procédures, ont décidé de se placer sur le terrain de la responsabilité – de plein droit –, responsabilité liée aux produits défectueux et plus spécialement en associant les articles 1386-11 du Code civil (devenu 1245-10 avec l'Ordonnance n° 2016-131 du 10 février 2016) et 809, alinéa 2, du Code de procédure civile. L'article 1386-1 (comme l'article 1245-10 aujourd'hui) pose une responsabilité de plein droit sauf démonstration d'une des causes prévues par le texte, d'une deuxième décision[9]. Il ressort de la décision que les juges du fond avaient retenu que « *l'historique et le contenu des premiers signalements publiés, de ses propres recherches, des études menées et publiées en France et à l'étranger ayant conduit au retrait du Médiator du marché ne permettant pas d'établir à l'évidence que l'état des connaissances scientifiques et techniques n'aurait pas permis à la société de*

---

[6] Pour plus de détails, lire Y. Strickler, « Pour une nouvelle approche de la provision ad litem. Les soubresauts du volet civil de l'affaire du Médiator », *D.* 2013. Chron., p. 2588.

[7] Cass. 2e civ., 29 janv. 2015, n° 13-24.691, FS-P+B : JurisData n° 2015-001053 ; *Procédures* 2015, comm. 109 ; *Responsabilité civile et assurances* 2015, comm. 159, S. Hocquet-Berg.

[8] http://tempsreel.nouvelobs.com/societe/20110909.OBS0048/mediator-la-preuve-des-mensonges-de-servier.html, avec un lien vers le texte de la revue.

[9] Cass. 2e civ., 4 juin 2015, n° 14-13.405, F-P+B : JurisData n° 2015-012986 ; *Procédures* 2015, comm. 254.

déceler l'existence du défaut au moment de la mise en circulation du Médiator à l'occasion de chacune des prescriptions dont a bénéficié Mme X. ». Les juges ont alors estimé que la société ne rapportait pas la preuve des conditions d'exonération de sa responsabilité civile de plein droit prévues à l'article 1386-11 du Code civil. Hélas, la Haute juridiction cassait la décision en affirmant, ce qui laisse toutefois une ouverture, « *que l'invocation d'une cause d'exonération de responsabilité constitue une contestation dont le sérieux doit être examiné par le juge des référés sans que puisse être exigée l'évidence de la réunion des conditions de l'exonération* ». Autrement dit, si l'invocation d'une cause d'exonération ne paraît pas sérieuse aux juges du fait, l'octroi d'une provision *ad litem* devient possible. Une voie était tracée. Il restait à l'emprunter et la conforter.

Ceci a été réalisé par l'arrêt rendu par la première chambre civile de la Cour de cassation le 25 février 2016[10]. La patiente avait sollicité la désignation d'un expert et le paiement de provisions à valoir sur la réparation de son dommage et les frais de procédure, ce que le premier juge avait admis. La cour d'appel, statuant à l'issue de l'expertise médicale ordonnée, devait confirmer cette position en constatant que l'expert judiciaire avait imputé la pathologie de Mme X... à la prise du Médiator (qui osera alors encore contester l'utilité, ici, de la provision *ad litem ?*), « *rejoignant ainsi à cet égard l'avis du collège d'experts désigné par l'Office national d'indemnisation des accidents médicaux, des affections iatrogènes et des infections nosocomiales, à l'occasion de la procédure amiable antérieure engagée par l'intéressée* ». L'expert avait ici fixé à 80 % la part des préjudices imputables au Médiator et la cour, estimé que le lien de causalité entre la pathologie et la prise du médicament pendant dix années, dans la limite du pourcentage proposé par l'expert, n'était pas sérieusement contestable. Surtout, la Haute juridiction affirme que pour le Code civil, un produit est défectueux lorsqu'il n'offre pas la sécurité à laquelle on peut légitimement s'attendre et qu'il doit être tenu compte, dans l'appréciation de ceci, de toutes les circonstances, et que cette responsabilité « *n'implique pas que le producteur ait eu connaissance de ces risques lors de la mise en circulation du produit ou de sa prescription* ». En l'espèce, la société défenderesse, constate la Cour, « *ne s'était pas prévalue d'une exonération de responsabilité fondée sur l'article 1386-11, 4°, du code civil* ». L'hebdomadaire *Le point* annonce, le 10 avril 2019, que désormais, près de 115 millions d'euros ont été versés par les laboratoires aux victimes,

[10] Cass. 1re civ., 25 févr. 2016, n° 15-11.257, FS-P+B+I : JurisData n° 2016-003156 ; *Responsabilité civile et assurances* 2016, comm. 161, L. Bloch.

en attendant l'ouverture du procès pénal d'ici la fin de l'année[11]. L'histoire tisse son fil.

Et le temps est la marque de la continuité de l'esprit humain. En droit romain, ce n'était pas la loi qui contenait la plupart des normes : « *Le peuple du droit n'est pas le peuple de la loi* »[12]. C'est là qu'il se situe, le droit, naturel, germinant la société. Ceci étant, comme de nos jours il faut une loi pour répondre à toute émotion – alors même qu'un rétrécissement du volume normatif est sollicité de manière récurrente et à raison ("one in, two out" !) –, il faut bien écrire et annoncer les nouveautés. L'exposé des motifs d'un texte est en effet un document essentiel en ce qu'il est la première prise de contact par le citoyen d'une réforme et la synthèse de l'objet et des visées de ce qui a été conduit au nom du et pour le peuple. Il en incombe forcément et logiquement la charge à nos représentants et aux administrations qui en sont les forces d'appui. Or, on apprend que, récemment, il a été fait appel à une officine extérieure pour cette mission[13]. Est-il sain d'externaliser un tel texte ? N'est-il pas d'excellents fonctionnaires dans nos ministères et administrations qui pourraient en être la plume ? Il nous semble que l'argent public est ici détourné de ses missions premières et fondamentales, au profit de partenaires dont la compétence n'est certainement pas à nier mais qui n'est évidemment pas supérieure à celle qui permettrait un meilleur usage des deniers publics !

Les petits arrangements aux grandes conséquences financières ont émaillé les récents temps ; le *Grand débat* a ajouté la connaissance placée aux yeux de tous des montants sans doute exagérés que s'octroie le personnel politique lorsqu'il n'est plus élu ou en complément de mandats électifs en cours et ceci, au nom de fonctions variées, sans compter les avantages liés et qui perdurent pour certains d'entre eux à l'issue des fonctions. Il faut tout de même, aux près de 15 000 euros mensuels apparus pour diverses missions, tracer en perspective la rémunération fixée pour les universitaires et par exemple ceux que sont les maîtres de conférences : au jour de sa nomination, après avoir soutenu une thèse qui a été appréciée par un jury composé de 4 à 8 membres[14] puis par le Conseil national des universités qui a aussi jaugé son dossier (implication administrative, pédagogique, scientifique, outre

---

[11] https://www.lepoint.fr/sante/mediator-des-millions-d-euros-deja-verses-aux-victimes-10-04-2019-2306820_40.php

[12] F. Schulz, *Principles of Roman Law*, Oxford, 1936, p. 7.

[13] https://www.franceculture.fr/emissions/les-nouvelles-de-leco/les-nouvelles-de-leco-du-lundi-14-janvier-2019 : « Quand le gouvernement sous-traite l'écriture de ses lois », publié le 14/01/2019, consulté le 30 mars 2019.

[14] Art. 8 de l'Arrêté du 25 mai 2016 *fixant le cadre national de la formation et les modalités conduisant à la délivrance du diplôme national de doctorat.*

qualité des écrits et apport doctrinal et pratique de ses travaux), la personne qui est alors déjà titulaire d'un « bac + 8 » peut espérer se voir remettre le sésame pour être autorisée à se présenter devant les comités de sélection et donc, de recrutement, des établissements qui cette année là proposent des emplois. S'ensuit un « tour de France » des universités qui n'est évidemment pas offert aux impétrants et qui génère un important coût suivi, en cas de succès et de classement par un des établissements, pour l'universitaire fraîchement nommé, à un déménagement dont aucun des aspects financiers ne donne lieu à une aide. Tout ce *cursus honorum* pour finalement voir arriver son premier traitement d'un montant que l'on pouvait s'attendre à la hauteur des exigences et de la mission de formation de nos jeunes et à la valorisation de la richesse essentielle d'une nation qu'est la Recherche : 1 783 euros net[15] ! Voilà donc la hauteur à laquelle les choix politiques conduisent à valoriser la recherche scientifique de haut niveau en France.

La passion qui anime les chercheurs, le sacerdoce qu'ils embrassent, ne sauraient tout justifier. Faut-il, parce que l'on a la passion de la transmission (enseignement) et de la découverte (recherche et applications) avoir l'esprit d'un dominicain et le goût du sacrifice de sa propre famille ? En début de carrière, un collègue me disait haut et fort : « les avocats croient tous que nous roulons en Rolls, et je ne les contredis pas car l'apparence financière et ses représentations, cela compte ». Il est préférable que les choses soient dites pour qu'elles puissent évoluer dans un sens que la logique et l'intérêt de tous commandent ! Pour la petite histoire, dans le même temps qu'une jeune maître de conférences nouvellement nommée avait accepté son poste, à Doha, une entreprise française lui proposait un recrutement ouvert pour un titulaire de PHD français à 7 000 euros par mois. Il n'est toutefois pas utile de s'éloigner tant d'un point de vue géographique : le contrat précaire mis en place pour accompagner les magistrats, l'emploi d'*assistant de justice*, est rémunéré à près de 1 900 euros par mois. Or, ce recrutement se fait au niveau master 2 (bac + 5)... chacun en tirera ses conclusions comparatives.

Il demeure que dans les instances nationales, on se plairait à voir les membres de divers conseils proposer des mesures davantage tournées vers l'avenir et la reconnaissance des missions et du métier d'universitaire ainsi que sa défense. Évidemment les appels à participer à la *Nuit du droit*[16] ou à organiser la *fête du droit* (idée soutenue par le Conseil national du droit), sont des initiatives à visibilité, intéressantes en soi ; mais n'y aurait-il pas plus utile à songer dans un souci d'intérêt collectif ? Ne pourrait-on valoriser

---

[15] Avant mise en œuvre du prélèvement à la source ; montant communiquée par une collègue nouvellement nommée, valeur au mois de décembre 2018.

[16] À l'initiative du président du Conseil constitutionnel et que le soussigné a organisé à Nice, en 2018 et 2019, avec ses collègues de l'IFR « Interactions ».

davantage le fruit des années de réflexion qui sont autant d'apports possible à l'amélioration des normes au bénéfice des citoyens et des institutions ? Ainsi et par exemple, une initiative visant à faire remonter des propositions de réforme utiles sous forme de carnets annuels des professeurs des Facultés de droit et science politique, en concertation avec la conférence des doyens aurait sans doute été plus porteuse pour tous et surtout pour la société que nous avons à servir.

De manière comparable, une lutte a opposé récemment et sur plusieurs années, un petit groupe d'universitaires et une structure qui prétendait nous affilier automatiquement à la Caisse nationale de retraite complémentaire des artistes-auteurs, en retenant pour seuil d'affiliation un certain montant de revenus annuels[17]. Or, entre autres éléments, les fonctions d'universitaire ne figuraient pas parmi les professions tenues de cotiser auprès de ces organismes collecteurs, puisque les professions visées étaient les professions artistiques et littéraires. Le Code de la sécurité sociale (art. L. 382-1 et L. 382-12) n'évoque en effet pas les productions scientifiques, mais seulement celles littéraires ou artistiques et assimilées[18]. En réaction, l'auteur de ces quelques lignes avait demandé au référent-ministère de son université de prendre attache avec le ministère de l'Éducation nationale, de l'Enseignement supérieur et de la Recherche pour que soit tiré au clair le bien ou mal fondé de cette demande. La réponse, claire et nette, est venue du ministère : les professeurs d'université ne relèvent pas de ce régime. Ce qui n'a pas empêché la structure demanderesse de continuer à harceler les collègues. L'on doit à un petit groupe d'avoir agi dans l'intérêt de tous, celle-ci en engageant un procès devant un TASS, cet autre en menaçant la directrice de la structure de l'exercice des voies de droit et spécialement devant le tribunal correctionnel, pour faits de concussion, infraction clairement constituée ici (art. 432-10 du Code pénal). Devant ces initiatives, les demandes ont cessé et les sommes indument perçues ont fini par être restituées.

Mais qu'ont fait les conseillers, professeurs de droit, alors non seulement informés mais à proximité du ministre de tutelle ? Qu'ont fait les ministères et la tutelle elle-même qui pourtant avait répondu que la demande était illégitime et même illégale, et qui a entre autres missions celle de protéger ses agents contre les attaques dont ils peuvent faire l'objet dans l'exercice de leurs fonctions ? Et encore, qu'ont fait les syndicats, dont l'un a été

[17] De l'ordre de 9 000 euros, ce qui suppose une activité de publication et donc de recherche particulièrement forte.

[18] Spécialement « Les artistes auteurs d'œuvres littéraires et dramatiques, musicales et chorégraphiques, audiovisuelles et cinématographiques, graphiques et plastiques, ainsi que photographiques ».

vainement contacté par mes soins à plusieurs reprises en vue d'une action collective, mais n'ayant obtenu que l'assurance de m'épauler dans toute action que je pourrais être conduit à entreprendre ? Juristes, que ces mots de Victor Hugo raisonnent sans cesse à vos oreilles[19] :

« Ceux qui vivent, ce sont ceux qui luttent ; ce sont
Ceux dont un dessein ferme emplit l'âme et le front »

Nice, 10 avril 2019

[19] V. Hugo, *Les châtiments*, Livre IV « La religion est glorifiée », IX, nrf, Poésie/Gallimard, éd. établie par R. Journet, 1977, pp. 143-144.

28

L'attente et le Droit

Sous la direction de Blandine R*OLLAND*[1]

La présente contribution, réalisée en l'honneur du Professeur Claude Lienhard, est le fruit d'une réflexion et d'un travail collectif menés au sein du Centre européen de recherche sur le Risque, le Droit des Accidents Collectifs et des Catastrophes. L'attente était le thème retenu en 2019 pour les Journées Doctorales des Humanités (JDH) de l'UHA. Il a paru stimulant de réfléchir en équipe sur le sujet afin que chacun apporte sa pierre à la construction de l'édifice. La version orale a été « déclamée » par Blandine Rolland le 7 juin 2019 à l'occasion des JDH 2019. La version écrite est le résultat de la collaboration de tous.

Elle constitue également un hommage collectif au geste du Professeur Lienhard qui eut, avec quelques autres collègues, l'idée géniale de fonder le CERDACC il y a bientôt 25 ans[2]*. Au fil des années, les jeunes recrues juristes de l'Université de Haute-Alsace ont à cœur de s'agréger à cette équipe de recherche, comme en témoignent les signataires de ces lignes.*

« *Tout vient à point pour qui sait attendre* ». La maxime populaire résume les enjeux bien connus de l'attente. Elle suppose un effort de patience dans l'espoir d'un bénéfice, un comportement passif dans l'espoir de voir se réaliser le résultat d'une action. Ce sont ces caractéristiques de l'attente qui sont mises en exergues dans sa définition. Ainsi, selon le dictionnaire du Centre national de ressources textuelles et lexicales[3], plusieurs occurrences se présentent pour le terme « attente ». D'abord, « *L'accent est mis sur le (simple) écart temporel qui sépare le moment actuel de quelqu'un se trouvant en tel lieu, et le moment où quelqu'un ou quelque chose doit arriver* ». C'est donc une question d'écoulement du temps. Une durée, un délai, un espace de temps s'écoulent et se traduisent par un état d'attente.

---

1 L'équipe de rédaction est constituée, par ordre d'ancienneté au CERDACC, de : Marie-France STEINLE-FEUERBACH, Blandine ROLLAND, Éric DESFOUGERES, Julie MATTIUSSI et Dariusz PIATEK.

2 C. LIENHARD, « Pour un droit des catastrophes » : *D.* 1995, p. 91.

3 https://www.cnrtl.fr/definition/attente

Ensuite, c'est « *L'idée de comportement humain actif (qui) domine, l'accent étant mis sur la relation du sujet avec l'objet de l'attente* ». En ce sens, le dictionnaire vise l'« *action de compter sur quelque chose ou quelqu'un* », l'espoir, les prévisions, une personne ou une chose « *dont la venue est souhaitée, mais incertaine* ». C'est donc plutôt le résultat de l'attente ou le dénouement de l'attente qui est mis en avant. Un espoir, un résultat, un événement sont attendus, ce qui traduit la concrétisation de l'attente.

L'attente doit donc être évoquée comme un résultat au terme d'un délai.

D'un point de vue juridique, l'attente correspond à l'écoulement du temps dont il résulte des effets de droit. Cet écoulement est suivi d'un résultat, d'un événement, d'un effet juridique, d'une certitude. Le droit ne se préoccupe pas de toutes les situations d'attente, mais seulement de celles qui ont une portée juridique. L'attente de la fin de la journée par un enfant inoccupé durant les longues heures d'été n'est pas dans le sujet, ni la procrastination du chercheur qui diffère de se mettre à un travail qui devient pourtant urgent. En revanche, l'attente des secours par les victimes d'un crash aérien, sa durée et ses enjeux, sont bien saisis par le droit !

L'origine de l'attente est variable. L'attente en elle-même est inhérente à certaines situations juridiques. Ainsi dans le cadre du contrat aléatoire comme le pari, l'assurance ou la rente viagère, l'attente est centrale. La détermination du contenu de l'obligation d'une ou des parties est alors soumise à l'attente de la réalisation d'un événement. Dans d'autres cas, l'attente est accidentelle au sens philosophique ; elle est incidente au sens juridique. Ainsi, lorsqu'une personne monte dans un funiculaire, elle n'envisage pas l'attente du moment où elle sera enfin libérée de la cabine, bloquée suite à un décrochement des câbles. Une telle attente ne se réalise donc pas systématiquement, fort heureusement.

En droit, l'attente est omniprésente qu'elle soit principale ou incidente, voulue ou subie, explicite ou implicite. Elle va de pair avec l'écoulement du temps qui est le propre de la vie en ce monde. Le temps passe et nécessairement il est des situations juridiques qui se figent ou se dénouent avec l'écoulement du temps[4]. En outre, depuis la Révolution française, « *les engagements perpétuels sont prohibés* ». Cette règle implicite figure désormais de manière expresse dans le Code civil à l'article 1210, depuis la réforme du droit des contrats par l'ordonnance n° 2016-131 du 10 février

---

[4] Comp. F. TERRE, *Introduction générale au droit* : Dalloz, coll. « Précis », 10ème éd., 2015, spéc. § 514.

2016[5]. Tout engagement est limité dans le temps ou peut avoir une fin. Ainsi, les contrats sont à durée déterminée. S'ils sont à durée indéterminée, ils peuvent toujours être rompus à l'initiative de l'une ou l'autre partie. Par conséquent, en droit, on attend ou on redoute toujours la fin, que ce soit la fin de l'engagement ou la fin de la vie. Tout est question d'attente.

Les deux aspects de l'attente se retrouvent également dans l'approche juridique. L'accent est d'abord mis sur le temps de l'attente et l'écoulement des jours. Le droit réglemente le déroulement effectif de l'attente, sa durée, les mesures qui l'accompagnent et qui aident à passer cette période de temps. Ainsi, les futurs parents comptent les mois avant un heureux événement ; le prisonnier compte les semaines jusqu'à sa libération ; l'étranger en situation irrégulière compte les jours jusqu'à l'obtention d'un titre de séjour ; les victimes d'un crash aérien comptent les heures avant l'arrivée des secours et vivent une angoisse indicible ; le jeune collègue nommé maître de conférences stagiaire attend sa titularisation …

Ensuite, l'accent peut être mis sur l'événement attendu, l'espoir poursuivi, le dénouement espéré. Ce qui est primordial dans cette approche, c'est le résultat à l'issue de l'attente. Quelle est donc la finalité ou l'utilité de l'attente ? À quoi a-t-elle servi ? Il n'est pas indifférent à cet égard que le verbo « attentes » se trouve sous cette occurrence-là dans le *Dictionnaire du vocabulaire* juridique du Professeur Cabrillac : « *Attentes légitimes : Théorie en vertu de laquelle la force obligatoire d'un contrat doit être cherchée dans la croyance légitime du cocontractant dans l'engagement* »[6]. Ce n'est pas la durée de l'attente qui est mise en avant, mais bien le résultat espéré, l'aboutissement, le dénouement ou le couronnement de l'attente.

Dès lors, afin de saisir le thème de « L'attente et le Droit » dans toute sa subtilité, il convient de s'intéresser aux deux occurrences qui viennent d'être dégagées : l'attente comme durée puis le résultat de l'attente. L'écoulement de l'attente met en avant la question de la durée, le dénouement de l'attente, la question du résultat de l'attente.

---

[5] C. FRANCOIS, « Présentation des articles 1210 à 1215 de la nouvelle section 3 “La durée du contrat” », *La réforme du droit des contrats présentée par l'IEJ de Paris 1 :*
https://iej.univ-paris1.fr/openaccess/reforme-contrats/titre3/stitre1/chap4/sect3-duree-contrat/

[6] *Dictionnaire du vocabulaire juridique 2017*, R. CABRILLAC, sous la dir. : LexisNexis, 8ème éd., V° « Attentes légitimes ». – Comp. *Lexique des termes juridiques*, sous la dir. de GUILLIEN et VINCENT : Dalloz, 15ème éd., 2005, V° « expectative » au sens d'« attente de la survenance d'un événement incertain ».

Deux instruments peuvent aussitôt venir à l'esprit : le sablier et la trompette. Le sablier mesure l'écoulement du temps de l'attente (I). La trompette annonce le dénouement de l'attente (II).

I. Le sablier ou l'écoulement de l'attente

Inexorablement, le sablier s'écoule. Les grains de sable en tombant mesurent l'écoulement du temps de l'attente. Combien de jours, combien de mois ? Pendant cette période qui s'écoule, des mesures d'accompagnement peuvent être prises. Il convient d'aider celui qui attend. Le sablier du Droit donne la mesure de l'attente mais il indique aussi les mesures de l'attente. La mesure de l'attente permet de calculer l'écoulement de l'attente (A), les mesures de l'attente permettent d'accompagner l'écoulement de l'attente (B).

A. LA MESURE DE L'ATTENTE

L'écoulement de l'attente peut être mesuré. La durée de l'attente peut se traduire de manière variable en Droit. Les juristes parlent volontiers de délais ou de prescription, pour traduire l'écoulement d'une attente. Le calcul du temps de l'attente est objectif mais la fixation de ce temps peut être subjective.

1) Le calcul objectif du temps de l'attente

Le temps de l'attente peut se compter en minutes. Ainsi en est-il du délai précédant l'arrivée des forces de l'ordre pour neutraliser l'auteur d'un acte de terrorisme et secourir les victimes. L'attente est brève mais il est des minutes qui sont très longues dans la vie. Le temps de l'attente peut aussi se compter en heures. Ainsi en est-il du délai pour obtenir une audience de « référé d'heure à heure » afin de voir statuer de manière urgente un juge des référés qui accordera des mesures provisoires ou conservatoires[7]. Il peut se compter en jours, comme le délai pour faire appel d'une décision gracieuse[8], ou en matière de droit des entreprises en difficulté[9]. C'est plus souvent en mois que s'écoulent les délais d'attente. Le temps de la trêve hivernale en matière d'expulsions locatives conduit chaque année à suspendre du 1er novembre au 31 mars les effets des décisions même passées en force de chose jugée[10]. Le délai d'appel de droit commun en matière contentieuse est

---

[7] CPC, art. 485.
[8] Délai de 15 jours pour faire appel : CPC, art. 538.
[9] Délai de 10 jours pour faire appel : C. com., art. R. 661-3.
[10] C. proc. civ. d'exéc., art. L. 412-6.

d'un mois[11]. Il impose une attente pour la consolidation de la force d'autorité jugée d'une décision de justice[12]. L'attente d'une décision administrative, quant à elle, est de deux mois, avant de pouvoir considérer que le silence de l'administration peut valoir acceptation implicite[13]. L'attente peut se compter en années. Ainsi en est-il des deux ans du délai de grâce judiciaire, condamnant le créancier à attendre l'exécution de ses obligations par le débiteur d'une somme d'argent[14], ou des délais de prescription des obligations et des actions en justice corrélatives[15]. La durée de l'attente peut enfin être sans délai, *sine die*. L'attente du retour de l'absent[16] ou du disparu[17] n'est pas chiffrée à l'avance. La personne absente ou disparue peut même ne jamais revenir ou, au contraire, reparaître. Le droit fixe néanmoins un délai à l'issue duquel la situation juridique de l'absent est consolidée. Sa mort peut être judiciairement déclarée au bout de dix ans suivant le jugement de constat d'absence, ou de vingt ans sinon[18].

Le temps de l'absence n'est pas toujours fixé objectivement, les parties sont parfois libres d'organiser elles-mêmes la mesure de leur temps d'attente.

2) La fixation subjective du temps de l'attente

Si le calcul du temps de l'attente est objectif, la fixation du temps de l'attente peut être subjective. Ainsi dans un contrat, les parties peuvent introduire des clauses suspensives d'une durée variable. Par exemple, la vente d'un immeuble est subordonnée à l'obtention d'un prêt bancaire par l'acheteur. Il faut attendre la réponse de l'établissement de crédit pour que le contrat devienne parfait. L'attente de la conclusion du contrat peut dépendre de la durée des négociations précontractuelles[19]. Notamment dans le cas de

---

11 CPC, art. 538.

12 CPC, art. 504.

13 Sur ce point, la loi du 12 novembre 2013 est venue inverser le principe traditionnel du droit administratif suivant lequel le silence gardé pendant deux mois par l'autorité administrative valait refus, sauf en matière de demande de permis de construire.

14 C. civ. art. 1343-5°.

15 Pour quelques exemples : C. civ., art. 2224 prescription de 5 ans en matière d'actions personnelles ou mobilières ; C. com., art. L. 110-4 prescription commerciale de 5 ans ; C. civ., art. 2227 prescription trentenaire des actions immobilières. – C. com., art. L. 133-6 : prescription annale des actions liées au contrat de transport, sauf en matière aérienne, où prévaut une prescription biennale.

16 C. civ., art. 112 *sq.*

17 C. civ., art. 88 *sq.*

18 C. civ., art. 122 *sq.*

19 C. civ., art. 1104.

contrats importants passés entre entreprises, les pourparlers contractuels peuvent différer longtemps la conclusion de l'accord. Le fait de prolonger excessivement la durée des pourparlers relatifs à un accord voué à l'échec peut donner lieu à l'octroi de dommages-intérêts[20]. Dans le même ordre d'idée mais dans un tout autre domaine, la durée des fiançailles fait attendre la conclusion du mariage et dépend de la volonté des fiancés.

Si l'attente est souvent choisie et voulue, il existe aussi des attentes forcées, imposées à certaines personnes, dans le cadre contractuel. Le droit de la consommation impose un délai d'attente forcée avant la conclusion définitive d'un contrat de prêt immobilier. L'emprunteur ne peut signer et renvoyer le contrat de prêt avant la fin du délai de réflexion de dix jours[21]. En matière médicale, une attente de quinze jours fait figure de préalable nécessaire à une intervention de chirurgie esthétique[22], de même que l'attente d'un délai de validation du geste médical peut être exigé par le comité de protection des personnes, dans le cadre d'un protocole de soins faisant appel à des substances ou techniques nouvelles[23].

Enfin, la fixation du temps de l'attente peut être absolue ou bien relative. L'attente absolue ne peut pas être interrompue ou abrégée, les personnes concernées ne peuvent pas s'y soustraire. C'est souvent le cas des attentes forcées. Mais l'attente peut aussi être relative lorsque la personne concernée dispose du droit d'intervenir afin d'interrompre le cours de l'attente, pour l'abréger ou pour s'y soustraire. Le cours de la prescription extinctive peut être interrompu par des actes interruptifs de prescription, telle qu'une assignation en justice[24]. De même, les diligences procédurales accomplies à l'intérieur du délai de deux ans permettent d'interrompre la péremption d'instance encourue lorsque les plaideurs s'endorment en cours de procédure[25].

L'attente peut donc être mesurée et l'écoulement de l'attente calculé. En outre, des mesures accompagnent l'écoulement de l'attente.

B. LES MESURES DE L'ATTENTE

Des mesures accompagnent l'écoulement de l'attente. Ces mesures sont prises immédiatement, pendant l'attente elle-même, afin d'aider les

---

[20] C. cass., ch. com. 22 févr. 1994, n° 92-13871 : *Bull.* IV, n° 72, p. 55.
[21] C. consom., art. L. 313-34.
[22] C. santé publ., art. D. 6322-30.
[23] C. santé publ., art. L. 1123-7.
[24] C. civ., art. 2241.
[25] CPC, art. 386.

personnes concernées. Mais il existe aussi d'autres mesures qui sont prises plus tard, en compensation de ce qui s'est produit durant l'attente.

1) Des mesures immédiates

Durant toute la période d'attente, des mesures accompagnent l'écoulement de l'attente. Elles permettent d'assister précisément et personnellement les personnes concernées par l'attente. Mais il existe aussi d'autres mesures variables selon les circonstances et surtout l'événement attendu.

Des mesures accompagnent précisément et personnellement les personnes concernées par l'attente. Ainsi, dans l'attente d'une décision administrative concernant les personnes en situation irrégulière sur le territoire français, une rétention en zone d'attente est prévue, la protection des droits fondamentaux des étrangers est aménagée, une allocation temporaire d'attente est allouée.
C'est sans doute en cas de catastrophe ou d'accident collectif que se développent le plus de mesures d'accompagnement de l'attente subie par les victimes et leurs proches. Un guide méthodologique pour la prise en charge des victimes d'accidents collectifs avait été réalisé sous l'égide de Nicole Guegj, Secrétaire d'État aux droits des victimes, avec notamment la participation du dédicataire de ces lignes et du Procureur Pascal Schultz[26]. Paru en décembre 2004, il est depuis régulièrement remis à jour[27]. Il indique les démarches à accomplir de la part des acteurs publics (procureur, préfet, associations d'aide aux victimes, associations de victimes, ...) dans la phase de crise, puis les mesures d'accompagnement des victimes dans la phase post-crise, enfin les points à respecter dans la phase judiciaire.

Des mesures variables en fonction des circonstances existent également. Elles permettent d'accompagner les parties dans l'attente d'une décision juridictionnelle, qu'elle soit civile, pénale ou administrative. Des mesures conservatoires ou de mise sous séquestre des objets litigieux sont prévues en attendant de déterminer à qui ils doivent revenir. Les parties peuvent aussi déposer des demandes tendant à prévenir le risque d'un procès éventuel par le biais des mesures d'instruction *in futurum*. Sans attendre qu'un procès soit engagé, une partie peut essayer de se constituer en justice des preuves, en vue d'un procès qui pourrait intervenir ultérieurement[28]. La procédure de référé permet quant à elle, dans l'attente d'une procédure au fond qui peut

---

[26] En qualité de Premier procureur de la République adjoint de Strasbourg, Monsieur Pascal SCHULTZ avait présidé le comité de suivi pour l'indemnisation des victimes de la chute du platane de Pourtalès survenue à Strasbourg le 6 juillet 2001.
[27] *Guide méthodologique La prise en charge des victimes d'accidents collectifs* : Min. de la Justice, nov. 2017.
[28] CPC, art. 145.

être très longue, demander et obtenir rapidement des mesures urgentes, des mesures conservatoires ou de remise en état, ou une provision[29]. En droit administratif, la loi du 30 juin 2000 a innové en introduisant le référé-suspension[30] ou le référé-liberté[31] qui permettent de se prémunir dans l'attente d'une procédure au fond.

Les décisions de justice doivent être rendues dans un délai raisonnable au-delà duquel la responsabilité de l'État peut se trouver engagée pour déni de justice[32]. En matière d'accident collectif et de catastrophe, pour ne prendre que cet exemple, la prise en compte d'un délai raisonnable pour l'attente de la décision est très variable[33]. Ainsi, l'accident aérien du Mont Sainte-Odile a eu lieu le 20 janvier 1992, mais l'instruction de cette affaire n'a été clôturée que le 8 décembre 2005 par une ordonnance renvoyant plusieurs prévenus devant le tribunal correctionnel de Colmar qui, par jugement du 7 novembre 2006, les a relaxés, ces relaxes étant confirmées par un arrêt de la Cour d'appel de Colmar du 14 mars 2008. Les familles des victimes ont ainsi attendu de longues années pour un résultat judiciaire qui ne pouvait que les décevoir. L'association regroupant des familles de victimes a recherché la responsabilité de l'État, mais elle n'a pu obtenir satisfaction. La Cour de cassation décide que que le délai de traitement de l'affaire n'est pas déraisonnable, celui-ci étant notamment justifié par la multiplication des expertises, de telles expertises étant indispensables en raison du caractère extrêmement technique des faits[34]. En revanche, un tel déni de justice a bien été retenu dans l'affaire du crash de Charm-El-Cheikh du 3 janvier 2004. Les parties ont attendu le 11 juillet 2017 pour que le juge d'instruction du TGI de Paris rende une ordonnance de non-lieu. Saisi par l'association de défense des familles des victimes, le TGI de Paris reconnaît l'existence d'un déni de justice en raison de la durée excessivement longue de l'instruction[35]. Il convient donc que la durée de l'attente du procès par les victimes ne soit pas déraisonnable.

---

[29] CPC, art. 808 et 809.
[30] CJA, art. L. 521-1.
[31] CJA, art. L. 521-2
[32] C. org. judic., art. L. 141-1.
[33] B. ROLLAND, « Catastrophes et procédures : quelques éléments récents (dont le crash du Mont Sainte Odile) » : *JAC* n° 120, janv. 2012.
[34] C. cass., civ. 1ère, 22 fév. 2011, n° 09-71.164. – Voir au contraire pour une durée jugée comme excessive : C. cass., civ 1ère, 25 mars 2009, n° 17-17.575 et n° 07-17.576 : *Bull.* n° 96 ; *JCP G* 2009, Actual. 197, obs. L. MILANO (explosion et incendie du Port pétrolier de Lyon, la procédure a duré 13 et 15 ans selon les victimes).
[35] TGI Paris, 14 janv. 2019, n° 17/07529 : *JAC* n° 184, fév. 2019, note M.-F. STEINLE-FEUERBACH.

D'autres mesures d'accompagnement de l'attente sont prévues *a posteriori*.

2) Des mesures a posteriori

Des mécanismes d'indemnisation permettent de compenser les préjudices subis du fait d'un événement catastrophique. Au rang de ces préjudices figurent, tant pour les victimes directes qu'indirectes, ceux subis dans le cadre de l'attente, notamment celle qui a suivi un accident collectif, mais également une contamination ou l'exposition à un produit. À la suite de la doctrine la plus autorisée[36], la jurisprudence a consacré le fameux préjudice spécifique d'angoisse[37]. Il en est ainsi du préjudice d'angoisse ressentie par les victimes directes lors d'un accident collectif ou d'un attentat : l'attente de l'arrivée des secours, l'angoisse de la mort imminente. Le préjudice d'angoisse est également reconnu pour les proches des victimes : attente des nouvelles, attente de la liste des morts, des survivants, des blessés, attente de la reconnaissance des corps à la morgue ou dans une chapelle ardente. Il apparaît clairement à la lecture de certaines décisions que le temps écoulé entre la survenance d'une catastrophe et l'annonce des décès est un des éléments pris en compte par les juges pour l'évaluation du préjudice moral des proches des personnes disparues lors de la catastrophe. Ainsi, suite à l'accident aérien du Mont Sainte-Odile, la Commission d'indemnisation des victimes d'infractions de Colmar[38] considéra que « *l'angoisse de l'attente dans l'annonce des décès et le délai de restitution des corps justifie une majoration de l'évaluation du préjudice moral normalement admise pour les accidents de la circulation* ». La CIVI a également tenu compte des « *circonstances particulières de l'accident annoncé par les médias dès la disparition de l'avion des écrans radars, et régulièrement commenté jusqu'à la découverte de l'épave, l'arrivée des secours, l'identification des rescapés et des morts* » ainsi que du « *délai nécessaire à l'identification et la restitution des corps particulièrement meurtris* ». L'identification de ces préjudices liés à l'attente est parfaitement réalisée également par le jugement rendu dans l'affaire d'Allinges[39]. Pour les jeunes victimes survivantes le

---

[36] M.-F. STEINLE-FEUERBACH, « Victimes de violences et d'accidents collectifs. Situations exceptionnelles, préjudices exceptionnels : réflexions et interrogations » : *Médecine et Droit*, nov.-déc. 2000, n° 45, p. 1.

[37] A. SCHNEIDER, « Chronique d'une naissance : le préjudice d'anxiété » : *JAC* n° 24, mai 2001 ; P. JOURDAIN, « Le préjudice et la jurisprudence » : *Resp. civ. assur.* H.S juin 2001, chr. n° 8.

[38] C. LIENHARD, note sous TGI Colmar (CIVI), 2 juil. 1992 : *D.* 1993, 208.

[39] Le 2 juin 2008, une collision entre un TER et un car scolaire coûtait la vie à 7 collégiens et provoquait, à des degrés divers de gravité, des atteintes à l'intégrité physique de 49 autres. Voir C. LIENHARD et M.-F. STEINLE-FEUERBACH, « Accident collectif, collision entre un train et un car scolaire : un jugement remarquable (Trib. corr. Thonon-les-Bains, 26 juin 2013) » : *JAC* n° 136, juill. 2013

tribunal correctionnel de Thonon-les-Bains a alloué à chacune d'entre elles une indemnisation au titre du préjudice d'angoisse ; pour les victimes décédées, le tribunal a retenu que *« cette certitude, pendant 1 à 3 secondes, de vivre ses derniers instants est à l'origine d'un préjudice spécifique d'angoisse »*. Quant aux proches, au-delà de leur préjudice moral et affectif, le tribunal indemnise « *le préjudice spécifique d'attente et d'inquiétude inhérent aux longues heures d'attente pendant lesquelles les proches sont demeurés dans l'incertitude quant à la gravité des blessures ou l'indication de la structure hospitalière vers laquelle avait été orientés leurs enfants, la nécessité de se rendre, en présence de médias, secouristes ou enquêteurs, dans une chapelle ardente de fortune, pour certains un appentis où ont été alignés six jeunes corps voués à une reconnaissance impossible ou insoutenable de corps d'enfants parfois très abîmés ou encore avec un numéro de matricule pour les besoins de l'enquête, puis le lendemain matin dans la chapelle ardente de l'église d'Allinges au sein de laquelle leur temps d'isolement, de recueillement ou de partage familial dans cette intimité indicible a été abrégé pour des contingences administratives et de sécurité du Président de la République ... »*.

Identifié au siècle dernier lors de prises d'otages[40], et admis tant par les juridictions que par le Fonds de Garantie des Victimes des actes de Terrorisme et d'autres Infractions (FGTI)[41], il aura fallu attendre vingt ans pour que le gouvernement s'intéresse au « *préjudice situationnel d'angoisse et d'attente* » en particulier pour les victimes d'actes de terrorisme. Le rapport rendu par le groupe de travail présidé par Madame le Professeur Porchy-Simon[42] fait suite au Livre Blanc sur les préjudices subis lors des

---

et C. LIENHARD, « Actualité jurisprudentielle des accidents collectifs et sériels » : *Gaz. Pal.* 25 fév. 2014, p. 23.

[40] TGI Paris, 8 nov. 1995, *Rev. fr. de droit aérien*, 1er avril 1997, p. 147 : le tribunal fixa à 400 000 F l'indemnité globale due aux passagers dont la détention a duré un mois et à 600 000 F celle due aux passagers dont la détention s'est prolongée dont sera déduite la provision versée par le Fonds de garantie. Confirmé par CA Paris, 12 novembre 1996, *Rev. fr. de droit aéri*en, 1er avril 1997, p. 155 puis par C. cass., civ. 1ère, 15 juillet 1999 : *Dalloz Aff.* 1999, n° 172, p. 1239, note J. FADDOUL.

[41] C. LIENHARD et F. BIBAL, « Le préjudice spécifique de terrorisme et d'accidents collectifs » : *Gaz. Pal.* 23-25 fév. 2014.

[42] S. PORCHY-SIMON, *L'indemnisation des préjudices situationnels d'angoisse des victimes directes et de leurs proches*, Rapport pour le Ministère de la Justice, le Ministère de l'Économie et des Finances, le Secrétariat d'État chargé de l'Aide aux Victimes, fév. 2017. – C. LIENHARD et C. SZWARC, « L'avènement des préjudices situationnels d'angoisse des victimes directes et de leurs proches » : *JAC* 2017, n° 187.

attentats, publié sous l'égide du barreau de Paris et à la rédaction duquel a participé le dédicataire de ces lignes[43].

En ce qui concerne par ailleurs les sinistres sériels catastrophiques, une jurisprudence s'est développée quant à l'indemnisation du préjudice d'anxiété tenant à l'inquiétude permanente générée par le risque de déclaration à tout moment d'une maladie liée à l'amiante[44]. La chambre sociale de la Cour de cassation reconnait depuis 2010[45], et plus particulièrement depuis 2012[46], l'existence d'un droit à réparation du préjudice d'anxiété allant même, en 2014[47], jusqu'à admettre une automaticité de la reconnaissance de ce préjudice pour les personnes ayant travaillé dans des établissements classés « amiante » par une liste ministérielle. Dans le même temps, la chambre sociale refusait obstinément de reconnaître ce préjudice particulier à des personnes pareillement exposées mais travaillant dans des établissements ne figurant pas sur cette liste[48]. L'inégalité de traitement des victimes était patente. Puis, récemment, la cour d'appel de Paris a admis l'indemnisation de ce préjudice d'anxiété alors que les conditions fixées par la chambre sociale n'étaient pas réunies. Cette décision dissidente a donné l'occasion à l'Assemblée plénière de la Cour de cassation de procéder, par un arrêt retentissant et qualifié d'historique[49], à un réexamen complet de la question. Elle décide que, même s'il n'a pas travaillé dans l'un des établissements mentionnés sur la liste ministérielle, un salarié exposé à l'amiante et ayant, de ce fait, un risque élevé de développer

---

[43] www.avocatparis.org/system/files/editos/barreauparis_livreblanc_victimes.pdf

[44] M.-F. STEINLE-FEUERBACH, « Le préjudice d'angoisse », Introduction de C. DAMIANI : *Trauma-Revue Alfest*, 26 nov. 2014.

[45] Soc. 11 mai 2010, n° 09-42241 : *D.* 2010, 2048, note C. BERNARD ; *RTD civ.* 2010, 564, obs. P. JOURDAIN.

[46] A. GUEGAN, « La consécration du droit à réparation d'un préjudice spécifique d'anxiété globalisé au profit des salariés exposés à l'amiante » : *D.* 2013, 2954 ; B. GENIAUT, « L'anxiété des travailleurs de l'amiante, questions autour de la reconnaissance d'un préjudice » : *Risques, accidents et catastrophes,* Liber amicorum *en l'honneur de Madame le professeur M.-F. STEINLE-FEUERBACH,* L'Harmattan, 2015, p. 239.

[47] C. cass., ch. soc. 2 avril 2014, n° 12-29.825 et n° 12-28.616 : *D.* 2014, p. 1312, note C. WILLMANN, et p. 1404, chron. E. WURTZ ; 2 juill. 2014, n° 12-29788 à 12-29.801 : *Bull. civ.* V, n° 160.

[48] C. cass., ch. soc., 3 mars 2015, n° 13-26.175 : *Bull.* 2015, V, n° 41 ; Soc., 26 avril 2017, n° 15-19.037 : *Bull.* 2017, V, n° 71 ; Soc., 21 sept. 2017, n° 16- 15.130 : *Bull.* 2017, V, n° 161 ; M. KEIM-BAGOT, « Préjudice d'anxiété : l'impossible réparation hors liste ACAATA » : *Les Cahiers sociaux* n° 299, août-sept. 2017.

[49] C. cass., Ass. plén. 5 avril 2019, n° 18-17. 442 : *D. Actu.* 9 avril 2019, note W. FRAISE ; *JCP G* 2019 act. 423, note N. DEDESSUS-LE-MOUSTIER ; *D.* 2019, p. 922 note P. JOURDAIN ; *JCP G* 13 mai 2019, note M. BACACHE.

une maladie grave, peut demander la réparation d'un préjudice d'anxiété sur le fondement du droit commun régissant l'obligation de sécurité de l'employeur. Va donc se poser la question de l'articulation entre le régime spécifique des salariés des sites « amiante » et le régime de droit commun des autres salariés, avec notamment des délais de prescription différents[50].

Ainsi le sablier a permis de mesurer l'écoulement inexorable du temps de l'attente. Mais il convient d'emboucher ensuite la trompette qui sonne le dénouement de l'attente.

II. La trompette ou le dénouement de l'attente

La trompette annonce le dénouement de l'attente. L'événement attendu ou redouté arrive au terme de l'attente. Mais l'analyse de ce résultat a forcément une dimension relative. La fin de l'attente découle de l'arrivée d'un événement qui peut être heureux ou malheureux. L'attente peut être marquée par une espérance ou par une désespérance. Il n'est pas toujours possible d'apprécier avec certitude le caractère heureux ou malheureux du résultat. La trompette de la mort est une délivrance pour certains ; la trompette de la vie est un enfer pour d'autres. Celui qui bénéficie d'une prescription extinctive est libéré de son obligation mais son créancier ne peut plus recouvrer sa créance. À la fin de la trêve hivernale, les propriétaires sont heureux de recouvrer le droit de faire expulser leurs locataires insolvables mais les locataires sont malheureux de ne pas pouvoir se maintenir dans les lieux sans payer leur loyer. Il n'est donc pas possible de présenter l'annonce de ce dénouement comme étant heureuse ou malheureuse en elle-même. La trompette se doit de rester objective lorsqu'elle marque la fin de l'attente.

En revanche, la trompette annonce selon les cas le dénouement de l'attente qui résulte de l'arrivée d'une décision ou d'un événement. Ce peut être l'annonce d'une décision ayant un socle subjectif, qui découle de la volonté des personnes concernées. Ce peut être l'annonce d'un événement objectif, indépendant de la volonté de quiconque. Le dénouement de l'attente se traduit par l'adoption d'une décision subjective (A) ou bien par la réalisation d'un événement objectif (B).

A. LE DENOUEMENT DE L'ATTENTE PAR L'ADOPTION D'UNE DECISION SUBJECTIVE

[50] J. FRANGIE-MOUKANAS, « Deux régimes juridiques pour le préjudice d'anxiété » : *Semaine sociale Lamy*, n° 1857, 15 avril 2017.

L'attente peut se dénouer par l'adoption d'une décision subjective au sens où elle résulte de la volonté ou de l'intervention d'une ou plusieurs personnes. Elle est d'origine humaine. Souvent, l'attente passe alors au pluriel. L'attente – ou les attentes – ont pour finalité cette décision. Le résultat de l'attente est la décision qui sera prise. Elle peut être d'ordre contractuel ou quasi-contractuel, mais aussi unilatérale.

1) Dans le domaine contractuel ou quasi-contractuel

Le terme d'expectative est parfois utilisé comme synonyme d'attente, voire d'attente légitime. L'attente ou expectative est l'attitude d'une personne qui fonde des espoirs sur l'adoption d'une décision. C'est bien son attente ou expectative qui justifie la force et la portée de la décision ou de l'engagement qui va intervenir[51].

Ainsi en matière de quasi-contrat et notamment de loteries publicitaires, le professeur Xavier Pin propose de fonder la catégorie générale des quasi-contrats sur la thèse de l'expectative inspirée du droit allemand[52]. « *Le quasi-contrat pourrait être l'instrument (...) d'exécution voire de délivrance d'une expectative* »[53] ; « *Certains faits volontaires de l'homme – en l'occurrence des faits d'annonce – font naître des expectatives, et obligent l'annonceur à réaliser les prestations annoncées en faveur de l'expectant* »[54]. Il est aussi possible de présenter le quasi-contrat de l'ancien article 1371 aujourd'hui codifié à l'article 1300 du Code civil, comme répondant à une attente légitime qui est née chez le destinataire du fait de l'annonce. Mais celle-ci est déçue faute de concrétisation ou de réalisation de l'engagement qui ne paraît être qu'apparent. C'est pourquoi le quasi-contrat permet de sanctionner celui qui a fait naître cette attente légitime chez autrui.

Une approche similaire a été proposée en matière d'engagements de Responsabilité sociale de l'entreprise (RSE)[55]. Ainsi, dans le cadre de sa politique de RSE, une entreprise a communiqué des informations relatives à ses pratiques sociales, sociétales ou environnementales. Elle a publié des données ou des engagements dans son rapport annuel de gestion, dans sa

---

[51] Pour une analyse en droit international : Y. NOUVEL, « Les attentes dans le droit de l'OMC » : *Annuaire français de droit international*, Volume 47, 2001, p. 461.
[52] *Anwartschaftsrecht*.
[53] X. PIN et L. DEVIN, « Quasi-contrat. Théorie générale » : *JurisClasseur Civil Code*, Art. 1370 et 1371, (2011), § 81.
[54] X. PIN, art. préc., § 97.
[55] B. ROLLAND, « Le quasi-contrat au secours de la RSE ? » : *Risques, accidents et catastrophes,* Liber amicorum *en l'honneur de Madame le professeur M.-F. STEINLE-FEUERBACH*, L'Harmattan, 2015, p. 215.

charte d'entreprise ou son code éthique, ou sur son site internet. Ces engagements font naître une « attente légitime » chez ses parties prenantes. Elles s'attendent légitimement à ce que le comportement de l'entreprise soit en conformité avec ces indications. Si l'entité se soustrait à son engagement formel, le recours à la théorie du quasi-contrat peut notamment permettre de la faire condamner à l'initiative de telle ou telle partie prenante[56]. La récente loi n° 2019-486 du 22 mai 2019 relative à la croissance et à la transformation des entreprises (dite loi PACTE), va dans ce sens. En effet, elle consacre à l'article 1833 du Code civil une nouvelle approche de l'intérêt social qui doit prendre en compte désormais *« les enjeux sociaux et environnementaux de son activité »*. C'est bien la consécration éclatante de l'attente légitime des parties prenantes en matière de RSE.

Plus largement, la théorie de l'attente légitime existe en droit des contrats. Selon l'article 1104 du Code civil, « *Les contrats doivent être négociés, formés et exécutés de bonne foi* ». Cette obligation renforcée résulte de la réforme du droit des contrats de 2016. Le contractant est en droit d'attendre d'abord que la conclusion soit faite de bonne foi et que la loyauté contractuelle prévale. Ensuite, l'attente vis-à-vis du contractant continue pendant tout le cours de l'exécution du contrat. Le créancier est dans l'attente d'une exécution de bonne foi, dans l'attente du règlement ou de la livraison promise. Le risque de défaillance et en particulier de procédure collective du contractant est redouté, ce n'est pas une attente en tant que telle, mais il ne doit pas être négligé.

Par ailleurs, une théorie distinguait les « droits acquis » des « simples expectatives », en matière d'application de la loi dans le temps aux situations contractuelles. Les droits acquis étaient soustraits au jeu d'une loi nouvelle et confortés en application de la loi ancienne. Au contraire, les simples expectatives n'empêchaient pas le jeu de la loi nouvelle et y étaient soumises. Cette théorie complexe est aujourd'hui abandonnée[57].

2) Dans le domaine des décisions unilatérales

---

[56] Pour plus de détails, voir B. ROLLAND, art. préc. – TI Lyon, 13 fév. 2015 : *JAC* déc. 2015, note B. ROLLAND.

[57] *Dictionnaire du vocabulaire juridique*, préc., V° « Expectative (simple) ». – Comp. *Lexique des termes juridiques*, préc., V° « Expectative ». – F. TERRÉ, *op. cit.*, § 526.

Plus particulièrement en droit public, l'attente d'une décision administrative mérite d'être soulignée, par exemple l'attente d'une titularisation des fonctionnaires[58].

Après l'adoption d'une loi, l'attente des textes d'application est également un enjeu d'actualité. Les administrés mais aussi le Parlement qui a adopté la loi, sont dans l'attente de sa mise en application par le gouvernement, avec l'adoption des décrets nécessaires au déploiement de la législation nouvelle. L'attente excessive des textes d'application à la suite du vote de la seconde loi du Grenelle de l'environnement a pu être dénoncée par le Sénat. Il s'est ému des maints obstacles rencontrés pour la mise en œuvre de la loi Grenelle II du 12 juillet 2010[59]. Il a souligné « *un retard d'application significatif et de nombreux reculs* »[60]. Ce retard est dû à la publication extrêmement tardive du décret « RSE » le 24 avril 2012, sans parler de la publication encore plus tardive de l'arrêté du 13 mai 2013 encadrant la mission du tiers vérificateur. Cette publication est intervenue quinze jours avant la date ultime de tenue des premières assemblées générales auxquelles le rapport de gestion devait être présenté selon les nouvelles modalités fixées par la législation et réglementation[61].

Il en est de même dans le cadre de la transposition des directives européennes. L'adoption de directives européennes fait naître une attente dans les différents États de l'Union européenne avant que ces textes ne soient transposés dans les législations de tous les États membres[62]. Les

---

[58] D'une manière générale, le Professeur R. CHAPUS (*Droit Administratif général :* Montchrestien, Tome 2, coll. « Domat droit public », 14ème éd., 2000, p. 49) a pu fort justement qualifier de « *fonctionnaires en attente, par détermination de la loi* », toute personne ayant réussi un concours d'accès à la fonction publique.

[59] Sénat, Rapport d'information fait au nom de la commission sénatoriale pour le contrôle de l'application des lois sur l'application des lois n° 2009-967 du 3 août 2009 de programmation relative à la mise en œuvre du Grenelle de l'environnement (Grenelle I) et n° 2010-788 du 12 juillet 2010 portant engagement national pour l'environnement (Grenelle II) : Session 2012-2013, n° 290, 23 janv. 2013, http://www.senat.fr/rap/r12-290/r12-2901.pdf.

[60] Rapport Sénat, préc., p. 37.

[61] Mais voir au contraire l'absence d'attente pour un des décrets d'application de la loi PACTE. Promulguée le 22 mai 2019, cette loi a immédiatement été complétée par un décret n° 2019-514, du 24 mai 2019, fixant les nouveaux seuils applicables aux sociétés devant avoir recours à un commissaire aux comptes.

[62] *La transposition des directives européennes* : Rapport d'information n° 182 (2000-2001) de M. H. HAENEL, fait au nom de la délégation pour l'Union européenne, déposé le 11 janvier 2001 : https://www.senat.fr/rap/r00-182/r00-1826.html, spéc. Annexe II, « Étude du CE sur les problèmes posés par la transcription en droit interne des directives communautaires », déc. 1989.

associations d'aides aux victimes de nombreux États européens, réunies les 12 et 13 juin 2014 au Parlement de Strasbourg, ont eu l'occasion de regretter l'absence de transposition uniforme de la directive 2012/29/UE établissant des normes minimales concernant les droits, le soutien et la protection des victimes de la criminalité sur le sol de l'ensemble des États membres de l'Union européenne. La CJUE peut même être saisie d'une action en manquement contre les États qui attendent trop longtemps avant de procéder à la transposition[63].

Plus largement, il convient enfin de mentionner l'attente des institutions ou de certains acteurs particuliers pour l'adoption de telles ou telles dispositions législatives. La réforme du régime des catastrophes naturelles est attendue depuis 2005 par les assureurs. Le gouvernement met aussi en avant l'attente de la société civile concernant la révision prochaine des lois de bioéthique dans le cadre des états généraux de la bioéthique. La mise en œuvre du Grand Débat National en 2019 avait vocation à recueillir les attentes de tout citoyen intéressé. De façon générale, les média se font régulièrement l'écho des attentes de certains Français concernant notamment le poids de la fiscalité.

L'attente se solde donc parfois par l'adoption d'une décision subjective. Mais elle peut aussi se dénouer par la réalisation d'un événement objectif.

B. LE DENOUEMENT DE L'ATTENTE PAR LA REALISATION D'UN EVENEMENT OBJECTIF

L'événement espéré ou redouté présente un caractère objectif lorsqu'il ne résulte pas d'un acte de volonté. L'attente entraînant un commencement ou une nouvelle vie, s'oppose à l'attente entraînant une destruction ou la mort. L'attente peut alors déboucher sur un événement créateur ou destructeur.

---

[63] Cela a d'ailleurs offert au Conseil d'État l'opportunité de rendre quelques-uns de ses plus célèbres arrêts de ces trente dernières années. Voir : CE, Ass. 3 fév. 1989, Cie Alitalia, reconnaissant le principe général du droit obligeant le gouvernement à abroger tout acte réglementaire contraire aux objectifs d'une directive même non encore transposée. – CE, Ass., 30 oct. 2009, Mme Perreux, reconnaissant la possibilité d'invoquer une directive non encore transposée pour contester la légalité d'un acte non réglementaire. – Ou encore CE, 3 déc. 1999, Assoc. ornithologique et mammalogique de Saône et Loire et Association France nature environnement ayant rappelé la nécessité de transposer la directive n° 79-409 sur la période de chasse des oiseaux.

1) L'attente créatrice

L'attente peut d'abord conditionner la création d'une situation juridique ou d'un droit subjectif. Ainsi en est-il de la période de grossesse qui précède la naissance. La maxime *infans conceptus* permet à l'enfant à naître d'hériter en cas de décès de l'un de ses parents pendant la grossesse. Elle témoigne d'une prise en compte juridique de cette période d'attente avant la naissance. Par ailleurs, la prescription acquisitive peut permettre l'acquisition d'un droit, par exemple un droit de propriété sur une parcelle de terrain sur lequel des actes de possession ont été exercés de manière continue et apparente pendant plus de trente ans.

Mais l'attente d'un événement malheureux peut aussi entraîner la constitution d'un droit à indemnisation.

2) L'attente destructrice

L'attente peut conditionner la destruction ou l'extinction d'une situation juridique ou d'un droit.

Il s'agit d'abord de la prescription extinctive qui fait perdre un droit d'action en justice ou qui fait disparaître une instance par péremption.

En droit de la propriété intellectuelle, l'écoulement du temps, dans un sens extinctif, constitue un des éléments-clés de la matière, permettant de comprendre sa philosophie. En effet, l'œuvre de l'esprit, le signe distinctif ou encore l'invention brevetée tombe dans le domaine public au bout d'un certain temps. Cet événement marque l'extinction des prérogatives économiques, mais n'affecte pas l'existence du droit moral. La temporalité des droits patrimoniaux et l'imprescriptibilité du droit moral marquent le clivage entre le droit de la propriété littéraire et artistique et le droit de la propriété industrielle. Le premier, désignant le droit d'auteur et les droits voisins du droit d'auteur, mélange en son sein les droits patrimoniaux, frappés par l'écoulement du temps, et le droit moral qui est perpétuel. Le second, englobant notamment le droit des marques, le droit des dessins et modèles et le droit des brevets, ne confère que des prérogatives économiques qui s'éteignent au bout d'un certain temps. Une exception est toutefois à signaler, les droits du titulaire de la marque, à condition d'être renouvelés, ne sont pas frappés par cette attente destructrice, ce qui fait du droit des marques le seul droit de propriété industrielle ayant vocation à perpétuité.

Pour terminer, l'actualité impose l'évocation de l'attente destructrice dans la douloureuse affaire « Vincent Lambert », qu'on la considère comme une attente de la mort par arrêt des traitements ou par privation de soins.

Finalement, entre le sablier d'un tableau de « Vanités » du XVIIème siècle et la trompette du jugement dernier du *Messie* de Haendel, reste à savoir quel est le meilleur instrument pour décrire l'attente et le Droit. Pour décider, nous nous en remettrons sagement au sens inné de la justice du dédicataire de ces lignes.

Table des matières

Avant propos
Marie-France STEINLE-FEUERBACH..p.11

Les témoignages
1. ATTIAS Dominique, Discours sur Claude Lienhard.....................p.19
2. DAMIANI Carole, Claude Lienhard et la vie associative....................p.23
3. DEPARIS Benjamin, Claude Lienhard.. p.33
4. STAUB Materne, Adieu la robe.. p.35

Droits des victimes
5. BIBAL Frédéric, L'homme le plus fort de la cathédrale de Strasbourg, Regards sur l'ouvrage d'un artisan de la réparation intégrale....................p.49
6. CASSON Philippe, Le fabuleux destin du préjudice d'agrément....p.59
7. CORPART Isabelle, La sécurité, une affaire familiale..................p.69
8. CROCQ Louis, Quelques remarques sur l'expertise des victimes de traumatiques psychiques...p.83
9. DALIGAND Liliane, Expertise médicale judiciaire et évaluation des préjudices..p.101
10. D'HAUTEVILLE Anne, Retour sur le temps et les événements fondateurs de l'INAVEM...p.113
11. KNETSCH Jonas, Le projet de réforme de la responsabilité civile du 13 mars 2017 et les victimes de catastrophes et d'accidents collectifs...p.127
12. LACROIX Caroline, Le traitement judiciaire des accidents collectifs : hier, aujourd'hui et demain - Questions de procédure pénale.............p.147
13. SADOWSKI Isabelle, L'évolution de la prise en charge des victimes d'événements collectifs par les associations d'aide aux victimes depuis le début des années 1990..p.163
14. VERON Paul, Retour sur la responsabilité des professionnels et établissements de santé en présence d'un dispositif médical défectueux..p.177

Droit des risques
15. ARBOUSSET Hervé, Risques naturels et expropriation.............p.1957
16. FAVRO Karine, Droit et analyse de risques et vice versa. Contribution à la construction d'un droit public de la prévention des risques en hommage à Claude Lienhard...p.221
17. ERNE-HEINTZ Valentine, Risque et inégalités environnementales : un autre regard sur le risque...p.247

18. ERNE-HEINTZ Valentine, MARTIN Brice, De l'aléa à la vulnérabilité : du sens à donner aux mots (ou aux maux)................ .p.257
19. LAGADEC Patrick, Testament pour l'inconnu p.269

Règle de droit et Justice

20. BIGOT Josiane, La parole de l'enfant en justice p.281
21. CARIO Robert, L'article 10-1 CPP français à l'aune des textes internationaux et européens...p.293
22. DESFOUGÈRES Eric, Les multiples enseignements juridiques fondamentaux tirés des procès successifs de l'Erika........................p.317
23. KUREK Camille, Des robots et des pénalistes p.335
24. MATTIUSSI Julie, Sexe et apparence de la personne physique ...p.347
25. PY Bruno, Victime de la séduction du médecin, question de droit, de déontologie ou de morale?..p.361
26. SCHULTZ Philippe, Plaidoyer pour une interdiction explicite faire aux mineurs non émancipés d'être commerçants..........................p.377
27. STRICKLER Yves, Les lois sont faites pour les hommes et non les hommes pour les lois p.393
28. ROLLAND Blandine (ss. la dir.) STEINLE-FEUERBACH Marie-France, DESFOUGERES Eric, MATTIUSSI Julie, PIATEK Dariusz, L'Attente et le Droit...p.403

Structures éditoriales du groupe L'Harmattan

L'Harmattan Italie
Via degli Artisti, 15
10124 Torino
harmattan.italia@gmail.com

L'Harmattan Hongrie
Kossuth l. u. 14-16.
1053 Budapest
harmattan@harmattan.hu

L'Harmattan Sénégal
10 VDN en face Mermoz
BP 45034 Dakar-Fann
senharmattan@gmail.com

L'Harmattan Cameroun
TSINGA/FECAFOOT
BP 11486 Yaoundé
inkoukam@gmail.com

L'Harmattan Burkina Faso
Achille Somé – tengnule@hotmail.fr

L'Harmattan Guinée
Almamya, rue KA 028 OKB Agency
BP 3470 Conakry
harmattanguinee@yahoo.fr

L'Harmattan RDC
185, avenue Nyangwe
Commune de Lingwala – Kinshasa
matangilamusadila@yahoo.fr

L'Harmattan Congo
67, boulevard Denis-Sassou-N'Guesso
BP 2874 Brazzaville
harmattan.congo@yahoo.fr

L'Harmattan Mali
Sirakoro-Meguetana V31
Bamako
syllaka@yahoo.fr

L'Harmattan Togo
Djidjole – Lomé
Maison Amela
face EPP BATOME
ddamela@aol.com

L'Harmattan Côte d'Ivoire
Résidence Karl – Cité des Arts
Abidjan-Cocody
03 BP 1588 Abidjan
espace_harmattan.ci@hotmail.fr

L'Harmattan Algérie
22, rue Moulay-Mohamed
31000 Oran
info2@harmattan-algerie.com

L'Harmattan Maroc
5, rue Ferrane-Kouicha, Talaâ-Elkbira
Chrableyine, Fès-Médine
30000 Fès
harmattan.maroc@gmail.com

Nos librairies en France

Librairie internationale
16, rue des Écoles – 75005 Paris
librairie.internationale@harmattan.fr
01 40 46 79 11
www.librairieharmattan.com

Lib. sciences humaines & histoire
21, rue des Écoles – 75005 Paris
librairie.sh@harmattan.fr
01 46 34 13 71
www.librairieharmattansh.com

Librairie l'Espace Harmattan
21 bis, rue des Écoles – 75005 Paris
librairie.espace@harmattan.fr
01 43 29 49 42

Lib. Méditerranée & Moyen-Orient
7, rue des Carmes – 75005 Paris
librairie.mediterranee@harmattan.fr
01 43 29 71 15

Librairie Le Lucernaire
53, rue Notre-Dame-des-Champs – 75006 Paris
librairie@lucernaire.fr
01 42 22 67 13

www.ingramcontent.com/pod-product-compliance
Lightning Source LLC
LaVergne TN
LVHW050053061026
849532LV00001BA/151
* 9 7 8 2 3 4 3 1 9 2 3 0 7 *